리처드 루멜트

CRUX

크럭스

일러두기

- 본문에 포함된 가상의 회사와 인명은 작은 따옴표로 표시했습니다.
- 인명, 지명, 회사명 등은 외래어 표기법을 따랐으나 일부 표기의 경우 이미 널리 굳어진 명칭을 사용했습니다.
- 본문에 등장하는 인물과 기업명의 경우 추천사에서 원문 표기를 삭제했습니다.
- 역자주는 각주로, 저자의 주석은 미주로 처리했습니다.
- 이 책에는 S-Core의 에스코어 드림체, 네이버의 나눔글꼴이 적용되어 있습니다.

리처드 루멜트 **크럭스**

초판 1쇄 발행 2023년 4월 15일

지은이 리처드 루멜트
옮긴이 조용빈

펴낸이 조기흠
책임편집 이지은 / **기획편집** 박의성, 유지윤, 전세정
마케팅 정재훈, 박태규, 김선영, 홍태형, 임은희, 김예인 / **제작** 박성우, 김정우
디자인 표지 Syoung.K, 본문 designbab

펴낸곳 한빛비즈(주) / **주소** 서울시 서대문구 연희로2길 62 4층
전화 02-325-5506 / **팩스** 02-326-1566
등록 2008년 1월 14일 제 25100-2017-000062호

ISBN 979-11-5784-653-5 03320

이 책에 대한 의견이나 오탈자 및 잘못된 내용에 대한 수정 정보는 한빛비즈의 홈페이지나
이메일(hanbitbiz@hanbit.co.kr)로 알려주십시오. 잘못된 책은 구입하신 서점에서 교환해드립니다.
책값은 뒤표지에 표시되어 있습니다.

⌂ hanbitbiz.com facebook.com/hanbitbiz post.naver.com/hanbit_biz
 youtube.com/한빛비즈 instagram.com/hanbitbiz

지금 하지 않으면 할 수 없는 일이 있습니다.
책으로 펴내고 싶은 아이디어나 원고를 메일(hanbitbiz@hanbit.co.kr)로 보내주세요.
한빛비즈는 여러분의 소중한 경험과 지식을 기다리고 있습니다.

RICHARD

리처드 루멜트

RUMELT

CRUX

크럭스

리처드 루멜트 지음 | 조용빈 옮김

한빛비즈 Hanbit Biz, Inc.

이 책을 보면 리처드 루멜트가 왜 전략에 관해 세계적인 권위를 얻고 있는지 알 수 있다. 이 책은 넷플릭스의 스트리밍서비스부터 미군의 전투 교리 개발과 3일간 시행되는 '전략공장'에 관한 자세한 정보를 담고 있다. 또한 풍부한 사례를 통해 어떻게 까다로운 문제를 해결하고 더 나은 방향으로 나아갈지 알려준다.

-앤디 브라이언트, 인텔 회장(2012-2020)

이 책에서 루멜트는 "전략이 모든 것을 해결해주지는 않는다"라고 말한다. 하지만 이 책이 엄청나게 설득력 있다는 점은 부인할 수 없다. 이 책에 등장하는 여러 해결 사례와 '아, 그렇구나' 또는 '이건 몰랐네' 하는 깨달음의 순간에 특히 매료되었다. 나 역시 전략을 설파하는 사람으로서 이 책을 통해 한 단계 성장해야겠다고 느꼈다. 루멜트는 구태의연한 태도와 희망고문식 처방에서 벗어나 문제의 본질에 접근한다. 그리고 우리 내면의 잠재력을 발휘하여 호기심, 창의력, '꼬인' 문제를 해결하는 정교한 방법을 알려준다. 전략적 사고에 대한 이해를 높이고 실천하려는 리더는 새로운 감동과 실질적인 사고방식으로 가득 찬 이 책을 통해 한 단계 더 발전하는 자신을 만나게 될 것이다.

-크리스 브래들리, 매킨지컨설팅 시니어파트너, 《하키 스틱 너머의 전략》의 저자

리처드 루멜트는 내 사회생활과 내가 근무했던 기업에 엄청난 영향을 미친 전략가다. 그의 가르침을 따라 한 결과, 직장생활이 윤택해지고 놀랄 만큼 많은 부를 축적할 수 있었다. 이 책은 크럭스라는 중요한 주제를 자세히 다뤄 성공을 가져다준다. 크럭스의 개념을 정확히 알면 제대로 적용 가능한 전략을 훨씬 더 쉽게 창조할 수 있다. 전략가가 되고 싶은 사람에게 반드시 권하고 싶은 책이다.

-사이먼 갤브레이스, 레드게이트의 창립자 겸 CEO

설득력 있으면서도 실용적인 책이다. 루멜트는 진정한 전략이란 손익목표를 설정하는 것이 아니라고 강조한다. 이 책은 변화를 유도하는 해결 방식을 찾기 위한 창의력과 기업의 고질적 문제에 대한 가감 없는 해결책을 담고 있다. 작가는 까다로운 문제를 해결한 사례들을 통해 전략의 시행방안과 이로 인해 얻을 수 있는 놀라운 효과를 보여준다.

-리베카 헨더슨Rebecca Henderson, 하버드대학교 교수,
《자본주의 대전환Reimagining Capitalism in a World on Fire》의 저자

리처드 루멜트 이전의 전략은 의미 없는 개념에 불과했다. 그는 불확실한 미래에 대한 막연한 목표와 엉터리 조언에서 벗어나, 문제의 '크럭스'를 정확히 파악하여 제대로 된 대책을 수립할 수 있도록 도와준다. 당신이 속한 기업에서 일관적이고 명확한 전략을 수립하겠다고 마음먹었다면 전략가로서 반드시 이 책이 필요할 것이다.

-돈 패럴, 트랜스알타 CEO(2012-2021)

이 책에는 큰 울림이 있다. 루멜트는 전략 분야의 최고 전문가로서 어떤 식으로 전략에 접근하여 문제를 진단하고 일관성 있는 해결방안을 실천으로 옮겨야 하는지 설명한다. 나는 미 국방정보국에 근무하면서 그가 말하는 '해결 가능한 전략적 과제'의 엄청난 가치를 몸소 경험했다.

–로버트 애슐리Robert P. Ashley, 예비역 육군 중장, 미 국방정보국장(2017-2020)

경영에 관한 공허한 담론이 난무하는 가운데, 루멜트만이 크럭스를 정확히 알고 있다. 현대 전략이론가 중 가장 통찰력이 있으면서도 호소력 있는 글을 쓰는 작가의 또 다른 역작.

–존 케이 경Sir John Kay, 런던정치경제대학교 교수,
《금융의 딴짓Other People's Money / 우회전략의 힘Obliquity》의 저자

불황을 극복하고 성공적인 사업체를 운영하기 위한 필독서. 이 책은 우선 당신의 현 상황을 명쾌하고 정확하게 진단하고 방향과 해법을 제시한 다음 일련의 대책을 행동으로 옮기도록 해준다. 성공적인 리더, 영향력 있는 전략가가 되기 위한 필수 지침서.

–에사 알 살레Essa Al-Saleh, 볼타트럭Volta Trucks CEO

루멜트는 전략관리를 학문과 실용적인 측면에서 통합한 최고의 전문가다. 이 책에서 그는 전략에 대해 영감을 주면서도 실천 가능한 여러 방법을 개발했다. 기존의 방식을 타파하지만 동시에 가장 중요한 문제를 해결할 수 있는 방법을 찾아 앞으로 나아갈 길을 제시한다.

–제이 B. 바니Jay B. Barney, 미국경영학회지 편집장, 유타대학교 에클스경영대학원 교수

이 책은 전략에서 애매모호한 부분을 제거하고 선명성을 높여주며, 정말로 중요한 문제를 깊이 생각하고 전략적 사고와 자원을 전개할 수 있도록 해준다. 점점 복잡해지고 정확하지 않은 정보가 넘쳐 혼란이 가중되는 현대에 이 책은 신선하면서도 생각할 거리를 던져준다. 반드시 읽어보길 권한다.

−프란체스코 스타레이스Francesco Starace, 에넬 그룹Enel Group의 총괄사장 겸 CEO

독일의 시인 프리드리히 휠덜린Friedrich Hölderlin은 이렇게 말했다. "위험이 있는 곳에 구원도 자란다." 루멜트는 영감을 주는 이 책을 통해 우리를 이곳으로 초대한다. 정상으로 향하는 길에서 크럭스는 무너지고 포기하거나 또는 다음 단계로 우리를 이끄는 티핑 포인트다. 여기서 중요한 것은 전략이다. 전략은 중요한 문제를 파악하고 어떤 대책을 시행할지 결정하는 지속적인 과정이다. 루멜트의 책은 크럭스를 찾아내도록 하는 도발이자 초대이며 상황에 따른 결정적 행동이다.

−토비아스 마르티네스 지메노Tobias Martinez Gimeno, 셀넥스텔레콤Cellnex Telecom CEO

차례

1부
과제에 따른 전략과 크럭스

2부
경쟁 상황에서의 크럭스 진단 방법

3부
크럭스 해결방법

4부
크럭스 해결과정의 밝고 화려한 방해물

5부
전략공장

크럭스란 무엇인가?

나는 프랑스 퐁텐블로Fontainebleau에 살 때 근처에 있는 숲으로 산책을 가곤 했다. 오래되고 울창한 이 숲은 500년간 프랑스 왕의 사냥터였다. 약 260제곱킬로미터의 넓은 숲에는 산책이나 조깅하는 사람 또는 자전거를 타는 사람들로 북적였다. 인근에 위치한 인시아드INSEAD 학생들도 자주 와서 걷거나 피크닉을 즐겼다. 하지만 그 숲에 전 세계의 내로라하는 암벽등반가들이 찾는 바위가 있다는 것을 아는 사람은 별로 없었다.

나는 산책 중에 가끔씩 그 바위에 들르곤 했다. '개 엉덩이 모양의 루프*'(르투아뒤키드시앵Le Toit du Cul de Chien)라는 이름이 붙은 이 바위는 매우 가는 모래가 굳어 생긴 사암 덩어리였다. 밑에서 보면 약 4미터 높이의 매끈한 수직 바위 위로 덮개 모양의 평평한 바위가 1.2미터 정도 돌출되어 있다. 덮개 위로는 정상까지

---

* 지붕 모양으로 현저히 튀어나온 암벽

_____ **그림 1.** 르투아뒤키드시앵의 크럭스에서

출처: 콘라드 칼리쉬Konrad Kalisch의 영상. adventureroutine.de와 clixmedia.eu. 참조.

다시 수직으로 바위가 이어져 있다. 나도 한번 등반을 시도해봤다. 하지만 한쪽 발로 디디고 다른 발을 딛는 순간, 바닥으로 두 발이 쭉 미끄러져 떨어졌다.[1]

어느 여름날, 그곳에 가보니 등반가 2명이 암벽에 오를 준비를 하고 있었다. 그들은 떨어지면 서로 지탱해주기로 하고 로프 없이 오르려 했다. 그중 한 명은 독일인이었는데, 문틀에 봉을 걸고 한 손가락 턱걸이로 근력을 키웠다고 했다. 하지만 둘 다 바위 위로 올라가기 직전에 떨어져 실패하고 말았다. 작은 발판foothold*

---

* 발로 디딜 수 있는 바위 면의 요철

을 딛고 오른손 손가락이 들어갈 만한 홈까지는 전진했으나, 더이상 나아가지 못하고 바닥으로 추락했다. 하지만 그들의 힘과 패기 그리고 끈기는 대단했다.

클라이밍을 하는 사람들은 이런 볼더bouldder*를 '프로블럼problem' 이라고 하고, 등반이 가장 어려운 구간을 '크럭스crux'라고 부른다. 이런 볼더는 힘이나 패기만으로는 절대 정복할 수 없다. 크럭스를 해결하고 지상 2층 높이의 바위에 붙어 섬세하게 움직여야 성공할 수 있다.

얼마 뒤에 한 클라이머가 이 크럭스를 해결했다. 그녀는 발끝으로 약 1미터를 뛰어올라 오른손의 한 손가락으로 조그마한 홈을 지지대 삼고, 왼발을 왼팔 위로 교차시켰다. 그다음 손가락과 왼발 근육의 힘으로 좁디좁은 레지ledge**를 확보했다. 그리고 루프의 경사에 맞춰 등을 구부린 뒤, 왼손을 뻗어 루프 끝에 있는 손가락 하나 들어갈 만큼의 조그마한 홈을 잡았다. 앞의 사진은 아샤 그렉샤Asya Grechka가 이 동작에 성공하는 장면을 보여준다. 사람들은 주로 여기서 떨어진다. 몸을 쭉 뻗으면 가슴이 오버행 overhang***에 닿아 손가락이 떨어지고 만다.[2]

그렉샤는 한두 개의 손가락만으로 양손을 지탱한 다음, 앞뒤로 몸을 흔들어 허공으로 갑자기 뛰어 올랐다. 그리고 오버행의 모서리를 넘어 왼손으로 멜론 반 크기의 둥그런 홀드를 움켜쥐었

---

* 로프 없이도 어느 정도 안전하게 오를 수 있는 바위. 볼더링은 보조장비 없이 바위를 오르는 암벽 등반의 한 종류이다.
** 두세 명 정도가 발을 딛고 올라설 만큼 돌출된 바위
*** 암벽의 일부가 처마처럼 튀어나온 형태의 바위

다. 그녀는 마찰력과 근력으로 홀드에 잠시 붙었다가 다리를 흔들어 오른발 끝을 조그만 홈에 붙이고는 다리 힘으로 틈새에 도달했다. 그리고 한 번 더 몸을 날려 보일락 말락 한 홀드를 잡더니 마침내 정상에 올라섰다. 지켜보는 내내 손에 땀이 날 만큼 아슬아슬했다.

나는 숲에서 만난 이 클라이머들의 뛰어난 능력에 감탄했다. 장비라고는 신발이 전부였다. 그들은 순전히 몸과 근육 그리고 용기만 가지고 바위와 중력에 맞섰다. 스톡옵션이나 팀, 오너 같은 것도 없다. 관중이라곤 다른 클라이머가 전부다. TV 카메라도, 팬클럽도 없다. 수백만 달러짜리 계약이나 상품 홍보도 없다. 그들은 그저 불가능해 보이는 무언가를 해냈다는 개인적인 기쁨을 누리기 위해 서로를 격려하는 사람들일 뿐이다.

나는 또 다른 바위 근처에서 점심을 먹고 있는 2명의 남부 프랑스 출신의 클라이머를 만났다. 알프스를 넘어 여기까지 온 이유가 뭐냐고 물었더니 한 명이 이렇게 답했다. "여기 암벽이 전 유럽에서 최고죠. 알프스에서도 크럭스를 풀어야 하는 암벽에 도전한 적이 있는데, 여기서는 10초면 크럭스를 해결할 수 있어요." 그러자 다른 친구가 "그 전에 5번은 떨어지잖아"라며 웃었다.

프랑스에는 높이, 아름다움, 중요성 등 여러 기준에서 각각 다른 난이도와 만족을 제공하는 산과 바위가 많다. 첫 번째 클라이머의 말은 만족도가 가장 크고 크럭스가 조금 만만한 대상을 고른다는 뜻이다. 그 짧은 순간에 나는 그의 방식이 내가 아는 유능한 사람들의 방식과 같음을 깨달았다. 마주친 것이 문제이든 기회이든 그들은 가장 큰 발전이 보장되는 방향으로 집중한다. 즉 크러스 해결이 가능한 방향을 선택한다는 뜻이다.

여기서 '크러스'는 세 가지 전략 기술을 사용해서 해결할 수 있는 결과를 의미한다. 이때의 전략 기술은 첫째로 어떤 이슈의 경중을 판단하고, 둘째로 이들 이슈를 해결하는 데 어떤 어려움이 발생하는지 확인하는 것이다. 마지막 셋째는 자원의 분산을 방지하고, 한 번에 해결하려는 조급함 대신 집중력을 발휘하는 것이다. 이 세 가지를 조합해서 크러스를 해결한다. 즉 크러스란 문제의 가장 핵심이 되는 구간을 뜻하며, 여기서 문제는 해결 가능하고 일관된 대책으로 처리할 수 있는 것이어야 한다.

클라이머와 마찬가지로 개인이든 기업이든, 사업을 하다 보면 기회가 생기기도 하고 여러 어려움도 겪게 된다. 따라서 동기부여motivation, 욕심ambition 그리고 힘strength이 필요하다. 그러나 이 자체만으로는 부족하다. 문제 해결을 위해서는 크러스를 찾아내서 돌파할 방법을 구상하고 발견하는 것이 중요하다.

일론 머스크Elon Musk는 화성에 사람을 이주시키는 계획에 매우 열심이었다. 처음에는 소형 우주선을 보내서 이를 실현하려고 했다. 그는 2001년에 러시아를 방문했을 때 구형 로켓을 구입하기로 마음먹었다. 그러나 거래방식이 마음에 들지 않았고 협상 중 가격이 3배나 뛰자 포기했다. 그는 우주선을 궤도에 올리는 데 드는 높은 비용을 해결할 방법을 찾기 시작했다.

가격이 높은 원인은 로켓을 한 번밖에 사용하지 못하기 때문이었다. 로켓은 화물을 한 번 올리는 데 사용하고 나면 끝이었다.

머스크는 비용 문제의 크럭스가 로켓의 재진입이라고 생각했다. 시속 1만 8,000마일로 대기권에 진입할 때 발생하는 고열로부터 로켓을 보호할 방법이 필요했다. 우주선의 거대한 날개에는 재사용이 가능하도록 3만 5,000개의 단열 타일이 부착되어 있다. 이 타일들은 매번 사용한 뒤 점검하고 다시 원위치에 부착해야 한다. 우주선의 부스터는 원래 재사용하게 설계됐으나, 바다에 떨어지면서 수리할 수 없을 정도로 심한 타격을 입는다. 따라서 재사용이 가능한 로켓을 만드느니, 차라리 버리고 새것을 사용하는 편이 비용 면에서 더 절감된다.

이 문제는 앞에서 말한 암벽을 오를 때의 상황과 같다. 한 손가락과 왼쪽 발끝으로 홀드를 딛고 몸을 구부려 루프를 정면으로 마주했을 때 말이다. 이때 손을 놓고 멜론 모양의 홀드로 튀어 오를 수 있는 비결은 무엇인가? '중요한 이슈'를 향해 관심을 좁혀나가는 것이다. '전략'은 어려운 문제를 극복하기 위한 정책과 행동의 혼합을 말한다. 로켓의 재사용과 궤도 재진입이라는 크럭스에 집중하던 머스크는 어느 날 갑자기 이런 생각이 떠올랐다. 연료는 우주선 자체보다 훨씬 저렴하다. 그러니 재진입 시 초고온을 견디도록 비싸고 복잡한 설계를 하는 것보다 연료를 더 많이 실어 지구로 귀환하는 로켓의 속도를 줄이면 어떨까? 그는 공상과학소설에 나오는 것처럼 우주선을 180도 회전시켜 엔진의 역분사로 부드럽게 착륙하는 방법을 생각했다. 그러면 재진입 시의 엄청난 열 때문에 로켓 외부가 시커멓게 탈 이유가 없다. 또한 그 과정을 무인 자동화할 수도 있다. 문제는 필요할 때 작동시키고 멈출 수 있으며 가속과 방향을 정확히 조종할 수 있는 신뢰할 만한 엔진이었다.

조직에서 크럭스를 마주했을 때 능력과 지식 그리고 기술을 집중해야 돌파할 수 있다. 그러나 전략가에게 집중이란 단지 한곳에 모으는 것이 아니다. 선택한 목표를 달성하기 위해 필요한 힘을 갖추는 것이다. 힘이 부족하면 아무런 일도 발생하지 않는다. 힘은 충분하지만 여기저기 흩어져 있거나 엉뚱한 목표에 집중해도 역시 아무런 일도 생기지 않는다. 힘이 정확히 목표에 집중될 때 돌파구를 찾을 수 있다. 머스크는 2002년에 스페이스엑스 SpaceX 프로젝트를 시작하면서 집중적이고 일관성 있는 정책을 적용했다. 여기에 사용되는 로켓은 저비용으로 전면 재설계한 로켓이었다. 그들은 대륙간탄도미사일을 개조할 필요도 없었다. 수천 개의 정부 도급회사 중 하나가 되는 일도, 미국 공군의 규제를 충족시킬 필요도 없었다. 복잡한 우주탐색 임무도 없고, 멋진 연구소도 없었다. 머스크는 고난도 수준의 과학이 아니라 설계가 문제라고 생각했다. 나사와 달리 스페이스엑스 프로젝트는 어린이들에게 영감을 주어 과학과 수학을 공부하도록 만들 필요도 없었다. 이 프로젝트를 달성하는 첫 단추는 단순히 비용을 절감하는 데 집중하면 됐다.

그러자 원가를 너무 절감하면 신뢰성이 위협받을 수 있다는 이야기가 들렸다. 이에 대해 머스크는 순수한 엔지니어의 입장에서 아래와 같은 답을 내놓았다.

종종 "원가를 절감하면 신뢰성이 훼손되지 않나요?"라는 질문을 받습니다만, 이는 정말 말도 안 되는 이야기입니다. 페라리는 매우 고가의 차량이지만 신뢰성이 높지는 않죠. 하지만 혼다 시빅이 구입 첫해에 고장 날 확률은 1,000분의 1에 불과하다고 자신 있게 말할 수 있습니다. 저렴하지만 잘 고장 나지 않는 차량이 있듯 로켓도 마찬가지죠.

원가 절감을 위해 머스크는 설계와 제작에서 단순함을 최우선으로 삼았고, 하청업체의 수를 최소화했다. 팰컨9호Falcon 9는 맞춤 설계보다 이더넷 데이터버스를 이용했다. 스페이스엑스는 자체 공장에서 협력업체보다 훨씬 저렴한 가격에 특이한 형상의 로켓을 만들었다.

대형업체는 하청업체를 관리하고 정부를 상대하는 일을 하기 때문에 지루할 수밖에 없다. 그러나 스페이스엑스의 엔지니어들은 스트레스는 받았지만 지루할 틈이 없었다.

2009년, 스페이스엑스는 말레이시아의 관측위성을 궤도에 올려놓으면서 첫 상업비행에 성공했다. 하지만 진정한 혁명은 2015년에 일어났다. 팰컨9호 로켓이 궤도에 진입했다가 동체를 180도 회전한 후 엔진을 역분사해 꼬리날개로 착륙한 것이다. 2018년 자료에 따르면 팰컨9호가 1파운드의 화물을 지구 저궤도에 올리는 비용은 이전 우주왕복선의 23분의 1에 불과했다. 또한 그보다 큰 로켓인 팰컨헤비호Falcon Heavy는 팰컨9호에 비해 비용을 절반 가까이 줄였다.

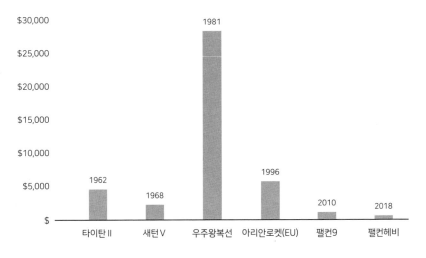

_____ **그림 2.** 지구 저궤도 진입 비용(2018년 미 달러화 기준, 파운드당)

2020년 5월 30일, 스페이스엑스는 2명의 나사 우주인을 국제우주정거장까지 실어 날랐다. 같은 해 6월에 나사는 스페이스엑스의 추진로켓과 크루드래곤 캡슐의 재사용을 승인했다.

나사는 화성으로 가는 총비용을 2,000억 달러로 추산했으나 머스크는 90억 달러면 된다고 발표했다. 이렇게 저렴한 비용이 가능한 이유는 결국 앞에서 말한 것과 같다. 즉 단순함, 재사용 그리고 비용절감을 목표로 하는 일관적인 정책 덕분이다. 의회나 행정부에서 화성 프로젝트를 계획했다면 수백 개의 상이한 목표와 지불 항목이 덕지덕지 붙어 비용이 폭발적으로 증가했을 것이다.

스페이스엑스 프로젝트가 미래에도 계속 성공하리라고 장담할 수는 없다. 우주탐험과 로켓은 원래 위험하다. 현재의 언론 분위기상 조그마한 실수라도 하면 난리가 날 것이다. 요즘 같은 분위기였다면 20세기에 이룬 비행기술의 발전은 불가능했을 것이다. 초기에는 죽거나 다친 사람이 많았기 때문이다. 그렇지만 이것만은 말할 수 있다. 스페이스엑스의 성공은 일론 머스크가 문제의 크럭스를 정확히 파악해서 이를 극복할 방안을 찾았기 때문에 가능했다. 그 예가 최소의 비용으로 화물을 궤도에 올리는 데 집중한 일관적인 정책인 셈이다.

뛰어난 리더는 문제의 크럭스를 찾아내고 이에 집중해서 해결 방안을 마련한다. 크럭스란 결국 복잡하게 얽힌 여러 이슈 중에서 매우 중요하면서도 해결 가능한 구간을 말한다. 어떤 문제에 효율적으로 대처하기 위해서는 얽히고설킨 쟁점과 기회를 검토하고, 크럭스를 찾아내 적절한 조치를 취해야 한다. 문제를 무시한다고 일이 해결되지는 않는다.

의사결정은 '전략의 핵심'이 아니다. 즉 여러 개의 대책 가운데 결정하는 것이 아니라는 뜻이다. 또한 단 한 개의 목표를 찾아내서 전심전력을 다해 열정적으로 추구하는 것도 아니다. 그것은 편집증이라는 일종의 정신질환이다. 높디높은 목표를 설정하고 지도자의 카리스마와 당근과 채찍을 이용해 이를 달성하도록 밀어붙이는 것도 아니다. 이는 그 조직이 실제로 당면한 복잡한 문제를 누군가가 어떻게 헤쳐 나갈지 알고 있다는 전제하에서만 가능하다.

전략가가 되기 위해서는 문제가 가진 복잡하고 혼란스러운 요소와 기회를 모두 감안해야 한다. 그리고 문제의 크럭스를 찾아내는 눈을 키워야 한다. 또한 끈기를 가져야 한다. 복잡하게 얽힌 문제에서 얼핏 처음 떠오르는 해결방안을 채택하고픈 유혹이 매우 크기 때문이다. 그리고 외부의 도전에도 대응해야 하지만, 조직 내부의 건강도 신경 써야 한다. 한편, 여러 문제들과 당신의 욕심 사이에서 조화를 이루어야 한다. 이 욕심에는 당신과 주주들의 목표, 가치관, 신념 등이 녹아들어 있다. 마지막으로 너무 많은 상이한 계획이나 상호 모순되는 추진 목표 때문에 노력이 무산되지 않도록 일관된 행동과 정책을 유지해야 한다.

아무도 정직하게 이런 이야기를 하는 사람이 없다. 심지어 전략수립에는 우위가 중요하다거나 전략은 장기 비전이라고 말하는 사람도 있다. 또는 특정한 방법이나 접근방식을 선택하면 최고 수준에 도달할 수 있다고 말한다. 컨설팅회사는 업계 최고 기업과 당신 회사를 비교하는 표를 보여주며 둘 사이의 큰 간격에 고개를 절레절레 저을 것이다.

그러나 현실에서 워비곤 호수* 같은 것은 존재하지 않으며, 어떤 방식을 선택하더라도 평균 이상의 성적을 유지하기는 쉽지 않다. 위기 상황은 언제든 발생할 수 있으며, 거기에서 항상 벗어날 수 있는 것도 아니다. 조직은 순식간에 바뀌지 않는다. 시장에서 베트남산 저렴한 청바지를 팔기보다 인터넷산업에 뛰어들고 싶더라도, 현실은 그렇게 만만하지 않다. 어떤 상황들은 정치적

---

* 미국 작가 개리슨 케일러Garrison Keillor가 창조해낸 가상의 마을 이름. 이곳 주민들은 모두 자신이 평균 이상이라고 생각한다. 여기에서 자기 자신이 다른 사람보다 낫다고 믿는 오류인 워비곤 호수 효과 Lake Wobegon Effect가 유래했다.

이해관계가 너무 얽혀 있어서 틀을 깨고 나가기가 쉽지 않다. 전략 자체가 만병통치약인 것은 아니다.

문제를 해결하기 위해서는 우선 문제의 본질을 알아야 한다. 붕괴되는 학교 시스템을 개선하려면 붕괴되는 이유를 알아야 한다. 소비자에게 보다 나은 쇼핑 경험을 주기 위해서는 소비자의 바람, 습관, 니즈 그리고 판매 기법까지 알아야 한다. 따라서 목표부터 세울 것이 아니라 문제를 파악하고 크럭스를 찾아내는 것부터 시작해야 한다.

고대 그리스의 철학자 헤라클레이토스Heraclitus가 "성격은 운명이다Character is fate"라고 했듯이, 좋은 성격을 가진 사람은 말할 때도 숨김없이 이야기한다. 이들도 경영을 하면서 도박이나 모험을 하지만, 그 결과의 본질에 대해서는 명확한 의견을 가지고 있다. 기업의 장기 비전에 확신을 주려면 현재의 행동이 더 나은 미래를 위해 어떻게 작용하는지에 대한 스토리와 설명이 있어야 한다. 전략의 논리가 다른 사람들에게도 잘 이해되어야 한다. "매출은 항상 늘고 원가는 절감할 것입니다"라고 말하는 것은 아무런 설득력이 없다. "우리 회사는 항상 고객을 생각하기 때문에 다른 경쟁 페인트회사보다 앞서나갈 것입니다"라고 말해봤자 누구도 납득하지 않는다. 다른 사람들이 당신을 믿고 당신의 전략을 신뢰하려면 직면한 문제를 어떻게 해결해나갈 것인가에 대한 논리와 주장 그리고 증거가 있어야 한다.

내가 이 책을 쓰게 된 직접적인 계기는 예기치 못한 허리 부상 때문이었다. 2019년 겨울, 나는 애스펀산의 블랙다이아몬드 FSI 모굴 트레일 코스에서 스키를 타다 허리를 다쳤다. 이 때문에 몇 개월간 어떤 스키나 등산 활동도 할 수 없었다. 그다음에는 코로나19 때문에 이동이 자유롭지 못했다. 하지만 이 기간 동안에 전부터 생각했던 아이디어와 주제를 발전시킬 수 있었다.

나는 2020년을 조용히 지내면서 내 생각과 알게 된 것들을 적기 시작했다. 나는 무엇이든 적어야 비로소 내 것이 된다는 것을 경험으로 알고 있었다. 적다 보면 논리가 모순되는 부분이라든가 논점이 약한 부분 그리고 주장을 입증하기 위해 데이터가 더 필요한 부분이 보이게 마련이다. 또한 중요한 논점과 덜 중요한 논점이 구별된다. 여덟 살 난 딸의 머리끈 매듭을 풀 듯, 얽히고 설킨 문세도 적다 보면 정리가 되었다.

이 책에서 나는 1인칭 '나'라는 단어를 많이 사용했다. 일부 독자들은 자기 PR이 조금 심한 게 아닌가라고 생각할지 모르지만 전혀 그렇지 않다. 나는 자신의 의견을 마치 사실처럼 표현하고, 자기가 만든 모델이 실존하는 것처럼 주장하는 작가들을 탐탁지 않게 생각한다. 경제학자들은 '기업'이 어떤 상황에서 어떤 행동을 한다고 교과서에 적는다. 그러나 실제 기업이 아니라 가상의 기업이라는 단서를 달지 않는다. 경제경영 작가들 역시 자신의 의견이 마치 사실인 것처럼 말한다. 어떤 작가는 이렇게 썼다. "특화에는 두 가지 방법이 있다. 타깃 마켓 세그먼트를 선택하는 방법과 제품 라인업을 줄이는 방법이다." 이것이 이론인가? 작가는 정말로 경험에서 이를 터득했을까? 아니면 다른 사람의 글에서 따온 것인가? 하지만 작가가 1인칭으로 이 의견을 표현했다면 독자들은 자신의 경험과 비교해볼 것이다.

내가 1인칭으로 기술하는 이유는 내가 어떤 것들을 알고 믿게 된 과정을 설명하기 위해서다. 이런 것들은 사실도 아니고 논리적인 근거도 없는 경우가 많다. 이것들은 내 평생에 걸쳐 체득한 결론이고 의견이다. 예를 들어, 전략적 목표와 전략 그 자체의 관계를 다룬다면 나는 그 주제에 관해 처음 내 생각을 정리했던 당시 상황을 설명하고 묘사한다. 만일 현금흐름 추정 금액의 부정확성이 문제라면, 실제 그렇게 추정한 기업의 중역을 만나 겪었던 일화를 이야기한다.

내가 이 책에서 주장하는 것은 크게 네 가지다. 첫째, 전략 문제를 다루는 가장 좋은 방법은 정면으로 문제에 도전하는 것이다. 너무 많은 사람들이 목표나 이상적인 비전부터 시작한다. 하지만 문제로부터 시작해서 그 구조와 작용하는 요소를 진단해야 한다. 그렇게 하면 목적의식과 행동 방향이 바뀔 것이다. 진단하면서 크럭스를 찾아라. 그것이 문제를 해결할 수 있는 가장 중요한 구간이다. 절대로 해결이 불가능한 문제를 선택하지 마라. 문제의 크럭스를 집중 공략해서 모멘텀을 구축하고, 자신의 위치와 해결 가능성을 다시 점검하라.

둘째, 힘과 영향력의 근원을 이해하고 이를 당신이 처한 상황에 이용하라. 크럭스를 헤쳐 나가기 위해서는 이런 것들이 필요할 것이다. 의지만으로는 충분하지 않다.

셋째, 밝고 화려하지만 쓸데없는 것에 신경 쓰지 마라. 미션선언문 작성에 시간을 낭비하지 마라. 전략을 수립하면서 목표부터 시작하지 마라. 전략과 경영수단을 혼동하지 마라. 분기별 실적발표에 끌려 다니지 마라.

넷째, 전략을 수립하는 과정에 중역들이 참여하면 많은 문제가 발생한다. 문제부터 시작하되 너무 빨리 대책을 도출하려고 하지 마라. 그래야 크럭스를 파악해서 이를 극복할 일관성 있는 대책을 구축할 수 있다.

이 책으로 독자 여러분이 문제 중심의 전략을 이해할 수 있는 힘을 얻고, 문제의 크럭스를 발견하길 바란다.

과제에 따른
전략과 크럭스

전략이란 위험성이 높은 과제(조직이 당면하고 있는 문제와 기회)를 해결하기 위한 방침과 행동의 혼합을 말한다. 그것은 목표도 아니고, 되고자 하는 최종 상태도 아니다. 문제를 해결하는 형태를 하고 있지만, 문제를 제대로 알고 이해하지 못하면 해결할 수 없다. 따라서 과제 기반의 전략은 과제를 정의하는 것에서부터 시작한다. 과제는 경쟁사일 수도 있고, 법적인 것일 수도 있다. 또는 사회 규범의 변화나 조직 내부에서 생긴 것일 수도 있다.

과제를 이해할수록 전략가는 중요하면서 해결 가능한 크럭스를 찾을 수 있다. 크럭스를 찾아내는 능력은 전략가의 힘의 원천이므로, 집중하는 능력은 전략의 기본이다.

1장
캐럴린의 딜레마
-어떻게 전략을 수립하는가?

나는 오전 10시에 캐럴린Carolyn이라는 UCLA 경영대학원생을 만났다. 캐럴린은 30대 중반으로 건강제품회사에서 기획 업무를 맡고 있었다. 그녀는 다른 학생들과 마찬가지로 직장생활을 하면서 금요일과 토요일 수업을 들었다. 그리고 오늘, 회사와 관련된 문제를 상담하기 위해 5층에 있는 내 사무실로 찾아왔다.

"사장님이 새로 오셨는데요." 이렇게 운을 뗀 그녀는 부서의 사업전략을 다시 고민해보라는 지시를 받았다고 했다. 사장은 최소 15퍼센트의 연 수익률을 달성할 수 있는 새로운 계획을 수립하라고 하면서, 잘하면 큰 보답이 있을 거라고 했다. 캐럴린이 말했다. "교수님이 강의하시는 기업전략 수업은 유익하고 사례연구에서 배울 게 참 많아요." 그녀는 잠시 머뭇하더니 이렇게 말했다. "그런데 우리 사장님이 원하는 전략을 수립하기 위해서는 특정한 프로그램을 이용해야 할 것 같아요." 그녀는 현재의 회사를 사장이 원하는 수준으로 격상시키려면 무엇이 필요한지 알고 싶어 했다.

우리는 잠시 캐럴린의 회사와 대학원 수업 과정에 대해 이야기했다. 나는 그녀에게 경쟁사와 차별화되는 점이나 강점을 파악해보라고 말했다. 회사가 직면한 문제와 기회에 대해서도 물어보았다. 그녀는 처음에는 조금 주저하며 두루뭉술하게 말했다.

"직원들은 뛰어나요. 항상 시대에 뒤떨어지지 않기 위해 노력하죠." 그러다가 속에 있던 말을 털어놓기 시작했다. 그녀는 회사의 전략계획이란 손익목표와 그 목표를 달성하기 위한 단계별 실천 항목을 적은 것이라고 생각했다. 따라서 그녀는 "사장이 이사회에 보고할 만한 단계별 목표 달성안을 적은 간단한 로드맵"을 원한다고 말했다.

나는 아무 말 없이 고개를 끄덕였다.

"논리적으로 타당한 기업전략을 뚝딱 만들어낼 수 있는 어떤 프로그램 같은 건 없을까요?" 캐럴린이 물었다. 그 순간 내 머릿속에는 **그림 3**에 묘사한 것과 같은 '전략 제조기'가 떠올랐다. 하지만 농담할 분위기가 아닌 것 같아서 말하지 않았다.

사실 캐럴린은 곤란한 상황에 빠져 있었다. 전략을 다루는 수많은 저술이나 가르침에도 없는 가장 큰 퍼즐조각을 콕 집어 건드렸기 때문이다. 10년도 더 전에 전략의 대가인 게리 하멜Gary Hamel은 이렇게 지적했다. "사람들은 마이크로소프트, 뉴코, 버진애틀랜틱항공의 전략을 알고 있다. 지나고 나면 누구에게나 위대한 전략이 보인다. 보통 우리가 계획이라고 할 때는 '과정process'을 뜻한다. 문제는 과정만으로는 전략이 아닌 계획밖에 수립할 수

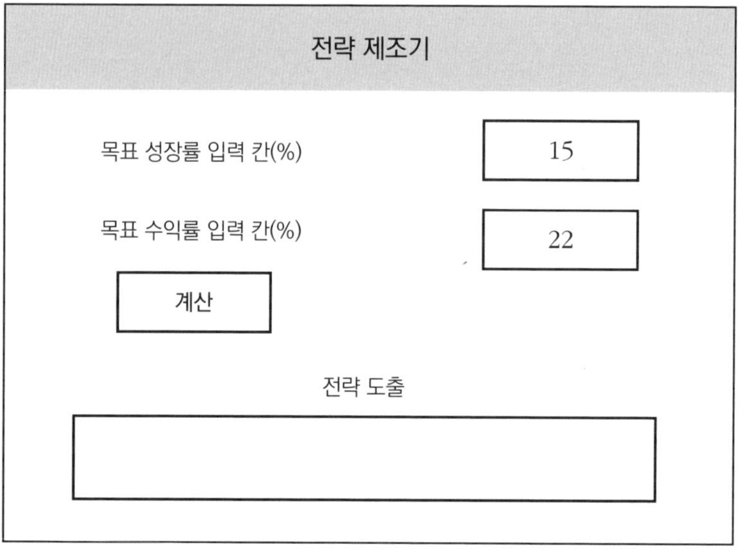

전략 제조기	
목표 성장률 입력 칸(%)	15
목표 수익률 입력 칸(%)	22
계산	
전략 도출	

_____ **그림 3.** 전략 제조기

없다는 점이다. 아무도 말하지 않는 전략업계의 더러운 비밀은 전략수립에 관한 어떠한 이론도 없다는 점이다."[1] 여기서 하멜이 말하는 '전략업계'란 전략에 관해 의견을 제시하고 전략을 수립 하도록 고용된 일단의 학자와 컨설턴트를 말한다.

　캐럴린의 문제는 사장이 현 상황의 핵심 문제를 제대로 이해하 지 못하고 있다는 점이다. 그는 성과목표와 결과에만 집중해서 기회와 문제점을 놓치고 있었다.

넷플릭스의 전략

전략을 수립하는 데 가장 중요한 첫 단계는 상황에 대한 진단이다. 즉 '무슨 일이 일어나고 있는지'를 제대로 파악해서 문제의 핵심을 이해하고 적절한 해결방안을 찾는 것이다. 넷플릭스가 2018년 초에 겪었던 상황을 돌아보며 각 단계를 자세히 알아보자. 그리고 진단 과정과 해결방안 수립 과정을 자세히 살펴보자.

넷플릭스는 1998년에 설립되어 빠른 시간에 DVD 우편배달업계의 최강자로 떠올랐다. 넷플릭스는 고객의 주문을 정확히 예상하는 시네매치Cinematch시스템과 뛰어난 배송시스템 덕에 인기를 끌었다. 그러다 2010년에 CEO 리드 헤이스팅스Reed Hastings가 DVD 대여사업에서 점차 손을 떼고 온라인 스트리밍서비스로 주력사업을 전환하면서 기업전략이 커다란 전환점을 맞이했다. 그는 스타즈, 디즈니, 라이온스게이트, MGM, 패러마운트, 소니 등과 콘텐츠 제휴 계약을 맺었다.

2013년에 넷플릭스는 최초의 '오리지널' 콘텐츠인 〈하우스 오브 카드〉와 〈오렌지 이즈 더 뉴 블랙〉을 공개했다. 이 작품들은 오직 넷플릭스에서 상영할 목적으로 제작되었다. 2017년 말, 오리지널 콘텐츠는 26개로 늘어났다. 게다가 다른 국가에도 진출했다. 2018년 초에 미국의 가입자는 5,300만 명이었지만, 전 세계 가입자 수는 이보다 많은 5,800만 명이었다. 매출액은 117억 달러에서 꾸준히 상승했다. 하지만 2017년에 순손실이 18억 달러를 기록하는 등 손익 측면에서는 엄청난 적자를 보고 있었다.

그림 4의 아랫부분에서 보듯 1인당 매출액보다 현금 기준 원가가 더 크다. 현금 기준 이익과 회계상 이익이 차이 나는 이유는 콘텐츠 제작비용을 몇 년에 나누어 상각, 즉 안분했기 때문이다. 그래서 회사가 계속 성장하는 한 장부상으로는 이익이 난 것처럼 보였다. 현금 부족은 대부분 추가적인 채무를 발생시켜 해결했다. 공격적인 마케팅도 비용상승의 한 원인이었다.

한편 유료 스트리밍서비스업체 중 넷플릭스의 시장점유율은 76퍼센트로, 아마존프라임의 17퍼센트나 훌루의 4퍼센트, HBO의 3퍼센트를 크게 앞서고 있었다.

2011년, 넷플릭스는 심각한 문제에 직면했다. 넷플릭스는 스타즈 케이블TV의 콘텐츠를 연 3,000만 달러에 이용하고 있었지만, 스타즈가 계약을 갱신하면서 3억 달러를 요구했다. 넷플릭스는 월 회비를 60퍼센트나 인상해야 했고, 주가는 곤두박질쳤다.

스타즈와의 일은 그 뒤에 닥칠 고난의 서막에 불과했다. 콘텐츠 공급회사들은 앞다투어 이용료 인상을 요구했고, 몇몇은 자체 스트리밍서비스를 시작하려고 콘텐츠 공급을 철회했다. 그중에서도 인기 있는 드라마였던 〈프렌즈〉와 〈오피스〉를 잃은 타격이 가장 컸다. 워너미디어는 자체 스트리밍서비스업체인 HBO맥스로 〈프렌즈〉를 빼가고, NBC유니버설은 피콕 스트리밍서비스로 〈오피스〉를 가져갔다. 게다가 자체 콘텐츠 제작비용은 더 커지고 새로운 경쟁사가 속속 시장에 진입했다. 디즈니는 21세기 폭스사를 인수하여 공격적으로 스트리밍서비스 시장에 진입했고, 2019년에는 넷플릭스에서 자사 콘텐츠를 모두 삭제하겠다고 발

단위: 백만 달러	2017	2016
매출액	11,693	8,831
매출원가	7,660	6,030
마케팅비	1,278	991
연구개발비	1,053	852
일반관리비	864	578
영업이익	839	380
영업 외 수익(비용)	(353)	(119)
세전 소득	485	261
소득세 충당금	(74)	74
당기순이익	559	187

가입자당 월비용(달러)	2017	2016
매출액	9.38	8.64
콘텐츠 제작비	1.51	1.44
라이선스비	5.92	5.73
마케팅비	1.20	1.03
기술비	0.80	0.89
일반관리비	0.36	0.60
기타 비용	1.36	1.02
현금 기준 총원가	11.15	10.71
현금 기준 이익	-1.77	-2.07

그림 4. 넷플릭스의 재정 상태

표했다. 게다가 기존 콘텐츠와 향후 극장개봉작 모두 새로 만드는 스트리밍 플랫폼에 올리겠다고 발표했다. 그렇게 되면 디즈니는 루카스필름, 마블, 픽사, 폭스, ESPN에서 제공받는 콘텐츠

외에 〈판타지아〉부터 〈덤보〉, 〈겨울왕국〉까지 자체 제작 콘텐츠를 모두 보유하게 된다. 한 관계자는 이렇게 말했다. "디즈니는 75년간의 문화 자본을 보유하고 있습니다."[2]

설상가상으로 애플마저 이 시장에 뛰어들겠다고 선언했다. 애플TV플러스는 월 회비 5달러에 풍부한 콘텐츠를 제공하겠다고 발표했다. 알다시피 애플의 자금력은 막강하다.

장기목표라는 함정

캐럴린이나 그 회사의 사장처럼 전략을 만들기 위해 애쓰는 사람들에게 컨설팅업체가 해주는 충고는 우선 목표를 명확히 하라는 것이다. 그들은 《이상한 나라의 앨리스》에 나오는 체셔고양이처럼 목적지를 모르면 어디로 가든 의미가 없다고 이야기한다. 그리고 무엇보다도 미션선언문과 비전선언문을 먼저 적어보라고 권한다. 전략을 다룬 책에는 보통 아래처럼 정형화된 지침이 있다.

일관된 전략의 첫째 요소는 전략이 지향하는 장기목표다. 여기서 장기목표는 전략을 통해 기업이 도달하고자 하는 마켓 포지션이나 상태를 말한다. 예를 들어 '시장지배자', '기술의 리더' 또는 '최고의 기업' 같은 것들이며 '장기'라는 말은 이 목표가 지속적이라는 뜻이다.[3]

잠시 이 충고를 생각해보자. 일반적인 이 틀에서 전략은 '첫째 요소'인 장기목표를 달성하기 위한 일련의 행동으로 그려지고 있다. 그런데 이 목표는 어디서 도출되는가? 아무 근거 없이 목표가 튀어나온다. 제대로 된 분석을 하기도 전에 마치 마술처럼 목표가 나타난다. 기업이나 경쟁사, 경쟁의 역학 등을 분석하지 않고 '기술의 리더'가 되겠다고 발표하는 것은 허풍에 지나지 않는다. 이는 조직의 발전이나 방향성에 어떤 도움도 주지 못한다. 이 내용은 뒤에 나올 14장에서 좀 더 자세히 다룰 것이다.

개인이든 조직이든 한두 개의 추진 목표를 가지고 있다는 말은 사실이 아니다. 이는 경제학자나 몇몇 경영자들이 만들어낸 허상에 불과하다. 대신 대부분의 사람이나 조직에는 '한 묶음의 욕심'이 있을 뿐이다. 다시 말해 다양한 방향성과 미래의 비전 그리고 이루고 싶은 것들이 있다. 이 '묶음' 안에서 여러 욕심들이 서로 충돌하며 갈등을 빚는다. 그러므로 이 모든 것을 동시에 달성할 수는 없다.

25살 때 나는 최고경영진에게 조언을 하는 업계 최고의 컨설턴트가 되고 싶었다. 여름에는 휴가를 내고 전 세계의 명산을 등반하고 싶었다. 비행기 조종법을 배우고, 오지로 스키를 타러 다니고 싶었다. 통계적 결정이론에 적용되는 수학을 마스터하고 학생들의 귀감이 되는 교수가 되고 싶었다. 10킬로미터 마라톤을 완주하고, 모건플러스4드롭헤드 자동차를 구입하고 싶었다. 직장생활과 자연 속의 삶을 균형 있게 즐기고, 전문직 여성과 결혼

해서 재능이 뛰어난 아이들을 낳고 싶었다. 가족과 많은 시간을 보내고 조기 은퇴한 뒤 생루이섬에 집을 사서 살고 싶었다. 살면서 이들 중 몇 가지는 이룬 것도 있다. 그러나 기회와 과제에 따라 새로운 목표가 생기면 기존의 목표는 뒤로 제쳐두었다. 그 과정에서 다음에 무엇을 하고 싶은지에 따라 위시리스트에서 먼저 할 일을 골라냈다.

만일 내가 2018년 초의 리드 헤이스팅스였다면 나의 위시리스트는 아래와 같았을 것이다.

- 회사가 업계에서 생존하고 번성하면 좋겠다.
- 주가가 너무 높아 걱정 좀 해봤으면 좋겠다.
- 내 재산을 잘 유지했으면 좋겠다.
- 미국 스트리밍업계의 선도기업 자리를 놓치고 싶지 않다.
- 디즈니처럼 지적재산권이 많았으면 좋겠다. 그래서 자체 제작한 영화의 내용과 캐릭터를 디즈니 영화사나 바이어컴처럼 재사용하여 장난감, 도서, 놀이공원 등에서 볼 수 있었으면 좋겠다.
- '고루함'을 벗고 새롭고 참신한 방식으로 배우들이나 제작진들과 일하고 싶다. 콘텐츠 제작이 가능한 영국, 독일, 이탈리아, 브라질, 멕시코, 한국, 일본 등을 포함해 큰 국가에서 시장점유율을 늘리고 싶다.
- EU 의회가 스트리밍서비스업체에게 현지 제작 콘텐츠를 최소 30퍼센트 편성해야 하는 법안 도입을 검토 중이라고 들

었다. 그 안에 찬성하며, 향후 이 법을 잘 이용해서 디즈니를 방어하고 싶다.

- 잠재력이 큰 인도시장에서 저렴한 구독료로 저변을 확대하고 싶다.
- TV 방송국처럼 뉴스나 스포츠 중계도 하고 싶다.
- 유튜브를 벤치마킹해서 전용 콘텐츠만 내보내는 별도의 스트리밍서비스를 하고 싶다. 가끔씩 지분을 모두 팔고 완전히 새로운 사업을 하고 싶을 때가 있다. 수천 명씩 관리하느라 신경 쓸 필요 없이 직원도 얼마 되지 않는 작은 회사를 운영하고 싶다.
- 이것저것 다 안 되면 1년 정도 휴가를 내서 가족과 함께 푹 쉬고 싶다.

헤이스팅스는 뛰어난 사업가였으므로 실제로는 이보다 더 많았을 수도 있다. 이런 종류의 계획과 꿈이 나중에 전략으로 발전되는데, 물론 이 모두를 다 이룰 수는 없다. 아니 최소한 이 모두를 동시에 달성할 수는 없다. 효과적인 전략은 문제점과 목표, 가용자원 및 경쟁사 등을 충분히 검토한 뒤에야 수립할 수 있다. 실제 상황과 정면으로 맞닥뜨렸을 때 뛰어난 지도자는 여러 야심찬 목표들 중에서 일부 요소를 이용해 전략을 수립한다. 중요한 점은 목표는 고정된 것이 아니며 정해진 시작점이 없다는 것이다. 앞으로 나아갈 방향을 고려할 때 전략가들은 자신의 가치관과 목표 중에 선택을 해야 한다. 특정 상황에서 특별히 중요하게 대두된 목표는 그 결과가 정해져 있다. 2015년에 제너럴일렉트릭General Electric(GE)은 2020년까지 탑10 소프트웨어회사가 되겠다는 목표를 세웠다. 그러나 오늘날 GE는 GE디지털을 매각하지 못해 고생하고 있다. 크루즈업계는 2020년도만 해도 즐거움을 추구했지만 코로나19가 발생한 뒤에는 청결과 위생으로 바뀌었다. 의류업체인 갭GAP은 유행을 선도하는 청바지에서 오늘날에는 어떻게든 살아남는 것으로 바뀌었다.

문제의 진단

전략수립의 시작은 진단이다. 넷플릭스의 사례에서 보듯 수많은 분석 대상이 있다. 구독료, 원가, 경쟁사, 구매자의 행동패턴, 기호 변화 등을 모두 살펴봐야 한다. 컨설턴트는 경쟁사 대비 이런 요소들을 분석한다. 구매자(가입자)의 행동분석이 가장 중요하며 민족과 문화에 따라 콘텐츠의 다양성, 신선함, 스토리 라인, 변화, 구독료에 대응하는 방식이 달라진다. 또한 그들은 경쟁사들이 유사한 상황에서 어떻게 대응했는지를 분석한다.

하지만 원가와 구독료, 시장, 가입자, 경쟁사 분석 등으로 가득 찬 전형적인 200페이지짜리 컨설턴트의 보고서를 검토한 뒤, 위협받는 스트리밍업체의 미래에 대처하기 위한 전략을 어떻게 만들 것인가?

경영자를 흔히 '의사결정자'라고 이야기한다. 결정이론에 대한 많은 연구가 있지만, 한마디로 정의하자면 가장 보상(효용)이 크다고 기대되는 행동을 선택해야 한다는 것이다. 전략을 의사결정이라고 생각한다면 여러 개의 대안 중에서 제일 좋은 것을 선택하면 된다. 아주 뛰어난 경영자가 아니더라도 이게 말이 안 된다는 것쯤은 알 수 있다. 그 '대안'은 대체 어디서 오는가?

전략을 수립하는 것은 단순히 목표를 추구하거나 의사결정을 내리는 행동과는 다르다. 만일 우리가 체스에서 어떤 수를 두었을 때 승률이 높아지는지 알 수 있다면 주도권을 쥐고 경기를 이끌 수 있을 것이다. 그러나 우리에게는 그런 식의 함수가 없다. 대신 묘수의 패턴을 기억해서 크럭스를 찾아야 한다. 즉 적의 약점을 이용할 수 있는 패턴을 찾는 것이다.

꼬인 과제

전략수립은 문제 해결의 특별한 형태다. 이 말은 학교 다닐 때 해야 했던 숙제보다 덜 체계적이지만 훨씬 더 복잡한 문제를 해결해야 한다는 뜻이다.

전략에 대해 말하거나 글을 쓸 때는 '과제'라는 말을 쓰는 것이 좋다. 다만 '문제'를 사용할 경우 너무 부정적인 표현으로 인식하지 않는 것이 필요하다. 전략적 과제에는 엄청난 기회가 숨어 있으므로 이를 어떻게 잘 포착하는가도 매우 중요하다.

전략적 과제는 세 가지 형태로 나타난다. 바로 선택 과제choice challenge, 공학설계 과제engineering-design challenge, 꼬인 과제gnarly challenge다. 기업은 쉬운 과제로는 도움을 요청하지 않기 때문에 내가 주로 다루는 것은 꼬인 과제다.

'선택 과제'는 대안을 알고 있지만 그 대안이 불확실하고 계량화하기 어려울 때 발생한다. 전략적 선택 과제는 장기적인 자본 투자 또는 계약 체결 등에 적용된다. 예를 들어, 당신이 호주에 광산을 보유하고 있다고 치자. 중국에서 광석 수요가 매년 늘어난다면 항구까지의 철도 건설에 투자해야 하는가? 그렇다면 항구는 얼마나 커야 하며, 어떤 형태의 공급계약서를 체결할 것인가?

'공학설계 과제'는 새로운 무언가를 창조해야 하는데, 그것을 구현하기 전에 측정할 수단이 있는 상황이다. 공대에서는 교량의 강구조물이나 케이블에 가해지는 응력을 분석하는 방법을 배운다. 그리고 교량을 설계할 때 다른 다리의 설계를 카피할 수도 있다. 그러나 노르웨이 정부가 550미터 깊이의 비에르나피오르Bjørna fjord 위로 세계 최장 부교를 시공해달라고 한다면, 강철과 콘크리트로 어떻게 다리를 만들지 생각해야 한다. 이런 경우에는 선택 과제와 달리 미리 정해진 대안이 없다. 그렇지만 현대 공학에는 구조물과 바다, 하중, 바람 등에 관한 여러 모델들이 있으므로 선택 전에 수학적으로 검증해보고 시뮬레이션을 통해 테스트할 수 있다.

가장 어려운 상황은 '꼬인 과제'다. 여기에는 미리 주어지는 대안도 없고, 당신의 설계를 테스트할 만한 공학 모델도 없다. 또한 과제를 해결할 수 있다는 어떤 보장도 없고, 행동과 결과 사이에 명쾌한 인과관계도 없다.

이런 과제는 우선 과제의 본질을 파악해서 현재 발생하는 일을 알아야 한다. 과제의 역설 또는 핵심은 무엇인가? 그리고 어떤 제약을 이용해 이를 풀어낼 수 있는가?

넷플릭스의 과제

내가 만일 넷플릭스의 CEO인 리드 헤이스팅스였다면 내게 주어진 과제는 다음과 같을 것이다.

넷플릭스의 가장 큰 현안은 다른 회사의 콘텐츠를 대여하여 성장했다는 것이다. 그러나 더 이상 그런 방식은 통하지 않는다. (ESPN, 픽사, 루카스필름, 폭스 등을 포함한) 디즈니와 워너미디어, MGM, NBC유니버설 및 기타 미디어사가 넷플릭스와 아마존에서 콘텐츠를 철수시키고 있다. 콘텐츠 확보를 위한 전쟁은 점점 더 치열해지는 중이다.

월 구독료를 받는 새로운 스트리밍서비스업체가 생겨나 '오리지널' 콘텐츠로 가입자를 묶어놓으려는 상황이 지속될 것이다. 그렇다면 언제쯤 가입자의 경제적 한계나 콘텐츠에 대한 피로감으로 시장이 포화 상태에 도달할까? 또 그다음에는 어떻게 될까?

넷플릭스의 오리지널 콘텐츠는 지난 100년간 업계를 지배해왔던 제작사가 변함없이 제작하고 있다. 여기에는 워너브러더스, 라이온스게이트, 패러마운트 TC, 소니 등이 있다. 이런 공급망이 언제까지 유지될 수 있을까?

넷플릭스가 영화관에 배급될 수준의 영화를 만든다면 기존 배급사들과 정면으로 부딪히게 된다. 그렇다면 B급 영화만 만들어야 할까?

넷플릭스는 해외에서의 마진, 특히 유럽 이외 지역의 마진이 낮다.

시리즈물로 제공한 콘텐츠는 수준이 높았다. 그러나 아마존, 디즈니, 애플, 훌루 같은 경쟁사도 고품질 콘텐츠를 시장에 내놓으면서 콘텐츠 사용료나 배우 출연료가 상승하면 그만큼 이익이 감소하지 않을까?

넷플렉스의 신규가입자 획득비용은 2012년 300달러에서 2017년 500달러로 상승했다. 그러나 현금흐름은 심한 적자를 보고 있다. 넷플릭스는 새로운 부채를 일으켜 성장비용을 충당해왔다. 현금 기준 이익을 늘리는 방법은 가입자 수를 늘려 콘텐츠 구입비용 및 제작비용을 분배하는 방법밖에 없다. 그렇다면 해외 가입자를 늘리면 가능할까?

전략적 과제의 본질을 파악하는 크럭스의 가치를 제대로 보여주기 위해 넷플릭스가 취할 수 있는 조치가 몇 가지 있다. 먼저 국내 시장점유율을 유지하기 위해 월 구독료 4달러의 한정 회원을 모집해서 디즈니와 경쟁할 수 있다. 이런 가입자들은 휴대폰이나 태블릿 PC로 만화나 어린이용 콘텐츠를 이용할 수 있다. 여기에 10달러를 더 내면 모든 콘텐츠를 볼 수 있는 성인용 회원권을 구입할 수 있다.

또한 기존 할리우드의 권모술수와 힘겨루기 그리고 스타에 의존하는 방식에서 벗어나 '새로운' 형태의 영화산업을 만들 수도 있다. 〈OA〉나 〈오렌지 이즈 더 뉴 블랙〉 같은 드라마에서 보듯,

꼭 유명한 스타를 고용해야 흥행에 성공하는 것은 아니다. 스타를 출연시키는 이런 고비용 방식은 위험하기도 하려니와 지속적으로 자본시장에서 자금조달이 이루어져야 한다. 한 번의 실수도 용납되지 않는다.

넷플릭스는 2018년에 시장가치가 약 900억 달러에 육박했다. 따라서 MGM 같은 대형스튜디오를 인수해서 그들의 콘텐츠와 제작 능력을 활용할 수도 있다. 물론 이런 방식은 '새로운' 형태의 할리우드 추진과는 모순된다.

또는 HBO의 〈왕좌의 게임〉 같은 대형 블록버스터 시리즈를 제작할 수도 있다. 이런 블록버스터는 단지 이 콘텐츠를 보기 위해 수백만 명이 신규로 가입할 수도 있다. 이런 증가에는 딱히 공식이 없다.

넷플릭스는 상이한 가입자군을 타깃으로 여러 개의 스트리밍 서비스를 제공할 수도 있다. 여기에는 향후 가입자를 세부적으로 분류하고 이용료를 조정할 수 있는 여러 방법이 있다.

해외사업 확대와 관련해서는 미국 이외의 선진국, 특히 영어권 국가(캐나다, 호주, 뉴질랜드, 영국 등)에 집중할 수도 있다. 이들 지역 및 기타 유사 지역은 선호도가 비슷하고 소득이 높아 고급 스트리밍서비스 비용을 감당할 수 있다. 또한 이들 지역이 보유한 비디오 제작 능력을 활용할 수 있다. 영어권 사업과 별도로 넷플릭스는 전 세계적 네트워크망을 갖춘 콘텐츠 공급자가 될 수도 있다. 자체 제작 비율을 낮추고 여러 국가의 콘텐츠를 공급하는 것이다. 2018년 초에 넷플릭스는 이미 〈다크〉(독일), 〈종이의 집〉(스페인), 〈신성한 게임〉(인도), 〈3%〉(브라질) 같은 콘텐츠를 배급했다.

과제의 크럭스

꼬인 과제를 나무 막대기와 철사가 복잡하게 엉켜 있는 덩어리라고 생각해보자. 그것이 장애물처럼 앞길을 막고 있다. 이것을 완전히 풀려면 며칠이 걸릴 수도 있다. 하지만 포인트를 찾아서 두꺼운 철사 하나를 잘라내면 다루기 쉬운 작은 뭉치 여러 개로 분리할 수 있다. 그 철사야말로 엉킨 덩어리의 크럭스다.

넷플릭스의 과제는 기존의 TV 시리즈와 스튜디오 제작 작품을 적당한 가격에 본다는 것만으로는 더 이상 가입자를 늘릴 수 없다는 데 있다. 스트리밍서비스를 제공하는 데는 풍부한 콘텐츠와 가입자 수 모두가 중요하다. 가입자가 많으면 콘텐츠 구입에 많은 비용을 지불할 수 있고 가입자당 필요한 콘텐츠 수도 줄어든다. 가입자가 2배로 늘어난다고 콘텐츠도 2배로 늘어나야 하는 것은 아니기 때문이다. 그러므로 가입자 수가 중요하다. 물론 업체가 어린이들처럼 다양한 콘텐츠를 찾지 않는 가입자를 대상으로 가격을 낮추는 전략을 구사하지 않는 이상, 가입자들은 좋은 콘텐츠를 따라 움직이게 마련이다.

경쟁에서는 불균형을 찾는 것이 필요하다. 즉 경쟁사와 다른 전략을 추구해야 한다. 앞에서 설명했던 퐁텐블로의 볼더는 키가 작은 근육질의 사람이 키 큰 사람보다 크럭스를 돌파하기 쉬울 것이다. 또는 덩치가 큰 사람보다 경험이 많은 사람이 더 유리할 것이다. 이와 마찬가지로, 어떤 업체는 기술력은 뛰어난데 공급망이 취약할 수 있다. 흥미로운 점은 넷플릭스가 국내보다 해외에서 인지도가 더 뛰어나다는 사실이다. 초기에는 유럽과 터키뿐 아니라 영어권 국가에서 많은 사람이 가입했다. 디즈니 및 기타 업체들도 해외시장 진출을 노리겠지만 콘텐츠 제작은 미국에서 할 가능성이 높다. 그렇다면 넷플릭스는 해외의 콘텐츠 제작시설을 이용해서 전 세계 관중들에게 다가갈 수 있을까?

내 생각에 넷플릭스가 처한 현 상황의 크럭스는 현재 해외시장에서 보이는 우세를 이용해서 많은 콘텐츠를 제작하고, 이를 미국 및 성장하는 해외시장에 공급하는 것이다.

과제를 진단하고 대안을 선택하려면 용기가 필요하다. 특히 넷플릭스처럼 꼬인 과제에 당면해서는 더욱 그렇다. 대안은 거저 주어지는 것이 아니라 생각해내고 구성해야 한다. 그다음에는 최선을 다해 그 대안 중에서 선택해야 한다. 또한 아이디어를 구체적이고 일관된 행동으로 옮겨야 한다. 행동으로 옮기는 과정에서 우리는 판단해야 한다. 해결방안을 고안해내기 위해서 우리는 어떤 것들이 옳다고 판단 또는 가정하거나 믿어야 한다.

넷플릭스의 크럭스 분석을 해보면 해외에서 좋은 작품을 제작할 수 있는 메커니즘을 구축하는 동시에 넷플릭스를 가장 선호하는 공급망으로 만들어야 한다는 것을 알 수 있다. 가입자가 많으니 비용을 충분히 감당할 수 있겠지만, 그 외에도 고려해야 할 것이 있다. 세계 각국에 모두 통하는 콘텐츠를 만드는 일은 쉽지 않다. 과연 넷플릭스가 이를 수행할 만한 콘텐츠를 창조해서 공유할 수 있을까? 자금지원은 제대로 될까? 국제적인 교육기관을 세워 대본 작성, 연기, 제작을 가르칠 능력이 있을까? 인공지능의 발전으로 자막 번역이 더 쉬워질까? 다른 대안을 더 설명할 수도 있지만 여기서 전략 시뮬레이션을 멈추겠다. 독자들이 신중한 진단과 크럭스 파악의 진정한 가치를 알아보길 바란다.

이렇게 과제를 진단하고 해결방안을 수립하는 과정이 현재 우리가 가진 전략수립의 가장 좋은 이론이다. 과제와 자원을 분석하여 이를 해결하고, 자신의 목표를 달성할 수 있는 방안을 생각해내야 한다. 과제를 해결하는 데 도움을 줄 수 있는 도구는 많다. 또한 좋은 방안을 구상하는 데에도 여러 방법이 있다. 예를 들어 유사한 상황을 참조하거나, 시각을 바꾸거나, 지난번 잘 통했던 방식을 다시 사용하는 식이다. 그러나 이것들은 자극제에 불과하다. 전략은 '선택'하는 것이 아니라 '창조'하는 것이다. 당신이 창조한 대안 중에서 최선의 대안을 선택해야 한다. 마지막으로 아이디어를 구체적이고 일관된 행동으로 옮겨야 한다.

2장

문제 해결의 시작, 크럭스

경력 초기에 나는 전략수립이란 분석이라고 생각했었다. 나는 데이터를 수집하고 컨설팅업계나 학계에서 차용한 틀을 도입한 다음, 장기간에 걸쳐 제품과 가격 그리고 지역과 경쟁사의 행태 등을 자세히 들여다보았다. 그리고 경쟁력을 최대한 수치로 나타내기 위해 노력했다. 항공사인 경우 조종사별로 경쟁사의 조종사 대비 우위요소를 분석했고, 잡지사인 경우 각각의 기사와 사진별로 비용을 분석하곤 했다. 그러나 이런 방식이 유익하기는 하지만 실제로 상황을 개선할 수 있는 전략을 만들어내지는 못한다는 사실을 깨달았다.

나는 기업의 중역들에게 무언가 배우려고 시도해보기도 했다. 하지만 중역들 중에는 직원들을 밀어붙여 목표를 달성하는 것이 자신의 일이라고 생각하는 사람들이 많았다. 또 다른 중역들은 평판은 좋았지만 자신이 맡은 기업의 본질을 제대로 이해하지 못했다. 어떤 중역들은 전략을 기획이나 일종의 금융공학 또는 '해야 할 일'의 리스트쯤으로 생각하기도 했다. 물론 통찰력이 뛰어난 사람도 있었지만 그들에게는 행동으로 옮길 용기가 부족했다.

다행히 나는 몇몇 뛰어난 전략가들을 만나 배울 수 있었다.

- 정유회사 셸Shell의 전설적인 전략가였던 피에르 왁Pierre Wack 은 어떤 상황에서 나타나는 요소들의 상관관계를 보고 그 트렌드가 과도하거나 등락이 두드러지면 주의하라고 했다.
- 애플의 스티브 잡스Steve Jobs는 잔인할 정도로 정직했기 때문에 온갖 거짓말을 꿰뚫고 상황의 크럭스를 바로 파악할 수 있었다. 비록 주위의 많은 사람을 짜증나게 했지만 말이다.
- 미국 국방전략가였던 앤디 마셜Andy Marshall은 경쟁을 재정의해서 협상의 분위기를 역전시키는 뛰어난 본능이 있는 사람이었다. 그는 냉전 상황을 미국과 소련의 장기적인 경쟁으로 재정의한 보고서를 작성했다. 이 보고서는 미국의 정책이 군비경쟁에서 경제 및 사회 분야로까지 경쟁의 폭을 넓히는 획기적인 계기가 되었다.
- 인텔Intel의 회장이었던 앤디 브라이언트Andy Bryant는 제품의 사이즈와 복잡성이 기술적 우위만큼이나 중요하다는 것을 깨달은 사람이다.
- 레드게이트소프트웨어Redgate Software의 사이먼 갤브레이스 Simon Galbraith는 타고난 진단 능력으로 여러 분야에서 중요한 역할을 했다.

이런 CEO들이 일하는 방식은 전부 상이했지만 시간이 지날수록 그 차이에 대한 광범위한 윤곽을 그릴 수 있었다.

능숙한 전략가들은 분석 데이터를 좋아하지만, 동시에 중요한 과제나 기회를 분간해내고 이에 집중하여 극복할 방안을 창조한다. 이들은 필수적인 것을 찾아내는 '식별력'과 에너지를 문제에 집중하는 능력을 가지고 있다. 성과도 신경 쓰기는 했지만 결과와 행동을 혼동하지는 않았다. 이미 알려진 대책 리스트나 컨설팅업계가 제시한 방안 또는 직원들이 만든 파워포인트 보고서 중에서 전략을 선택하지는 않았다. 이들은 전략을 미래에 '우리가 원하는 위치'로 생각하지 않았다. 물론 이들에게도 승리하고 이익을 내고 성공하려는 명확한 목표가 있다. 그러나 이들은 전략을 현장에서 생기는 과제와 거기에서 발생하는 새로운 기회라고 생각했다.

꼬인 과제는 단순히 분석이나 정해진 틀을 이용해서는 '해결'할 수 없다. 일관된 전략은 먼저 과제의 구조를 분석하고 프레임화하여 관심 범위를 세분화해야 한다. 그리고 유사한 상황을 참조하여 통찰력을 얻는 과정을 통해 만들 수 있다. 그 결과는 선택이라기보다는 설계에 가깝다. 그것은 목적을 구체화하는 창조 과정이다. 내가 '창조'라고 말하는 이유는 그것이 다른 사람들에게는 잘 보이지 않으며, 알고리즘이 아닌 통찰력과 판단의 결과이기 때문이다. 즉 도출이 아니라 설계다. 통찰력 있는 설계에 내재된 의미는 지식이 필요하기는 하지만 전부는 아니라는 뜻이다.

설계 문제를 해결하기가 어렵다는 점은 산업디자인 전문가인

키스 도스트Kees Dorst가 문제의 크럭스에 초점을 맞추는 과정을 설명한 다음 글에 잘 나타나 있다.

경험 많은 설계자들은 새로운 문제가 출현했을 때 가장 중요한 문제를 찾아 스스로에게 해결이 어려운 이유를 물어본다. 그리고 핵심 문제에 대해 충분한 이해가 선행되지 않는 한 문제 해결에 착수하지 않는다.[1]

경험 많은 전략설계자들은 과제의 크럭스를 방해물이나 제약요소로 인식한다. 즉 손쉬운 해결방법을 방해하는 것으로 생각한다. 전략가들의 관심이 여기에 집중되는 이유는 쐐기돌 하나만 움직이면 벽 전체를 무너트릴 수 있는 수단으로 크럭스를 생각하기 때문이다. 특히 다른 상황에 비슷한 크럭스가 있거나 해결방안에 대한 힌트가 있을 경우 더욱 그 관심이 집중된다.

전략을 도출하려는 노력이 가진 함정

이미 존재하는 중요한 법칙으로부터 전략을 도출할 수는 없다. 이런 사례는 '패러다임사Paradigm Corp.'[2]의 중역들이 잘 보여준다. 특수용지를 제작하는 이 중소기업의 대표인 '칼 랑Carl Lang'은 내게 회사의 전략을 평가해달라고 요청했다. 그는 이렇게 말했다. "이사회는 회사가 개발한 전략을 제3자의 입장에서 평가받

길 원합니다." 나는 매니저들을 면담하고 이들이 만든 보고서를
검토했다.

랑이 세운 첫 단계는 우선 회사의 목적을 명확히 하는 일이었
다. 그가 말했다. "우리의 목적은 측정 가능한 가시적인 결과를
낳는 것입니다. 구체적으로는 최소 9퍼센트의 자산투자 수익률,
최소 25퍼센트의 시장점유율, 연 10퍼센트의 지속적인 판매성장
률을 달성하는 것입니다."

패러다임사는 마이클 포터Michael Porter가 쓴 《경쟁우위Competitive
Advantage》를 참조해서 **그림 5**와 같이 4개의 형태로 전략을 구분
했다.

회사의 전략팀은 차별화전략을 선택했다. 다양한 형태와 사이
즈의 제품으로 경쟁한 적이 있었기 때문이다.[3]

이러한 '운용전략'의 근거로는 한 경영전문 잡지의 기사를 인
용했다.

	원가경쟁	차별화
광범위한 시장	원가우위전략	차별화전략
좁은 시장	원가집중전략	차별적집중화전략

_____ 그림 5. 포터의 일반전략

- 지속적인 개선
- 설비 가동률
- 적시 생산방식
- 아웃소싱
- 신제품 출시 시기

전략팀은 이 중에서 '신제품 출시 시기'를 선택했다. 다른 운용 전략은 실용성이 적어 보였기 때문이다. 그들의 생산시설은 낡았고, 다른 주에 있었으며, 노동조합이 설립되어 있었기 때문에 본사에서 생산의 자세한 부분까지 통제하기 힘들었다.

칼 랑은 합리적인 절차로 전략을 수립해 이사회로부터 자신을 방어하고, 심지어 법적인 분규도 대응하려 했다. 그는 내가 이사회에 나가 '일반적 차별화'와 '신제품 출시 시기' 전략이 합리적이며 최소 9퍼센트의 자산투자 수익률과 10퍼센트의 판매성장률을 달성할 가능성이 높다고 말해주기를 바랐다. 그러나 그의 전략은 패러다임사가 직면한 문제와 아무런 관계가 없었기 때문에 그렇게 할 수 없었다.

패러다임사의 근본적인 문제는 첫째, 생산을 효과적으로 통제하지 못하며 둘째, 회사의 가장 큰 고객이 느리게 성장하는 기업이라는 점이었다. 일단 이런 점을 확인하고 집중적으로 연구하자, 전략팀에서는 점차 그 문제를 처리할 방안을 내놓기 시작했다. 그 뒤로 몇 달에 걸쳐 칼 랑은 마케팅과 영업에 쏟는 노력을 느리게 성장하는 소규모 기업에 집중했다. 또한 생산활동을 표준제품과 특화제품으로 분할하는 합리적인 전략을 개발했다. 내가 한 일은 재무목표나 일반전략이 아닌 실질적인 과제에 집중할 수 있도록 한 것밖에 없다.

추론 대 설계

칼 랑은 마이클 포터의 '5세력 모델Five Forces Model'이나 김위찬 교수와 러네이 모본Renée Mauborgne 교수의 '블루오션전략캔버스Blue Ocean Strategy Canvas' 같은 '틀'을 이용해 전략을 추론하려 했다. 그러나 이런 틀들은 특정 상황에서 중요한 것에 집중할 수 있도록 디자인된 것이다. 따라서 이 틀에서는 구체적인 대책이 추론되지 않으며 그렇게 할 수도 없다.

어떤 기업은 '향후 5년간 매년 20퍼센트 이상의 수익증가'와 같은 성과목표로부터 전략을 추론하려고 한다. 하지만 목표 그 자체는 아무런 행동도 의미하지 않기 때문에 그런 식으로는 전략을 얻을 수 없다. 만약 좀 더 세분화해서 '성장 가능성이 가장 큰 회사에 집중하기'라고 한다면 그 안에는 복잡한 의미가 내포된다. 왜 여태까지는 성장 가능성이 가장 큰 회사에 집중하지 못했나? 그렇게 하기 어려운 이유가 무엇인가? 그 회사에 판매하려면 어떤 변화가 이루어져야 하는가?

이 문제를 보다 명확하게 알기 위해서는 추론과 설계의 차이를 좀 더 알아보는 것이 좋다.

우리 모두는 추론을 잘 알고 있다. 에우클레이데스는 기원전 300년에 그의 저서 《원론The Elements》에서 최초로 추론을 공식화했다. 우리는 고등학교 때 그의 기하학의 공리(예를 들어, 동일한 것의 같은 것은 서로 같다 또는 모든 직각은 같다 등)를 배우고, 이런 공리로부터 기하학적 관계를 추론하는 방법을 배운다. 추론은 논리 그 자체와 유사하다. 어떤 가정으로부터 특정 관계 또는 사실이 추론된다.

뉴턴의 만유인력의 법칙을 알고, 화성과 지구의 위치 및 궤도를 안다면 우주선이 지구를 떠나 화성에 도달하는 데 필요한 속도를 추론할 수 있다. 당신의 음악청취 기록을 안다면 웹사이트는 당신이 듣고 싶을 만한 음악을 추천할 수 있다. 이러한 방식은 인류가 창조한 가장 강력한 추론 도구로서, 특히 수학과 물리학에서 엄청난 업적을 남겼다.

원자폭탄처럼 물리학자들이 칠판에 갈겨쓴 숫자가 도시를 날려버릴 수 있다는 사실을 깨닫고 난 후, 경제학자들과 다른 사회과학자들은 실제 행동보다 물리학자들이 이용한 연역적 추론법에 관심을 돌렸다. 그 결과 중의 하나가 실제 행동과 거의 관계없는 현대경제학의 등장이다. 이 이론에 의하면 개인이나 기업은 '효용'이라고 불리는 기대치를 최대화하기 위해 행동한다. 그리고 효용은 반드시 돈으로 측정되지는 않는다.

허버트 사이먼Herbert Simon은 기존의 현대경제학 이론과 달리 사람들이 반드시 효용을 극대화하는 선택을 하지는 않는다는 사실을 밝혀 1978년에 노벨경제학상을 수상했다. 사람은 경제학에서 생각하는 것만큼 합리적인 존재가 아니라는 것이다. 사람의 합리성은 제한되어 있다. 이는 학자들을 제외한 모든 사람이 이미 알고 있는 사실이기도 하다.

사이먼은 사람들이 어떤 행동을 하면 현재 자신이 더 나아질까에 대해 국지적인 판단밖에 못 한다고 주장했다. 그는 체스 선수를 예로 들었다. 뛰어난 체스 선수는 그렇지 않은 선수보다 더 많은 경기패턴을 알고 있다. 즉 게임에서 어려운 상황과 이에 대한 대응방식을 더 많이 알고 있다는 것이다. 그런데 그들에게 생각을 말로 표현해보라고 하면 제대로 설명하지 못한다. "여기서 퀸을 B5칸으로 옮겨……"라고 말은 하지만, 어떻게 크럭스를 알아냈는지는 설명하지 못한다.

경제학자들은 사이먼이 노벨 '경제학상'을 수상했다는 사실을 아주 못마땅하게 생각했다. 그들 대부분은 실제 행동에 대한 연구를 포기하고 복잡한 수학으로 경제행동을 추론하는 쪽으로 방향을 바꿨기 때문이다.

여기서 흥미로운 점은 사이먼이 추론과 설계의 차이에 매료되었다는 것이다. 그는 정상과학*이란 자연 세계를 이해하는 것이라고 주장했다. 반면에 "설계는 인류의 목적을 실현하기 위해 사물이 가야 할 방향"이라고 설명했다. 내가 몸담고 있는 분야인 전문대학원에 대해 그가 보여준 통찰력은 나에게 큰 충격을 주었다. 그는 "아이러니하게도 이번 세기 들어" 자연과학이 전문대

---

* 과거의 하나 이상의 과학적 성취에 기반을 둔 연구 활동

학원 교육과정에서 설계과정을 몰아내버렸다고 주장했다. 또한 "공과대학은 점차 물리학 및 수학 위주로 변화했고 의대는 생물학, 경영대학원은 유한수학* 위주로 변했다"라고 말했다.[4]

나는 사이먼이 전문대학원에서 설계 대신 추론이 대세가 되었다고 한 주장에 동의한다. 권위 있는 전문대학원의 교수들에게 설계는 자동차 수리나 용접처럼 현장 실습반에 더 가깝다. 또한 확률과정**의 수학적 모델과 선택편향***에 대한 통계적 분석 같은 고상한 작업과는 거리가 멀다.

경영대학원에서 공부하다 보면 소비자행동과 마켓 세그먼트라는 개념을 배우겠지만, 실제 기업의 다양한 마케팅 프로그램을 소개해주는 일은 거의 없을 것이다. 학생들은 소비자행동이론에서 실제 기업의 마케팅 프로그램을 추론해낼 수 없다는 사실을 곧 깨닫게 된다.

금융을 공부하면 주가에 대해 많은 이론을 배우겠지만, 투자은행에서 일하고 싶다면 실제 거래에서 발생하는 복잡한 구조를 배울 수 있는 다른 곳을 찾아가야 할 것이다. 금융이론에서는 거래구조를 추론할 수 없기 때문이다.

전략과 관련된 MBA과정을 듣다 보면 성공적인 기업전략에 대한 몇 가지 전형적인 사례를 배울 것이다. 그러나 교수들은 점차 이것을 자신의 산업조직이론을 설명하는 사례로 이용할 것이다.

---

* 연속성이 없는 정수처럼 떨어져 있는 것들을 대상으로 하는 수학, 이산수학이라고도 한다.
** 시간의 흐름에 따라 발생하는 랜덤변수의 집합
*** 표본선택 오류로 통계분석이 왜곡되는 현상

다시 말하지만 절대로 이론으로부터 뛰어난 전략을 추론할 수 없다. 설계는 상상력과 다른 디자인에 대한 지식 및 구성요소를 모방해서 얻을 수 있다. 현대의 공학전문대학원이나 경영대학원이 가진 문제는 다양하고 광범위한 설계를 알 수 없다는 점이다.

UC버클리대학에서 전기공학을 전공하던 4학년 때, 나는 전기를 공급하는 대형 동력장치인 터빈발전기에 관심이 있었다. 그때 발전기와 모터를 다루는 유일한 과목을 수강했는데, 교수는 텐서미적분[5]을 가르쳤다. 우리는 발전기의 사진조차 보지 못했다. 교수는 텐서미적분을 이용하면 발전기의 전기생산량을 산출할 수 있다고 말했다. 그러나 이런 분석방식은 실제 발전기나 발전기의 설계 및 제작에 대한 어떤 정보도 주지 못한다. 그것은 공학이 아니라 그냥 수학이었다. 결국 나는 컴퓨터 설계, 그다음으로 피드백제어시스템 설계로 전공을 바꾸었다. 여기서는 설계의 일부라도 다루고 있었다.

몇 년 후 나는 제트추진연구소에서 시스템 설계 엔지니어로 근무하게 되었다. 내가 하는 일은 우주선의 초기 설계였다. 어느 날 나는 모교를 방문했을 때, 옛날 지도교수와 함께 내 일에 대해 이야기를 나누었다. 나는 시간이 지나면 우주선의 부품이 고장 나는 게 가장 큰 문제라고 털어놓았다. 우주에 나가면 우주선을 수리할 만한 사람이 없기 때문에 센서가 고장 나거나 무전기가 작동하지 않는 문제를 어떻게 처리할지 고민이 많았다. 내구성을 숫자로 계산할 수는 있었지만 그에 앞서 왜 이런 문제가 발생하는지 원인을 파악할 수 없었다. 교수는 고개를 가로저으며 말했다. "그 문제를 우선 숫자로 표현하기 전에는 우리는 연구를 시작할 수가 없네."

꼬인 상황

앞에서 나는 넷플릭스의 사례를 설명하면서 '꼬인 과제gnarly challenges'라는 개념을 소개했다. 좀 더 정확히 들어가면 이는 다음과 같은 특징이 있다.[6]

- 문제 자체에 대한 명확한 정의가 없을 수 있다. '문제problem'의 다양한 개념을 연구하고 크럭스를 찾아내는 과정은 전략을 수립하는 과정의 일부다. 꼬인 상황에서는 실제 주어진 '문제' 같은 것은 없다. 단지 뭔가 좀 잘못되고 있다거나, 이것만 넘기면 커다란 기회가 생길 것 같은 느낌밖에 없다.
- 대부분의 경우 당신에게는 하나가 아닌 여러 개의 목표가 있다. 25살에 내가 가졌던 목표나 리드 헤이스팅스 넷플릭스 회장이 고민했을 만한 문제처럼 말이다. 즉 서로 모순되며 일반적으로는 동시에 달성이 불가능한 욕망, 목표, 의도, 가치관, 두려움 그리고 야심이 한 묶음으로 얽혀 있다. 이 묶음으로부터 목적의식을 추론해내는 것이 꼬인 과제를 해결하는 하나의 방안이다.
- 대안이 주어지지 않으므로 찾아내거나 생각해야 한다. 대부분의 경우 침공 또는 봉쇄, 인수 여부 같은 뻔한 대안들은 이미 근

시안적인 직원이나 기득권 집단에서 의도적으로 부각되게 만들어졌다. 그러므로 항상 다른 방법을 찾아야 한다.

- 가능성 있는 행동과 실제 결과 사이의 연관 관계는 명확치 않다. 심지어 전문가들 사이에서도 의견이 극명하게 갈린다. 꼬인 상황에서는 결과를 여러 가지로 해석할 수 있으며, 결과와 행동 사이에는 약한 연결 관계밖에 없다.

그렇다면 실제로 과제가 무엇인지 확실치 않을 때 어떻게 해결 방안을 고안할 수 있을까? 어떤 개인이나 조직도 모든 걸 한 번에 해결할 수는 없다. 그러므로 우선 전체 과제와 기회에서 크럭스를 분리해내야 한다. 크럭스는 우리가 자원과 노력을 그곳에 집중한다면 확실히 해결할 수 있는 중요한 부분이다.

우리가 훌륭한 전략가들을 따르는 이유는 그들이 이미 복잡한 상황에 접근해서 현실적으로 공략 가능한 부분을 정복했기 때문이다.

꼬인 과제에 봉착했을 때 전략가는 내재된 해결 가능한 문제를 찾아낸다. 꼬인 과제 전체가 아니라 핵심요소를 찾아내는 것이다. 그리고 이것은 우리가 해결할 수 있는 수준이다.

예를 들어보자. 1999년 만화책과 피겨산업을 하는 마블Marvel사는 많은 부채를 안고 막 파산 상태에서 벗어났다. 마블은 일반 독자가 아닌 열렬한 마니아층을 확보하고 있었다. 그들은 부채의 대부분을 장난감이나 게임에 캐릭터의 상표권 사용허가를 내주어 탕감했다. 마블에게 다음 단계는 등장인물이 나오는 영화였다. 문제는 전형적인 닭이 먼저냐 달걀이 먼저냐 하는 논쟁이었다. 마블 캐릭터를 주연으로 한 영화 중에 아직 크게 성공한 게 없다보니 상표권 사용료가 낮았다. 또한 마니아 외에는 캐릭터를 아는 사람이 많지 않았다. 게다가 총 등장인물이 4,700여 명이나 있었지만 할리우드는 스파이더맨과 엑스맨 외에는 관심이 없었다.

마블의 사장인 케빈 파이기Kevin Feige는 스파이더맨을 소니영화사에, 엑스맨을 폭스영화사에 매우 저렴한 비용으로 사용허가를 내주었다. 그 이후 파이기는 문제의 크럭스가 나머지 인물들의 몸값을 높이는 것이라는 사실을 깨달았다. 이 문제를 해결하기 위해 그는 이 인물들을 가공의 '세계'에 동시에 등장시킬 구상을 했다. 마블은 월스트리트에서 자금을 모아 독립적인 스튜디오를 설립했다. 그리고 최초로 성공했던 〈아이언맨〉에 이어 28개의 영화를 내놓았다. 동일한 등장인물들이 이들 영화와 11개의 TV 시리즈물에 출연했다. 여기에는 아이언맨, 토르, 캡틴아메리카, 윈터솔져, 블랙위도우, 호크아이, 비전, 블랙팬서 등이 있었다. 2009년에는 디즈니에 인수된 후 마블 시네마틱 유니버스Marvel Cinematic Universe*로 계속 성장했다.

꼬인 과제의 해결은 모순되는 욕망, 필요성 그리고 자원이 복잡하게 얽힌 가운데 긴장의 핵심을 발견해서 크럭스를 찾아냈을 때만 가능하다. 예를 들어, 용량을 더 확장하고 싶어도 그럴 만한

---

* 마블스튜디오에서 제작하는 히어로 영화의 등장인물들로 구성된 가상의 세계관

공간이 없을 수 있다. 새로운 작품이 소비자한테 먹힐지 모르지만 배급사들은 싫어할 수도 있다. 다른 수익원을 갉아먹을 수 있기 때문이다. 크럭스를 해결하면 보다 큰 문제를 해결하는 데도 도움이 된다. 많은 학자들이 발견한 대로 '통찰력 있는 해결방안을 추론하기 전에 최소한 문제를 심도 있게 분석해야 한다.'[7]

크럭스를 찾는 것이 꼬인 과제를 해결하는 가장 첫 번째 단계이다. 복잡하게 얽혀 있는 꼬인 과제에서 해결 가능한 크럭스를 찾아내는 것은 쉬운 일이 아니다. 꼬인 과제에는 상호 연관된 각종 문제와 이슈가 너무나도 많기 때문이다. 그럼에도 크럭스를 찾아내 정리하는 데 타고난 재능이 있는 사람들이 있다. 예를 들어, 앤디 마셜은 냉전의 크럭스가 단지 군비확장이 아니라 미국의 사회적·경제적 우월성을 이용해 소련과 경쟁해야 하는 것임을 알아냈다. 다른 사람들은 복잡한 문제 앞에서 자신 있는 척 했지만 해결책을 내지 못했다. 반면 지난 수십 년간 앤디 마셜이나 트랜스알타TransAlta의 돈 패럴Dawn Farrell은 모으기collecting, 구분하기clustering, 필터링(거르기)filtering 같은 유용한 도구를 이용해 꼬인 상황을 해결했다.

'모으기'는 문제, 이슈, 기회 등을 리스트로 만드는 것이다. 그러면 맨 처음 나타나는 문제뿐 아니라 모든 문제를 들여다볼 수 있다. 휴가를 갈 때 처음 계획보다 챙겨야 할 짐이 늘어나듯, 문제를 살펴보는 시간이 예상보다 더 길어질 것이다. 당신이 처음 가졌던 문제의식이 완벽하지 않았기 때문에 해결방안 역시 한계가 있었던 것이다. 당신이나 팀의 다른 구성원이 당신의 생각 이상으로 많이 알 수도 있다. 외부의 제3자와 경쟁사를 참조하면 모으기가 보다 쉬워진다. 이는 19장에서 추가로 다룰 예정이다.

'구분하기'는 문제와 기회를 그룹으로 나눈다. 나는 전략공장 Strategy Foundry(20장 참조)을 운영할 때 각 참가자들에게 문제를 찾아내는 데 주력하도록 했다. 먼저 칠판이나 카드에 문제를 적은 다음 한곳으로 모았다. 대개 1인당 12~13개 정도였다. 이 '문제'들은 종류가 다양했기 때문에 여러 그룹으로 나눴다. 나누고 보니 약 20개가 되었다. 우리는 다시 이를 관련 그룹으로 묶었다. 혼자서는 힘들지만 팀으로 하면 새로운 시각을 가질 수 있고, 다른 사람들의 목소리나 의견도 알 수 있다.

이렇게 그룹으로 나누었을 때 그 경계가 모호한 경우가 있다. 그룹을 나누는 목적은 학문적으로 굳건한 경계선을 수립하려는 게 아니라, 과제별로 다른 해결방안을 찾기 위해서다. 어떤 그룹의 문제들은 더 어렵다. 어떤 문제들은 경쟁사에 관한 것이고, 어떤 문제들은 내부 문제와 관련되어 있다. 어떤 문제들은 다른 문제보다 훨씬 중요하고, 어떤 것들은 해결하기가 용이하다. 또 어떤 문제는 차후로 미뤄도 된다.

모으기와 구분하기가 끝나면 너무 많은 문제에 너무 많은 이해관계가 걸려 있음을 알게 된다. 따라서 '필터링'이 필요하다. 첫 단계는 순서를 정하는 것이다. 긴급한 것을 맨 앞으로 가져오고, 미룰 수 있는 것은 뒤로 보낸다. 데스몬드 투투Desmond Tutu 대주교는 이렇게 말했다. "코끼리를 먹어 치우는 방법은 단 한 가지입니다. 한 번에 한 입씩 먹는 겁니다."

일단 과제를 분류하고 나면 다음 단계는 중요성과 해결 가능성으로 등급을 나눈다. 중요성이란 그 과제가 기업의 핵심 가치나 존재에 위협을 가하는 정도 또는 중대한 기회가 될 만한 정도를 말한다. 해결 가능성이란 해결이 가능한 정도를 말한다. 이에 대해서는 4장에서 자세히 다룰 예정이다.

해결 가능성에 대해서는 이견이 많다. 명확히 해결할 수 있는 과제도 있지만, 어떤 과제는 매우 중요하면서 해결하기가 상당히 까다롭다. 보통 이런 곳에 크럭스가 숨어 있는 경우가 많다.

매우 중요하지만 쉽게 해결하기 어려운 과제는 자세히 들여다보아야 한다. 몇 개의 하위문제로 분리할 수 있는가? 다른 사람들에게 닥쳤던 것과 같은 종류의 문제인가? 이런 상황을 다뤄본 전문가가 있는가? 혹시 단 하나의 핵심적인 방해물이 있어서 그것만 제거하면 문제 해결이 가능한가?(이는 크럭스의 크럭스이다!) 그게 안 되면 이 지난한 과제를 분해해서 오로지 문제를 해결하기 위해 모으기, 구분하기, 필터링의 과정을 처음부터 다시 시작해야 한다.

크럭스는 자원과 이슈, 정책 간의 갈등이 부딪히는 긴장점이다. 아마존은 마켓플레이스 서비스를 처음 시작했을 때 외부 회사도 아마존 웹사이트를 이용해 제품을 팔 수 있도록 했다. 문제는 경쟁사들이 규모와 범위의 경제economies of scope*를 이용해 아마존과 경쟁하고 향후 자신들의 쇼핑몰로 입점사와 제품을 빼

---

* 여러 종류의 제품을 제조할 때 얻는 비용절감 효과

내갈 수도 있다는 점이었다. 그렇다고 이들 회사를 거부하면 세계 최대의 전자상거래회사가 되겠다는 아마존의 약속을 위반하는 셈이 된다. 다른 문제들도 그렇지만 지금 생각해보면 해결방안은 단순했다. 아마존은 물류시스템을 크게 개선해서 마켓플레이스 입점사들이 아마존의 창고와 배송시스템을 이용하게 했다. 그것은 누구도 거부할 수 없는 매력적인 제안이었다. 취급하는 상품을 늘릴수록 거의 모든 공급사로부터 공격을 받을 상황에 직면한 경우에서는 더욱 그랬다.

또 다른 사례는 애플에서 찾아볼 수 있다. 애플의 경영진들은 스티브 잡스가 모든 것을 내부에서 해결하도록 만든 구조가 앱스토어의 개념과 정면으로 충돌한다는 사실을 깨달았다. 그들은 아이폰의 앱스토어를 외부 프로그래머에게 개방하면 앱 제작자 간에 엄청난 경쟁이 발생해서 가격이 내려가고 앱의 품질이 좋아지며 그 결과 각 아이폰의 가치가 상승한다는 것을 알았다.

우선 해결해야 할 부분을 크럭스로 집중시키지 않으면 꼬인 과제를 다루기가 훨씬 힘들다. 이해하지 못하고 가슴속에 품지 못하는 문제는 그 누구도 해결할 수 없다.

대안 설계하기

이슈를 필터링하고 과제를 분해한 다음에는 어떤 방안이 먹힐까에 대한 가설을 세워야 한다. 대안 행동을 구상하는 것이 꼬인 과제를 해결하는 두 번째 수이다. 기존 지식과 비교해서 해결책으로 제시되는 대응방식이 매우 강력한 증거에 따라 효과가 없는 것으로 판명나지 않을지 고민해야 한다. 예를 들어, 저소득층을 위한 주택을 건축할 때는 거주자들 대부분이 과거에 범죄의 피해자가 된 경우가 많았다는 점을 고려해야 한다.[8]

경찰력이나 범죄를 예방할 수 있는 인프라 없이 건물을 짓는 데만 몰두하다 보면 득보다 실이 더 클 것이다. 이러한 배경을 바탕으로 새로운 저소득층 주택을 건설할 때는 정책, 건축, 계획, 실행을 조합해서 과감한 도약을 할 필요가 있다.

앞에서도 언급했지만 일론 머스크는 화물을 궤도에 올리는 비용 문제의 크럭스를 해결할 수 있는 방법이 '재사용'이라고 보았다. 연료가 로켓보다 저렴하다는 사실을 깨닫는 순간, 과감한 도약이 발생한 것이다. 그는 새로운 로켓에 추가 연료를 탑재해 지구로 귀환 시 동체의 온도가 과열되는 것을 막았다. 다음은 크럭스를 알아내어 과감히 도약한 몇 가지 사례이다.

- 러시아와 마찬가지로 중국도 중앙정부에서 세금과 운영수익을 거두어 여러 계획에 따라 예산을 분배했다. 덩샤오핑鄧小平은 인센티브가 부족하기 때문에 효율적으로 수익을 올리지 못하는 것이 중국 경제의 크럭스라고 생각했다. 그는 "부자가 되는 것은 영광스러운 일이다"라고 말했다. 이는 모두 다 가난하게 사는 것을 덕으로 여겨온 국가로서는 가히 혁명적인 말이다. 그가 내린 가장 대담한 조치는 지방의 집단농장

이 제품 생산에서 발생하는 이익의 대부분을 갖도록 한 것이다. 이 정책은 수출 위주의 정책과 해외 기술 도입에서도 일관성 있는 전략으로 자리 잡았다.

• 1960년대 싱가포르의 꼬인 과제는 엄청난 실업이었다. 게다가 인구의 대부분은 싱가포르섬의 불법 거주자였다. 전 세계에 도움의 손길을 요청할 수도 있었지만, 리콴유李光耀 총리는 싱가포르가 기업활동을 하기에 최악의 장소라는 것이 문제의 크럭스라고 생각했다. 그는 싱가포르를 기업활동을 하기에 매력적인 곳으로 변화시키면 부자가 될 거라고 생각했다. 그가 시행한 정책은 매우 일관성이 있으면서도 가혹했다. 곧 노숙자, 노동조합 그리고 사회불안이 사라졌다. 강력한 사유재산보호법과 안정적인 경제활동을 보장하는 분위기가 자리 잡았다. 마약거래상은 처형되고, 반체제인사와 노조간부는 구금되었다. 해외에서 자금이 유입되어 고용이 일어나고, 우수한 노동력이 확보되었다. 오늘날 싱가포르에는 30만 개 이상의 다국적 기업이 활동하고 있다. 실업률은 매우 낮고, 1인당 GDP는 5만 8,000달러이며 평균 수명은 84세에 이른다.

• 2003년도에 제이슨 프라이드Jason Fried는 운영하고 있던 웹디자인회사의 고객관리와 연계하여 협력업체, 컨설팅업체 그리고 디자이너들을 이메일로 힘들게 관리하고 있었다. 문제의 크럭스는 이메일, 엑셀 스프레드시트, 메모, 전화를 별도로 이용하다 보니 서로 연계가 안 된다는 점이었다. 스프레

드시트가 처음 도입되었을 때도 이와 비슷한 문제가 있었다. 그는 계산할 때, 그래프를 그릴 때, 데이터를 주고받을 때 각각 다른 소프트웨어를 사용해야 했다. 프라이드는 과감하게 자신만의 도구를 개발하고 이를 베이스캠프Basecamp라고 이름 붙였다. 이로써 해야 할 일, 메시지함, 일정, 실시간 그룹 채팅, 문의 사항 등을 하나의 소프트웨어로 관리할 수 있었다. 베이스캠프를 이용하는 고객은 2004년 45명에서 2019년 300만 명으로 늘었다.

- 1980년대 들어 월트디즈니사의 실적은 하락하기 시작했다. 영화와 케이블TV 모두 큰 이익을 가져다주지 못했다. 기업 사냥꾼들이 냄새를 맡고 디즈니의 놀이공원과 영화 부문을 분리해서 이익을 볼 기회를 노리고 있었다. 1984년에 마이클 아이스너Michael Eisner가 자본이 풍부한 베이스그룹의 지원을 받아 회장 겸 CEO가 되었다. 그는 디즈니의 크럭스가 〈신데렐라〉와 같은 고전 애니메이션에 있다고 생각했다. 디즈니는 이런 영화들을 재개봉하면서 모든 세대에게 디즈니를 각인시켰지만, 과거와 같은 방식으로 작업할 수는 없었다. 모든 장면을 수작업으로 그리던 관행은 원래 대공황 시절에 생긴 것이라서 1980년대에는 맞지 않았다. 아이스너와 사장인 프랭크 웰스Frank Wells는 탁월한 해결방안을 내놓았다. 그들은 이전의 수작업 방식을 버리고 컴퓨터 애니메이션을 이용하기 시작했다. 한편으로는 새로운 캐릭터를 창조해서 〈라이온 킹〉, 〈미녀와 야수〉, 〈포카혼타스〉 등으로 영화보다 훨

씬 많은 수익을 창출했다. 또한 캐릭터 인형, 게임, TV특집 편성, 디즈니랜드 체험 외에 기타 여러 조합을 시도했다. 엔터테인먼트 업계에서는 처음 보는 전략이었다.

통찰력의 작동방식

이런 식의 창의적인 전략수립이 매력적인 이유는 뛰어난 지적 능력이 훌륭한 결과로 구현되기 때문이다. 통찰력을 가지면 다른 사람들이 보지 못하거나 무시했던 것을 볼 수 있다. 그러나 창조적인 해결책은 우리 인식의 가장자리, 우리 내면의 한구석에서만 잠깐 볼 수 있다.

통찰력은 어떻게 생기는가? 그것은 갑자기 우리를 덮쳐 깜짝 놀라게 한다. 또는 전혀 기대하지 않은 순간에, 전혀 연관성이 없는 행동을 하는 도중에 갑자기 떠오른다. 통찰력은 '옳다는 느낌'이 들며, 억지로 우기지 않아도 자명한 진실이다. 우리는 모르는 사이에 통찰력을 갖게 된다. 이는 곰곰이 곱씹어 본다고 알 수 있는 것이 아니다.

인지신경 과학자들은 두뇌의 활동 중 통찰력과 관계된 부분을 알아냈다. 그들은 통찰력이 작동하기 1초 전에 두뇌의 우측 후방 시각피질의 활동이 급격히 활발해지는 것을 밝혀냈다. 이때 저주파(6~10헤르츠)의 '알파'파가 나타나 잠시 동안 외부로부터 오는 감각을 차단한다. '섬광 같은 깨달음'이라는 말은 단지 비유적 표

현이 아니다.[9]

그 찰나의 깨달음이 창조의 순간이며, 우리는 좋은 전략이 떠오르면 다른 사람과 공유한다. 인텔의 공동 창립자인 고든 무어Gordon Moore는 기술의 발전으로 1평방 밀리미터의 실리콘칩에 더 많은 반도체를 넣을 수 있다는 소위 '무어의 법칙Moore's Law'을 알아냈다. 제프 베이조스Jeff Bezos는 1994년에 인터넷이 종이책을 팔기에 최적의 매체임을 알았다. 마크 베니오프Marc Benioff는 클라우드 기반의 고객관계관리(CRM)시스템을 구상했고, 샘 월턴Sam Walton은 그의 할인매장이 유통시스템에서 별개의 매장이 아니라 접속점node 역할을 한다는 것을 알았다. 이처럼 깨달음의 순간은 세상을 바꾸고 우리가 세상을 보는 눈을 바꾼다. 반면 통찰력을 갖추지 못한 경쟁사는 균형을 잃고 무대의 변방으로 밀려난다.

통찰력에 대해 연구하거나 글을 쓰는 사람들은 통찰력이 그 즉시 만족감을 주어 문제와 해결 사이의 교착지대를 벗어나게 해준다고 말한다. 비글호를 타고 항해에서 돌아온 찰스 다윈Charles Darwin은 서로 다른 종이 어떻게 살아남았는지에 대해 고민하고 있었다. 그는 다양한 종 사이에서 차별적으로 생존한다는 자연선택 개념이 떠올랐던 때를 이렇게 설명하고 있다. "저는 머리도 식힐 겸 멜서스Malthus의 《인구론On Population》을 읽으면서 곳곳에서 발생하는 생존을 위한 투쟁을 생각하고 있었습니다. 그런데 갑자기 이런 상황에서는 생존에 적합한 종은 살아남고 그렇지 않은 종은 멸종되겠다는 생각이 번개처럼 떠올랐죠."[10]

이런 깨달음의 순간은 매우 숭고하다. 그러나 통찰력을 긍정적으로 보는 성향은 성공한 느낌을 자주 경험했을 때만 나타난다. 깨달음의 순간은 항상 "아하!"가 아니며, "이크!"일 수도 있다. 케이마트Kmart의 경영진이 월마트Walmart가 지방을 잘 아는 전문가이면서 케이마트의 모든 사업을 방해하는 경쟁자라는 것을 깨달았을 때, 다윈이 느꼈던 것 같은 환희는 없었다.

우리가 원한다고 해서 깨달음의 순간이 저절로 오는 것은 아니다. 그러나 어느 정도 도움을 줄 수는 있다. 문제의 본질을 파악하지 못했다면 깨달음을 얻어서 해결될 거라는 생각은 하지 말아야 한다. 일관성 있는 행동을 지렛점*에 집중하면 통찰력을 얻는 데 도움을 줄 수 있다. 또한 폭넓게 과거의 전략을 검토해보는 것도 도움이 된다. 그러나 제대로 된 곳에 집중해야 한다. 나는 우선 작동원리에 대한 전제, 이익과 자원의 불균형, 다른 사람들의 습관과 관성에서부터 통찰력을 찾기 시작한다.

많은 문헌에서 새로운 아이디어를 얻는 방법을 다루고 있다. 여기에는 브레인스토밍, 명상, 시각화, 평가 전 가능한 많이 수집하기, 선잠 환각, 타인의 시각에서 생각하기, 만약의 상황을 가정하고 자문해보기, 가상의 멘토 상상하기 등이 있다. 그러나 존 듀이John Dewey가 맨 처음 제시했던 방법은 여전히 설득력이 있다. 그는 새로운 사고를 하기에 가장 좋은 방법은 '경험해본 어려움'에 대한 '명상'이라고 주장했다.[11] 제일 중요한 요소는 과제의 구

---

* 작은 힘으로 큰 변화를 이끌어낼 수 있는 점

조에 대해 명확하게 진단을 내리는 것이다. 이때 끈질기게 유추하고, 시각을 달리해보고, 명백한 가정을 세우고, 질문해보고, 무의식상의 한계를 인정해야 한다.

통찰력을 구하려면 끈기가 있어야 한다. 어려운 문제를 대할 때 끈기를 가진다는 말은 '방향 상실'에서 오는 불안감과 좌절을 감내하고 벗어날 방법을 모색한다는 뜻이다. 그리고 맨 처음 어떤 생각이 떠올랐을 때 이를 테스트하고 비판한 다음, 기꺼이 또 다른 방법을 연구할 수 있는 마음자세를 뜻한다.

나도 몇 번 방향을 상실해본 적이 있다. 해 질 녘 뉴햄프셔에 있는 워싱턴산의 얼음 계곡에서 그랬고, 얼음으로 뒤덮인 이란의 고도 6,000미터 다마반드산 위에서 고산병 때문에 엉뚱한 쪽으로 하산한 적도 있다. 땅이 평평하고 똑같이 생긴 나무가 몇 킬로미터나 계속 이어지는 메인주의 산림에서도 그랬다.

길을 잃고 나면 무기력감과 불안감이 급습한다. 어느 쪽으로 가야 할지 몰라 당황하기 때문이다. 그래서 처음 나타나는 표식에 의지하고 싶은 마음이 간절해진다.[12] 서로 포개져 있는 저 두 바위가 숲에서 나가는 방향을 표시한 게 아닐까?

이런 느낌은 꼬인 과제를 해결해야 하는 사람은 누구나 갖게 된다. 처음에는 답이 없는 것처럼 보인다. 답이 바로 안 나오기 때문에 더욱 당황스럽다. 처음 제시되는 해결방안을 선택하고 싶은 유혹이 엄청나다. 그 해결방안을 마음속에 묻고 계속해서 다른 방안을 찾기란 매우 어렵다. 불안감과 좌절감을 겪는 과정을 처음부터 다시 시작해야 하기 때문이다. 그러나 새로운 관점에서 상황을 다시 생각해보는 끈기에 대한 훈련은 필수다.

복잡한 문제에 대해 그럴듯하고 단순해 보이는 해결방안, 즉 방해물이 있을 때는 더 좋은 해결방안을 찾지 못한다는 이론이 있다. 경험 많은 체스 선수들에게 전형적인 '스모더드 메이트smothered mate'* 상황을 만들어놓고 실험한 적이 있었다.[13] 여기에는 잘 보이지 않지만 스모더드 메이트보다 더 빨리 이길 수 있는 수도 있었다. 선수들에게는 가능한 한 최단 수로 이겨야 한다고 주문했다. 시간은 제약이 없었다. 잘한다는 선수들도 다섯 수 만에 승리하는 스모더드 메이트에 '현혹'되었다. 그러나 고수들은 현혹되지 않았다. 그들은 두 길을 모두 파악하고 보다 짧은 길을 선택해 세 수 만에 승리했다.

결론적으로 말해, 고수가 되면 해결책을 빨리 찾을 수 있다. 흥미로운 사실은 문제를 '밝고 빛나는 대상'으로 인식하는 능력을 키워야 한다는 점이다. 어려운 문제는 접근방법을 넓히면 해결능력을 획기적으로 향상시킬 수 있다.

직접적으로 통찰력을 얻는 방법은 다른 사람들이 겪은 비슷한 사례나 교훈에서 배우는 것이다. 직접적인 경쟁자로부터 바로 사례를 구하는 것이 가장 확실하지만, 잘못하면 경쟁사와 전면전으로 번질 수도 있다. 전략가들은 보통 경쟁사가 취한 방식과 다른 방향을 추구한다. 나는 일본에서 도요타의 엔진 설계자들을 인터뷰하며 곤란한 질문을 한 적이 있다. "왜 혼다 방식을

---

* 자기 편 졸로 둘러싸여 움직일 수 없을 때 나이트로 부르는 장군

적용하지 않죠? 엔진 설계는 혼다가 최고인데요." 그러자 그들은 혼다만큼 잘하는 것이 아니라 혼다를 뛰어넘는 것이 목표라고 답했다. 같은 맥락에서 경쟁사가 아니라 다른 산업, 다른 국가 심지어 다른 시대의 사례를 모방하는 경우가 많다. 또는 완전히 다른 상황에서 통찰력을 구하기도 한다. 지식과 경험이 많으면 적절한 사례를 모방하는 데 도움이 되는 것이 사실이다.

마크 베니오프는 아마존을 직접 모방해서 세일즈포스닷컴 Salesforce.com을 설립했고, 하워드 슐츠Howard Schultz는 이탈리아 밀라노에 있는 커피숍에서 영감을 얻어 스타벅스를 세웠다. 빌 그로스Bill Gross는 전화번호부를 보고 고투닷컴GoTo.com을 만들었다. 라이언에어Ryanair는 사우스웨스트항공Southwest Airlines을 모방해서 전략을 세웠다. 페이스북Facebook은 대학 졸업앨범을 보고 이를 온라인으로 구현해냈다.

우리는 더 비유적으로 비교해볼 수도 있다. 이 문제를 그림으로 그리면 나선형일까 아니면 박스형일까? 펩시는 초식 동물, 포식 동물, 청소 동물 중 무엇일까? 미국은 전 세계의 강국으로 부상하는 기원전 50년의 로마일까 아니면 야만인들이 침범하는 서기 400년의 로마일까? 혹은 미국은 아테네고 중국이 새로운 로마일까? 마이크로소프트는 영토를 지키기 위해 성을 쌓아야 할까, 순찰을 강화해야 할까? 아니면 이웃을 정복해야 할까, 이웃과 동맹해야 할까? 다른 관점이란 도대체 무엇인가? 경쟁사는 이 상황을 어떻게 보고 있을까? 고객은? 고등학생은? 몇 년 뒤에 우리는 이 상황을 어떻게 볼까? 변호사나 정치인들은 어떨까? 데이터베이스회사는 어떻게 생각할까? 물류기업은?

문제의 한 부분에 집중해서 보다 자세히 들여다보면 그 부분이 명확해지고 다루기 쉬워진다. 예를 들어, '고객경험' 부문에 문제가 있을 경우 제품반환 절차를 검토하면 다른 부분으로 확대되는 통찰력을 얻을 수도 있다. 내 고향 오리건주에는 산불이 늘 문제였다. 이웃 케스케이드 숲에서 발생한 산불로 매해 여름 하늘에 연기가 자욱했다. 이 문제로 논쟁하는 사람들은 산불을 예방할지 억제할지를 놓고 다투었다. 또는 숲의 밀도를 줄여 화재를 통제하자는 의견과 자연발화는 어쩔 수 없다는 의견으로 나뉘었다. 그러나 폭넓게 생각해보면 대부분의 산불은 국립공원 내에서 발화한다는 것을 알 수 있다. 이 지역은 개발이 제한되어 있지만 동시에 소방도로, 방화선 등 소방시설도 부족하다. 결국 야생 국립공원의 관리가 더 큰 문제였다. 국립공원을 보존하기 위해 도심지로부터 불과 1~2킬로미터까지 대형 산불이 번지도록 놔두어야 하는가?

가정을 명확히 하면 관점을 쉽게 바꿀 수 있다. 미국의 한 대형 자동차 제조업체는 부품을 운송하는 컨테이너를 표준화하여 규모의 경제와 구매비용 절감을 이룰 수 있을 것이라고 가정했다. 이는 사실이었지만 언급되지 않은 추가적인 가정, 즉 이 정책으로 다른 비용이 발생하지 않는다는 가정은 사실이 아니었다. 대형 컨테이너에 한 번에 많은 부품을 적재하면 손망실이 발생해 수리비용이 더 들었다.

가정에 '왜'라는 질문을 던지거나 작업방식에 의심을 품는 것이 기존 틀을 깨는 방법이다. 극장은 왜 가격차별화를 하지 않아 인기 있는 영화를 보기 위해 관객이 줄을 서게 만들까? 건축 리모델링은 왜 항상 최초 계획보다 기간이 두세 배 더 길어질까? 소프트웨어는 왜 출시한 지 두세 달 후에나 제대로 돌아갈까? 할인 상점은 왜 그렇게 넓은 매장이 필요할까?

통찰력을 방해하는 주요 요소 중 하나는 무의식적인 경계 설정이다. 즉 이 세상에 대한, 또는 문제 상황에 대한 무의식적인 가정이나 믿음이다. 새로운 방식으로 문제를 보지 못하는 것은 과거의 관습이 알게 모르게 우리의 마음속에 버티고 있기 때문이다. 이는 단순히 비전이 부족해서라기보다 전반적인 원칙과 신념 그리고 운영원칙 등이 부정당할까 봐 두려운 것이다.

애니메이션을 생각해보자. 1833년에 페나키스토스코프라는 이상한 이름이 붙은 장치가 발명되었다. 둘레에 홈이 파인 원형의 마분지로 만든 일종의 장난감이었다. 홈 밑에는 일련의 그림이 인쇄되어 있었다. 그래서 거울 앞에서 마분지를 회전시키면서 홈 사이로 거울에 비친 상을 보면 마치 그림이 움직이는 것처럼 보인다. 이 장치로 인해 인류는 처음으로 말이 질주하는 것처럼 움직이는 이미지를 볼 수 있었다.

애니메이션을 생각해내는 것은 기술적으로 어려운 일이 아니다. 나는 초등학교 5학년 때 짝꿍 여학생에게 박스, 동그라미, 화살 그림을 그려 보여준 적이 있었다. 책의 한 모서리에 그려놓은 그림들은 페이지를 넘길 때마다 살아 움직였다. 박스는 점차 동그라미로 바뀌다가 화살이 날아와 꽂혔다. 이처럼 일단 애니메이션의 제작원리를 이해하면 만드는 것은 쉽다.

무의식적인 경계 설정은 인식이 현실을 지배한다는 굳은 믿음에 근거한다. 움직임은 연속적인 것이라고 믿는다면 정지된 이미지는 움직일 수 없다. 그저 있는 그대로의 정지된 그림이 돌아가는 것뿐이다. 애니메이션을 이해하려면 지각된 현실감이란 마음속에서 만들어지며 우리의 지각체계가 빈 공간을 채워 움직이는 것처럼 만든다는 사실을 받아들여야 한다. 이렇듯 애니메이션의 초창기에는 무의식적인 경계 설정의 제거가 필요했다.

크럭스에서 탄생한 혁신

이오 밍 페이I. M. Pei가 설계한 루브르박물관의 입구는 문제의 크럭스를 찾아 해결하는 것을 보여주는 멋진 사례다.

1984년 프랑스 정부는 전 세계적으로 유명한 루브르박물관의 리뉴얼을 결정했다. 루브르박물관은 원래 1200년대에 성으로 건축되었다가 1546년 프랑수아 1세 때 재건축해서 그 뒤로 계속 왕궁으로 사용되었다. 1793년에 박물관으로 용도가 변경되었지만, 20세기까지 전시실과 복도가 미로처럼 얽혀서 사무실로 쓰일 공간은 부족하고 그럴싸한 정문도 없었다. 프랑수아 미테랑François

Mitterrand 대통령은 중국계 미국인 건축가인 페이에게 해결방안을 의뢰했다. 그는 박물관을 걸어 다니며 조사한 뒤, 비어 있는 커다란 안마당이 리뉴얼의 중심이 되어야 한다고 결론 내렸다. 당시 안마당은 주차장으로 사용하고 있어 먼지가 많이 일어났다. 그는 안마당을 파고 그 밑으로 사무실과 보관실을 짓기로 했다. 그런데 입구가 고민이었다. 페이는 안마당을 비워놓는 것도 싫었지만 구조물을 세워 안마당을 둘러싼 고전적인 건축물을 가리는 것도 마음에 들지 않았다.

여기서는 입구를 만들어 허전한 안마당을 채우되 궁전을 가려서는 안 된다는 것이 문제의 크럭스였다. 페이의 해결방안은 투명한 유리 구조물을 안마당에 세우는 것이었다. 평평한 지붕의 건물은 전망을 가리고 쓰레기가 모이기 때문에 검토 대상에서 제외되었다. 경사진 지붕도 문제를 유발하기는 마찬가지였다. 그의 답은 투명한 피라미드였다. 입구 역할을 하면서 주위 건물을 볼 수 있고, 외부 시야도 가리지 않았다.

피라미드 디자인으로 결정하자 문제가 해결됐다. 수많은 공사상의 어려움과 도시미관 및 정치적 문제가 많았지만, 투명한 피라미드라는 개념을 도입하면서 해결할 수 있었다.

피라미드 디자인을 발표했을 때 엄청난 논란이 있었고, 지금도 이 디자인을 싫어하는 사람들이 많다. 그러나 투명한 피라미드 형상의 입구는 전 세계적으로 많은 찬사를 받았고 오늘날 파리의 3대 관광명소가 되었다.

크럭스를 파악해서 문제를 해결한 두 번째 사례는 고투닷컴과 애드워즈AdWords다.

1999년에 나는 패서디나에 있는 빌 그로스의 스타트업 스튜디오인 아이디어랩Idealab을 방문한 적이 있다. 그는 내게 새로 만든 검색엔진인 고투닷컴을 한번 사용해보라고 했다. 내가 '가장 좋은 신차'를 입력하자 포드, 도요타 등의 차량이 나왔다. 당시는 웹 검색이 엉망이었기 때문에 고투닷컴에 상당히 좋은 인상을 받았다. 당시에는 웹사이트에 '래브라도리트리버 종에 가장 좋은 사료'를 검색하면 개나 사료뿐 아니라 포르노 사이트도 나올 정도였다. 문제는 기본적으로 웹사이트가 무료이고 약간의 기술만 있으면 누구라도 사이트를 구축할 수 있다는 점이었다. 검색엔진은 회사 지명도나 제휴광고로 유지되고 있는 상황이었다.

그로스는 보다 효율적인 검색엔진을 만들려고 했다. 동시에 업계의 가장 큰 문제인 수익창출 문제도 해결하길 원했다. 그로스는 전화번호부에서 크럭스를 얻었다. 모든 회사는 전화번호부에 올라가 있고, 돈을 조금 더 내면 넓은 지면에 광고할 수 있었다. 그렇다면 검색 순위대로 광고비가 매겨지는 검색엔진은 어떨까? 야후, 알타비스타, 라이코스 같은 검색엔진은 몇 개의 키워드로 그 단어가 나타내는 웹사이트를 보여준다. "고투에서는 키워드를 경매에 붙여 가장 높은 금액을 부른 업체를 검색 결과 맨 위에 올리고, 그다음 높은 금액을 낸 기업을 두 번째로 올리는 방식으로 운영합니다." 그리고 경매에 참여하지 않는 기업은 맨 뒤에 나오도록 설계되어 있다. 그로스는 이렇게 말했다. "고객이 검색 결과에서 어느 기업을 클릭하면 그 기업이 우리에게 요금을 지불하는 거죠. 우리는 실시간으로 기업들의 위치를 모니터링해서 경매 결과를 반영합니다."

그의 아이디어는 새롭고도 명쾌했다. 경매제도는 고투에 상당한 수익을 가져다주었고, 이를 반복하는 과정에서 고객을 낚으려는 수천 개의 "스팸" 사이트는 자동으로 사라졌다. 하지만 고투는 광고 사이트로서의 역할 외에는 다소 부실했다. 자동차 수리 정보를 얻으려면 제휴 사이트 몇 개를 클릭해야 겨우 원하는 정보를 얻을 수 있었다. 고투는 그해 말 상장했고, 2001년 오버추어Overture로 사명을 바꿨다. 2003년에는 야후가 16억 달러에 오버추어를 인수했다. 그로스는 엄청난 돈을 벌었고, 고투는 검색엔진의 수익성 제고에 단초를 제공했다. 그러나 혁신은 아직 끝나지 않았다.

1999년에 구글 설립자인 래리 페이지Larry Page와 세르게이 브린Sergey Brin은 벤처캐피털로부터 2,500만 달러 중 1차 지원금을 받은 상태였다. 이들도 역시 검색엔진 문제를 해결하려고 노력하다 업계 최고가 된 페이지랭크 알고리즘을 개발했다. 그리고 검색 문제 다음으로 수익성 문제를 해결하기 위해 노력했다. 그들도 그로스의 고투를 알고 있었지만 유료 링크방식은 절대 도입할 생각이 없었다. 그들은 정확한 검색 결과를 제공하는 동시에 수익성도 확보해야 했다. 1999년 초에 구글의 9번째 직원인 살라 카만가Salar Kamangar가 이끈 팀이 구글의 애드워즈 시스템을 만들었다.

애드워즈는 검색 결과의 한구석에 텍스트 광고를 넣었다. 결과가 나온 페이지의 업체 리스트를 훼손하지 않고 광고와 검색을 분리했다. 지금 보면 간단했지만 당시 검색 결과는 단일한 목록이어야 한다는 업계의 불문율을 깨트린 것이었다. 처음에는 광고가 1,000번 노출되면 업체가 광고비를 지불하는 구조였다. 그러다 나중에는 클릭당 지불하는 시스템으로 바뀌었다.[14]

애드워즈라는 아이디어는 지금의 구글을 탄생시켜 전 세계에서 가장 값비싼 기업 중의 하나로 만들었다.[15]

3장

전략은 여정이다

나는 산을 좋아해서 여름이면 티턴산이나 윈드리버산 또는 알프스에서 보내곤 했다. 산에서 새로운 루트를 개척할 때는 정확하게 어떤 길로 올라가서 정상에 닿을지에 대한 정확한 지도가 없다. 보통은 "저 계곡을 따라 올라가다 왼쪽에 있는 레지로 나가서, 그 위까지 크랙*이 계속되는지 보자." 하는 식으로 계획을 세운다. 그러나 막상 레지에 올라서면 크랙은 끊겨 있고 다른 루트를 찾아야 한다. 그래서 오른쪽 맞은편으로 건너가 다른 레지를 향해 올라간다.

실제 비즈니스 전략은 산에서 등반루트를 개발하는 것과 비슷하다. 어떤 봉우리의 정상까지 올라가고 싶은데, 그러기 위해서는 몇 가지 어려운 코스를 극복해야 한다. 암벽인들은 이를 '프로블럼'이라고 부른다. 여러 어려움을 극복하면 문제를 보는 새로

---

*바위가 갈라진 틈

운 시각과 기회를 얻게 된다. 그러면 당신의 목표도 한 단계 진화하여 다음 목표는 더욱 험준하거나 보다 큰 봉우리가 된다.

개인이든 회사든 실생활에서의 전략은 중대한 도전을 극복하고 어떤 조치를 취할 것인가를 결정하는 지속적인 과정이다. 어떤 문제는 장기간에 걸쳐 여러 분야에서 나타난다. 반면에 문제를 해결하는 과정에서 보다 단기적이고 갑작스러운 문제가 나타나기도 한다.

내가 이를 강조하는 이유는 기업전략이 원하는 목적을 달성하기 위한 장기계획이라는 잘못된 인식이 널리 퍼져 있기 때문이다. 그러나 전략은 여러 문제들을 통과하고, 넘어가고, 우회하는 여정과도 같다. 당신이 2014년에 인텔의 CEO였다면 "인텔은 무어의 법칙을 실행해서 세계 최고의 반도체를 만들었다"라고 말했을 것이다. 그러나 2017년에는 느려진 무어의 법칙에 대한 전략은 무엇이냐는 질문을 받았을 것이다. 또한 2019년에는 구글이나 마이크로소프트가 개발한 특수 목적 프로세서의 대응전략, 2021년에는 대만의 TSMC보다 시장점유율이 저조한 이유에 대한 질문을 받게 될 것이다. 인텔이 변치 않는 단 하나의 '전략'을 갖고 있어서 모든 문제를 해결할 수 있다고 생각하는 것은 "최고가 되라"처럼 전략을 슬로건이나 모토 수준으로 격하시키는 일이다. 전략은 문제를 해결하는 것이며, 특정한 문제를 해결할 때 그 성격이 가장 잘 나타난다.

전략은 지속적인 과정이어야 한다. 그러므로 뜬구름 잡는 식으로 애매한 목표를 무한 반복해서는 안 된다. 전략의 실행은 기업이 문제를 해결하고 그 과정에서 나타나는 기회를 잡는 것이다. 어떤 조직도 단 한 번의 '전투'나 '전쟁'만을 겪을 수는 없다. 오랫동안 기업이 존속하려면 연이어 도전에 직면해야 하며 하나하나 극복해 나가야 한다. 생존은 연속적인 탐구이며, 전략수립은 연속적인 작업이다. 이들 도전을 모두 극복하려면 단 하나의 접근방법이나 전략으로는 안 된다. 다음에 나오는 세일즈포스닷컴과 라이언에어의 사례에서 이를 살펴보자.

벤처기업들의 롤모델, 세일즈포스닷컴

세일즈포스닷컴의 성장은 문제를 전략적으로 극복하고 장기간에 걸쳐 기업이 유지되는 과정을 잘 보여준다. 성장 과정 중 세일즈포스닷컴에 '전략'이 있었다고 말하면 이 기업의 전략을 너무 단순화하는 것이다.

마크 베니오프는 학생 때 이미 아타리 8비트용 모험 게임을 개발할 정도로 천재성이 있었다. 그는 대학 시절에 여름방학 아르바이트로 애플에서 나올 매킨토시용 프로그래밍 작업을 했다. 대학을 졸업한 뒤에는 오라클Oracle의 고객서비스부서에 입사해서 나중에 클라이언트·서버 사업부의 부사장 자리까지 승진했다. 그는 오라클에 재직하는 동안 오라클의 고객관계관리(CRM)용 프로그램인 OASIS시스템을 터득했다.

CRM은 원래 인덱스카드로 시작했지만 1970년대에 컴퓨터용 데이터베이스로 발전했다. 이런 데이터베이스에는 고객명, 연락처, 구매기록, 평가, 고객 구분과 기타 고객관리에 필요한 항목들이 기록되어 있었다. 뒤에 가서는 계좌나 배송정보 등 운영 관련 정보가 추가되었다. 1990년대 말, CRM이라는 용어는 이런 종류의 소프트웨어를 지칭하게 되었고 고객정보뿐 아니라 생산계획, 공급망, 지불시스템 등을 포함하여 하나의 CRM 소프트웨어로 통합되었다.

CRM 소프트웨어는 내부 IT부서가 운영하고 회사 컴퓨터에서 작동하는 것이 전통이었다. 1990년대 주요 소프트웨어 판매사는 오라클(OASIS시스템), 시벨Siebel, SAP 등이었다. IT리서치회사인 양키그룹Yankee Group에 의하면 2001년 기준 200명이 사용 가능한 표준 CRM 프로그램 가격은 280만 달러였다. 이 중 190만 달러는 소프트웨어 라이선스 비용이고, 나머지는 지원 및 맞춤제작 비용이었다.[1]

이 시스템은 복잡했고, 설치 및 유지가 상당히 어려웠다.

베니오프는 1996년에 처음으로 클라우드 기반 CRM을 떠올렸을 때를 이렇게 회상했다. "자다가 세일즈포스닷컴을 어떻게 구축할지에 대한 생각이 떠올랐죠. 말 그대로예요. 꿈에서 아마존닷컴을 보고 있는데 이상하게도 책, CD, DVD 항목 대신 고객명, 연락처, 기회, 전망 및 보고서라고 쓰여 있더군요."[2]

물론 어느 날 갑자기 이런 아이디어를 떠올린 것은 아니었다. 그는 몇 년간 CRM시스템을 생각해왔고, 고객이 감당하기 힘든 초기 세팅비용을 줄일 방법을 고민했다. 이 문제의 크럭스는 소프트웨어였던 것이다. 지금까지는 고객의 내부시스템에 맞추어 소프트웨어를 설치하고 난 다음에도 지속적인 업데이트를 하고 버그를 수정해야 했다.

베니오프는 소프드웨어를 '클라우드'에 올려 인터넷만 가능하면 사용할 수 있는 간단한 방법을 꿈꾸었다. 클라우드 기반 CRM에서는 사용자가 인터넷으로 접속해서 월 사용료를 내고 이용하면 된다. 서버도 필요 없고 설치 및 유지비용도 없다. IT부서도 필요 없다.

베니오프는 1999년 CEO인 래리 엘리슨Larry Ellison의 축하 속에 200만 달러의 초기 자본금을 챙겨 오라클을 떠났다. 추가로 필요한 벤처 자금은 쉽게 모을 수 있었다. 닷컴기업 붐이 일기도 했고 엘리슨의 추천 덕을 많이 보았다.

그가 최초로 맞닥뜨린 문제는 실력 있는 개발자와 그들을 끌어들일 자본이었다. 어떻게 최고의 개발자들을 끌어들여야 할까? 그의 방법은 홍보였다. 그는 많은 기자와 작가에게 호소했고, 실리콘밸리에서 호화스러운 파티를 열어 소문을 적극 퍼뜨렸다. 그는 세일즈포스닷컴을 급진적인 파괴자라고 선전하면서 기존 소프트웨어 시장을 교란시켰다. 회사 로고는 소프트웨어라는 단어의 중간을 붉은색 사선으로 분리하고 '노 소프트웨어'라는 슬로건과 함께 노출했다. 또한 세일즈포스닷컴이라는 제트전투기가 '소프트웨어'라는 복엽기를 격추시키는 홍보영상을 내놓았다.[3] 그는 입소문과 선두기업이라는 느낌 덕분에 재능 있는 개발자들을 영입할 수 있었다.

그가 최초로 내놓은 제품은 SFA Sales Force Automation였다. 그다음 과제는 당연한 일이지만, 기업들이 제품을 사는 것이었다. 이 문제의 크럭스는 그런 종류의 구매결정이 주로 IT부서에서 이루어진다는 점이었다. 세일즈포스닷컴이라는 회사는 비교적 알려져 있지 않은 데다, 구입할 경우 IT부서 내 CRM 담당 직원들의 일자리가 위험해질 수도 있었다. 처음에는 기업을 통한 판매를 피하고 매우 저렴한 가격에 개인별 직접 구매를 유도했지만 잘되지 않았다. 그래서 베니오프는 5명까지는 무료로 사용하고, 5명을 초과하면 1인당 월 50달러를 부과했다. 나중에는 텔레마케팅과 직접 판매를 늘려 보다 많은 고객사를 확보할 수 있었다. 우수한 제품과 호의적인 입소문 덕에 판매가 점차 늘어나기 시작했다.

원래 세일즈포스닷컴은 무료사용 체험으로 기업 내부에서 우호적인 여론이 조성되어 가입자 수가 늘어날 것으로 생각했다. 그러나 판매 데이터를 분석해보니 중소기업이 주요 고객으로 드러났다. 그는 타깃 고객을 신생 중소기업, 특히 IT붐으로 생겨난 기업으로 변경했다.

2000년대 들어 IT버블 붕괴가 발생하자 세일즈포스닷컴에 자금 위기가 닥쳤다. 신생 IT기업들이 사라진 것이다. 회사 내부에서는 수익창출 방식에 대한 논쟁이 일었다. 무계약, 무할인 방식을 유지할 수 있을까? 아니면 연간 또는 다년 계약으로 정책을 바꿔야 할까? 회사의 기본 정책이 '노 소프트웨어'인 것을 감안하면 이는 전략에 변화가 발생하는 사안이었다. 토의 끝에 베니오프는 월 이용료를 올리기로 결정하고, 기업 고객에게는 장기계약을 압박하기로 했다. 또한 연간 단위 계약을 수주하는 영업 사원에게는 두둑한 인센티브를 약속했다. 결국 간단한 월 회비만 내고 이용한다는 '비전'은 포기했다.

기술이 발전함에 따라 베니오프는 새로운 범용 솔루션과 특화 솔루션을 개발했다. 이는 이미 설치된 환경을 이용해 '앱', 최종적으로는 앱 번들을 제공하는 새로운 아이디어였다. 이 아이디어는 더욱 발전해서 고객이 자사의 환경에 맞도록 제품을 변경하는 수준에까지 이르렀다. 세일즈포스닷컴은 원래 항목(고객명, 특징 등) 외에 빈 항목을 추가하여 고객이 원하는 대로 입력할 수 있도록 했다.

이를 가능하게 한 필수요소는 앱익스체인지AppExchange로서 기업용 소프트웨어를 구입하는 앱스토어라고 할 수 있다. 2005년 최초 도입 시 관계자들은 이를 '기업용 아이튠즈'라고 불렀다. 2006년에는 코드작업용 앱이 출시되어 세일즈포스 서버(에이펙스)에서 실제 구동이 가능한 고객 중심 비주얼 인터페이스를 구축할 수 있었다. 이런 단계를 통해 세일즈포스닷컴은 단순히 클라우드 기반의 CRM 프로그램에서 기업용 앱에 광범위하게 적용 가능한 클라우드 플랫폼으로 전환했다.

2010년에 베니오프는 채터Chatter라는 앱을 내놓고 이를 "기업용 페이스북"이라고 이름 붙였다.[4] SNS를 통해 경쟁사와 차별화하기 위해서였지만, 고객들에게 자사의 소셜네트워킹 프로그램을 보급하려는 목적도 있었다.

베니오프는 세일즈포스닷컴을 성공시키기 위해 야심 찬 출발을 했지만 그 과정에서 여러 전략적 도전과제에 부딪혀야만 했다. 그 과제를 극복할 때마다 목표는 변경되고 더 크게 확대되었다. 각 단계마다 그의 해결방안은 과제를 극복할 수 있는 설계를 생각해내는 것이었다. 전략에서는 선택이 중요하다는 말이 있다. 선택이라는 단어는 여러 대안이 있다는 걸 전제로 한다. 그러나 CEO를 위한 안내서에는 '개발자를 영입하는 최고의 방법' 같은 내용은 없다. 최초에 타깃을 소규모 기업으로 할지, 중견기업이나 대기업으로 할지에 대한 정해진 규칙 같은 것은 경제학이나 마케팅 어디에서도 찾아볼 수 없다. 베니오프는 여러 개 중에서 선택한 것이 아니라, 새로운 것을 창조해내는 방식으로 승부를 걸었다. 그가 성공한 원인은 제품이 뛰어난 것도 있었지만, 변화해서 적응하려는 의지와 창의적인 생각 때문이었다.

세일즈포스닷컴은 닷컴기업으로는 최초로 뉴욕증권거래소에 상장되었다. 2021년 초에 직원은 6만 명이었고 기업가치는 2,430억 달러에 이르렀으며, 〈포천Fortune〉지 선정 '가장 일하기 좋은 회사' 리스트에서 2위에 올랐다. 무료 회원가입은 이제 무료 체험으로 바뀌었다. 회사 홈페이지에 가서 다운받아 사용해보기 바란다. 베니오프의 아이디어는 서비스형 소프트웨어software-as-a-service (SaaS)로 유명해졌으며, 다른 벤처기업들에게 하나의 모델이 되었다.

유럽 최대의 저가 항공사, 라이언에어

아일랜드 출신의 기업가인 토니 라이언Tony Ryan과 다른 2명의 투자자들은 1984년에 라이언에어를 창립했다. 그는 아일랜드의 항공사인 에어링구스Aer Lingus에서 근무한 경력이 있었고, 나중에 유럽 최대의 항공기 리스 회사를 설립했다. 대처 정부는 항공사 허가 규정을 완화했고, 라이언은 런던-더블린 구간에서 에어링구스와 경쟁했다. 그는 에어링구스와 그 구간에서 유일한 경쟁사인 영국항공의 운임에 거품이 끼어 있음을 잘 알고 있었다. 그는 아메리칸항공의 원가구조를 배워 국영 항공사보다 서비스 품질은 올리고 운임은 낮추어 런던-더블린 구간의 시장점유율을 잠식할 생각이었다.

그러나 이 전략은 먹히지 않았다. 좋은 서비스에 낮은 운임이라는 것 자체가 모순이었다. 정부의 지원을 받는 두 항공사와 경쟁해서 런던-더블린 구간에 뛰어든다는 것도 작은 스타트업 기업으로서는 힘든 일이었다. 영국항공은 적자를 감내하고라도 구간을 운영할 수 있었다. 실제로 런던-더블린 구간의 운임을 내리자 신생 라이언에어는 도저히 수익을 낼 수가 없었다. 1984년부터 1992년 사이에 라이언에어는 점유율을 올리기 위해 고군분투했지만, 1992년 파산하고 말았다. 이 과제의 크럭스는 기존 항공사가 주요 구간에 보유한 기득권이었다.

회사의 구조조정이 이루어지는 가운데 CEO인 마이클 오리어리Michael O'Leary는 저가 항공사인 사우스웨스트항공을 둘러보기 위해 미국을 방문했다. 그는 사우스웨스트항공의 원가구조가 아메리칸항공보다 훨씬 저렴하며, 정면대결을 피해 거점공항이 아닌 소형공항을 이용해 외곽노선에 취항한다는 사실을 알아냈다. 오리어리는 당시 미국 방문을 다음과 같이 회상했다.

> 우리는 사우스웨스트항공을 견학하러 미국에 갔다. 마치 다마스쿠스로 가는 길* 같았다. 그것은 라이언에어를 다시 살리려는 노력이었다. 우리는 허브 켈러허Herb Kelleher를 만났다. 자정쯤 술에 곯아떨어졌다가 눈을 떠보니 새벽 3시였다. 그 X 같은 자식은 자기 잔에 술을 따르며 여전히 버티고 있었다. 나는 그의 머리를 빌리면 성배**를 들고 나올 수 있을 거라고 생각했다. 다음 날 아침에 깨니 아무것도 기억나지 않았다.[5]

신규 자본을 얻은 라이언에어는 비용을 최소화해서 런던 개트윅공항Gatwick Airport 대신 더블린에서 루턴Luton 구간으로 운행했다. 그리고 사우스웨스트항공보다 더욱 적극적으로 비용을 절감해서 운임을 낮추었다. 즉 티켓 값은 오직 승객 1인의 운송비였고 짐, 탑승권 재발급, 음식 등은 추가비용을 내야 했다. 환불은 아예 없고 비행기 내부는 온통 광고로 도배했다. 라이언에어는 유럽 소도시로 점차 운행 구간을 확대하면서 매출과 수익이 급속히 증가했다. 오리어리는 라이언에어의 원가절감 방식을 강

---

* 커다란 심경의 변화를 일으키는 중대 사건을 경험하는 상황
** 간절히 원하지만 얻기 어려운 것을 비유하는 말

조하고 모든 것이 추가비용이라는 이야기를 하기 좋아했다. "비행기 맨 뒤 열 줄은 좌석을 들어내고 손잡이를 붙여서 운행하고 싶어요. 그리고 '서서 가면 5유로입니다'라고 홍보할 겁니다. 그러면 사람들이 '비행기가 추락하면 서 있는 사람들은 다 죽을 텐데요'라고 말하겠지요. 외람된 말씀이나 앉아 있는 사람도 죽기는 마찬가지입니다." 또한 이렇게 독설을 퍼붓기도 했다. "환불은 없으니 꺼져요. 구질구질한 이야기는 듣고 싶지 않습니다. '환불불가' 정책에서 어느 부분이 이해가 안 된다는 거죠?"[6]

라이언에어의 요금은 승객 운송 원가와 거의 같았다. 그러므로 이익은 수하물 처리, 우선 탑승, 급행수속, 좌석 선택, 기내 간식 및 음료수 판매 등의 수수료에서 얻을 수밖에 없었다.

어느 정도 신뢰를 얻자 라이언에어는 주요 거점공항과 대형 항공사들이 외면하는 노선 위주로 유럽 대륙까지 영역을 확장했다. 몇 년 전에 내가 런던에서 뮤직페스티벌이 열리는 프랑스의 작은 중세 도시로 가려고 했을 때, 그 지역으로 운항하는 항공사는 라이언에어가 유일했으며 요금은 75달러에 불과했다.

라이언에어는 그 뒤 20년간 급속하게 성장해서 유럽 최대의 저가 항공사가 되었다. 또한 전 세계에서 외국인들이 가장 많이 이용하는 항공사이기도 했다. 라이언에어에는 영국에서 40여 개국으로 가는 노선이 있다. 2019년 매출액은 77억 유로였으며, 세전 이익은 8억 8,500만 유로였다. 소비자 잡지인 〈위치?Which?〉는 라이언에어를 6년 연속 최악의 단거리 항공사로 선정했다. 그럼에도 불구하고 운임이 저렴하고 비행기로 가기 힘든 곳을 운행한다는 장점 때문에 매년 승객 수가 10퍼센트씩 증가했다.

오늘날 라이언에어는 코로나19 사태와 보잉Boeing의 생산 지연으로 인해 새로운 꼬인 과제에 직면해 있다. 코로나19 여파로 사람들의 비행기 여행은 큰 폭으로 감소했고, 2020년 4월에 오리어리는 조종사를 포함해 약 3,000명의 직원을 해고해야만 했다. 유럽 항공사의 운항 횟수도 큰 폭으로 줄어들었다. 영국은 모든 승객에게 코로나19 검사를 요구했고, 이로 인해 승객 수는 더욱 감소했다. 오리어리는 특히 몇몇 유럽 정부가 대형 항공사에 보조금을 지원하고 저가 항공사를 무시하는 행태에 비난의 수위를 높였다. 그는 이렇게 말했다. "대형 항공사들, 특히 에어프랑스, 알리탈리아, 루프트한자 등 국영화되었거나 정부로부터 과도한 보조금을 받는 항공사는 경쟁력이 취약합니다. 이런 정책 때문에 향후 3년에서 5년간 유럽 항공산업의 기반이 심하게 왜곡될 것입니다."[7]

라이언에어는 새로운 꼬인 과제 때문에 낮은 원가구조로도 버티기 힘들어 직원을 해고해야 했다. 몸을 웅크린 라이언에어는 코로나19가 잠잠해지면 낮은 원가구조로 다시 비상할 수 있을까? 이 과제의 크럭스는 신뢰를 회복해서 성공적으로 항공업계로 복귀한 뒤, 성장을 지속해 충분한 수익을 창출하는 것이다.

4장

이길 수 있는 곳에 집중하라

-해결 가능한 전략 과제

전략에서 제일 중요한 핵심은 이길 수 있는 게임을 하는 것이라는 격언이 있다. 물론 삶은 게임이 아니고, 기업경영이나 국정운영도 마찬가지다. 이길 수 있는 곳에 집중한다는 원칙은 중요하지만 항상 잘 지켜지지는 않는다. 사람들은 사회적 기대에 부응하는 데 집중하거나, 외모를 꾸미거나, 정치적 내분에 집중하거나, 망신당할 상황을 피하거나, 피상적인 즐거움에 중독될 수 있다. 개인이나 조직은 과거의 경험에 따라 자신이 "잘하는 것" 또는 남들이 잘한다고 평가하는 것에 엄청난 자원과 노력을 쏟을 수 있다. 혹은 반대로 승리가 보장되는 게임이 아닌 자신이 불리한 게임에 집중할 수도 있다. 이렇게 불리한 게임에 집중하는 방식은 습관이 되고, 한번 습관을 체득하면 이를 깨고 보다 편한 게임으로 돌아오기가 쉽지 않다.

무엇을 설계하거나 선택한다는 것은 다른 결과를 낳을 수 있는 여러 가지 문제와 바람 그리고 집중할 기회를 버린다는 뜻이다.

뉴욕 브롱크스의 한 코너에서 작은 식품점 겸 편의점을 운영하는 무사 마지드Musa Majid가 딱 그렇다.

그는 1970년대에 예멘에서 이민 와 뉴욕에서 학교를 다녔다. 처음에는 파트타임으로 식료품 상자를 내리는 일을 도왔다. 결혼 후에는 보다 안정적인 일자리를 원했다. 그는 1990년대 중반에 예멘 커뮤니티의 인연을 기반으로 식품점을 열었다. 이런 네트워크가 있었기에 합리적인 가격에 가게를 얻고 공급선을 확보했으며 종업원을 구할 수 있었다. 또한 은행대출과 허가를 얻는 데도 도움이 되었다. 그리고 가장 중요한 주류 및 담배 판매에 대한 허가를 얻을 수 있었다. 이런 가게는 이익이 적기 때문에 일주일 내내 하루 12시간씩 일하지 않으면 안 되었다. 가게를 제대로 유지하기 위해서는 단골 고객을 확보하고 유쾌한 태도로 이름을 부르며 그들을 맞는 것이 매우 중요했다. 그는 시간당 10달러를 주는 아르바이트생을 믿을 수 없기에 자신이 자리를 비울 때는 조카를 카운터에 세웠다.

마지드의 가게는 기본방침에 따라 움직였다. 뉴욕의 특정 지역에 사는 주민들은 여기저기 차를 가지고 다니며 쇼핑하는 게 쉽지 않았다. 따라서 이들은 상품이 다양하지 않아도 교외의 대형 할인점까지 가느니 가까운 이웃 식품점을 이용했다. 예멘 커뮤니티에서 마지드가 가진 네트워크는 그의 에너지와 좋은 품성, 성실한 근무 태도만큼이나 중요했다. 그는 충분한 수입을 올려 딸아이의 교육비를 댔고, 남 밑에서 허드렛일 하지 않고 자기 일을 갖고 있는 데 자부심을 느꼈다.

마지드가 가진 자원을 볼 때 그에게 브롱크스에서 가게를 운영하는 일은 해볼 만한 전략적 과제였다. 그곳은 마지드가 '이길' 수 있는 곳이었다. 자원이 매우 풍부한 사람이 추구할 만한 승리는 아니지만, 마지드에게는 분명히 승리였다.

유럽 집중 전략, 플랜 도그

진단을 해보면 항상 여러 문제점이 드러난다. 집중을 하려면 어떤 과제는 제쳐놓거나 미뤄야 한다. 어떤 과제를 우선 해결할지 선택해야 한다. 이런 면에서 본다면 크럭스 그 자체는 선택일 수도 있다. 플랜 도그Plan Dog에서 그런 사례를 찾아볼 수 있다.

독일은 1940년 6월에 프랑스를 점령했다. 그해 여름, 영국과 독일 간에 영국 본토 항공전이 벌어졌다. 태평양에서는 일본이 나치 독일과 동맹을 맺었고 3년 뒤에 중국을 침범했다. 미국 국방부는 곧 아시아와 유럽 양쪽에서 전쟁에 휘말리게 될 것으로 예상했다. 이를 염두에 두고 당시 해군의 작전부장이었던 해럴드 스타크Harold Stark 제독은 도전과제에 대한 초안을 작성했다. "영국이 독일을 압도적으로 이긴다면 미국은 모든 곳에서 이길 수 있다. 반면에 영국이 진다면 문제가 커진다. 미국은 모든 곳에서 다 지지는 않겠지만, 그렇다고 모든 곳에서 이기지도 못할 것이다."[1]

해군 장교의 입장에서 모든 곳이란 2개의 반구, 즉 2개의 대양이라는 의미였다. 그에게 크럭스는 미국이 동시에 두 곳에서 전쟁을 치를 수 없다는 점이었다. 이런 틀에서 그는 A부터 D까지 총 4개의 전략적 옵션을 만들었다.

A. 대서양과 태평양 모두에서 방어적 태세 유지
B. 일본과는 전면전, 대서양에서는 방어적 태세 유지
C. 유럽에서 영국을 적극 지원, 아시아에서 영국과 네덜란드와 중국을 적극 지원
D. 유럽에서 동맹으로 영국을 적극 지원, 태평양에서는 방어적 태세 유지

루스벨트 대통령은 옵션 D를 선택했고, 이는 문자를 따와서 '플랜 도그Plan Dog'로 알려졌다. 육군참모총장인 조지 마셜George Marshall 장군도 이 옵션에 찬성했고, 1941년 3월에 영국군과 회담을 거쳐 '선독일Germany First' 원칙을 수립했다. 진주만 공습이 발생하자 미국은 독일과 일본을 상대로 전쟁에 돌입했지만 독일에 우선을 두었다. 이 모든 전략은 비밀이었다.

플랜 도그의 중요한 판단 기준은 미국이 유럽과 아시아 전선 모두에서 압도적인 우세를 점하기 어려우며, 영국을 방어하는 일이 아시아의 다른 지역보다 훨씬 중요하다는 것이었다. 즉 유럽과 아시아 양쪽에서 도전에 직면한다면 미국은 유럽을 최우선으로 고려해야 한다는 의미였다. 하지만 반대도 만만치 않았다. 더글러스 맥아더Douglas MacArthur 장군은 미국의 미래가 아시아에 있다고 생각했고, 유럽은 지나간 과거라며 반대했다. 그러

나 미국의 지원은 소련의 무장과 상륙작전 준비에 집중되었다. 7,000대의 탱크(그중 40퍼센트는 미국제였다), 1만 1,000대의 비행기 외 수많은 물자가 '무기대여법'에 따라 소련과 영국에 제공되었다.

새로운 기회를 포착한 XR시스템즈

'XR시스템즈XRSystems' 또는 간단히 XRS라는 기업은 조직이 어떻게 이길 수 있는 곳을 찾는지를 보여주는 흥미로운 사례다. 이 회사는 산성이 강한 환경이나 초저온 또는 초고온에서 작동하는 측정기구를 제작했다. 나는 2012년 말에 이 회사의 전략수립을 도와달라는 부탁을 받았다. '스테이시 디아스Stacy Diaz'는 XRS에서 10년 동안 일했고 CEO를 맡은 지는 3년이 되었다고 했다. 본사는 오하이오주의 대도시 외곽에서 인터스테이트 고속도로를 벗어난 곳에 있는 2층 건물이었다. 우리는 소박한 사장실에서 만났다. 디아스는 당면한 여러 복잡한 문제를 꺼냈다.

XRS는 '보롤트Borault' 가문 소유인데 내년이나 후년에 상장을 계획하고 있었다. 현재는 유한책임회사였다. 기업을 공개하려면 모든 면에서 준비되어 있어야 했지만 곳곳에 해결해야 할 문제가 많았다.

XRS는 20년 전에 설립되어 극한 환경에서 온도, 압력, 충격을 감지하는 센서를 판매해왔다. 현재 제품 라인업에는 진동과 위치 변화를 감지하는 센서도 포함되어 있다. 이런 제품들은 핵발전소, 제트엔진, 로켓, 산업용 용광로, 과학실험실 그리고 화학공장 설비 등에 이용된다.

그러나 이스라엘 경쟁사가 압력, 진동, 온도를 한 번에 읽는 센서를 개발해서 원가를 절감했다. XRS는 이 문제에 어떻게 대응할지 몰라 막막했다. 기존의 평판이나 고객과의 관계 때문에 당분간은 우리 제품이 팔리겠지만 장기적으로는 어떻게 될까?

75명의 연구원은 3개 팀으로 나뉘어 오하이오 본사에서 제품개발에 몰두했다. 첫 번째 팀은 드론 기반 센서, 두 번째 팀은 해저케이블에 장착되는 센서, 마지막 팀은 와이파이와 인터넷을 이용하는 센서였다. 하지만 아직까지는 무선이 아닌 유선이었다.

보롤트 가문에서는 이사회에 젊은 피를 수혈했다. 그러나 새로운 이사회 멤버 중에 재무통이라는 '존 체럴드John Cherold'는 XRS의 수익성이 좋지 않다고 주장했다. 그는 개발 작업을 외주로 주고 싶어 해서 회의 때마다 안건으로 올리겠다고 우겼다.

XRS가 생산하는 제품은 대개 쿼츠전구 안에 들어가 있다. XRS는 오하이오주 생산시설에 품질 및 원가 문제가 있어 3년 전 베이징 인근에 공장을 사서 쿼츠전구 생산시설을 이전했다. 인원이 100명도 안 되는 소규모 공장이었다. 그런데 중국 정부에서 그 시설이 공해를 유발하니 교외로 옮기라고 요구했다. 다른 곳으로 옮기자 생산율이 말도 안 되는 수준으로 떨어졌다. 경영진은 원인을 파악하러 중국으로 날아갔다. 그리고 그 공장의 전 소유주 및 관리자인 '치씨'라는 사람을 만나 문제를 이야기했다. 그는 "근로자들이 문제가 있다면 작업반장을 시켜 직원들 손가락 몇 개를 부러트리면 됩니다"라고 말했다. XRS는 그런 식으로 일하지 않는다. XRS는 새로운 관리자를 고용했다.

판매성장률은 시원치 않았다. 영업팀은 엔지니어 출신들로, 모든 고객을 1년에 두 번은 방문하려고 노력했다. 판매의 대부분은 XRS의 제품을 잘 알고 이용할 줄 아는 고객의 주문에서 나왔다. XRS는 극한의 환경에서 작동하는 센서에 대해 특별한 기술을 가지고 있지만, 수요는 거기서 거기였다. 고객과의 관계는 좋지만 원자력발전, 제트엔진, 산업용 용광로, 화학공장 설비나 초저온 분야에서 새로운 수요가 일어나지는 않았다.

또한 디아스는 이렇게 말했다. "원래 '쿠르트 캄퍼Kurt Kamper'라는 사람이 센서를 튼튼하게 포장하는 방법을 고안해냈어요. 정말 천재였죠. 하지만 그는 죽었고 같이 일했던 직원들은 전부 회사를 떠나거나 은퇴했어요. 뛰어난 엔지니어들을 영입하긴 했지만 초기 설계를 수정하고 개량하느라 엄청 고생했죠."

나는 비밀리에 경영진 몇 명을 추가로 인터뷰해서 새로운 정보를 얻었다. 어떤 중역은 회사가 10년 전 기술에 안주해 역동성이 없다고 말했다. 다른 중역은 쿼츠 생산시설을 왜 중국으로 옮겼는지 잘 모르겠다고 했다. 그는 이렇게 덧붙였다. "여기 오하이오에서도 얼마든지 해결할 수 있었어요. 미국 직업안전 및 보건관리청Occupational Safety and Health Administration(OSHA)과 마찰이 있었는데, 이사회는 안전에 관한 불만에 관여하려고 하지 않았어요. 그 불평을 거의 반란으로 취급했죠." 또 다른 중역은 이렇게 말했다. "여기는 마케팅을 하는 부서가 없어요. 영업부서는 시장을 확대할 만한 능력이 없고요." 마지막으로 한 중역은 이렇게 토로했다. "이 회사는 얼마나 성장했는지 측정할 수단이 없어요."

디아스는 다른 중역 4명과 함께 팀을 꾸려 회사를 진단하고 대안을 검토하기로 했다. 진단 결과 센서 시장은 저성장으로 이미 포화 상태이며, 회사 내부적으로 현 상태에 안주하는 분위기가 조성되어 있었다. 또한 판매 및 마케팅은 저성장에 적응한 상태였고, 신기술 개발 여력이 부족했다. 나는 항상 느꼈던 것처럼 판매 및 마케팅을 좀 더 강화해야 한다고 생각했다. 하지만 동시에 시장이 포화 상태에 이르렀다는 점이 더 심각한 문제라는 것에 의견을 같이했다.

두 번째 미팅이 있던 날 우리는 '즉석전략instant strategy'(20장 참조)이라 불리는 실험을 했다. 우리는 각 구성원들에게 가장 중요하다고 생각하는 문제의 해결 방향을 한 문장으로 적어보라고 시켰다. 시간은 2분을 주었다. 그리고 각자 적은 결과를 칠판에 공유했는데, 아래와 같았다.

- 무선기능에 연구개발 역량 집중
- 모든 매니저급에 스톡옵션 도입(유한책임 정도에 연동)
- 판매증진을 위한 영업부서 개편
- 잠재고객 방문 확대
- 자동차용 센서 개발

디아스는 연구개발 방향을 무선기능에 집중하도록 단기간 내 변경할 수 있다고 대답했다. 불평이 조금 있겠지만 처리 가능하다고 했다. 스톡옵션은 아주 어려운 일은 아니지만 이사회의 승인이 필요하다고 했다.

다음으로 '자동차용 센서'라고 쓴 직원에게 팀원들의 질문이 집중되었다. 그는 지프Jeep를 타고 비포장도로를 가면서 충격감지 센서와 기울기 센서가 있으면 좋겠다고 생각했다. 자동차용 센서는 자갈과 물 그리고 강한 충격을 견딜 수 있고 무선이어야 한다. 그리고 어떤 형태든 디스플레이 장치가 있어야 한다. 다른 팀원들이 대화에 끼어들기 시작했다. 군용차량에 이미 달지 않았나? 대형트럭에는 없나?

그들은 자동차용 센서를 다룰 소규모 태스크포스*를 구성하기로 했다. 그 시장에는 지금 누가 있는가? 그들은 마케팅과 영업 관련 이슈는 일단 제쳐두기로 했다.

한 달이 채 지나기 전에 태스크포스는 사업 기회가 있다고 보고했다. '오토센스Autosense'라는 개인 소유의 작은 회사가 충격 흡수 장치와 타이어용 무선 센서를 개발 중이며, 기울기 센서에도 관심이 있다고 했다. 그 회사 연구팀은 규모는 작았지만 창의적이었다. 3개월 후 이사회는 기업인수 계약을 성사시켰다.

XRS는 새로운 기회를 포착해서 성장하기 시작했다. 자갈에서 보호되고 최종적으로는 방탄 기능이 있는 센서를 만드는 기술을 확보했다. 또한 중국 공장을 폐쇄하고 생산설비는 노스캐롤라이

---

* 특정 과제를 성취하기 위해 만든 임시 프로젝트팀

나로 옮겼다.

XRS는 과거의 전략이 너무나 성공적이었기 때문에 침체의 늪에 빠진 듯했다. 경영진은 고수익이라는 함정에 안주해버렸다. 도전과제의 측면에서 보면, 영업과 마케팅 문제 역시 중요하지만 해결 가능한 것처럼 보였다. 그러나 그들은 크럭스가 시장 포화에 있음을 간파했다. 중요한 문제이기는 하지만 이때 포화라고 문제를 한정지어 버리면 절대 해결할 방법이 없다. 이와 관련해 어느 엔지니어가 했던 말에 핵심 포인트가 있다. "만일 시장이 포화되어 있으면 포화되지 않은 시장을 찾으면 됩니다."

되돌아보면 훌륭한 전략이란 단지 뛰어난 경영에 불과할 때가 많았다. 그러나 훌륭한 전략을 창조하는 것은 정말로 중요한 문제를 해결하는 방식에 대한 통찰력과 선택 없이는 불가능하다.

목표의 충돌

가치관과 욕망은 목표를 달성하기 위한 방향이며 동기부여로 간주되는 경우가 많다. 1장에서 설명했듯 개인이든 조직이든 많은 욕망을 갖고 있으며 서로 주의를 끌고 싶어 한다. 과제의 크럭스는 외부에서 오는 위협이 아니라 내부 목표의 충돌에서 오는 경우가 많다.

평화를 원한다면 호전적인 반응이 나올 수 없다. 지속가능한 생산시스템을 원한다면 주주에게 높은 수익을 돌려주지 못할 것이다. 직장에서 성공하려면 아이들과 보낼 시간을 줄여야 한다. 가치관과 욕망이 다양하면 그것들이 각자 작용하면서 취할 수 있는 행동의 범위가 줄어든다. 이러한 제한이 겹치면 여러 가치관과 욕망을 충족할 수 있는 방법을 찾기가 어려워진다.

특히 개인적 또는 정치적인 상황에서 상반된 목표는 양립할 수 없다. 어떤 아내는 남편을 증오하면서도 결혼 생활은 유지하고 싶어 한다. 언론의 자유를 신봉하는 대학교수도 '증오연설hate speech'을 반대할 수 있다. 이렇게 되면 모순되는 이 욕망들을 만족시킬 정책은 없는 듯 보인다.

많은 경우에서 전략은 '모서리해corner solution'와 비슷하다. 이 단어는 선형계획법에서 유래한 말로, 문제에 대한 답이 다양한 제약조건의 교차에 따라 결정된다는 뜻이다. 기하학에서 제약조건은 교차하는 면이나 선의 모서리를 뜻한다. 제약조건이 너무 심해서 어떤 해결방법도 찾을 수 없을 때 이를 '공집합'이라고 부른다. 이럴 때는 적어도 1개 이상의 제약조건을 완화하지 않으면 해결방법을 찾기가 불가능하다.

사람들은 보통 공집합이 발생하면 근시안적으로 행동해서 그 순간에 가장 중요하다고 생각되는 가치에 굴복한다. 이런 사례는 미국이 베트남전쟁에 점점 빠져드는 과정에서 잘 나타난다. 당시 린든 존슨Lyndon Johnson 대통령은 해리 트루먼Harry Truman 전 대통령이 "중국을 잃었다"고 비난받은 것처럼 베트남을 잃었다는 비난을 받고 싶지 않았다. 동시에 의회가 흔들림 없이 그가 계획한 위대한 사회 프로그램 집행을 입안하고 예산을 배정하기를 바랐다. 또한 믿음직한 우방이자 협약 파트너로서 미국의 지위를 유지하면서 동시에 주요 전쟁에는 참가하지 않으려고 했다. 그는 베트남전쟁에서 승리하기를 바라면서도 전폭적으로 국방력을 지원하지 않았다. 북베트남 지역을 집중 폭격해서 전세계적으로 반전 분위기가 고조되었지만, 동시에 주요 경제 및 물류기지는 건드리지 않았다. 미국 국방장관 로버트 맥너마라 Robert McNamara는 북베트남이 미국보다 더 많은 인명피해를 감수할 의지가 있다고 예상했음에도 베트남전을 소모전으로 계획했다. 북베트남은 아무리 시간이 오래 걸리고 어떤 대가를 치르더라도 정말로 끝까지 버틸 셈이었다.

이렇게 모순적인 가치관이 충돌하는 상황에 처해본 경험이 있다면 '망설이다'라는 말이 무슨 뜻인지 이해할 것이다. 1966년에 들어서자 맥너마라 장관은 협상을 진행하려고 했다. 그러나 이것이 패배를 인정한다는 의미임을 알고 있었다. 동시에 기존의 정치적 제약조건에서는 절대로 승리할 수 없다는 것도 잘 알고 있었다. 하지만 그는 미국이 어떤 결단이라도 내릴 수 있음을 북베트남에게 일깨워준다면 전쟁에서 이길 수 있다고 주장했다. 동시에 그는 미국이 감내하려는 비용에는 한계가 있다는 점을 잘 알고 있었다. 그는 공집합에 직면한 것이다.

존슨 대통령은 여러 사람들에게 돌아가며 의견을 물었다. 강경파든 온건파든 가리지 않고 계속해서 문제를 해결할 만한 사람에게 답을 구했다. 미국은 방해물이 생길 때마다 그에 대응하여 전선을 확대했다. 동시에 북베트남에게 미국이 진심으로 평화를 추구한다는 메시지를 주기 위해 폭격과 기타 작전을 중단하기도 했다. 그런데 북베트남에서 아무런 반응이 없으면 더 많은 병력을 파견하고 폭격의 횟수를 늘렸다.

맥너마라의 국방상관 임기가 거의 끝나가던 1968년에, 당시 합참의장이던 얼 휠러Earle Wheeler 장군이 베트남에 지상군 20만 5,000명의 추가 파병을 요청한 일로 대통령수석보좌관 회의가 열렸다. 이 회의에서 맥너마라는 이렇게 불만을 터트렸다. "휠러 장군의 요청은 지금까지 최대한 수용하려고 노력했습니다. 그러나 추가 병력을 파견한다고 해서 전쟁에 얼마나 큰 영향을 줄지는 아무도 모릅니다. 어쩌면 그 인원으로도 부족할 수 있습니다. 문제는 전쟁에 이길 수 있는 계획이 없다는 겁니다."[2]

여러 욕망과 그 문제 해결방안이 서로 충돌하면 결정을 못하고 근시안적으로 어중간한 조치를 되풀이할 수밖에 없다. 이런 상황에서 효과적인 전략을 개발하는 것은 매우 어렵거나 불가능하다. 가장 어려운 방해물은 외부에서 오는 것이 아니라 조직이나 사회 내부의 모순적인 가치관과 목적에서 나온다. 이런 경우에 크럭스는 가장 강하게 충돌하고 있는 가치관이나 정책이다. 답이 없는 상태에서 벗어나려면 제약조건 중 일부가 완화되거나 제거되어야 한다. 소중하게 여기던 어떤 가치관이 사라져야 한다. 그렇게 되면 지도자가 바뀔 수도 있다. 우리는 지도자가 강력한 결단력을 가지길 바란다. 하지만 바로 그 강력함이 우선순위를 변화시키는 데 걸림돌이 된다면 골칫거리로 전락한다. 베트남전쟁에서 새로 국방장관이 된 클라크 클리퍼드Clark Clifford는 원래 강경파였지만 전쟁 확대의 효용에 대해 의문을 품고 빠르게 미국의 참전을 줄이는 방향으로 전환했다. 1968년 대선에서 승리한 리처드 닉슨Richard Nixon 대통령은 그가 주장하는 '명예로운 평화'라는 슬로건에 맞게 병력을 줄이겠다고 약속했다. 물론 미국이 베트남에서 전투부대를 완전히 철수한 뒤에 전쟁은 북베트남의 승리로 끝났다.

베트남에서 미국의 전략은 정치적 제약 때문에 아무런 해결방법도 찾지 못하는 공집합과 같았다. 더 나은 결과를 도출하기 위해서는 원칙과 행동에 관련된 제약조건이 완화되었어야 했다. 그러나 지도층은 자신들의 욕망과 정책이 모순되는 상황을 문제라고 생각하지 못했다. 그들은 단 한 번도 북베트남을 무너뜨릴 만큼 대규모 군사력을 사용하려고 히지 않았다. 게다가 남베트남과 북베트남이 평화롭게 통일을 이루도록 도와주려고 계획한 사람도 없었다.

이런 문제는 애플에서 아이폰을 출시한 뒤에 마이크로소프트 사에서도 발생했다. 당시 마이크로소프트의 최고경영진은 윈도우 기반의 휴대폰 소프트웨어를 현대화할 필요성을 느끼고 있었다. 또한 구글의 검색엔진 도전에 직면하여 폭발적으로 성장하는 검색광고 시장에도 진출해야 했다. 마이크로소프트는 직접 시장을 공략하는 대신 최고의 엔지니어를 동원해 윈도우를 완전히 새로 설계했다. 그리고 빌 게이츠Bill Gates 회장의 꿈인 데이터베이스 중심의 파일시스템과 진보된 '범용 캔버스형 디스플레이'를 구현하려 했다. 그 결과는 우리 모두가 싫어했던 윈도우 비스타Windows Vista로, 위에서 말한 어떤 발전도 실현하지 못했다. 또한 휴대폰과 관련한 문제도 제대로 이해하지 못했다. 마이크로소프트는 망해가는 노키아Nokia를 인수했다가 모든 휴대폰 사업에서 철수해야만 했다. 게다가 충분한 검토 없이 야후를 인수한 뒤 검색엔진인 빙Bing은 2016년까지 계속 적자를 기록했다.

마이크로소프트가 여러 과제 중 하나에만 집중했다면 더 잘할 수 있었을 것이라고 생각하기 쉽다. 당시 CEO였던 스티브 발머 Steve Ballmer는 이렇게 회고했다. "우리는 휴대폰이나 검색엔진이 아닌 롱혼Longhorn*에 모든 자원을 쏟아부었다. 엉뚱한 곳에 전력을 기울인 것이다."[3] 그러나 많은 직원이 말했듯이 마이크로소프트에는 보다 심각한 문제가 있었다. 바로 새로운 기술의 통합을 주저하는 기업문화였다. 결국 재능을 가진 인재들은 회사를 떠났다. 되돌아보면 빌 게이츠와 스티브 발머는 있는 그대로 진단을 내리거나 크럭스를 해결할 능력이 부족했다.

해결 가능한 전략 과제

중요하면서 풀 수 있는 문제를 '해결 가능한 전략 과제Addressable Strategic Challenge(ASC)'라고 한다. 동시에 작업할 수 있는 ASC의 수는 조직이 보유한 자원의 규모와 능력 그리고 가장 심각하고

---

* 윈도우 비스타 개발 당시 코드명

긴급한 정도에 따라 좌우된다. '플랜 도그'가 선정된 이유는 매우 중요한 문제였고 동시에 해결 가능했기 때문이다. 즉 유럽 전선에 집중하는 것이 단순히 원하는 결과가 아니라 해결 가능하다고 판단했기 때문이다.

어떤 문제들은 다른 문제보다 더 중요하다. 초기 글에서 '기업전략'이라는 용어를 처음 사용했던 존 크로웰John Crowell은 이를 일찍이 간파했다. "중요한 것과 사소한 것을 명확히 구별하지 못하면 전략기획 분야에 소질이 없다고 보아야 한다."[4] 그런데 '중요하다'는 것의 의미는 무엇이고, '중요성'은 어떻게 측정할 수 있을까? 예전에 한 스승은 내게 '좋은 판단이란 어떤 상황에서 무엇이 중요한지 아는 것'이라고 가르쳤다. 그러나 이는 단지 '중요한'이라는 단어에서 이에 못지않게 이해하기 어려운 '판단'이라는 단어로 관심을 돌리는 것에 불과하다.

무엇이 '중요'한가는 그 상황과 질문을 던지는 사람들의 이해관계에 좌우된다. 2020년 여름에 진행한 한 설문조사에 의하면 밀레니얼 세대에게 가장 중요한 문제는 기후변화나 전쟁, 소득불평등이 아니라 전반적인 인종차별이었다. 마찬가지로 기업전략이나 조직전략 측면에서는 존재를 위협할 때 가장 중요한 이슈라고 판단한다. 즉 어떤 조직이나 기업의 기반, 심지어 존재 자체를 위협하는 정도에 따라 문제의 중요성이 결정된다는 말이다. 기회는 크면서도 위험할 때 그리고 기업전략의 변화가 필요할 때 중요해진다.

현명한 판단력으로 어느 과제가 정말로 중요한지 결정했다면 그다음 단계는 접근 가능성이다. 즉 과제를 해결할 수 있는 정도를 말한다. 이는 조직의 기술 수준과 자원 그리고 해결에 소요되는 기간에 좌우된다. 미국이 자원을 집중하면 10년 내에 화성으로 사람을 보낼 수 있다는 것은 거의 확실하다. 하지만 우리 생전에 아프가니스탄을 성숙한 자유민주주의 국가로 변모시키는 일은 거의 불가능하다. 물론 일본, 스코틀랜드, 15세기 프랑스와 같은 군벌 사회는 민주주의 국가로 진화하기는 했다. 그러나 어느한 군벌이나 세력이 나머지를 평정하고 나서도 수세기 후에나 민주주의가 정착했다. 그리고 미국이 민주주의를 받아들이게 하는 데 소질이 있다는 증거는 어디에서도 찾을 수 없다.

나는 유리병 제조업체인 오아이오O-I의 전략 담당 부사장 마크 코트Mark Kott와 함께 기업전략을 연구하면서 워크숍을 준비했다. 나는 주제를 선정하던 중 그에게 문제에서 해결 가능성과 중요성에 대해 설명했다. 그는 이렇게 말했다. "이것을 판단하기 어려운 이유는 두 가지입니다. 우선 견해 차이가 매우 클 겁니다. 그중에서 누구 의견이 옳다고 결정해야 하죠?" 그의 질문은 의견과 정보를 어떻게 통합해야 하는지에 대해 깊은 울림을 준다. 단순히 위계질서를 이용해 의견 차이를 해결할 수도 있다. 그러나 판단이 다른 이유에 관해 진지하게 토의하다 보면 귀중한 통찰력을 얻을 수 있다.

천리 길도 한 걸음부터

독일 의류회사의 중역이었던 '폴 디캘브Paul Dekalb'는 해결 가능성을 전략의 주요 제약요소로 삼는 것에 반대했다. 그는 이렇게 주장했다. "우리가 지금 해결 가능한 것에만 집중한다면 장기적인 전략은 포기해야 합니다. 우리의 전략은 진정한 차별화, 즉 시장에서 우리만의 고유한 포지션을 확보하는 것입니다. 그리고 우리는 변화에 투자해서 새로운 능력을 보유할 때까지 인내할 수 있습니다."

나는 디캘브에게 '진정한 차별화'에 대한 생각을 버리고 '새로운 능력 개발'을 전략으로 삼으라고 조언했다. "전략은 보다 정확히 말하면 욕심이고 의도이며 열망입니다. 좋아 보이지만 접근하기 어렵습니다. 따라서 해결하기 쉽도록 먼저 작은 '덩어리'로 분리해야 합니다."

"그러면 그것은 전술 아닌가요?" 디캘브가 불평했다.

"아니죠." 나는 이렇게 답했다. "전략과 전술은 원래 군에서 생긴 개념인데, 장군의 작전계획과 부사관의 작전계획이라고 생각하면 됩니다. 장기와 단기로 구별할 수 있는 게 아닙니다."

디캘브는 매우 똑똑한 사람이었지만 다른 많은 정치인이나 기업의 중역들처럼 '전략'이 미래를 내다보는 장기적인 개념이라는 잘못된 인식을 갖고 있었다. 물론 그렇게 생각하면 전략을 수립하기는 쉽지만, 아이디어의 정수를 뽑아 지금 당장 행동으로 옮겨야 하는 가장 어려운 부분을 제대로 수행하지 못할 수 있다.

프랑스 퐁텐블로의 인시아드경영대학원 캠퍼스에는 설립자 중 한 명인 조르주 도리오Georges F. Doriot의 동상이 서 있다. 그는 교육자이자 군인이었고 기업가였다. 동상 뒷면의 동판에는 그가 했던 유명한 말이 적혀 있다. "행동이 없었다면 세상은 아직도 아이디어에 머물러 있을 것이다."

그렇다고 해서 해결 가능성이라는 원칙이 복잡한 장기 과제를 무시하는 것은 아니다. 오히려 과제를 작은 덩어리로 분리해서 오늘 당장 해결할 수 있는 것부터 하라는 의미이다. "천리 길도 한 걸음부터"라는 속담도 있지 않은가.

인텔의 11가지 문제

2020년 초에 나는 전략 '마스터 클래스' 과정을 운영했는데, 그 중의 한 과목으로 중요한 문제들을 파악하고 여기서 해결 가능한 과제 골라내기가 있었다. 각각 다른 회사 출신의 중역 5명이 이 스터디그룹에 참여했다. 그들은 초일류 마이크로프로세서 생산기업인 인텔의 문제를 다룬 기사를 읽고 요약했다. 그 목적은 과제를 선별하고 그 중요성과 해결 가능성을 평가하는 능력을 개발하기 위해서였다.[5]

반도체산업에 종사하는 사람들에게 무어의 법칙은 거의 종교나 마찬가지였다. 이것은 스케일링이라는 과정을 통해 트랜지스터의 크기는 작아지는 반면 성능은 더 빨라지고 가격은 저렴해진다는 법칙이다. 인텔은 마이크로프로세서의 최소 배선폭을 1984년 1,000나노미터에서 6단계의 스케일링 과정을 거쳐 2001년에 130나노미터까지 줄였다. 그리고 다시 6단계의 스케일링 후 2014년에는 14나노미터까지 줄였다. 또한 x86 프로세서가 개인용 PC에서 윈도우-인텔 표준이 됨에 따라 그 어떤 반도체회사보다 마진이 높았다.

기사를 다 읽고 나자 몇몇 참가자는 현재 인텔이 매우 다양한 분야에서 문제에 봉착했다고 말했다. 그러자 다른 참가자들은 이런 문제는 우리가 잘 모를 뿐 대기업에서 흔히 일어나는 일이라고 반박했다. 열띤 토론 끝에 인텔이 직면한 문제 11가지가 다음과 같이 도출되었다.

- **무어의 법칙의 종말:** 무어의 법칙은 반도체를 점점 더 작고 빠르게 만드는 능력 덕분에 가능했다. 그러나 2018년이 되자 무어의 법칙은 끝난 것처럼 보였다. 반도체를 더 작게 만드는 것은 가능했지만 동시에 비용이 눈덩이처럼 불어났다. 이로 인해 인텔이 마이크로프로세서 분야에서 보유했던 전략적 우위가 위기에 처했다.
- **AMD:** IBM은 1981년 자사 PC의 프로세서로 x86을 선정하면서 인텔의 경쟁자인 AMDAdvanced Micro Devices를 두 번째 공급업체*로 택했다. 최근에는 새로 나온 AMD의 라이젠Ryzen

---

* 다른 회사에서 설계한 부품을 제조하고 판매할 수 있는 라이선스를 받은 회사

프로세서가 인텔 프로세서보다 더 많이 팔리면서 시장점유율에서 앞서가고 있다.[6]

- **생산**: 인텔은 14나노미터 노드에서 10나노미터 노드로 옮기는 과정에서 많은 어려움을 겪었다. 이는 인텔로서도 예상치 못한 일이었지만, 다른 기업들도 위험에 빠트렸다.[7] 대만의 반도체 위탁생산업체인 TSMC는 이 노드에서 생산 문제를 한 번도 겪어보지 못했으며, 이것이 인텔의 주요 반도체 경쟁사인 AMD가 앞서나가는 계기가 되었다.

- **모바일 사업 기회 상실**: 모바일 분야에서 인텔의 전략은 휴대기기에 적합하게 개발된 소형 x86 프로세서인 아톰Atom을 성공시키는 것이었다. 하지만 휴대폰 제조업체들은 아톰을 별로 선택하지 않았다. 2014년 초에 당시 CEO였던 브라이언 크르자니크Brian Krzanich는 4,000만 대의 태블릿 PC에 자사의 '아톰' 시스템을 설치하겠다고 발표했다. 이를 위해 인텔은 제조사에게 Arm에서 인텔로 변경하는 비용을 미리 지급했다. 100억 달러에 이르는 비용을 지불했지만 인텔의 아톰은 성공하지 못했다. 2016년에는 생산라인이 멈추었다. 인텔은 휴대폰 시장을 영원히 놓칠 것인가?

- **Arm홀딩스**: 모바일 프로세서 시장의 승자는 영국의 반도체 회사인 Arm홀딩스Arm holdings였다. 이 회사는 인텔의 x86과는 완전히 상이한 프로세서 아키텍처 특허를 보유하고 있었다. 그들의 비즈니스 모델은 설계한 프로세서의 라이선스를 판매하고 아시아에 있는 위탁생산업체에서 이를 만들게 하

는 것이었다. 애플, 퀄컴Qualcomm, 삼성전자 등이 라이선스를 사갔다. 2019년, 아마존이 클라우드 서버용으로 Arm 기반의 그래비톤2Graviton2 프로세서를 생산하겠다고 발표하면서 인텔에 대한 Arm의 우위는 더욱 공고해졌다. 한편 퀄컴은 노트북용 Arm 단일칩 체제를 개발했다.

· **모뎀**: 모뎀은 휴대폰에서 '무전기' 역할을 한다. 인텔은 오랜 기간 휴대폰용 모뎀을 만들어 시장에서 판촉 활동을 했다.[8] 그러나 구매한 기업은 모뎀 시장의 선도기업인 퀄컴과 법적 소송을 벌이고 있던 애플이 유일했다. 2019년 애플과 퀄컴의 소송이 끝나자 인텔은 모뎀 개발을 중단했고, 애플은 10억 달러에 인텔의 모뎀 사업을 인수했다. 인텔은 왜 모바일 시장에 성공적으로 진입하지 못했을까?

· **사물인터넷**: 2016년에 인텔은 사물인터넷IoT 시장에 본격적으로 뛰어들겠다고 발표했다. 이는 무선 컴퓨팅 기기 시장으로, 휴대폰보다 훨씬 적은 전력으로 가전용품, 스마트워치, 드론, 애견 목걸이, 자동차 그리고 생각지도 못한 기기까지 와이파이시스템과 클라우드에 연결하게 해준다. 2017년 중반에 인텔은 저가형 IoT칩의 개발을 중단하고 140명의 직원을 해고하면서 다시 산업용 기기에 전념했다. 그런데 IoT 분야에서 붐이 일면서 매출이 늘었다. 어떤 전문가들은 그 시장에서 인텔이 올라설 것으로 기대했다. 시장은 아직도 뚜렷한 강자가 없이 지리멸렬한 가운데, 텍사스 인스트루먼트Texas Instruments나 실리콘 래버러토리스Silicon Labs 같은 기업

이 사세 확장을 위해 노력하고 있다.

- **인공지능**: 데스크톱 PC 및 노트북용 x86 프로세서의 판매는 안정적이었지만, 급성장하는 인공지능AI 시장에는 수요가 폭발했다. 인공지능훈련 시장은 게임용 그래픽처리장치를 강력한 기계학습엔진으로 탈바꿈시킨 엔비디아Nvidia가 강자로 자리매김하고 있다. 2016년에 인텔은 x86 프로세서로 복잡한 추론형 AI엔진을 구동시키는 너바나Nervana를 인수했다. 그리고 놀랍게도 2019년 12월에 20억 달러를 들여 이스라엘 기업인 하바나랩스Habana Labs를 인수하고, 얼마 뒤에 너바나 제품의 개발을 중지했다. 경영진의 원래 의도는 하바나랩스를 별도의 사업체로 운영하는 것이었다.

- **클라우드**: 인텔은 x86 계열의 제온Xeon으로 데이터센터용 프로세서 시장에서 선두를 차지하고 있었다. 시장점유율이 90퍼센트가 넘었다. 최근 개인용 컴퓨터 시장은 위축되는 반면 빅데이터와 클라우드 컴퓨팅 시장이 성장함에 따라 인텔의 데이터센터 사업은 강력한 성장의 원동력이 되었다. 문제는 빅테크기업들이 맞춤형 반도체로 클라우드 시장에 진입하고 있다는 점이었다. 아마존은 아마존 웹서비스의 클라우드 서버에 Arm의 프로세서를 투입했고, 마이크로소프트는 클라우드 데이터센터에 역시 80코어 Arm 프로세서를 도입했다.

- **중국**: 2019년에 중국은 인텔의 가장 큰 시장으로 매출의 28퍼센트를 차지했다. 그리고 전체 생산시설의 10분 1이 중국에 있었다. 그런데 2019년 말, 중국 정부는 290억 달러의 정부

지원금으로 반도체산업을 일으켜 미국 의존도를 줄이려 했다. 또한 2019년에 발생한 코로나19로 인해 인텔과 중국의 이 오래된 관계는 이제 어떤 방향으로 전개될지 아무도 모르게 되었다. 중국 내 수요가 감소할까? 인텔 칩이 내장된 중국산 제품에 대한 전 세계적인 수요가 감소할까? 미국과 중국 사이에 새로운 무역 분쟁이 발생할까?

• **문화**: 로버트 스완Robert Swan은 2019년 초에 인텔의 CEO가 되었다. 이전의 다른 CEO와 달리 그는 기술계통이 아닌 재무 전문가였다. 취임한 지 얼마 되지 않아 그는 인텔의 조직문화에 문제가 있다고 진단했다. 그렇기 때문에 x86 프로세서 말고는 딱히 내세울 만한 제품이 없으며, 새로 인수한 기업과의 시너지효과도 제대로 내지 못한다고 보았다. 그는 1993년부터 2002년까지 IBM의 CEO였던 루 거스너Lou Gerstner의 '하나의 IBM One IBM'을 흉내 내 '하나의 인텔One Intel'을 모토로 채택했다. 거스트너는 재임 중 수요증가를 무시하고 사업부를 쪼개 매각했다. 〈뉴욕 타임스The New York Times〉의 보도에 따르면 스완은 인텔이 업계 선두의 위치를 오래 누린 것이 문제라고 말했다. "매니저들은 업계 위치에 만족했고, 내부적으로는 예산 확보를 위한 부서 간의 알력이 심했습니다. 어떤 부서는 아예 정보를 쌓아두고 공유하지 않았죠."[9] 가장 커다란 계기는 인텔이 10나노미터의 반도체소자를 제때 내놓지 못한 일이었다. 그는 이 문제가 발생하자 직원들도 변화가 필요하다는 것을 인정하게 되었다고 말했다.

인텔의 진짜 크럭스는 무엇인가?

스터디그룹 참가자들은 인텔이 직면했던 여러 문제가 매우 어렵다는 점에는 다들 동의했다. 그러나 중요성에 있어서는 의견이 달랐다. 참가자 중 한 명인 아쇽은 이렇게 말했다. "생산 문제를 해결하지 못하면 클라우드 시장과 거기에서 발생하는 매출을 모두 잃게 됩니다. 인텔이 차세대 7나노미터 노드를 만들지 못한다면 그저 또 다른 TSMC의 고객이 될 뿐입니다."

다른 참가자인 애비게일은 조직문화가 가장 큰 문제라고 주장했다. "작은 프로세서를 개발하려는 경쟁이 점점 끝나고 있어요. 클라우드 시장은 원가로 경쟁하는 시장으로 변모하는데, 인텔은 제대로 대응을 못했어요. 그동안 윈텔 표준*에 안주하면서 원가 경쟁력을 잃었죠."

참가자들은 또한 사물인터넷, 인공지능 그리고 클라우드 문제의 해결 가능성에 관해서도 토론했다. 인텔이 이 세 가지 문제에 능동적으로 대처하기 위해서는 박리다매형 제품이 중요하다는 데 기본적으로 의견이 일치했다. 인텔이 과연 할 수 있을까? 이를 도입하려면 하드웨어와 소프트웨어의 조합, 고객친화성, x86 프로세서의 높은 수익과 방향이 다른 저수익 제품 등의 문제에 직면하게 된다. 참가자들 반 이상은 인공지능 이슈가 중요하면서도 해결 가능하다고 생각했다. 그들은 인텔이 하바나랩스를 별도로 운영했다면 딥러닝 시장에서 우위를 차지할 수도 있

---

* 윈도우와 인텔의 합성어

었다고 생각했다. 그러나 이 전문화된 시장이 커봐야 얼마나 더 커지겠는가? 기업문화는 다른 문제들과 서로 얽혀 있었다. 참가자들은 인텔의 높은 시장점유율과 고수익 그리고 무어의 법칙에 따라 정확하게 높아지는 집적도 등으로 직원들의 믿음, 습관, 업무처리 과정이 오랜 기간 굳어졌다고 말했다. 박리다매전략으로 성공하려면 엔지니어링부서와 마케팅부서가 일하는 방식과 비용집행 방식을 바꿔야 한다.

패트릭이라는 말 많은 참가자는 인텔의 사업 기회에 더 관심이 많았다. "진짜 해야 할 일은 기회를 잡는 것입니다. 인공지능 그리고 사물인터넷은 자주 오는 기회가 아닙니다. 기존 사업에 너무 몰두해서 이런 기회를 놓치는 일이 없어야 합니다."

이들은 무어의 법칙이 끝났는지에 대해서는 확신하지 못했다. 인텔은 앞서나갈 수 있다고 장담했지만, 참가자들은 그 속도가 느려지는 건 어쩔 수 없다고 생각했다. 다른 분야에서의 경쟁과 성장기회는 인텔 스스로 찾아야 할 일이다.

몇 시간에 걸친 토론이 끝난 뒤, 나는 각 참가자에게 문제별로 중요성과 해결 가능성의 점수를 매겨달라고 했다. 즉 이들 문제가 전략적으로 인텔에 얼마나 중요한지 그리고 향후 3~4년 이내에 해결 가능한지를 평가하고자 했다. 나는 1점부터 10점까지 점수를 매겨 평균을 산출했다. 예를 들면, 인공지능 문제는 중요성 면에서 평균 8.1점, 해결 가능성은 7.6점을 얻었다. 이를 X축과 Y축으로 구분하여 도표화하면 이해에 도움이 될 것이다. **그림 6**에서 X축은 중요성, Y축은 해결 가능성을 나타낸다.

이런 표에서 늘 그렇듯 4점 이하로 나온 문제점은 표시하지 않았다. 중요하지 않다고 판단되면 아예 처음부터 '전략적'인 문제 범주에서 제외시켰다. 흥미로운 점은 참가자들이 몇 가지 문제는 상당히 해결하기 쉬운 것으로 판단했다는 점이다. 여기서 AMD 문제는 인텔에게 '늘 있는' 문제로 간주되었다.

이 표에 의하면 토론 참가자들이 중요하면서도 해결 가능한 과제로 간주한 것은 (10나노미터) 반도체의 생산과 기업문화임을 알 수 있다. 참가자별 점수 분포는 표에 표시하지 않았다. 그러나 편차가 가장 큰 문제는 인공지능으로, 누구는 부수적인 문제라고 여겼지만 누구는 다른 어떤 문제보다 더 중요하다고 판단했다.

이 표에서 보듯 인텔의 크럭스는 제조와 문화 사이 어딘가에 있다. 이 둘은 상호 연계되어 있다. 윈텔 표준에서 나오는 고수익으로 계속 달콤한 과실을 따먹는 데 익숙해진 인텔은 저수익 비

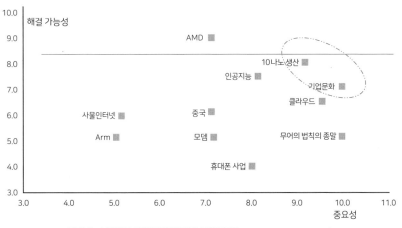

그림 6. 스터디그룹의 인텔에 대한 과제 분석

즈니스 모델에 관심을 두지 않았다. 따라서 생산 공정 기술자들이 폭넓은 분야의 기술을 습득할 기회가 없었다.

진정한 인텔의 크럭스를 알기 위해서는 기업문화와 최근에 발생한 생산 문제의 원인을 파악해야 한다. 아마도 조직개편을 단행하면서 기회를 찾아야 할 것이다. 사실상 표준에서 수익을 긁어모으는 데 머무르지 않고 디자인 및 원가절감 측면에서 타 기업과 경쟁하려면 핵심 생산 조직의 기업문화가 바뀌어야 한다.

물론 토론 참가자들이 인텔의 모든 문제에 대한 답을 갖고 있지는 못하다. 다만 이런 과정을 통해 해결 가능한 문제를 골라내고 크럭스를 찾기 위한 영역을 지정할 수 있다. 선택의 폭을 좁히는 이런 과정은 복잡한 문제를 해결하기 위해 자원을 집중하는데 필수적이다.

인텔의 계획

2020년 5월 TSMC는 120억 달러를 들여 애리조나에 5나노 노드를 생산하는 설비를 짓겠다고 발표했다. 7월에는 인텔이 7나노 반도체 생산이 최소 6개월 이상 지연될 수 있다고 발표했다. CEO였던 로버트 스완은 인텔이 향후 반도체를 자체 생산하지 않을 수 있다고 말했다.

2021년 1월, 이사회는 2월 15일부로 스완이 물러나고 팻 겔싱어Pat Gelsinger가 새로운 CEO로 부임한다고 발표했다. 겔싱어는 원래 인텔에서 첫 경력을 쌓았고, 직전에는 클라우드 인프라 업계의 강자인 VM웨어VMware의 CEO를 역임했다. 2021년 3월, 인텔은 원래 10나노 노드용으로 설계했지만 기존의 신뢰도 높은 14나노 노드용으로 백포트*된 '로켓레이크Rocket Lake' 칩을 발표했다. 이는 10나노 노드 문제의 해결을 바라던 고객들에게는 실망스러운 조치였다.

2021년 7월, 겔싱어는 반도체 시장의 선두를 탈환하는 계획을 발표했다. 여기에는 새로운 반도체소자의 설계, 새로운 방식의 동력전달장치, 첨단 자외선 반도체 인쇄기술 등이 포함되어 있었다. 이 계획은 전문가들의 주목을 받았지만 인텔의 실행 역량에 대해서는 의구심이 많았다.

---

* 새로운 버전의 기능을 이전 버전에서도 사용할 수 있게 하는 작업

5장

기업의 7가지 성장요소

많은 기업의 CEO들은 이렇게 말한다. "우리의 주요 과제는 성장입니다. 성장률이 둔화되면서 주가는 추락하고 기업 이미지는 하락했습니다. 우리는 기존 시장에서 점유율을 높이는 동시에 적극적으로 새로운 기회를 탐색해서 새로운 성장 동력을 창출해내야 합니다."

기업의 성장에 대한 CEO의 이런 견해는 전혀 새로운 것이 아니다. 성장률이 '매우 저조'하다거나 성장이 '느려진다'는 말은 기업의 CEO와 현안을 이야기할 때 늘 듣는 말이다. 성장이 둔화되는 이유는 대개 제품주기 만료 또는 시장의 포화가 원인인 경우가 많다. 예를 들어, 2007년부터 2012년 사이에 전 세계의 휴대전화 가입자 수는 매년 13퍼센트씩 증가했지만, 2013년부터 2020년 사이에는 3.4퍼센트로 감소했다. 이는 시장 포화로 생긴 현상이다. 2020년이 되자 전 세계의 휴대전화 가입자 수는 세계 인구보다 5퍼센트나 더 많았다. 그런데도 이동통신회사 버라이즌Verizon은 2021년 성장률을 더 둔화된 2퍼센트로 예상했다.

성장둔화라는 문제를 분석하려면 우선 기업의 역사와 기대효과부터 살펴봐야 한다. 경영층의 '성장'에 대한 요구는 기업의 규모와 균형이 맞아야 한다. 예를 들어보자. 월마트는 2020년도에 5,600억 달러의 매출을 기록했다. 월마트가 매출액을 2배로 성장시키기 위해서는 아마존과 AT&T를 인수해야 한다. 이 정도로 기업의 규모가 큰 경우에는 전체 매출액을 늘리기보다, 새로운 분야의 사업 기회를 모색해서 매출을 늘리는 편이 현명한 전략일 것이다.

대부분의 기업들에게 성장은 기업의 경쟁력과 조직의 유연성 그리고 기업가적 통찰력이 모두 혼합된 복잡한 문제다. 크럭스를 찾으려면 이 세 요소를 정확히 평가하고 그 위에 가치창출 성장을 위한 논리와 메커니즘이 수반되어야 한다.

가치창출 성장은 기업의 성공에 없어서는 안 될 비법양념 같은 것이다. 그러나 양념 성분 자체만으로는 성장을 촉발할 수 없다. 진정한 가치창출 성장은 기계적으로 단계를 밟아 달성하는 것이 아니라, 기업가정신의 발현으로 이룩할 수 있는 것이기 때문이다. 다만 비법양념은 올바른 방향을 잡고 심각한 실수를 예방해 주는 역할을 한다.

성장의 의미와 작동원리

'성장growth'이라는 말은 '증가increase'와 '건강health'이라는 의미의 고대어에서 유래한다. 초기 미국에서 '증가'는 1681년부터 1701년까지 하버드대학의 총장을 지낸 인크리스 매더Increase Mather처럼 청교도사회 지도자들의 이름에 많았다. 생물학에서 이 단어는 유기체의 크기가 커진다거나 유기체 및 배양균의 세포 수가 늘어난다는 뜻이다. 또한 경제·경영에서는 성공을 측정하는 거의 모든 항목에서의 개선을 의미하지만, 특히 매출과 이익의 증가를 말한다. 거시경제학에서는 보통 GDP가 증가하거나 다른 경제활동지수가 상승할 때 성장이라고 한다.

나는 여러 기업의 성장률 데이터를 볼 때마다 그 어떤 일관성도 없다는 데 놀라곤 한다. 컨설팅업을 시작한 지 얼마 안 되었을 때, 한 고객이 자기 회사의 '성장지속성growth persistence'을 점검해 달라고 부탁했다. 그는 모든 기업이 특유의 성장률을 가지고 있어서, 조금 느려지기는 해도 대체로 그 성장률을 유지한다고 생각했다. 그리고 이런 자기의 생각을 분석해서 도표로 만들어 달라고 요청했다.

나는 과거의 어느 한 시점을 기준으로 이전 2~3년간의 매출성장률과 이후 2~3년간의 성장률을 비교해보고 깜짝 놀랐다. 마치 압력이 충분치 않은 공기총을 종이에 대고 쏜 것 같은 분포를 보여주었기 때문이다. 점이 찍힌 곳을 보니 어떠한 일관성도 없었다. 이처럼 어느 기업의 3년간 성장률을 알았다고 해도 이후 3년간의 성장률에 대해 사실상 어떤 것도 예측할 수 없다.

매출, 이익, 자산 및 기타 회계용어로 측정되는 기업의 성장률과 주가는 확실히 다르다. 여기서 주가는 엄밀히 말하면 연간 주가상승률에 배당수익률을 더한 총주주수익률total shareholder return(TSR)이다.

CEO들은 주가가 상승하기를 바라지만 기업의 성장과 주가는 단순하지도 않고 직접적인 관계도 없다. 나는 경영대학원 수업 첫 시간에 학생들에게 예상 점수에 대해 설명한다. "과거에는 보통 논문 성적이나 시험 점수로 여러분을 평가했습니다." 그러나 이 과목에서는 평가방법을 바꾸겠다고 말한다. "이번 학기에는 과거 여러분이 다른 과목에서 낸 성적을 기준으로 이 과목의 성적을 예상한 다음, 여러분의 실제 성적과 그 예상 성적의 차이로 평가하겠습니다." 그러면 학생들 사이에서 불만 섞인 한숨 소리가 터져 나온다. "그런 식의 평가는 독단적이고 불공정합니다." 그때 나는 이렇게 설명한다. "그런데 이 방식으로 주식시장에서 CEO를 평가합니다. 즉 실적이 아니라 실적 예상치를 얼마나 초과했느냐를 가지고 평가합니다."

주식시장은 기업의 인수합병으로 발생할 미래 가치를 더하고 빼는 복잡한 계산이 작용하는 시장이다. 주가상승률이 전반적인 자산시장수익률equity market return보다 낮다면, 주가는 보통 실적earnings과 잉여현금흐름free cash flow에 비례한다. 만약 성장률 기대치가 매년 20퍼센트씩 2년간 증가했다면 그때마다 주가가 급등했을 것이다. 그 이유는 어닝 서프라이즈earning surprise* 때문이다. 급격한 성장이 끝났다는 것이 명확해지면 주가는 빠르게 하락한다. 지속적인 성장에 대한 기대가 사라졌기 때문이다.

이것이 급격한 성장이 가진 환상이다. 우리는 결국 성장률이 하락한다는 것을 알고 있다. 어떤 기업이 50년간 매년 20퍼센트씩 성장한다면 매출액 1억 달러가 1조 달러가 된다. 다시 50년간 그 비율로 성장한다면 1,000조 달러가 될 것이다. 이는 전 세계 모든 국가의 총생산보다 훨씬 큰 금액이다. 그러므로 우리는 급격한 성장이 지속될 수 없음을 잘 안다. 성장률이 둔화되다가 언제 멈출지, 심지어 언제 마이너스 성장률로 돌아설지를 안다면 정말로 영화 같은 일이 펼쳐질 것이다. 그러나 급격한 성장이 얼마나 지속될지 불확실하기 때문에 급격한 주가상승이 발생한다. 각 상승기에 주가는 성장이 계속되리라는 희망과 성장이 곧 끝날 것이라는 예측이 만나는 지점에서 결정된다. 성장이 확인되면 주가는 오른다. 아직 끝이 아님을 알았기 때문에 오르는 것이다. 그러나 성장 기업의 주식을 장기간 보유하다 보면 기대치가 낮아지는 고통스러운 경험도 하기 마련이다.

당신이 장기 투자를 하면서 모든 수익을 재투자한다고 해도 연평균 7퍼센트의 주가상승 이상을 얻기 힘들다. 투기를 한다면 주가상승기에 수익을 얻을 수도 있지만 하락기에 맞춰 빨리 빠져나와야 한다. 하지만 이것도 쉬운 일이 아니다. 여기저기서 계속 상승할 것 같은 신호가 생겨나기 때문이다. 시장은 항상 성장하

---

* 기업의 실적이 예상보다 좋은 경우 시장에서 받게 되는 충격. 또는 이로 말미암아 주가가 상승하는 경우

는 기업의 끝이 멀지 않았다는 점을 무시해왔다. 그러므로 성장 기업의 경영자는 아직 성장이 멈추지 않았다는 증거를 보여 시장을 놀라게 해야 한다. 또한 성장률이 하락하는 기업의 경영자는 한 번씩 실적 호전을 보여주어 시장의 기대를 높여야 한다.

요소1:
팽창하는 시장에 특별한 가치를 창출하라

'별거 없네요'라고 말할지 모르지만 팽창하는 시장에 특별한 가치를 창출하는 노력은 기업경영에서 성공하려면 필수로 갖추어야 할 덕목이다. 이는 성장 분야만 찾아다니는 자산 투기꾼들을 만족시키기 위해 기업이 할 수 있는 유용한 대책 중의 하나다.

나는 2016년 초에 '바니코Varnico'라는 기업의 전략 컨설팅을 맡았다. 그리고 그 회사의 '전략의 날Strategy Day' 회의에 참석해서 과거와 현재를 조명해보는 기회를 가졌다. 바니코는 전 세계의 식품가공회사를 대상으로 용역서비스를 한다. CEO인 '밥 할러Bob Haller'는 먼저 회사의 최근 실적에 대해 브리핑했다. 2008~2009년의 경제위기를 겪은 뒤 회사는 매년 6~7퍼센트씩 꾸준히 성장해왔다. 하지만 최근 이사회로부터 주가를 올리라는 압력을 받았다. 점심식사를 하면서 그는 인수합병이나 제품 라인업 증가를 통해 매출을 늘릴 방안을 고민했다고 말했다.

나는 다시 그를 만나 회사의 발전 방향을 논의했다. 그가 매출증가 방안을 요청했기 때문에 2013년부터 2015년 사이에 S&P1500 기업의 매출액 상승과 총주주수익율TSR의 관계를 보여 주는 그래프를 준비해갔다.[1]

하지만 **그림 7**에서 보다시피 둘 사이에는 명확한 연관성이 보이지 않는다. 내가 말했다. "이 표에서 확실한 점은 매출성장률이 적어도 2퍼센트 이상은 유지되어야 한다는 것뿐입니다."

그는 이 표를 보고 다소 놀란 듯했다. 다른 회사의 경영진과 마찬가지로 그도 매출이 증가하면 주가가 상승한다고 믿었다. 나는 이렇게 설명했다. "원래 저는 1960년대에 공대에 입학해서 공학도로 훈련을 받았습니다. 그래서 기업경영에 이런 데이터들을 활용하면 실적 향상에 도움을 줄 수 있다고 믿었죠. 그러나 그게 그렇게 간단하지 않더군요. 경쟁이 치열한 현실에서 실제 실적 데이터는 그 무엇과도 연계성이 거의 없습니다."

그리고 이렇게 덧붙였다. "시장에서 바니코의 실적이 향후 10년간 매년 12퍼센트씩 상승한다고 예상했다면, 이미 주가에 높게 반영되어 있을 겁니다." 기업가치를 상승시키는 비결은 아직 성사되지 않은 인수합병으로 발생하는 뜻밖의 매출상승과 이로 인한 수익증가다. "바니코의 주가상승률은 시장평균 상승률과 비슷합니다. 시장은 바니코가 신규 사업에 뛰어들어 가치를 창조할 거라고 생각하지 않기 때문이죠. 시장이 깜짝 놀라게 해야 합니다." 나는 할러에게 조언했다.

기업이 주식시장에서 가치를 창조하는 데 가장 중요한 2개의 요소는 전략의 효율성과 확장이다. 효율성이 먼저 오는 이유는

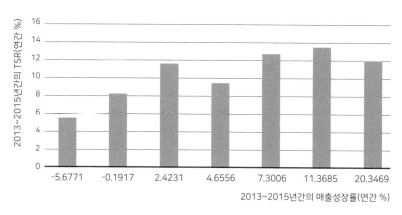

그림 7. S&P1500 기업의 TSR과 매출성장률(2013~2015년)

비효율적인 전략을 확장하면 미래에 문제가 더 커지기 때문이다. 그리고 시장평균 상승률을 상회하려면 두 가지 모두 기대 이상으로 뛰어나야 한다.

기업경영에서 전략의 효율성은 당신이 창조하는 독자적인 가치, 그리고 경쟁사의 침해와 모방 행위에 대한 효과적인 방어가 혼합된 결과물이다. 가치를 창조한다는 의미는 소비자가 직접 제품을 만드는 데 드는 비용보다 더 높은 가치의 제품이나 서비스를 제공한다는 의미다. 가치를 측정하는 효율적인 수단으로 가치격차value gap라는 것이 있다. 이는 소비자가 기꺼이 지불하려는 금액과 소비자가 직접 만들 때 필요한 금액과의 차이를 말한다. 독자적인 가치는 자사 제품의 가치격차와 경쟁사 제품의 가치격차 사이의 차액으로 결정된다. 제조 원가를 줄이거나 소비자에게 제공하는 제품과 서비스의 가치가 올라갈 때, 그 기업의 독자적인 가치가 상승한다.

전략의 확장은 독자적인 가치를 보다 많은 소비자층과 유사한 제품군으로 확장하는 행위를 말한다. 이는 구글의 성장전략이었다. 구글 검색엔진의 독자적인 가치로 인해 매년 검색광고를 이용하는 기업이 지속적으로 증가했다. 확장은 또한 새로운 사업 영역을 의미하기도 한다. 신규 영역에 진입하고 난 다음에는 다소 상이한 제품군과 소비자층으로 독자적인 가치를 다시 확대시키는 것이다.

최종적으로 보다 창의적인 형태의 확장이란 완전히 새로운 시장에 진입해서 독자적인 가치를 창조하는 것을 말한다.

바니코에게 우선 필요한 조치는 회사의 '효율성'을 개선하는 것이었다. 고객사에 대한 서비스 제공은 비교적 원활하게 이루어지고 있었으나, 가 지역별로 상이한 소비자에 대한 배려가 거의 없었다. 일류 기업에서는 판매부서와 마케팅부서의 우수사원들이 한 달에 한 번씩 만나 고객불만에 응대하면서 배운 깨달음을 공유하고, 교육 프로그램에 그 내용을 반영한다.

할러 역시 효율성 개선의 일환으로 각 지역별로 담당자를 지정하여 격주로 다른 지역 담당자와 만나 주요 현안을 공유하고 문제 해결방식을 토의하도록 했다.

두 번째는 능력이 다소 떨어지는 직원들을 일류 수준으로 격상시키는 문제였다. 뛰어난 직원들이 다른 직원들을 제대로 이끌지 못하고 있었다. 따라서 인사팀이 우수직원을 평가할 때 OJT*및

---

* 직장 내 교육훈련

과정 개발에 기여한 정도를 반영하도록 평가시스템을 바꾸었다.

세 번째는 IT부서 문제였다. 원가를 분석하는 프로그램은 있었지만 고객의 불만에 제대로 대응하도록 도와주는 IT시스템은 없었다. 이를 도입하는 데는 1년이 걸렸다.

이런 식으로 변화를 주도하는 한편, 다른 쪽에서는 바니코의 고객사를 분석했다. 고객들은 대개 소규모 식품가공회사들로, 내세울 만한 기술직원들이 별로 없었다. 그래서 새로운 제품을 위한 장비설치나 혼합물의 성분을 조정하는 등 일상적인 정비의 범위를 벗어나는 부분에서는 바니코에 의존하고 있었다. 문제는 바니코가 고객사를 대형 식품가공회사로까지 확대할 수 있느냐였다.

문제점을 분석한 결과 대형 식품가공회사의 내부 기술직원들이 일자리를 잃을까 봐 바니코의 진입을 반대한다는 것이 밝혀졌다. 원인을 파악한 뒤 바니코의 경영진과 IT부서는 고객 중심의 참신한 데이터시스템으로 업데이트해야 한다고 의견을 모았다. 그리고 이렇게 개선한 서비스화 소프트웨어*를 고객사에 판매했다. 이것이 전략적 확장이다. 이로써 대형 식품가공회사의 기술직원들은 일자리를 위협받지 않으면서 기존 업무를 더 잘 수행하게 되었다.

이런 방식으로 바니코는 몇 건의 계약을 성사시킨 후, 소규모 서비스화 소프트웨어 전문기업을 인수하여 고객 관련 프로그램

---

* 프로그램 및 데이터는 중앙서버에 저장하고 사용자는 인터넷을 통해 접속하는 형태의 소프트웨어 전달 모델

및 데이터를 유지 보수하도록 했다.

할러가 3년에 걸쳐 이 같은 작업을 진행하는 동안 회사의 주가는 크게 상승했다. 이 기간 동안 산업평균 주가는 31퍼센트 상승했지만, 바니코는 55퍼센트나 상승했다.

바니코는 포화 시장 속의 중견기업에 불과했다. 그러나 전략의 효율성을 높이고 대형 식품사를 공략하는 전략의 확장을 통해 더 많은 수익을 주주에게 돌려줄 수 있었다. 시장에서 바니코의 변신을 예상하지 못했기 때문에 주가가 상승한 것이다. 할러의 다음 과제는 다시 한번 시장을 놀라게 하는 것이다.

요소2:
불필요한 활동을 없애라

학생 때 윌리엄 스트렁크William Strunk의 《영어 글쓰기의 기본 The Elements of Style》을 배운 적이 있었다. 그의 핵심 가르침은 "불필요한 단어를 없애라"였다. 이는 기업이나 그 어떤 조직의 경영에도 마찬가지로 적용된다. "불필요한 활동을 없애라."

기업 또는 어떤 사업 분야도 흑자를 내지 못하면 필요가 없어진다. 이런 활동에 투입되는 자원은 회계보고서에 나타날 수도, 안 나타날 수도 있다. 여기서 자원은 자금일 수도 있고, 대중의 논란이나 경영진의 관심이 될 수도 있다. 어떤 경우든 '정원의 잡초 뽑기'는 반드시 필요하다. 왜냐하면 창고 속의 '구질구질한 물건'을 치우기 어려운 것처럼 이런 활동은 계속 존재하려는 경향이 있기 때문이다. 때로는 권력이 막강한 어떤 중역의 관심사이거나 퇴임한 CEO의 중심 비전일 수도 있다. 아니면 보다 큰 조직의 일부로서 그 조직을 지원하기 때문에 없애지 못할 수도 있다. 어쨌든 성장에 큰 도움이 되지 않는다면 더 중요한 사업 활동의 시간과 에너지를 갉아먹고 있는 것이다.

회사를 성장시키기 위해서는 이런 활동을 쳐내고 성장 가능성이 높은 활동에 집중해야 한다. 즉 진부한 활동이나 사업부를 '잡초 뽑듯 솎아내야' 한다. 성장 가능성이 높은 분야에 집중해야 하는 이유는 기업이 너무 크면 가치창출 활동이 눈에 잘 띄지 않기 때문이다. 기업가치가 1억 달러인 기업이 2억 달러로 증가했다면 당신은 경영의 천재로 칭찬받을 것이다. 그러나 엑손모빌ExxonMobil의 가치가 1억 달러 상승했다면 아무도 주목하지 않을 것이다.

성장 가능성이 높은 활동에 집중하려면 기존의 진부한 사업과는 경영시스템, 보상시스템 그리고 대응속도가 달라져야 한다. 이 두 사업을 혼합하면 두 사업 모두 효율성이 감소한다. 게다가 우리는 동시에 여러 개의 문제에 집중할 수 없다. 기업경영에서 집중과 단순화는 엄청난 효과를 낳는다.

하나에 집중한 S&P글로벌

맥그로힐McGraw-Hill 출판그룹의 역사는 1888년까지 거슬러 올라간다. 하지만 메이저 출판사로 두각을 나타낸 것은 교육출판 분야에 진출한 1917년부터다. 1929년에는 〈비즈니스위크Busines Week〉지를 발행했고, 그 뒤로 〈아메리칸 머시니스트American Machinist〉와 〈석탄기Coal Age〉 같은 여러 업계지*를 발행했다. 1966년에는 S&P신용평가사Standard & Poor's credit rating agency를 인수했다. 그리고 1986년에는 이코노미컴퍼니the Economy Company 출판사를 인수하여 세계 최대의 교육출판사가 되었다.

2008년에 금융위기가 닥치자 CEO인 해럴드 맥그로 3세Harold McGraw III는 조직을 합리적으로 개편하기 위해 최고재무책임자 Chief financial officer(CFO)인 잭 캘러핸Jack Callahan에게 도움을 요청했다. 그 뒤 몇 년간 펼쳐진 일은 선택과 집중의 전형을 보여준다. 그들은 강력한 미래성장의 발판을 만들었다.

원래 맥그로힐에는 출판, 교육 및 신용평가 분야의 수많은 사내위원회가 상호 의존하며 얽혀 있었다. 서로 다른 출신배경을 가진 중역들을 위원회에 모두 섞어놓다 보니 불필요한 비용이 발생할 수밖에 없었다. 별로 도움이 안 된다는 이유로 위원회에서 제외되기를 원하는 사람은 아무도 없다. 게다가 자회사인 S&P신용평가사의 서브프라임모기지 대부업체가 문제가 되었다. 이들 투자금융사들은 위기에 취약하다는 것이 드러나면서 2008년부터 2009년 사이에 발생한 글로벌 금융위기의 한 원인이 되기도 했다. 따라서 신용평가 부문을 사업영역에서 제외하려는 강

---

* 특정한 업계나 전문직 종사자를 대상으로 하는 잡지

력한 움직임이 일었다. 그러나 재검토를 거친 후 맥그로힐 그룹은 정반대의 선택을 했다. 출판보다는 신용평가 부문을 그룹의 중심축으로 삼기로 한 것이다.

그들은 계열사 정리를 위해 우선 〈비즈니스위크〉지를 블룸버그Bloomberg 그룹에 넘겼고, 방송 분야도 2011년에 정리했다. 그리고 교육 사업 전체를 팔아버릴 계획을 세웠다. 주정부와 시정부의 교육 예산이 삭감되면서 교육출판 매출은 2년간 매 분기마다 감소했기 때문이다. 투자자들은 맥그로힐을 대기업으로 간주했으며, 회사의 경영진들이 이 오래된 종이책 출판사를 디지털 출판회사로 바꿀 수 있다는 확신이 없었다. 맥그로힐은 구매자를 유인하기 위해 비대한 조직인 재경, IT 그리고 인사 부문을 외주로 돌리고 고정비용을 줄였다. 결국 2012년 말, 교육 사업부는 약 25억 달러에 아폴로글로벌매니지먼트Apollo Global Management에 넘어갔다.

그다음 해 맥그로힐은 사명을 맥그로힐파이낸셜McGraw-Hill Financial로 변경하고 건축잡지 부문마저 팔아버렸다. 최종적으로 2016년에 다시 S&P글로벌S&P Global로 사명을 변경하고, 소비자 만족도 조사업체인 J. D.파워J. D. Power를 매각했다. 이로써 온전히 신용평가 업무에 전념하는 회사로 거듭났다.

조직 슬림화 조치 때문에 그룹의 매출액은 62억 달러에서 2012년에 42억 달러까지 감소했다. 그러나 재무정보 분석에 역량을 집중하면서 새로운 상품과 기술을 개발하기 시작했다. 주요 업무영역은 신용평가, 다우존스산업평균지수Dow Jones industrial average, 특화 재무정보(캐피털IQ) 등이었다. 이들 분야의 이익률은 높았으며 계속 증가했다. 2015년의 수익률은 40퍼센트까지 증가했고, 2019년에는 최대 50퍼센트까지 증가했다. 가장 낮았던 2012년부터 2019년 사이에 매출액은 연평균 7퍼센트씩 성장했다. 이자 법인세 감가상각비 차감 전 영업이익Earnings before interest, taxes, depreciation, and amortization(EBITDA)으로는 연평균 19퍼센트씩 성장했으며, 같은 기간에 주가는 연평균 24퍼센트 성장을 가뿐히 기록했다. 맥그로힐은 신용평가업에 기업의 자원을 집중해서 주주의 이익을 극대화하는 결과를 낳았다. 만일 한 사업 분야에 집중하지 않고 신용평가 부문에서 동일한 수준의 성장률을 보였다면, 주주의 수익은 여타 사업부의 지지부진한 실적으로 희석되어 이처럼 높은 수익을 창출하기 어려웠을 것이다.

S&P글로벌은 불필요한 활동을 없앤 '단순화 성장'을 보여주는 전형적인 사례다. 거대 기업을 성장시키기는 매우 힘들기 때문에 이 사례에서는 부분적으로만 성장에 성공했다. 비록 어떤 분야에서 성장했다고 하더라도 다른 분야의 실적과 섞이면 그 성장이 묻힐 수 있다. 그리고 집중하면 성장하기 더 쉬워진다. 물론 잘못된 곳에 집중하면 아무런 변화도 일어나지 않을 것이다. 그러나 성장 가능성이 있고 경쟁력 있는 분야에 집중할 수 있다면 수익성장이라는 비법양념에 가까이 다가가는 셈이다.

요소3:
신속하게 대응하라

경쟁하는 상황에서 대응시간은 매우 중요하다. 새로운 기회나 과제가 생기면 가장 먼저 효과적으로 대응하는 기업이 승리한다. 단순히 먼저 움직이는 게 아니라 가장 적절하고 효과적인 대응이 필요하다.

존 보이드John Boyd는 한국전쟁 중 F-86 세이버 전투기를 몰았던 조종사로, 미 공군의 교육프로그램에도 참여했다. 그가 공중전에서 얻은 통찰력은 오늘날 '보이드루프Boyd Loop'로 알려져 있다. 한국전쟁에서 그는 소련 조종사들이 몰던 미그15 전투기가 미국 전투기에 격추되는 것을 목격했다. 미그 전투기가 세이버보다 속도도 빠르고 상승 능력이 더 뛰어났는데도 말이다.

그는 두 가지로 원인을 분석했다. 첫째, F86 전투기는 조종석 유리canopy가 커서 적의 위치가 더 잘 보이고 정확한 방향감각을 유지할 수 있었다. 더 중요한 것은 두 번째 이유였다. 소련의 조종사들은 마치 올림픽에서 피겨스케이팅을 하듯 정확한 동작을 수행하도록 훈련받은 데 반해, 미국의 조종사들은 빠르고 유연하면서 공격적으로 기동하는 훈련을 받았다.

보이드는 적보다 빨리 '회전기동'을 할 수 있는 파일럿이 공중전에서 승리한다고 설명했다. 회전기동은 관찰observation, 방향설정orientation, 결단decision, 행동action의 순서대로 이루어진다. 그는 적보다 더 빨리 회전기동을 한다면 적은 방향감각을 잃고 당황하게 되어 승리할 수 있다고 가르쳤다. 그의 별명은 '40초 보이드'였다. 그가 훈련 중에 40초면 다른 파일럿의 꼬리를 물 수 있다고 장담하며 종종 내기를 걸었기 때문이다. 그는 단 한 번도 이 내기에서 진 적이 없었다.

테니스 경기에서도 보이드루프를 볼 수 있다. 뛰어난 선수는 상대방이 균형을 잃고 달려올 만한 곳에 공을 꽂아 넣는다. 오른쪽 끝에서 공을 받아낸 상대 선수는 이번에는 왼쪽 끝으로 오는 공을 받아내기 위해 몸이 균형이 무너질 수밖에 없다. 한번 좌우로 왔다 갔다 하기 시작하면 그 포인트는 확실히 내준다고 볼 수 있다.

기업운영에서 신속함이 중요한 분야는 고객불만 처리와 신제품 개발 및 출시 주기다. 내 책 《전략의 거장으로부터 배우는 좋은 전략 나쁜 전략Good Strategy/Bad Strategy》에서도 자세히 설명했지만, 엔비디아는 제품 개발 주기를 통상적인 18개월에서 6개월로 대폭 단축해서 경쟁사를 따돌렸다. 3개의 개발팀을 만들어 똑같은 18개월이 걸리지만 6개월의 시차를 두고 제품을 출시했다. 이렇게 되자 경쟁사들은 도저히 따라갈 수 없었다.

제품 개발 주기가 빨라지자 엔비디아는 그래픽카드 시장에서 경쟁자들을 물리쳤을 뿐 아니라, 반도체 시장의 강자였던 인텔의 i740 그래픽 칩의 독주도 막을 수 있었다. 업계 분석가 존 페디Jon Peddie는 여기에 보이드루프가 작용했다고 평가했다. "인텔이 i740 그래픽 칩을 개발한 과정은 기존의 CPU를 개발했던 과정의 방법과 동일했죠. 그러나 이런 방식은 극도로 경쟁이 치열한

3D 그래픽카드 시장에서는 통하지 않았습니다. 인텔의 제품 개발 주기는 6~12개월이 아니라 18~24개월이었습니다. 즉 빨라진 제품 개발 주기에 적응하지 못한 거죠. 처음부터 완전히 새로 시작하는 것도 아니고 비주력 제품으로 개발하는데도 그 정도였으니까요."[2]

치열한 스마트폰 시장에서 노키아와 마이크로소프트는 회전기동에 늦었다. 오늘날 AI 시장을 놓고 미국과 중국 간의 치열한 경쟁이 벌어지고 있다. 보이드는 한쪽이 경쟁에서 뒤처진다고 생각되면 방향을 잃기 쉽다고 했다. 애틀랜틱카운슬Atlantic Council의 CEO인 프레더릭 켐프Frederick Kempe는 2019년 다보스 포럼 Davos Forum에 참석한 뒤 이렇게 말했다.

이미 미국의 기술력이 최고라는 칭찬에 익숙해진 미국 기업인들이 다보스 포럼에 참석해서 가장 당황스러운 순간은 중국이 엄청나게 빠른 속도로 미국을 따돌리고 있다는 이야기를 들을 때였다. 미국의 경영자들은 처음에는 그저 기술경쟁 정도로 생각했다. 하지만 시진핑 주석이 인공지능 기술경쟁을 일종의 우주개발경쟁*이나 맨해튼 프로젝트**로 여긴다는 이야기를 듣고 매우 황당해했다.[3]

---

* 1960년대 냉전 당시 미국과 구소련의 우주개발경쟁
** 1940년대 미국 주도의 핵무기개발계획

물론 인공지능을 개발하는 데 노력을 쏟는 것도 중요하다. 그러나 향후 이 기술이 어떤 방향으로 전개될지 아무도 모르기 때문에, 국가 차원에서 다양한 활용 계획을 미리 확보해야 한다. 보이드루프 전략에 따르면 실제로 기술력이 앞서가는 것보다 경쟁자가 당신의 기술이 월등히 앞서간다고 믿게 만드는 것이 더 중요하다. 뒤처졌다고 생각하면 실수가 나오게 마련이다. 따라서 신속하게 관찰하고, 방향을 제대로 잡고, 결정하고, 행동해야 한다.

관료체제가 빨리 움직일 수 있을까? 대개의 경우 각 주체 간에 전략, 통합, 신뢰가 없다면 거대 조직은 빨리 움직일 수 없다. GE와 포드가 디지털 '전환'에 그렇게 많은 비용을 쓰고도 실패한 이유는 여러 가지가 있지만, 가장 큰 이유는 따로 있다. 바로 전환이 이루어지면 별도의 독립된 사업부가 생겨 회사 전체를 위한 새로운 디지털 세계가 열릴 것으로 잘못 생각한 탓이다. 주요 분야의 중역들은 이 프로그램에 별로 관심이 없었다. 전 분야에 걸친 계획이 부족했기 때문에 결국 수조 달러가 낭비됐다.

이 글을 쓰는 지금, 나는 코로나19에 걸려 자가격리 중이다. 한국과 달리 미국 정부는 코로나19에 신속하게 대응하지 못했다. 언론에서는 트럼프 대통령을 비난했지만 대응 실패의 가장 큰 원인은 시스템에 있다. 미국 보건복지부는 식품의약국FDA과 질병통제예방센터CDC를 관리하는 거대 관료조직이다. 미국에서 코로나19가 발병하자 시스템 전체에 불신과 갈등, 정치 그리고 무능력이 만연했다. 코로나19 같은 유행병이 창궐할 가능성에 대해 오랜 기간 경고와 연구가 있었지만, 그 누구도 행동계획을 마련하지 않았다. 검사 방법에 대한 지침도 없고, 격리대상자 선정이나 국가 또는 주 차원의 대응방안에 대한 그 어떤 방침도 없었다.

다른 나라의 시스템과 관련하여 이야기하려면 항상 미국은 네가지 계층의 정부로 이루어진 연방국가라는 점을 설명해야 한다. 연방, 주, 카운티, 시에는 의회, 법원, 경찰이 각각 존재한다. 공중보건 관리도 이 4개의 정부로 분리된다. 위기가 닥쳤을 때 많은 사람들은 봉쇄나 사회적 거리두기를 실시할 권한이 연방정부가 아니라 주정부와 지방정부에 있다는 사실에 놀랐다. 이런 문제에서 대통령은 권고할 수 있지만 명령할 수는 없다. 마찬가지로 비상물자 비축이나 병상 확보도 주정부와 지방정부의 책임이다. 대유행병 발생 가능성을 오랫동안 경고했음에도 이 4개의 정부 중 어느 누구도 움직이지 않았다. 그들은 행동 대응방안이나 검사 방식, 격리대상자 선정 및 격리 장소 등에 대한 구체적인 계획을 마련하지 않았고, 필요한 의약품을 비축해놓지도 않았다.

한국의 공무원들도 마찬가지로 관료적이겠지만, 그래도 그들은 계획을 수립했고 신속하게 바이러스 검사 방식을 도입했다. 차이는 방법, 신뢰 그리고 행정력의 수준에서 생긴다.

전염병이든, 전쟁이든, 기술경쟁이든 아니면 새로운 기회 포착이든 신속함이 생명이다.

요소4:
인수합병으로 전략을 신속히 이행하고 보완하라

인수합병이 기업의 성과와 가치에 미치는 영향에 관해 말 그대로 수백 편의 연구가 있다. 결과는 긍정과 부정이 섞여 있다. 총 가치를 기준으로 평가하면 부정적이다. 인수대금이 클수록 보통 안 좋은 거래이기 때문이다. 예를 들어보자. 1998년부터 2001년 사이에 대형 인수합병의 붐이 일었던 시기(닷컴기업과 통신사)를 분석해보니, 인수비용 1달러당 12퍼센트의 주가가 하락해 총 2,400조 달러의 손실이 발생했다. 그러나 이 기간 중 모든 인수합병 기업의 주가는 평균적으로 소폭 상승했다. 손실이 발생한 이유는 대형 인수합병에서 발생한 손실이 소규모 인수합병에서 얻은 이익을 압도했기 때문이다.

이런 연구는 보통 거래 발표 앞뒤로 3일 정도의 단기간 동안 주가의 상승을 조사한다. 그것도 주식시장이 완전히 효율적이라는 전제를 미리 깔고 시작한다. 문제는 인수합병에도 유행이 있는데, 이런 연구는 인수합병의 붐이 일어 주가가 상승 추세에 있을 때 주로 시행된다는 점이다. 그러나 유행이 가라앉고 나면 인수된 기업을 모회사에 흡수하기 위해 대규모 구조조정이 시행된다. 구조조정 같은 사태는 연구과정에 중요한 '사건'으로 표시되지 않는다. 따라서 앞에서 말한 연구는 오직 거래로 인한 가치 상승만 보며, 뒤에 발생하는 가치 축소는 고려하지 않는다. 그러므로 이런 형태의 연구는 주가가 상승한 결과만 보여준다.

그렇다면 인수합병으로는 주가가 상승하지 못할까? 물론 가능하다. 인수합병으로 주가를 상승시키는 비법양념의 기본요소는 집중이다. 즉 경쟁력을 강화하고 심화할 수 있는 방향의 인수합병만 하면 된다. 단순히 매출이나 수익을 늘리기 위한 인수합병은 하면 안 된다. 또한 구조가 복잡하고 제품 라인업이 많으며 직원이 많은 회사는 절대 인수하면 안 된다. 정리하는 데 엄청난 시간이 걸린다. 무엇보다 가장 피해야 할 것은 비슷한 규모의 기업을 인수하는 일이다. 누가 무엇을 맡을지를 놓고 끝도 없는 싸움이 발생한다.

수익을 내면서 성장하려면 기본적으로 성장하는 시장에서 예상 밖의 실적을 거두어야 한다. 기업의 가치를 높이거나 고객 범위를 빠르게 넓힐 수 있는 인수합병은 매우 의미 있다(물론 적정한 가격에 인수할 때다).

대규모 인수합병은 주로 유서 깊은 기업에서 많이 발생한다. 2016년에 가장 큰 인수합병은 AT&T와 타임워너Time Warner의 합병(850억 달러)이었고, 그다음은 바이엘Bayer과 몬산토Monsanto의 합병(660억 달러)이었다. 합병 발표 날 AT&T의 주가총액은 180억 달러 감소했다. 바이엘의 주가총액 역시 180억 달러 감소했고, 주주들의 소송으로 곤란을 겪었다.

이런 인수합병을 나는 '나이아가라 딜Niagara deal'이라고 이름 붙였다. 거래 금액도 크지만 오래된 기업들이 인수합병으로 무언가 활력을 일으키려 하기 때문이다. 나는 이런 회사들과 일한 경험이 많은데, 대기업의 월말실적이나 분기실적은 거의 변화가 없어 일하는 것이 매우 지루했다. 기업운영이나 제품에서 혁신은 찾아보기 힘들며, 설사 있다고 해도 세 직급 아래로 내려가 현장과 부딪히며 일하는 젊은 중역급에서나 볼 수 있다. 그러므로 최고위급 중역이 되면 인수합병 말고는 별로 설렐 만한 특별한 일이 없다. 대형 인수합병에는 거물급 변호사와 투자은행의 중역들이 참여한다. 그들은 전용기를 타고 비밀 장소로 날아가 현장에서 엄청난 금액을 두고 협상한다. 참여한 모든 사람에게 일종의 지원금이 지급되며 인수되는 기업의 CEO에게는 위로금이 주어지기도 한다. 또한 인수로 규모가 커진 기업의 중역은 더욱 목에 힘을 줄 수 있다. 많은 비용이 소요되지만 이런 대형 딜을 성사시키는 이유는 CEO에게 엄청난 보수가 주어지기 때문이다. 2014년 멘즈웨어하우스Men's Wearhouse의 CEO였던 더글러스 이워트Douglas Ewert는 18억 달러에 의류업체인 조스에이뱅크Jos. A. Bank를 인수했다. 주가는 70퍼센트나 하락했지만 기업의 외형이 더 커졌으므로 이워트의 급여는 150퍼센트 증가한 970만 달러로 상승했다. 〈포브스Forbes〉에 기고하는 데이비드 트레이너David Trainer는 이렇게 말했다. "CEO들이 주주의 이익에 큰 도움이 안 되는 인수합병에 몰두하는 이유는 이로 인해 매출액, 주당순이익, 또는 에비타EBITDA* 지수가 증가해서 보너스를 더 받을 수 있기 때문이다. 게다가 인수합병으로 기업의 외형이 커지면 보다 큰 기업군에 속하게 되어 CEO의 급여 역시 상승한다."[4]

---

* Earnings Before Interest, Taxes, Depreciation and Amortization. 이자, 법인세, 감가상각비 차감 전 영업이익

또한 기업의 내부자원이 넘쳐서 과다한 인수대금을 지불하는 경우도 있다. 1997년에 마이크로소프트는 웹페이지 제작업체 버미어Vermeer를 인수했다. 나는 이와 관련해 당시 버미어의 CEO였던 찰스 퍼거슨Charles Ferguson과 이야기할 기회가 있었다. 마이크로소프트는 처음에 인수금액으로 2,000만 달러를 제시했는데, 이는 퍼거슨이 예상했던 것보다 더 많은 금액이었다. 하지만 노련한 협상가였던 퍼거슨은 조금 더 생각해보겠다고 대답했다. 그다음 주가 되자 마이크로소프트의 인수 협상단은 이렇게 제안했다. "1억 3,000만 달러면 되겠어요?" 퍼거슨은 그 제안을 받아들였다. 나중에 인수전에 참여했던 마이크로소프트의 중역을 만나 그렇게 큰 금액을 지불한 이유를 물어보았다. 그는 빌 게이츠에게 당시 폭발적으로 증가하고 있던 인터넷 수요를 잡으라는 지시를 받았다고 했다. "인터넷으로 떼돈을 벌 수 있잖아요. 인수 금액은 중요하지 않았죠."

뛰어난 제품이 많은 마이크로소프트는 풍부한 자본력으로 계속해서 과다한 금액을 지불하고 기업을 인수했다. 2007년에는 온라인 광고회사인 에이퀀티브aQuantive를 62억 달러에 인수했다가 2012년에 전액 상각처리*했다. 또한 2012년에는 노키아를 75억 달러에 인수했다가 역시 3년 뒤 전액 상각처리했다.

어느 기업이 인수합병을 많이 하는지 조사해보면 당대 최고의 기업인 경우가 많다. 2016년에 마이크로소프트는 19건의 거래를

---

* 특정 채권의 회수가 불가능할 때, 해당 채권을 회계에서 재무상 손실로 처리하는 것

성사시켰고, 알파벳(구글)은 11건, 애플은 9건을 성사시켰다. **그림 8**은 알파벳이 인수한 기업의 리스트다. 이들은 구글이 기존 사업의 영향력을 강화하는 데 활용할 수 있는 지적재산권이나 시스템을 보유한 소규모 기업들이었다. 또한 대부분 비상장기업이었기 때문에 상장기업을 인수하는 복잡한 절차나 엄청난 비용이 필요하지 않았으며, 복잡한 지분 및 지배구조가 없었다. 알파벳은 안드로이드(2005년), 유튜브(2006년), 더블클릭(2007년) 등의 기업을 인수하면서 성장이 더욱 가속화되었다. 알파벳은 조사를 해서 진입할 필요가 있다고 생각되는 분야의 기업을 인수하는 경우가 많았다. 2006년에는 구글 동영상 플랫폼을 만들려다가 당시 나온 지 18개월밖에 안 된 유튜브를 인수하기도 했다.

인수합병을 하는 이유는 많다. 기업은 초기 시장의 승자를 인수하려는 경향이 강하며, 규모의 경제를 실현하고 싶어 한다. 또한 새로운 기업문화를 수혈하여 기존 기업의 문화를 바꾸길 원한다. 그들은 인수하려는 기업의 고질병을 치료할 수 있다고 생각하며, 산업 전체를 지배하려 한다. 수익성 높은 성장을 추구하는 기업에게 나는 다음의 두 가지 경우에만 인수를 추진하라고 조언한다. 첫째, 기업 내부적으로 창조할 수 없는 기량과 기술(성장하는 플랫폼을 포함하여)을 보유한 기업을 인수해야 한다. 둘째, 기존 전략을 보완할 수 있는 기업을 인수해야 한다.

기업	분야	보완 대상
밴드페이지BandPage	뮤직 커뮤니티 플랫폼	유튜브
파이Pie	비즈니스 커뮤니케이션	스페이시스Spaces
시너지스Synergyse	대화형 교육 프로그램	구글 독스Google Docs
웹패스Webpass	인터넷서비스 제공	구글 파이버Google Fiber
무드스톡스Moodstocks	이미지 인식	구글 포토Google Photos
안바토Anvato	클라우드 기반 동영상서비스	구글 클라우드 Google Cloud Platform
카이파이Kifi	링크 관리	스페이시스
런치킷LaunchKit	모바일 앱 관리도구	파이어베이스Firebase
오비테라Orbitera	클라우드 소프트웨어	구글 클라우드
아피지Apigee	API 관리 및 예측 분석	구글 클라우드
어번엔진Urban Engines	위치 기반 분석	구글 맵Google Maps
API.AI	자연어 처리	구글 어시스턴트 Google Assistant
페임비트FameBit	브랜디드 콘텐츠	유튜브
아이플루언스Eyefluence	시선 추적, 가상현실	구글 VR
립드로이드LeapDroid	안드로이드 에뮬레이터	안드로이드
퀵랩Qwiklabs	클라우드 기반 교육 플랫폼	구글 클라우드
크로놀로직스Cronologics	스마트워치	안드로이드 웨어

_____ 그림 8. 알파벳의 인수 현황(2016년)

요소5:
너무 비싸게 거래하지 마라

많은 연구 결과에서 인수기업의 실적이 안 좋게 나오는 이유 중의 하나는 다른 기업을 인수하면서 너무 많은 비용을 지출하기 때문이다. 특히 상장된 기업을 인수할 때는 내재가치의 30~40퍼센트에 해당하는 프리미엄이 붙는다. 경제가 호황일 때는 프리미엄에 또 프리미엄이 붙기도 한다. 다른 회사와 경쟁이라도 붙으면 상황은 더욱 안 좋아져서 인수비용이 엄청나게 높아진다. 또한 금액이 커질수록 투자은행이나 변호사에게 지불하는 수수료도 커진다.

1998년 2월, 살로몬스미스바니Salomon Smith Barney의 애널리스트인 잭 그루브먼Jack Grubman은 애리조나주의 스코츠데일에서 이동통신사들과의 회동을 주도했다. 여러 테이블에는 CEO와 직원들이 각각 앉아 있었다. 이동통신업계는 바로 얼마 전에 규제가 풀렸고, 인터넷 열풍으로 기업의 가치가 급등했다. 그루브먼은 대형 통신사들에게 너무 늦기 전에 기업 규모를 늘리라고 충고했다. 나는 옆 테이블에서 상당히 큰 통신사의 CEO가 윈스타커뮤니케이션스Winstar Communications의 인수 제안을 받는 것을 우연히 들었다. 당시 윈스타는 소형 광대역 안테나를 전국 건물의 지붕 위에 설치하면서 이제 전화회사의 구리선이 필요 없게 될 거라고 홍보하고 있었다. 그 CEO는 제안서를 들여다보더니 이렇게 말했다. "너무 비싼데. 올해 윈스타의 매출이 늘기는 했지만 적자폭은 더 커졌고 부채가 더 많아. 주당 45달러면 10억 달러도 넘겠는걸." 윈스타를 밀고 있던 살로몬스미스바니의 중역은 고개를 끄덕이며 말했다. "맞습니다. 그런데 사장님 회사의 가치도 올라가고 있어요." 즉 윈스타의 주가가 너무 높은 것은 맞지만, 당신 기업의 주가도 마찬가지로 올라갔으니 뭐가 문제냐는 의미였다. 하지만 그 CEO는 제안을 받아들이지 않았고, 결국 그가 옳았음이 밝혀졌다. 윈스타는 부채를 일으켜 급속 성장했지만 매출증가에도 불구하고 대출금을 제대로 갚지 못해 2001년에 파산했다.

프리미엄을 피하려면 개인이 보유한 비상장기업을 인수해야 한다. 프리미엄이 적을 뿐 아니라 경쟁의 가능성도 작아진다.

또 다른 프리미엄은 주식으로 지불할 때 발생한다. 가급적 현금으로 지불해야 한다. 주식으로 지불한다는 것은 주식을 발행한다는 의미이므로 주가에 영향을 미친다. 상장회사가 주식을 추가로 발행하면 2~3퍼센트의 주가하락이 발생한다고 한다. 이 것이 대형 인수합병이 성사되고 나면 주가가 하락하는 이유다.

가장 큰 시너지 효과가 나는 인수합병은 인수 주체 기업의 사업과 유사한 분야의 기업을 인수할 때다. 그러나 안타깝게도 그런 경우는 별로 없다. 연구자들은 67건의 인수합병과 영향력을 메타분석하여 다음과 같이 결론 내렸다. "인수합병이 주가에 미치는 영향은 무시해도 좋을 만한 수준이다. 시너지 효과가 있기는 하지만, 인수에 드는 엄청난 프리미엄 비용을 상쇄하기에는 너무 미미하다."[5]

가장 큰 프리미엄은 오만이나 자만심 때문에 생긴다. 이는 중고차 시장에서 흔히 발생하는 숨겨진 결함 같은 문제가 아니다. 오히려 시너지 효과를 과대평가해서 성장 가능성을 너무 낙관적으로 보고, 인수할 기업의 고질적인 경영 문제를 해결할 수 있다는 지나친 자신감에서 나온다. 행동경제학에서는 이런 과신의 원인을 준거집단무시reference-group neglect[6]에서 찾는다. 이는 자신의 기술과 정체성에만 집중하고 상대방의 능력이나 빤히 보이는 속임수를 무시할 때 발생하는 현상이다. 나는 내 수업을 듣는 대학원 학생들에게 여태까지 자신의 시험점수를 바탕으로 반에서 자기 위치를 매겨보라고 말한다. 누구도 자신이 하위 4분의 1에 포함된다고 생각하지 않는다. 학생의 반 이상이 자신은 상위 4분의 1에 포함된다고 생각한다. 이것이 준거집단무시 현상이다.

프리미엄을 지급하면 안 되는 이유는 많지만, 그럼에도 기업의 시가보다 더 주고라도 인수해야 할 때가 있다. 어떤 기업이 자신만의 독특한 지적재산권을 보유하고 있거나, 시장 내에서 특별한 위치를 차지하고 있을 경우다. 이때는 절대로 경쟁사나 잠재적 경쟁자에게 빼앗겨서는 안 된다. 이런 경우 단지 그 회사를 인수하는 것이 아니라, 경쟁사가 누릴 성공을 미리 막기 위한 비용을 지불하는 것이다.

엔비디아는 실리콘그래픽스Silicon Graphics 출신의 재능 있는 직원들이 만든 아트엑스ArtX를 인수하지 않았다. 그런데 경쟁사인 ATI가 아트엑스를 채가서 엔비디아의 6개월 신제품 개발 주기를 모방하더니, 그래픽카드를 출시해서 그들과 경쟁했다. 그리고 2006년에는 인텔의 주요 경쟁사인 AMD가 ATI와 합병했다. 아트엑스를 놓친 것은 엔비디아 측에서는 전략적 실수였다. 엔비디아는 아트엑스의 재능이나 자원이 필요하지 않았을 수도 있다. 그러나 아트엑스를 인수했다면 경쟁사로 자원이 넘어가는 일을 막을 수 있었을 것이다.

이런 논리는 빠르게 통합이 일어나는 산업에도 적용할 수 있다. 20세기 내내 주요 회계법인은 '빅 에이트Big 8'라고 불렸다. 하지만 오늘날에는 인수합병과 아서앤더슨Arthur Andersen의 해체로 '빅 포Big 4'로 줄어들어 KPMG, 프라이스워터하우스쿠퍼스PricewaterhouseCoopers(PwC), 딜로이트Deloitte, 언스트앤영Ernst & Young만 남았다. 이들 회계법인은 시장 통합이 발생하는 분야에서 지위를 유지하기 위해 어떤 형태로든 인수합병에 참여해야 했다.

요소6:
혹을 키우지 마라

'혹blob'은 오래된 조직의 중심에 있는 복잡하게 상호 연결된 구조물이다. 이는 매우 관료주의적이며, 수많은 정책과 규범으로 오랜 기간 진화해왔다. 나는 성장을 원하는 기업들과 일해본 경험이 많다. 보통은 그들에게 단순화해서 불필요한 조직을 솎아내고 중심 분야에 집중하라고 조언한다. 그런데 그것이 잘 먹히지 않을 때가 있다. 그때 내 조언은 '혹을 키우지 마라'로 바뀐다.

이런 조언을 하는 데는 두 가지 이유가 있다. 첫째, 성장하는 분야를 관료조직이 맡아서는 안 되기 때문이다. 이는 미국국토안전부가 새로운 비디오게임을 만들려고 노력하는 것과 마찬가지다. 어떻게든 만든다 해도 몇 년에 걸쳐 엄청난 비용을 들여 시대에 뒤떨어진 게임을 내놓을 것이다. 둘째, 이해충돌 및 여러 파워게임으로 '혹'이 새로운 시장에서 기업이 할 수 있는 선택을 제한해서는 안 되기 때문이다.

대기업은 기업 내부 또는 인수합병을 통해 성장의 기회를 모색할 수 있다. 나는 그런 성장의 기회를 '묘목seedlings'이라고 부른다. 묘목은 잘 키워서 혹으로부터 보호해야 한다. 우선 기업 내부에서 중역들은 6개 또는 8개 이하의 묘목에 집중해야 한다. 그러나 모두 성공하지는 못할 것이다. 성공 비결은 기존의 조직구조 밖에서 별도의 사업부로 살아남을 때까지 묘목을 잘 키우는 것이다. 인수합병을 통해 얻은 묘목은 따로 분리해서 보관하면 보호하기 쉽다. 그러나 이런 방법은 모기업의 기술과 시장지배력을 잘 이용해야 한다. 이런 조건을 이용하지 않는다면 그저 벤처캐피털이나 사모펀드와 다를 바 없다.

오늘날처럼 빠른 속도로 기술이 발전하는 세상에서 대기업이 벤처캐피털에 더 잘 어울리는 묘목을 키우는 것은 좋은 생각이 아니다. 대기업은 벤처캐피털처럼 '당신을 백만장자로 만들어 주는' 인센티브를 제안할 수 없다. 대기업이 추구해야 하는 형태의 벤처는 단순히 엔지니어나 프로그래머가 모여서 운영하는 것 이상이 되어야 한다. 대기업이 추구하는 형태는 모기업의 명성, 기술 그리고 시장지배력을 이용해서 더 큰 모험을 감수하는 묘목이다. 이를 위해서 회사는 실적평가제도를 없애거나 비중을 줄여야 한다. 대신 묘목의 과제와 운영계획을 청취하고 도와주는 회의를 매월 실시해야 한다. 묘목이 실패했다고 해서 담당 매니저를 해고하거나 징계를 주어서는 안 된다. 이는 정원에 제초제를 뿌리는 것과 같다.

요소7:
거짓으로 흉내 내지 마라

월스트리트의 애널리스트들은 단지 증가가 아니라 '예측 가능한' 범위 내에서 실적이 증가하는 기업을 좋아한다. 하지만 문제는 경제든 기술이든 경쟁이든 전혀 예측이 불가능하다는 점이다. 예상 가능한 실적을 만들기 위해 기업들은 평활화smoothing*작업을 하거나, 회계처리로 숫자를 조작해서 실적의 편차를 최소화한다. GE가 1985년부터 1999년 사이에 연속해서 실적목표를 달성할 수 있었던 것은 계열사인 GE캐피털을 통해 평활화 작업을 했기 때문이다. GE는 제조 분야의 이익을 높이고 손실을 만

---

* 데이터의 급격한 변화를 줄이거나 없애는 일

회하기 위해 금융자산을 사고팔아 분기실적을 맞추었다. 〈포브스〉는 이렇게 표현했다. "프로야구 선수가 스테로이드에 손을 대듯 GE는 실제로는 대출이지만 금융기관에 기관차를 허위로 '매각'하고 매각대금을 받는 것처럼 꾸몄다. 그리고 회계장부를 조작해서 금리 헤지hedge를 하는 등의 속임수를 통해 애널리스트의 기대를 초과하는 실적을 10여 년간 연속 달성했다."[7]

한 조사에 의하면 고위 중역들의 97퍼센트는 평활화된 실적을 더 선호한다고 한다.[8] 주요 기업의 최고재무책임자(CFO) 400명에게 물어본 결과, 상장회사의 20퍼센트는 시장의 예측 가능성을 만족시키기 위해 실적을 왜곡한다고 대답했다. 이들은 "이익이 1달러라면 통상적으로 그중 10센트는 조작된 숫자일 것"[9]이라고 답했다.

1990년대에 이를 가장 잘한 기업은 마이크로소프트였다. 저스틴 폭스Justin Fox 기자는 다음과 같이 꼬집었다.

마이크로소프트는 1995년 8월에 윈도우95를 발매하면서 매우 특이한 회계기준을 적용했다. 그들은 제품이 판매되고 한참 뒤까지 매출 인식 시기를 미루었다. 그 논리는 1996년에 소비자가 윈도우95를 구입하면 1997년과 1998년에 발생할 업그레이드와 고객지원서비스까지 같이 구입하게 된다는 것이었다. 이런 회계기준을 적용하지 않았다면 마이크로소프트는 1995년 후반기에 이익이 급등했다가 1996년 상반기에는 급락해서 주가가 휘청거렸을 것이다. 하지만 그들은 이런 식의 회계기법을 이용해

실적이 완만하게 증가했다.[10]

이런 평활화 작업이 정말로 효과가 있을까? 대부분의 연구 결과는 효과가 없다고 주장한다. 평활화 작업을 한 기업은 그 뒤에 주가가 급락하는 경우가 많았다는 흥미 있는 연구 결과도 있다.[11] 어떤 보고서는 '지난 30년간 실적 평활화와 주당 평균수익률은 아무런 연관성이 없다'[12]고 조심스럽게 밝히고 있다.

기업의 매니저와 애널리스트들이 보다 완만한 실적증가를 선호하는 것은 확실하다. 그러나 주식시장은 크게 영향받지 않는다. 실적을 완만하게 조작하면 회계보고서는 더 엉망이 되고 시간과 에너지만 낭비될 뿐이다. 당신의 지적 능력을 다른 곳에 사용하기 바란다.

수익 없는 기업

디지털 경제, 그중에서도 특히 '공유경제sharing economy'는 실적이 전혀 없는 기업을 양산했다. 이는 아마존식의 '빠른 성장'으로 시장에 먼저 침투하고 그다음 미래 어느 시점에 수익을 창출하게 된다는 개념이다. 백만장자가 될 만큼 오랫동안 남들을 속일 수 있기 때문에, 솔직히 "이런 짓을 하지 마라"고 말하긴 어렵다. 1999년만 해도 새로운 닷컴기업은 매출이 늘기만 하면 비록 수익을 내지 못하더라도 시장에서 용인되는 분위기였다. 그러나 기다린 끝에 겨우 1만 달러의 흑자를 본 이후로는 여기저기서 너무 심하다는 이야기가 나오기 시작했다.

공유경제의 혜택을 가장 많이 본 기업은 우버Uber다. 현재의 탑승요금으로는 변동비조차 커버하지 못하지만, 투자자의 자본이 유입되므로 우버는 서비스를 계속하면서 성장할 수 있다. 우버는 기업공개(IPO)에서 역대 가장 큰 손실을 기록했지만 계속 성장했다. 초기 투자자들은 엄청난 수익을 거둘 수 있었다. 예를 들어, 퍼스트라운드캐피털First Round Capital의 초기 투자금 51만 달러의 가치는 2019년에 25억 달러로 증가했다. 우버의 최초 설립자는 자신의 지분을 현금화해서 회사를 떠났다. 현 CEO인 다라 코스로샤히Dara Khosrowshahi는 2020년 말에 우버가 흑자로 돌아선다고 했지만, 2021년 초에도 여전히 적자를 기록했다. 흑자로 전환하기 위해서는 이용요금을 올리거나 운전사의 임금을 줄여야 하지만, 우버는 아무것도 하지 않고 있다. 투자자들이 '반짝이는 목표'에 반응한다는 것을 잘 보여주는 기업의 대명사는 위워크WeWork다. 이 회사는 집이 아닌 곳에 소규모 작업공간을 얻으려는 사람들에게 사무공간을 빌려준다. 아무도 이런 종류의 사업이 큰 이익을 내리라고 생각하지 않았다. 사무공간을 대여해주는 사업은 이미 30년 전부터 있었다. 그러나 위워크는 다양한 도시에 여러 개의 공간을 확보한 뒤 이를 에어비앤비Airbnb처럼 앱으로 예약할 수 있게 했다. 이런 사업 모델은 대학원의 '모의사업계획 대회'에서도 탈락할 정도로 인기가 없었지만, 어쩐 일인지 일본의 투자회사인 소프트뱅크SoftBank의 투자를 따냈다.

180~200억의 기업가치가 있다고 판단한 소프트뱅크는 44억 달러를 투자했다. 위워크의 CEO인 애덤 노이만Adam Neumann은 회사가 수익을 내고 있다고 주장했지만, 실제로는 엄청난 손실을 기록 중이었다. 2018년이 되어 자본이 부족해지자 그는 기업공개를 추진했다. 이 거래는 노이만과 소프트뱅크 손정의 회장이 주관했으며, 소프트뱅크는 위워크의 기업가치를 470억 달러로 추정했다. 기업공개의 일환으로 이사회 위원들을 포함한 기존 투자자들의 주식 10억 달러어치를 구매할 계획도 세워놓았다. 관련 투자설명서가 공개되자 위워크의 과거 손실 이력, 점점 늘어나는 노이만의 기행, 불확실한 사업 모델 등에 대한 안 좋은 반응이 이어졌다. 그러자 소프트뱅크는 기업공개를 포기했다. 이사회는 노이만이 물러나길 바랐고 그에게 1억 8,500만 달러를 위로금으로 주었다. 소프트뱅크는 위워크의 기업가치를 최초 470억 달러보다 한참 적은 80억 달러로 평가하고, 50억 달러를 재투자했다. 위워크는 공유경제를 실천하는 '테크'기업으로 둔갑했다. 사실은 여분의 사무공간을 임대하는 그저 경쟁력 있는 임대사업자에 불과한데 말이다. 하지만 수십억 달러가 몰렸다. 자칭 냉철하다고 주장하는 골드만삭스 투자은행의 임원들조차 위워크의 기업가치가 1조 달러까지 커질 수도 있다고 평가했다. 기업공개가 성공하면 이들은 엄청난 수수료를 받아 최고 부촌인 햄프턴 지역에 여러 채의 집을 살 수도 있었기 때문이다.

워런 버핏Warren Buffett이 남긴 유명한 말이 있다. "포커를 치는데 누가 봉patsy인지 모르겠다면 당장 박차고 일어나라. 당신이 바로 봉이다." 빠르게 성장하지만 수익을 내지 못하는 산업에서는 누가 호구인지 빨리 알아차려야 한다.

모든 언론의 관심은 성장하는 기업에 집중되지만, 수익을 내면서도 가치를 창출하는 성장은 매우 어렵다는 점을 잘 깨닫지 못한다. 그런 성장은 매우 드물며 설사 발생한다고 해도 짧은 기간만 지속된다.

6장

전략을 실행할 힘을 얻어라

문제나 과제의 크럭스를 해결하려면 행동이 필요하다. 이는 특정 행동, 특정 사람들, 특정 부서를 더 중요하게 만든다는 뜻이다. 이렇게 역할, 영향력, 자원이 이동하면 특정 분야에 대한 집중도도 변한다. 전략이 힘을 행사한다는 사실은 그 누구도 부정하기 어렵다.

힘을 행사한다고 하면 사람들은 불편하게 생각한다. 특히 집중적으로 추진하면 결국 보상을 받으며, 굳은 신념과 확실한 목표 그리고 비전 있는 리더십으로 과업을 달성할 수 있다는 것을 거의 종교처럼 믿는 시대에는 더욱 그렇다. 리더라면 모든 직원에게 최선을 다해서 회사의 목적을 달성하기 위해 노력해달라고 부탁해야 하지 않을까? 모든 직원은 정보가 공유되면 별도로 지시받지 않아도 알아서 움직여서 일의 효과를 내야 하지 않을까?

전략의 진화론

나는 스웨덴 기업의 초청으로 2013년에 스톡홀름에 가서 연설을 했다. 그날 오후에 8명의 전략연구가들을 만났다. 비록 낯선 사람들일지라도 직업상 관심사가 같은 이들을 만나는 일은 항상 흥미롭다. 그들은 간단히 자기소개를 한 뒤, 전략에 대한 내 견해를 물었다. 나는 전략이란 결정적으로 중요한 문제를 해결하기 위한 정책과 행동의 혼합체라고 대답했다. 부연설명을 하려는데, 나이가 지긋한 한 참가자가 손을 들고 말했다. "저희 생각은 좀 다른데요." 그리고 이렇게 덧붙였다.

"우리는 기업을 복잡한 사회조직의 한 부분이라고 생각합니다. 실제로 현실에서는 기업이든, 정부든, 비영리단체든 상호 연결된 네트워크를 형성하죠. 그리고 전 세계로 뻗어나가는 거미줄처럼 얽힌 관계 속에서 다른 조직의 신호에 반응합니다. 이 네트워크는 기호와 기술의 변화에 적응하면서 시간을 두고 진화해왔습니다. 이런 맥락에서 당신이 전략을 어떻게 해석할지 궁금합니다."

이런 이야기는 전에도 많이 들어봤다. 그러나 그가 말하는 '현실'은 진짜 현실이 아닌 '모델'이었다. 아니 사실은 비유metaphor였다. "여러분의 모델에는 전략이 들어갈 자리가 없습니다. 전략은 지도자가 어느 조직에 부여하는 계획과 방향입니다. 군인들에게 '나가서 침략자들을 물리쳐라'라고 말하는 것만으로는 안된다는 것을 깨달을 때 전략이 생깁니다. 지도자라면 침략자와 어떻게 싸울지 생각해서 조직을 구성하고 계획을 부여해야 합니다. 오늘날의 경영 여건에서 전략이란 그냥 내버려두면 시스템이 스스로 하지 않을 일을 하도록 힘을 행사하는 것을 말합니다."

내가 '힘의 행사'라는 표현을 쓰자 한쪽에서 한숨짓는 소리가 들렸다. 그들이 가톨릭 신자였다면 아마 성호를 그었을 것이다. 그들은 이성적으로나 감정적으로나 힘을 매우 불편하게 여겼다. 바이킹의 아들과 딸이자 구스타브 2세 아돌프Gustavus II Adolphus 의 후예들이 어떻게 이런 지경에까지 이르렀을까?

이 스웨덴 학자들 말고도 세상을 인간의 주체성이 결여된 하나의 자연 시스템으로 보았던 사람들이 많다. 그 뿌리는 지식인들이 진화론에 매료됐던 19세기 후반으로까지 거슬러 올라간다. 신이 이 세상을 창조하지 않았다면 자연스러운 진화의 과정으로 생겨난 것이리라. 이와 유사하게 그들은 기업의 조직도 자연선택의 작용에 의해 '진화'했다고 생각했다. 어쨌든 허버트 스펜서Herbert Spencer도 주장했듯 사회도 결국 유기체가 아닌가? 이런 사고방식으로 세상을 본다면 숲이 자라듯 도시가 건축가도 없이 커지고, 인구밀집 지역 근처의 강 위로 다리가 알아서 생기고, 기업의 성공과 실패는 환경에 얼마나 잘 적응하느냐에 따라 달라져야 한다. 이런 식의 자연선택은 지식인들이 신을 부정하고 인간의 계획과 목적 그리고 사회와 조직의 선택을 부정하도록 만든다.

1976년에 나는 보스턴에 있는 하버드경영대학원에서 UCLA로 소속을 옮겼다. 두 학교의 차이는 대서양과 태평양의 차이보다도 컸다. 하버드에서 나는 기업의 리더들이 어떻게 전략과 조직을 만들고 조정하는지를 중점적으로 연구했다. 그런데 UCLA에서는 경영학이 학문적으로 경제학이나 사회학에 종속되는 분위기를 느낄 수 있었다. 그곳에서 나는 조직과 전략을 '자연적' 시스템으로 간주하는 사회학적 경향이 있다는 것을 처음 알았다.

이 세상이 '알아서 진화'한다는 이런 이론에도 불구하고 전략은 여전히 힘의 행사를 뜻한다. 전통적인 조직에서 경영진이 전략 같은 것을 생각하지 않는다 해도 조직은 한동안 그전처럼 잘 돌아갈 것이다. 직원들은 계속 영업하고, 공장에서는 제품이 생산되고, 소프트웨어 개발자들은 여전히 코드를 개선할 것이다. 부서장들은 계약서에 서명하고, 회계보고서가 발표되고, 감사를 받을 것이다. 하지만 비일상적이며 중요한 일, 무언가 새롭고 다른 일은 발생하지 않는다. 중요한 변화는 항상 힘과 자원이 이동하는 일이기 때문이다. 전략이란 직원들에게 루틴을 깨도록 만들어서, 집단의 노력과 자원을 새롭고 일상적이지 않은 일에 집중시키는 것이다.

웹코: 전략과 실행력의 부재

힘의 행사에 대한 거부감은 단지 스웨덴의 기업가들이나 학자들 사이에서만 느끼는 것은 아니다. 이는 전략을 교훈적이며 동기를 부여하는 메시지로 간주하는 분위기 속에서 기업들이 '비전'을 창조하는 붐에서도 찾아볼 수 있다.

나는 2014년에 전자상거래용 소프트웨어를 판매하는 '웹코 WebCo'라는 중소기업에 조언을 해준 적이 있다. 웹코의 CEO '샤론 톰프슨Sharon Thompson'은 회사의 경영진과 비전선언문, 미션 선언문 그리고 전략선언문을 몇 주에 걸쳐 만들었다며 초안을 보여주었다.

- 우리의 비전: 사람과 기업의 중단 없는 연결
- 우리의 사명: 인터넷을 통한 중단 없는 고객 사업지원
- 우리의 전략: 개인과 웹사이트 개발자를 위한 전자상거래 개발지원. PHP, HTML5, 자바스크립트 등 다양한 언어로 제작된 웹사이트에 대한 신속하고 정확한 지원

"이걸로 무얼 달성할 수 있다고 생각하세요?" 내가 물었다.

"모든 직원에게 기업을 운영하는 원칙과 목표를 전달하고 싶어요. 직원들이 이를 받아들이면 우리가 달성하려는 목표를 이해할 거라고 생각합니다. 그러면 모두가 각자 자신의 일이 뭔지를 잘 알겠죠." 톰프슨은 또 이렇게 덧붙였다.

"그런데 이 선언문은 제가 봐도 감동이 없고 구체적이지도 않아요. 요즘 전략에 관한 책을 읽고 있는데, 우리의 꿈과 염원을 실천하도록 자원을 집중해야 한다고 하더군요. 그와 동시에 정확하고 측정 가능한 손익목표 및 기타 목표를 세워야 한다고 했습니다. 이 목표를 세우도록 저를 도와주실 수 있을까요?"

톰프슨의 전략선언문에는 전략에 대한 유명한 조언들이 많이 들어가 있다. 구글에서 '전략선언문'을 검색하면 수백 개의 샘플을 볼 수 있다. 그녀가 말했듯 전략선언문은 감동을 주고, 제품과 고객과의 관계를 설정하며, 경쟁력 우위 분야를 명확히 하고, 구체적 손익 및 비손익 목표를 설정해야 한다. 또한 간결하면서도 해석에 융통성이 있어야 하고, 장기와 단기목표를 모두 포함해야 한다.

문제는 그런 전략선언문은 전략이 아니라는 데 있다. 그것들은 마치 경영대학원 학생들이 만드는 '사업계획서'처럼 다른 학생들이나 친구들에게 인정받고 운이 좋으면 투자자를 혹하게 할수도 있는 화려한 문서 양식에 더 가깝다. 그러나 현실에서 투자자들은 계획이 아니라 사업을 제시하고 실행에 전념하는 사람을 보고 투자한다.

나는 톰프슨에게 시장을 선점하고 있는 우커머스WooCommerce를 어떻게 잡을 계획이냐고 물었다. 우커머스는 무료인 워드프레스WordPress로 웹사이트를 제작하는 기업에 역시 무료로 플러그인 방식의 전자상거래 프로그램을 제공하고 있었다. 그녀는 워드프레스나 우커머스는 진정한 의미의 무료가 아니며, 모든 기능을 제대로 이용하려면 추가로 요금을 내야 한다고 설명했다. 또한 많은 기업이 그런 종류의 소프트웨어를 제공하고 있지만, 우커머스와 워드프레스에서 잘 돌아가는 것도 있고 문제가 생기는 것도 있다고 주장했다. 그리고 워드프레스는 무료보안 업데이트 패치를 제공했지만 기존 테마 및 플러그인과 충돌을 일으켰다. "모든 게 엉망인데 모르는 사람은 들어오고 싶은 유혹을 느끼죠. 요즘은 간단한 전자상거래 사이트를 구축해서 제품을 팔려는 사람들이 많습니다. 그러나 사업이 커지면서 패치 파일로 소프트웨어가 누더기가 되면 문제가 생기기 시작합니다. 그때서야 전문 웹디자이너를 찾아 프로그램을 완전히 새로 깔고 매월 유지보수 비용까지 내면 큰돈이 들어가게 됩니다."

우커머스 외에 다른 기업도 있고, 워드프레스 말고도 웹사이트 제작기업들은 많다. 그러나 그녀가 말한 대로 처음에는 무료 소프트웨어를 깔아 비용을 절약하는 것 같지만, 나중에 수리하느라 큰 비용이 들어가는 이런 패턴에서 자유로울 수 없다. "업계 전체가 미끼상품 상술에 놀아나는 거예요"라고 톰프슨이 말했다.

나는 이렇게 반박했다. "당신이 처한 상황이 이제 이해가 되네요. 하지만 당신 회사의 전략선언문은 이를 자세히 설명하지도 않고 제대로 맞서지도 않아요. 선언문은 PHP, HTML5, 자바스크립트 등 다양한 언어로 제작된 웹사이트에 플러그인을 제공하고 개발자들의 요구에 신속히 대응한다고만 되어 있어요. 그리고 방금 제게 설명한 대로 처음 시장에 들어오는 고객들에게 어떤 해결책도 제시하지 못하고 있습니다."

그러자 톰프슨은 초보자들은 소프트웨어 구입에 그렇게 큰돈을 지불하려 하지 않으며, 시스템 운영과 관련한 지원에도 많은 비용이 들어간다고 설명했다. 그리고 코딩을 좀 아는 웹 개발자들 사이에서는 웹코가 평판이 좋다고 말했다. 현실적으로 보면 웹코의 경쟁사는 웹사이트 구축과 전자상거래 지원을 묶어서 패키지로 제공하는 소프트웨어회사들이며, 이들은 점차 클라우드 기반 서비스로 제공되고 있다.

톰프슨의 설명을 듣고 나니 그녀가 직면한 과제의 주요 문제점을 파악할 수 있었다. 그녀는 여전히 소수의 엔지니어로 다양한 문제에 대응할 수 있다고 잘못 판단하고 있었다. 또한 웹코는 고객불만 처리에 문제가 있었다. 그들은 초보 진입자, 중소기업, 개발자 등에게 판매하는 데만 집중하고 있었다. 게다가 3개의 서로 다른 프로그램 언어로 지원을 하다 보니 인력이 분산될 수밖에 없었다. 대기업이라면 그런 식의 대응이 가능하겠지만, 웹코처럼 작은 기업에는 많은 비용과 노력이 드는 일이었다. 자금을 모집하기 위해 웹코는 시장에서 보다 나은 성과를 내야 했다.

그런데 가장 심각한 것은 톰프슨이 CEO로서의 힘을 행사할 생각이 없다는 점이었다. 그녀는 남에게 이래라 저래라 지시하는 것을 싫어하는 성격이었다. 그러므로 '모든 사람이 각자 알아서 움직이는' 그런 전략선언문을 만들고 싶었던 것이다.

나는 톰프슨 같은 CEO에게는 우선 현재 당면한 전체적인 문제점을 파악한 뒤 타깃 시장을 명확히 지정하고, 경쟁사보다 우월한 품질의 제품과 서비스를 제공하라고 조언한다. 그런데 톰프슨은 전략을 제대로 만드는 것에는 별 관심이 없었고, 단지 더 그럴듯한 '전략선언문'을 원할 뿐이었다. 그녀는 회사의 사업운영 행태를 바꾸는 어떤 중요한 지시도 내리지 않았다. 내가 좀 더 적극적으로 그녀를 설득해야 했을까? 결국 우리는 웹코를 전자상거래 시장의 세일즈포스닷컴 같은 기업으로 키울 수 있는 전략을 만들지 못한 채 상담을 끝냈다. 웹코에는 '성장'하게 해줄 전략이 단 하나도 없었다. 오늘날 이 회사는 여전히 크지 못한 채 사명을 바꾸고 웹디자이너에게 그래픽 소프트웨어를 판매하고 있다.

메탈코: 힘을 얻는 방법

몇 년 전, '스탠 헤이스팅스Stan Hastings'라는 CEO를 만난 적이 있었다. 그는 최근에 어떤 회사를 맡아 회생시키려 하고 있었다. 그 회사에는 3개의 사업부가 있었다. 나는 그에게서 CEO급의 인물은 어떻게 권력 관계를 구축하는지 배웠다.

그는 예전에 대기업의 고위 임원으로 일한 적이 있었다. '메탈코MetalCo'의 이사회는 그를 CEO로 영입해서 전기도금 사업부의 부진 문제를 해결하고 새로운 성장 시장에 투자하길 원했다. 이 회사는 금속 사업부가 캐시카우 역할을 하고 있었지만, 전기도금 사업부는 경쟁사 대비 열세를 보이고 있었다.

그는 각 사업부장들과 인사를 하려고 자리를 마련했다. 그러나 금속 사업부장은 참석을 거부하면서 "당신이 내 사무실로 오시오"라고 말했다.

헤이스팅스는 당시 금속 사업부에 대대적인 변화가 필요하다고 생각했지만 이사회는 그의 행동을 지지하지 않았다. 그는 자신이 마음대로 할 수 있는 곳을 선택하기로 했다. 경쟁력 없는 전기도금 사업부의 장을 해고하고 자신이 그 자리를 겸직했다. 그는 7개월간 심혈을 기울여 마침내 전기도금 사업부를 흑자로 전환시킨 후, 이를 매각하고 새로운 기업을 인수했다. 금속 사업과 관련이 있으면서 전망이 유망한 기업이었다. 그리고 이사회의 지원을 얻어 금속 사업부장을 해고하고 조직 개선에 착수했다.

헤이스팅스의 사례는 새로운 환경에서 어떻게 힘을 얻는지를 생생하게 보여준다. 이사회는 그를 고용해서 회사를 살리려 했다. 하지만 처음에는 수익을 내는 금속 사업부와 갈등을 원하지 않았기 때문에 그를 지원하지 않았다. 그는 우회방식으로 이를 해결했다. 금속 사업부는 손대지 않고 전기도금 사업부를 직접 경영하면서 능력을 과시했고, 새로운 사업 기회를 창출해냈다. 그리고 그때서야 회사 전체를 이끌어나갈 힘을 얻었다.

정부기관: 실권이 없는 리더

때로는 직책이 문제를 해결하기에 충분한 힘을 주지 못하는 때가 있다. 나는 2005년에 학자, 변호사, 판사, 정치가 그리고 정부기관 책임자들이 모이는 큰 회의에 초대받은 적이 있었다. 나는 100여 명의 참가자들 앞에서 연설을 마친 후 질문을 받았다. 자신을 국토안보부만큼 큰 기관은 아니지만 그래도 꽤 중요한 정부기관의 장이라고 소개한 한 여성이 질문했다. "우리 직원은 2,000명 정도인데, 어떻게 전략을 수립해야 할지 모르겠어요. 적어도 우리 조직에서는 교수님이 설명한 대로 따르기엔 무리가 있거든요." 그녀는 기관의 운영방식과 우선순위를 정할 책임이 있었다. 하지만 모든 직원이 그녀가 단기간만 그 자리에 있다가 다른 사람으로 교체된다는 사실을 알고 있었다. "모두들 예의 바르고 저를 도와주려고 합니다. 하지만 제가 무슨 말을 하면 듣기는 하지만 실제 행동으로 옮기지는 않더군요." 사실 그 조직은 종신직 고위 공무원들이 운영하고 있었다. "저 같은 사람은 별 영향력이 없어요. 그리고 조직 내부적으로는 아무리 훌륭한 공무원이라도 제 자리에 오를 수 없다는 사실에 일종의 분노가 팽배해 있죠."

나의 조언은 별 도움이 되지 못했다. 우선 그녀에게 힘들겠다고 위로하고, 그런 문제는 많이 볼 수 있다고 말했다. 그때는 내가 아직 단순하고 직접적인 방식으로 문제를 공식화하기 전이었다. 그녀는 전략을 창조하고 적용하기에 충분한 힘을 부여받지 못했다. 그녀는 아파트 단지를 관리하는 사람과 같은 역할을 하기 위해 고용되었다. 그러나 충분한 권한이 없었기 때문에 그 역할을 다하기 위해 어떤 지시를 내리거나 수행 방법에 크게 관여할 수 없었다.

그랜드코: 기업을 변화시킨 가상조직

'그랜드코GrandCo'는 항해용품 시장에서 위치파악 제품을 생산하는 기업으로, 농업 및 토지용 측량기구도 같이 만들고 있었다. 2009년 말, 나는 이 회사의 연구개발 책임자인 '노라 프랭크Nora Frank'에게서 전략수립에 도움을 달라는 요청을 받았다. 나는 그녀를 통해 대기업에서 힘을 구축하는 역동적인 방법을 배웠다.

우리는 1시간 정도 전화로 이야기를 나눴다. 그랜드코에는 조직구조상 문제가 있었다. 그녀는 항해용품의 연구개발 책임자였고, 생산은 다른 사람의 관할에 있었다. 판매 및 마케팅은 미국, 호주 그리고 '기타 지역' 이렇게 3개로 나뉘어져 있었고, 생산 역시 기능별로 분리되어 있었다. 한마디로 CEO 외에는 그 누구도 회사의 손익을 책임지는 사람이 없었다.

나는 프랭크에게 내 전문 분야는 기업전략이지 연구개발이 아니라고 했지만 그녀는 물러서지 않았다. 그녀는 항해용품 시장의 경쟁이 심해져 매출이 감소하고 있지만 어떻게든 만회할 자신이 있다고 했다. 그리고 이를 위해서 유조선부터 어선까지 모든 선박용 제품으로 연구개발 역량을 확대해야 한다고 주장했다. 하지만 회사는 요트 시장을 위한 제품 연구로 국한하려고 했다. 다른 목적의 예산집행을 허락하지 않았던 것이다. 그녀는 요트 시장은 이제 한계에 달했다고 주장했다. 스마트폰과 구글 맵만 있으면 선박의 위치를 알 수 있는데, 누가 굳이 4만 달러나 주고 별도로 장비를 구입하겠냐는 말이었다.

그녀의 패기가 맘에 들었던 나는 상업용 선박 시장에 접근하는 구체적인 전략을 세우는 데 도움을 주기로 했다. 며칠간 연구한 결과, 그녀의 생각은 타당했지만 그녀를 지원할 조직이 없다는 게 문제였다. 치열한 토론 끝에 프랭크는 회사 안에 "가상" 사업부를 만들어야 한다고 결론 내렸다. 이는 연구개발, 생산, 판매, 마케팅 분야의 일원들이 정기적으로 모여 항해용품에 대한 의견을 교환하는 사업부였다. 이 사업부는 제품개발 정책을 추진하고 가상의 손익계산서도 만들 생각이었다. 프랭크는 우선 사이가 좋은 마케팅 직원을 설득했으며, 그가 다시 미국과 기타 지역 판매부서의 직원을 설득하기 시작했다.

그 후 2년간 가상 사업부는 요트부터 어선, 장거리 페리선 같은 소형 선박에까지 제품 라인업을 확대하는 일을 어렵게 승인받았다. 3년째에는 제품개발 예산을 획득했다. 그리고 4년 차에는 그녀의 열정에 감탄한 신임 CEO가 가상 사업부를 실제 조직에 편입시켜 프랭크를 사업부장으로 임명했다.

프랭크가 연구개발 책임자에서 출발해 사업부장까지 승진하는 여정은 집행력을 얻는 과정을 잘 보여준다. 그녀에게는 기업전략에 대한 비전이 있었지만, 처음에는 이를 적용할 힘이 없었다. 그러나 결국 그녀는 개인적인 전략을 훌륭히 구사해 자신이 구상했던 기업전략을 실현할 수 있는 충분한 힘을 획득했다.

사이코: 절름발이 조직의 리더들

2015년 가을, 나는 '플레처 블랙Fletcher Black'이라는 사람이 걸어온 전화를 받았다. 그는 '사이코SciCo'라는 대기업의 계열사를 운영하고 있는데, 경쟁력 있는 전략이 필요해서 연락했다고 말했다. 잠시 논의 끝에 나는 그의 기업을 방문해서 다른 중역 2명과 함께 회의를 하기로 결정했다.

사무실에 도착한 후 우리는 구체적으로 상담을 시작했다. 이 회사는 여러 종류의 실험실 장비를 대학과 기업의 연구소에 공급하고 있었다. 제품 라인업은 분석저울부터 원심분리기, 유전자편집기까지 다양했다. 이 회사는 20년 전 저울에서 출발해서 개발과 인수를 통해 제품군을 확대시켜 왔다.

그날 아침 그는 자신이 처한 문제점을 내게 상세히 알려주었다.

실험장비 사업은 수익을 증가시킬 가능성이 있는 분야입니다. 이를 위해서는 영업을 더 효율적으로 하면서 제품의 품질을 높여야 하죠. 우리는 연말 매출을 2퍼센트 상승한 10억 달러로 예상하지만, 실질적인 이익증가는 없는 상태입니다.

현재 우리의 가장 큰 문제는 원심분리기입니다. 이 제품은 내장된 튜브를 규칙적으로 교체해야 해요. 그래서 오랫동안 매출과 수익의 대부분을 차지하며 회사를 이끌어왔죠. 그런데 최근에 어떤 프랑스 회사가 강력한 경쟁자로 떠올랐어요. 그 회사 제품은 우리와 품질은 동일한데 가격이 더 저렴해요. 더 큰 문제는 그 회사가 무선 제품을 내놓기 시작했다는 겁니다. 이 장비는 연구원의 모니터에 측정결과를 바로 보여줍니다. 심지어 한 화면에 여러 측정값을 보여주기도 해요.

나는 우리 회사의 제품군이 급격히 확장되다 보니 영업 조직도 대충 급조된 게 아닌가 생각합니다. 전반적으로 그들은 회사의 기본 방향과 존재 이유에 대해 잘 모르고 있는 것 같아요. 특히 수익에 기여하는 소모품 판매에 적극적이지 않습니다. 그냥 연구원이나 엔지니어가 좋아하는 제품의 영업만 열심히 하죠. 원가는 계속 상승하고 있고, 우리는 이익률을 유지하기 위해 가격 인상 압력을 지속적으로 받고 있습니다. 안타깝게도 최근에는 여러 제품에서 리콜 사태가 발생해 명성에 타격을 입었어요.

나는 경쟁사인 그 프랑스 회사와 무선 제품이 궁금해졌다. 그래서 블랙에게 원가를 낮추고 무선 제품을 개발할 계획이 있냐고 물어보았다. 하지만 그는 이렇게 대답했다. "아, 향후 3년간은 신제품 개발계획이 없어요."

이 회사는 제품개발과 생산에 대해 어떠한 지배력도 없다는 것을 바로 깨달을 수 있었다. 제품개발은 이탈리아에 있는 모기업의 '글로벌' 사업부 주관이며, 생산은 미국이 아닌 여러 곳에서 이루어진다고 했다. 사이코는 제대로 된 기업이 아니었다. 기업처럼 보이지만 북미 마케팅 판매조직에 불과했다.

나는 그에게 왜 이런 식으로 조직을 방치해서 회사가 어떤 전략도 세울 수 없도록 만들었는지 물어보았다. 그는 본사 경영진이 북미 시장은 이미 포화되어 있으니 신흥국에 역량을 집중하길 원한다고 말했다.

모기업은 사이코를 일종의 '캐시카우'로 생각했다. 물론 그게 맞을 수도 있고, 틀릴 수도 있다. 그러나 제품개발이나 생산원가에 전혀 관여할 수 없는 블랙의 입장에서 할 수 있는 거라곤 판매 및 마케팅 계획을 수립하는 일뿐이다. 나는 그에게 노라 프랭크가 가상조직을 만들어 기업을 변화시켰던 사례를 들려주었다. 그는 깊은 인상을 받았지만 모기업을 대상으로 그런 변화를 이끌어낼 자신은 없다고 했다.

블랙과 같은 고민은 큰 조직에서 흔히 볼 수 있다. 사업부는 여러 개로 쪼개져 있고, 모회사에서 통합 및 조정하는 역할을 한다. 사업부는 자체적인 행동에 제한이 있어서 경쟁력을 발휘할 수 없다. 블랙과 마찬가지로 이런 절름발이 조직의 리더들은 효과적인 전략을 펼칠 수 없다. 한도 내에서 최선을 다하는 것만으로도 상당히 좋은 인상을 남길 수 있다. 그러나 강력한 조직과 실행력을 가진 경쟁자와의 싸움에서 이길 수는 없다.

7장

일관성 있게 행동하라

    나는 젊었을 때 암벽타기를 즐겨 해서, 정복한 바위도 여럿 있다. 추락을 막아줄 장비라고는 단지 로프 하나밖에 없는 높은 곳에 올라가려면 장비에 신경 쓰지 않을 수 없다. 당시 등산용품의 명품 브랜드로 로프는 에델리드Edelrid, 피톤*은 쉬나르Chouinard, 카라비너**는 캐신Cassin 등이 있었다. 암벽등반에 관심이 있는 사람이라면 페츨Petzl이라는 이름을 들어본 적이 있을 것이다. 이 프랑스 기업은 등반, 동굴탐험, 스키 및 산업안전에서 최고 품질의 장비를 설계하고 생산한다.

    페르낭 페츨Fernand Petzl은 여러 지하 동굴을 최초로 탐험한 동굴탐험가였다. 1968년부터 그는 자신의 작업실에서 동굴탐험에 필요한 도르래와 제동기를 직접 제작하기 시작했다. 그가 만든

---

* 암벽등반 시 바위틈에 박는 못
** 암벽등반에 사용하는 고강도 철제 고리

제품들은 품질과 안전성으로 명성을 얻었다. 동굴탐험에 대한 깊은 지식을 바탕으로 탐험 동호회 사람들의 요구를 충분히 반영했기 때문이다. 그는 1975년에 회사를 설립해서 등산용품과 암벽등반 제품을 만들기 시작했다. 이후 그의 아들 폴 페츨Paul Petzl이 회사를 물려받아 성장시켰고, 미국에 지사를 설립했다.

페츨 미국 지사의 사장인 마크 로빈슨Mark Robinson은 이렇게 말했다. "페츨은 암벽등반이나 고소 작업 또는 동굴탐험 장비 전문회사가 아닙니다. 중력을 거슬러 올라가거나 내려가려는 모든 사람을 위한 제품을 만드는 회사입니다."[1] 등반 장비를 만드는 회사에서 가장 중요한 과제는 품질과 신뢰성이다. 작은 장비 하나에 당신의 목숨을 맡기려면 그 회사를 신뢰하지 않으면 안 된다.

아웃도어 의류, 텐트, 백팩을 만드는 회사는 말 그대로 수백 개가 있다. 하지만 극저온에서 부러지지 않고 숨겨진 결함이 없어야 하는 로프조작 장비는 어떤 회사 제품을 신뢰할 것인가? 독점기업 중에는 누가 가장 믿을 만한가? 캠퍼스 아우터웨어와 캐주얼화로 엄청난 판매를 자랑하는 기업은 어떤가? 품질과 신뢰라는 측면에서 이 기준에 부합하는 브랜드는 얼마 되지 않는다. 페츨은 그 선두이며, 실제 클라이머가 운영하는 블랙다이아몬드Black Diamond가 뒤를 잇는다.

2005년 뉴욕소방청(FDNY)은 빠듯한 일정으로 소방관들을 위한 신속한 건물탈출 장치를 만들어달라고 페츨에 연락했다. 기존에 사용하던 라펠 장비는 소방관들이 휴대하는 얇은 로프에서는 잘 작동하지 않았기 때문이다. 페츨의 기술자들은 불과 몇 주 만에 제품을 내놓았다. 곧 소방관 훈련에서 제품 테스트가 이루어졌다. 그들은 갈고리를 걸고 틈이나 창문을 통해 탈출하면서 이 제품을 이용해 하강속도를 제어했다. 그런데 훈련 중 체중이 많이 나가는 소방관의 하강로프가 끊어졌다. 이틀 후 페츨의 기술자들은 수리를 마쳤고, 이는 뉴욕소방청의 표준 장비가 되었다. 페츨이 만든 비상 하강기의 품질과 빠른 응답성은 소방관과 고소 작업자들 사이에서 전설이 되었다.

오늘날 페츨은 암벽등반, 산악구조, 풍력발전기 유지정비, 벌목, 수색구조, 교량 및 고압선 유지정비 같은 특수 분야의 장비를 생산하고 있다. 2008년에는 프랑스 크롤Crolles에 브이액세스 V.axess라는 시설을 지어 수직 상태에서 제품의 작동과 스트레스 정도를 테스트하고 있다. 이곳에서 많은 연구개발, 테스트 및 품질개선이 이루어진다.

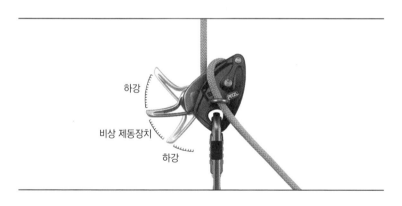

_____ **그림 9.** 페츨의 EXO AP 하강기

출처: 페츨 제공

기본방침과 행동에서 페츨이 보여주는 일관성은 제품 중심, 원칙에 대한 깊은 이해, 철저한 품질관리, 안전한 제품이라는 이미지에 그 기반을 두고 있다. 페츨은 한 분야로 역량을 집중해서 제품의 분산화를 막고, 오로지 성장에만 몰두하는 정책을 배제한 덕분에 일관성을 유지할 수 있었다.

일관성 있는 행동은 서로를 지탱한다. 가장 기초적인 의미에서 일관성이란 행동과 정책이 서로 모순되지 않는다는 뜻이다. 가장 좋은 경우는 일관성으로 시너지가 발생해 추가적인 힘이 생기는 것이다.

- 점점 더 많은 미국인들이 일반 검색엔진보다 아마존에서 온라인 쇼핑을 시작하고 있다. 아마존의 엄청난 성장은 월스트리트를 놀라게 했고, 많은 경쟁사가 퇴출됐다. 회사의 전략은 항상 고객 중심의 신속한 대응이었다. 상품의 가격이 경쟁력이 있었기 때문에 소비자들은 굳이 더 싼 가격을 찾아 다른 사이트를 헤맬 필요가 없었다. 장바구니에 담긴 상품을 결제할 때마다 신분 확인을 다시 할 필요도 없었다. 주문한 제품은 내일 도착할 것이고, 어쩌면 오늘 올 수도 있다. 항상 좋은 제품평만 있지는 않지만, 아마존의 상품은 구매를 결정하는 데 가장 좋은 대안을 제시한다. 반송도 쉽다. 백화점처럼 많은 종류의 상품이 있으므로 다른 사이트로 가는 불편함을 덜어준다. 이 모든 방침의 중심에는 고객에게 가장 다양

한 제품으로 빠르고 편리한 최고의 온라인 쇼핑 경험을 제공한다는 원칙이 있다.

- 사우스웨스트항공의 전략은 일관성을 보여주는 전형적인 사례다. 그들은 비노조 방침과 집중근무 정책 및 짧은 교대시간(타사의 60분 대비 15분) 등으로 원가를 절감할 수 있었다. 또한 지방의 소형공항까지 운행하면서도 온라인예약시스템과 좌석예약제도를 운영하지 않았으며, 기내식 제공을 최소화했다. 이런 정책과 열정적인 사내문화가 맞물려 사우스웨스트항공은 역량을 집중할 수 있었고, 다른 저가 항공사들이 따라올 수 없는 경쟁력을 확보했다.

- 레드핀Redfin은 온라인 부동산 중개업체다. 이 회사는 부동산 시장의 구조를 재편하기 위해 노력하고 있다. 우선 매도인이 소액의 초기 등록비(거래비용의 1퍼센트)를 내고 등록을 하면 간판, 안내전단, 사진 등을 제공해서 주택매도에 도움을 준다. 커미션을 받는 중개인이 아니라 월급을 받는 중개인을 배정하고 매수인에게서 3퍼센트의 수수료를 받는다. 레드핀은 매물 등록, 감정 평가, 명의 이전, 검사, 대출 알선 그리고 중개인서비스를 한곳으로 통합했다. 그들은 최신 IT기술을 이용해 운용과정을 통합하고, 우수 중개인의 지원을 받아 고객 1인당 더 많은 수익을 창출한다. 그리고 그 이익을 다시 고객에게 돌려 더 많은 가치를 창출한다. 사이트의 규모가 커지고 협상력이 증가할수록 일관성을 유지하는 것은 큰 장점이 된다. 이 회사는 고객의 리뷰를 가감 없이 게시하며, 고

객 최우선 정책을 위반하는 중개인은 살아남을 수 없다. 현재는 아이바잉iBuying의 열풍으로 잠시 주춤한 상태이지만, 합리적이라는 평판에 만족하는 듯하다. (아이바잉은 회사가 매물을 보지 않고 자체적인 감정평가를 거쳐 집주인에게 현금으로 주택을 매수한 뒤 판매한다. 이를 통해 중개수수료 및 부대비용을 절감한다.)

A. G. 래플리A. G. Lafley와 로저 마틴Roger Martin이 공동 저술한 《승리의 경영전략Playing to Win》은 프록터앤드갬블Procter & Gamble(P&G)의 전략을 다룬 책이다. 그중 올레이Olay 브랜드에 대한 내용은 일관성 있는 행동이 무엇인가를 잘 보여준다.[2] 이 책은 맨 처음에 '오일 오브 올레이Oil of Olay'가 '오일 오브 올드 레이디Oil of Old Lady'로 인식되어 더 이상 현대 여성들의 관심을 끌지 못하는 상황부터 이야기를 시작한다. P&G는 이 기존 브랜드를 리뉴얼하거나 스킨케어 시장에 다른 새로운 브랜드를 출시하려 했다. 당시 경쟁사들의 제품은 비교적 고가로 백화점이나 최고급 유통채널에서 판매되고 있었다.

래플리와 마틴은 P&G의 스킨케어 제품이 더 우수하다고 주장했다. P&G의 일관적 행동은 다음과 같았다.

1. 올레이 브랜드를 올레이 토탈이펙트Olay Total Effects로 바꾸어 올레이라는 이름을 그대로 유지했다. 또한 나중에 밀접하게 연관된 다른 상품에도 적용했다.
2. 소비자 수요조사 결과, 가격을 15.99달러보다 18.99달러로

책정하는 것이 더 좋다는 반응이 나왔다.

3. '노화를 예방하는 7가지 방법'이라는 마케팅 캠페인을 실시했다.

4. 대형 유통기업과 협력해 매장 내에 전시공간을 마련하고, 소위 대중명품인 '매스티지masstige' 채널을 구축했다. 소비자들은 대형 유통채널을 통해 명품을 구입하는 데 저항감이 없다.

5. 대형 유통채널에서 판매되는 상품의 포장을 새롭게 디자인했다.

이런 대책은 아주 획기적인 것도 아니었다. 지금 생각해보면 그저 훌륭하고 현명한 경영 행위일 뿐이다. 그러나 그 뒤로 어떤 일이 발생했는지 보라. P&G는 한 번도 해보지 않았던 고급 유통채널에 진출할 수도 있었지만 그렇게 하지 않았다. 브랜드 이름을 변경하고 가격을 다시 책정하여 고급 제품으로 홍보할 수도 있었으나 그렇게 하지 않았다. 가격을 아주 낮추어 '모두가 따라 하는 대형 유통망용 스킨케어' 제품이 될 수도 있었지만 그렇게 하지 않았다. 제대로 시행되면 일관성 있는 정책은 눈에 띄게 튀지도 않고 당신을 배신하지 않는다. 다만 합당하다고 느껴질 뿐이다.

조작된 원가와 우주왕복선

우주왕복선은 인간의 공학기술과 용기의 합작으로 만들어낸 놀라운 작품이다. 우주왕복선은 133회의 성공적인 우주여행으로 여러 귀중한 장비들을 우주궤도에 올려놓았다. 우주왕복선의 목적은 적은 비용으로 손쉽게 우주로 가기 위한 것이었다. 그러나 그 목표는 실패했다. 5대의 우주왕복선 중 2대에 사고가 발생해 14명의 우주인이 희생되었다. 2003년 컬럼비아호가 재진입 과정에서 폭발한 후 이 프로젝트는 지체되다가, 2011년 비행을 끝으로 중단되었다.

우주왕복선 프로젝트의 가장 큰 두 가지 문제는 조작된 원가와 위원회의 개입이었다. 그 결과 일관성이 결여되었다. 1972년에 나사는 재사용이 가능한 우주왕복선을 도입하면, 적재물 1파운드를 우주궤도에 올리는 데 100달러 미만으로도 충분하다고 발표했다.[3] 그런데 실제로는 평균 2만 8,000달러가 들었다.

어떻게 이런 일이 생겼을까? 그것은 복잡하게 산출된 예상 원가가 사실은 조작되었기 때문이다. 나사 직원들과 협력사들은 필사적으로 새로운 프로젝트를 승인받으려고 했다.[4] 그들은 의회에서 요구하는 예산 기준에 맞추어 비용과 리스크를 조작했다. 그 과정에서 성공적이었던 새턴 계열의 우주선 프로젝트가 폐기되었다. 수십 년간 진행됐던 미국의 우주탐험 노력은 그렇게 좌절되고 말았다. 의회는 비용 계산이 조작되면서 생기는 리스크를 무시했다. 우주왕복선의 그럴듯한 예산안은 재사용 가능성이라는 문제로부터 관심을 돌리기 위한 수단이었다.

이런 불일치가 생긴 원인은 이 프로젝트가 모든 사람과 상황을 만족시켜야 한다는 잘못된 생각에 있었다. 나사는 달을 넘어 우주정거장을 건설하고 소행성과 화성까지 가려 했다. 그들은 핵추진 로켓으로 태양계를 탐험할 계획이었다. 한편 독일의 로켓 공학자 베르너 폰 브라운Werner von Braun은 저렴한 비용으로 안전하고 용이하게 궤도 진입을 할 수 있는 우주비행기space plane를 꿈꾸었다.

내가 대학생일 때 공무원이던 어머니는 공군과 협력하여 다이너소어Dyna-Soar 프로젝트에 참여했다. 공군은 우주 캡슐을 싫어했다. 그들은 우주선의 파일럿이라면 전 세계 어느 곳이든 임무를 달성하기 위해 날아가야 하므로 날개가 있어야 한다고 생각했다. 그 큰 날개는 공군을 만족시키기 위해 설계된 것이다. 하지만 의회는 저비용으로 인공위성을 궤도에 진입시키길 원했다.

이 모든 이해관계를 만족시킬 수 있는 방법은 우주왕복선이 요구사항을 전부 충족하고 미래에 발생할 모든 임무를 완수할 기능이 있다고 의회에 보고하는 것밖에 없었다.

나는 전투기의 성능에 관해 공군 대령과 이야기하다 '완벽한' 전투기는 어떤 모습이어야 하는지 물어본 적이 있다. 그는 이렇게 대답했다. "완벽한 전투기는 모든 주에 협력사가 있고, 모든 선거구에서 부품을 납품받는 전투기입니다." 우주왕복선의 경우, 완벽하지는 않았지만 그 대령의 기준으로 보면 꽤 좋은 우주선이었다. 그러므로 사실상 의회에서는 반대가 없었다. 거의 모든 이해집단을 만족시켰기 때문이다.

프로젝트가 진전됨에 따라 비용은 풍선처럼 불어났다. 예상보다 두세 배 많은 운용비용이 필요했다. 지구로 재진입 시 열을 견디도록 우주선 날개에는 3만 5,000개의 단열 타일이 부착됐다. 단 한 개의 타일이라도 문제가 생기면 안 되며, 비행 후에는 모두 검사를 받은 후 다시 제자리에 부착해야 했다.

미국 관리예산처는 나사의 엔진 설계를 기각하고 '저비용' 고체연료 로켓을 사용할 것을 지시했다. 고체연료 로켓이 비용을 회수할 수 있다고 했기 때문이다. 그러나 사실은 재사용에 엄청난 비용이 들었다. 여러 집단의 이해가 충돌한 결과, 로켓엔진 사업은 고체연료를 이용하는 군용 미사일을 만들던 유타주 소재의 모턴티오콜Morton-Thiokol사로 결정되었다. 그러나 135번의 발사 중 2번의 치명적인 사고는 고체연료 로켓을 선택했기 때문에 발생했다.[5] (우주왕복선의 실패율 1.5퍼센트는, 무인로켓을 발사해서 궤도에 올릴 때의 실패율 6퍼센트보다 상당히 낮다는 주장에 주목할 필요가 있다. 우주로 로켓을 쏘아 올리는 시도는 그리 안전하지 않다.)

우주왕복선의 전략에는 일관성이 없었다. 원래 이 프로그램은 저궤도 위성 시장을 장악해서 얻은 규모의 경제를 통해 원가를 절감하려 했다. 그러나 우주왕복선에는 우주인이 타야 했다. 유인 우주선을 날리는 비용이 무인 우주선보다 훨씬 많이 든다는 건 누구나 아는 사실이다. 로켓이 상승할 때, 궤도를 돌 때, 대기권에 재진입할 때 그리고 착륙할 때 조종사가 무사히 보호되어야 한다. 이는 통신위성을 궤도에 올리는 비용과는 비교가 안 된다. 사람이 타야 했기 때문에 실패할 경우 비극적인 결과를 낳았다. 그리고 매번 발사할 때마다 국가의 자존심을 걸어야 했다.

지속가능발전목표의 모순

일관성 없는 목표를 세우는 것은 매우 쉽다. UN이 2015년에 제정한 17개의 지속가능발전목표(SDGs)를 예로 들어보자. 각 목표는 이상적인 결과를 추구한다. 이는 **그림 10**에 자세히 나와 있다. 이들 목표는 매우 훌륭하지만 일관성이 없다.

- 14번은 건강하고 회복 가능한 해양 및 연안을 추구한다. 하지만 아직도 후진국에는 어업으로 연명하는 사람들이 많다. 따라서 이 목표는 8번(고용), 2번(기아), 1번(빈곤)과 상충된다.
- 2번(기아 종식과 지속가능한 농업)은 석유를 원료로 만든 비료를 줄이면 농업 생산량이 줄어들기 때문에 이 말 자체가 모순이다.
- 7번(모두를 위한 에너지)과 13번(기후변화)은 현재 기술 여건으로는 양립할 수 없는 목표다. 또한 에너지 없이는 빈곤 퇴치(1번)가 불가능하다.
- 식량 생산(2번)에는 보다 많은 토지가 필요하지만, 이는 생태계 보존(15번)과 모순된다. 지난 30년간 중국은 빈곤(1번)과 기아(2번)를 몰아내고 건강(2번) 개선을 위해 노력했다. 하지만 그 과정에서 주로 석탄연료를 사용했으며, 결과적으로 이산

화탄소의 세계 최대 배출국이 되었다.

많은 사람이 농장주가 가축을 키우기 위해 아마존의 넓은 면적을 불태우는 것을 싫어한다. 이는 15번(지속가능 생태계)에 매우 안 좋은 영향을 미친다. 그곳에서 생산된 육류는 브라질의 많은 사람에게 높은 소득(1번)을 가져다준다. 또한 중국(38퍼센트), 이집트(10퍼센트), 러시아(10퍼센트)에 수출되어 그곳 국민들의 식생활 개선에 도움을 준다. 어떤 경우든 육류 섭취를 금지하면 16번(평화)과 부딪히는 폭력을 경험할 것이다.

이들 목표를 추구하는 현실적인 전략은 목표 사이의 우선순위를 정해놓고 달성을 추진하는 것이다. 우선 해결 가능성을 최우선으로 고려해야 한다. 우리는 어떻게 가난을 몰아내야 할지 알고 있다. 그러나 (원자력이 다시 에너지원으로 부상하지 않는 한) 석유나 가스 없이 그렇게 할 수 있는 방법은 모른다. 가난을 줄이는 대신 기후변화를 방치해도 될까? 아니면 전 세계가 화석연료의 사용을 일절 금지해서 남은 세기 동안 빈곤하게 살아야 할까? 이 모든 목표는 전 세계 인구가 79억 명인 현재보다 내가 태어났을 때 인구인 25억 명일 때가 훨씬 달성하기 쉽다. 그리고 150억 명이 넘어가면 거의 불가능하다고 봐야 한다.

17개나 되는 일관성 없는 목표를 갖게 된 것은 정치인들의 욕심 때문이다. 만약 전략가에게 이렇게 많은 상호 모순적인 목표가 주어진다면 어떨까? 그는 우선 일치되는 목표끼리 묶은 후 나머지는 잠시 제쳐놓고 시작할 것이다.

1	모든 곳에서 모든 형태의 빈곤 종식
2	기아 종식, 식량안보 보장, 영양상태 개선, 지속가능한 농업 강화
3	모든 연령층의 건강한 삶 보장 및 복지 증진
4	포용적이고 공평한 양질의 교육 보장, 모두를 위한 평생학습 기회 증진
5	성평등 및 여성의 권리 강화
6	모두를 위한 물과 위생시설의 이용 및 지속가능한 관리 보장
7	모두를 위한 저렴하고, 신뢰할 수 있으며, 지속가능하고, 현대적인 에너지의 접근 보장
8	모두를 위한 지속적이고, 포용적이며, 지속가능한 경제성장 및 완전하고 생산적인 고용, 양질의 일자리 증진
9	회복력 있는 사회기반시설 구축, 포용적이고 지속가능한 산업화 증진 및 혁신 촉진
10	국가 내부 및 국가 간 불평등 완화
11	포용적이고 안전하며, 회복력 있고 지속가능한 도시와 주거지 조성
12	지속가능한 소비 및 생산 양식 보장
13	기후변화와 그 영향에 대응하기 위한 긴급 대책 확보
14	지속가능한 발전을 위한 대양, 바다 및 해양자원 보존과 지속가능한 사용
15	육상 생태계의 보호와 복원 및 지속가능한 이용 증진, 산림의 지속가능한 관리, 사막화 방지, 토지 황폐화 중지와 복원, 생물다양성 손실 중지
16	모든 수준에서 지속가능한 발전을 위한 평화롭고 포용적인 사회 증진, 모두에게 정의를 보장, 효과적이고 책임 있으며 포용적인 제도 구축
17	이행수단 강화 및 지속가능한 발전을 위한 글로벌 파트너십 활성화

_____ 그림 10. UN의 지속가능발전목표(2015년)

볼레로계획

미국이 제2차 세계대전에 참전하기 전에도 4장에서 설명한 '플랜 도그'는 루스벨트 행정부의 기본방침이었다. 즉 일본에게 승리하는 것보다 나치독일을 물리치는 일이 더 중요하며, 두 국가와 동시에 전쟁을 벌이면 승리할 가능성이 낮다는 것이다. 미국이 참전한 후 육군참모총장 조지 마셜은 드와이트 아이젠하워Dwight D. Eisenhower 소장을 전시작전의 최고 수장으로 임명했다. 1942년 3월 25일, 아이젠하워 장군은 '볼레로BOLERO'라고 명명된 작전계획을 보고했다.

볼레로계획의 핵심은 영국 해협을 통한 상륙이었다. 이는 '라운드업작전Operation Roundup'이라 불렸다. 아이젠하워는 이 어려운 과제에서 라운드업작전을 크럭스라고 생각했다. 이를 위해 그는 소련 전선에 추가병력 투입이나 지중해 전선 강화, 스페인 진군, 스칸디나비아 반도를 통한 공격 제안을 모두 거절했다. 그리고 영국의 안전을 유지하면서 소련을 계속 전선에 묶어 두려 했다. 그에게 작전의 우선순위는 명백했다. "이 작전이 채택되지 않는다면 미국은 유럽 전선에서 재빨리 철수해서 당장 일본과의 전쟁에 병력을 투입해야 합니다."[6] 마셜 장군과 루스벨트 대통령은 이 작전을 승인했고, 런던에서 브리핑 후 윈스턴 처칠Winston Churchill도 동의했다.

그런데 한 달 후에 루스벨트 대통령은 해군과 호주의 압력에 굴복해 10만 명의 병력과 1,000대의 항공기를 호주 전선에 투입하겠다고 발표했다. 그렇게 되면 일관성이 깨진다. 마셜 장군은 즉시 백악관으로 가서 대통령을 만났다. 그리고 호주를 방어하려면 볼레로계획은 '완전 폐기'되어야 한다고 주장했다. 역사학자인 J. E. 스미스 J. E. Smith는 다음과 같이 썼다. "루스벨트 대통령은 가끔 중심을 못 잡는 경우가 있다. 그는 이번에도 너무 나갔다는 것을 깨달았다. 곤란한 상황에 빠지면 늘 그렇듯 그는 거짓말로 모면하려 했다. 그는 마셜에게 이렇게 말했다. '호주로 병력을 더 파견하라는 그 어떤 지시도 내린 게 없습니다. 단지 그런 조치가 가능한지 알아보려는 의도였어요. 볼레로계획을 폐기할 생각은 전혀 없습니다.'"[7]

우리는 얼마나 쉽게 일관성이 무너지는지 잘 알고 있다. 일관성을 유지하기 위해서는 합리적인 가치관과 이론으로 무장한 여러 이익단체를 거부해야 한다. 전략가는 정치인이 되어서는 안 된다. 협상을 통해 모든 사람이 만족할 만한 안을 내놓는 것은 전략가가 할 일이 아니다. 전략가는 문제의 크럭스를 해결하기 위해 일관성을 유지해야 한다. 전략가가 승리하면 그때서야 정치가가 나타나 논공행상에 따라 이익을 분배한다.

볼레로계획의 핵심은 1943년에 영국 해협을 통해 프랑스 북부 지역으로 상륙하는 라운드업작전이었다. 스탈린은 처칠과 루스벨트에게 독일군에 맞서라는 압력을 넣었다. 그래서 수많은 병력과 민간인이 희생되고 있는 소련 전선에서 부담을 덜고자 했다. 압력에 못 견딘 처칠과 루스벨트는 1942년 가을, '횃불작전 Operation Torch'에 따라 북아프리카로 진군했다. 그들은 볼레로계획을 위해 축적했던 인력과 자원을 전혀 전략적이지 않는 전투에 투입했다. 이는 스탈린을 달래기 위한 정치적 결단이었다. 마셜 장군은 이 결정에 저항했다. 그는 유럽 전선에서 반으로 나뉘어 전쟁을 벌이느니, 태평양 전선에 모든 자원을 쏟아부어야 한다고 주장했다. 당시 횃불작전은 중장이 된 아이젠하워가 진두지휘하고 있었다.

볼레로계획은 원래 1943년 봄에 실행될 예정이었지만, 연합군은 1944년에 '오버로드OVERLORD'라는 작전명으로 프랑스에 상륙했다. 아이젠하워 장군은 연합국 원정군 최고사령부의 총사령관으로 임명되었다. 1944년 6월 6일, 약 16만 명의 연합군이 해협을 건너 노르망디 해안에 상륙했다. 두 달 후, 프랑스 주둔 연합군 수는 200만 명으로 늘어났다. 그로부터 약 1년간 독일과의 치열한 전쟁 끝에 1945년 5월 7일 무조건 항복을 받아냈다.

변덕스러운 아프가니스탄 전략

2001년 9.11테러가 터졌을 때, 정치인들은 만일 알카에다가 지원했던 그 테러범들에게 핵무기가 있었다면 이를 사용했을 것이라고 확신했다. 이런 우려 때문에 미국은 아프가니스탄과 파키스탄 국경에서 알카에다 지도자와 정보원 그리고 훈련시설 등을 전멸시켜 버렸다.

그런데 시간이 가면서 목표가 확장되었다. 새로운 생각이 반영되고 목표가 추가되었다. 미국의 정치인들은 다른 나라 사람들도 신자유주의를 좋아한다고 생각하는 경향이 있다. 2008년에 조지 부시George W. Bush 대통령은 이렇게 말했다. "우리는 전략적이고 도덕적인 면에서 아프가니스탄에 민주주의가 수립되고, 모든 국민이 번영과 평화를 누리길 바랍니다. 그 시간이 얼마나 오래 걸리든 우리는 아프간 국민들을 지원하겠습니다."[8]

탈레반 조직은 1990년대 학생운동에서 시작되었으며 소련이 아프가니스탄에서 철수한 뒤 힘의 공백을 메우며 성장했다. 이들은 아프가니스탄을 통제하려는 파키스탄 정보부, ISI의 지원을 받았다. 2001년 미국이 아프가니스탄을 침공했을 때 탈레반이 사실상 정부 역할을 하고 있었다. 미국은 탈레반과 그 연합세력을 몰아낸 뒤 하미드 카르자이Hamid Karzai가 이끄는 친미정권을 수립했다. 그 후 탈레반은 파키스탄 내 '부족자치구역'에 보루를 확보하고 미군과 아프가니스탄 정부군 양쪽을 상대로 싸웠다. 20년이 지난 오늘날, 부시 대통령이 말한 '평화와 민주주의'는 불가능했음이 드러났다.

2019년 12월, 〈워싱턴 포스트The Washington Post〉는 정보공개법을 이용해 아프간 재건 특별감사관과 인터뷰한 내용을 공개했다. 이 인터뷰는 미국 대중이 아프가니스탄에서 발생하는 어려움과 좌절에 대해 충분한 정보를 제공받지 못했다는 점을 말하고 있었다. 그러나 나는 조금 다르게 받아들였다. 군사작전에 대해 대중이 몰랐다고 해서 그것이 놀랍거나 우려할 만한 일은 아니다. 내가 느낀 것은 정보에 일관성이 없다는 점이었다. 버락 오바마Barack Obama가 대통령이 되면서 대테러 전략에서 대게릴라 전략으로, 더 구체적으로는 알카에다와의 전쟁에서 탈레반과의 전쟁으로 그 대상이 변경되면서 정책의 일관성이 크게 훼손되었다. 게다가 오바마 대통령은 전쟁을 빨리 끝내려고 철수 기한을 정해놓았다. 탈레반으로서는 미군이 물러날 때까지 조용히 기다리기만 하면 됐다. 아래는 〈워싱턴 포스트〉의 기자 크레이그 휘틀록Craig Whitlock이 쓴 기사의 일부다.

전직 네이비실Navy SEAL 요원이자 부시와 오바마 행정부에서 근무한 경력이 있는 제프리 에거스Jeffrey Eggers는 아프가니스탄에 미군이 주둔하는 이유를 의심하는 사람은 거의 없다고 말했다. "알카에다가 우리를 공격했는데 왜 탈레반을 적으로 간주할까요? 왜 탈레반을 섬멸하려 했을까요? 현 시스템에는 누구도 한발 물러서서 이런 기본적인 의문을 가지는 사람이 없습니다." 부시 행정부에서 국무부 수석대변인을 지낸 직업외교관 출신의 리처드 바우처Richard A. Boucher 역시 미국 관료들은 자신들이 무슨 일을 하는지 모른다고 말했다.

"우리는 우선 알카에다를 치러 들어갔죠. 그리고 아직 오사마 빈 라덴Osama bin Laden이 살아 있는데 알카에다를 아프가니스탄에서 섬멸한 겁니다." 그가 정부조사관에게 말을 이어나갔다. "탈레반이 우리에게 반격했고 우리도 탈레반을 공격하면서 이제 탈레반이 적이 된 겁니다. 결국 물리쳐야 할 대상이 늘어난 거죠."[9]

미국이 개입하기 전에 탈레반이 사실상 정부 역할을 했지만, 미국은 이들을 반란군으로 규정했다. 그리고 베트남전에서 습득한 다양한 대게릴라 전술을 펼쳤다. 이렇게 근본적으로 일관성이 결여된 점 외에도 각자 목표가 상이한 여러 기관이 관여하고 있었다.

근본적으로 상이한 목표를 가진 기관들의 문제는 해결되지 않았다. 미국 정부는 전쟁을 기회로 아프가니스탄을 민주주의 국가로 만들려고 했다. 어떤 기관은 아프가니스탄의 고유문화를 바꾸고 여성의 권리를 향상시키려 했다. 파키스탄, 인도, 이란, 러시아 간의 지역균형 구도를 바꾸려고 시도한 기관도 있었다. "아프가니스탄과 관련된 전략은 크리스마스트리 밑에 모든 사람을 위한 선물이 있는 그런 구조였어요." 신원을 밝히지 않은 한 미국 관료가 2015년 정부조사관에게 진술한 내용이다. "아프가니스탄에서 철수할 때쯤에는 너무나 많은 우선순위와 목표가 있어서 아무 전략도 없는 상태나 마찬가지였습니다."

한편 아프가니스탄의 모든 정치와 경제 문제의 중심에는 아편이 있었다. 아프가니스탄은 소련과의 오랜 전쟁으로 재배작물의 다양성이 사라지면서 오직 아편 생산에만 주력하게 되었다. 국제사회의 인정을 받기 위해 탈레반 정부는 2000년에 아편의 생산을 금지했고, 산출량을 매우 낮은 수준으로 줄이는 데 성공했다. 그리고 이슬람 율법에서 마약을 금지한다는 조항을 근거로 마약을 금지시켰다. 그러나 이와 동시에 농촌의 소득은 급감했고, 지방 군벌과 농민들의 관계도 틀어졌다. 서구 열강이 이 시기를 잘 이용했다면 합법적인 농산물 재배로 전환시킬 수도 있었을 것이다.

2001년과 2002년 사이에 미국의 침공이 성공했던 이유는 반탈레반 세력이자 아편산업을 지배했던 파슈툰 마약조직의 지원을 받았기 때문이었다. 미국은 아프가니스탄에 어느 정도 지배력을 수립하자, 이번에는 파슈툰 조직을 약화시키는 아편거래 말살정책을 펼치며 일관성 없이 행동했다.

아프가니스탄에서 아편산업 종사자는 40만 명에 이르렀다. 아편은 터키와 러시아를 경유해 유럽으로 흘러들어가, 그곳에서 소비되는 헤로인과 하시시 원료의 대부분을 차지했다. 아프가니스탄은 전 세계 불법 아편 거래량의 약 90퍼센트를 점유하고 있다. 그러나 미국 정부는 마약거래와 관련한 일관된 기본방침이 없었다. 그들은 아프간 정부에게 아편 생산을 불법화하라고 강요했다. 미군은 아편 생산을 근절하기 위한 여러 작전을 수행했다. 헬만드 지역의 아편 제조공장을 폭격했고, 양귀비 밭을 소각했다. 그러나 다른 한편에서, 미국에 협조한 주요 마약왕들의 양귀비 밭은 건드리지 않았다. 그들이 탈레반과 관련된 정보를 제공했기 때문이다. 따라서 탈레반은 빠르게 양귀비 재배를 중단했지만, 미국과 영국의 노력에도 불구하고 마약 생산은 늘어나기만 했다. 〈워싱턴 포스트〉가 인용한 〈아프가니스탄 보고서 Afghanistan Papers〉는 이렇게 지적하고 있다. "가장 큰 문제점은 아시아 및 세계 최빈국 중의 하나인 이 지역에서 아편재배가 많은 사람의 생계전략이라는 점이다. 이들의 생계전략을 범죄시하면서 지원을 기대할 수는 없다."

어떤 기관이나 국가도 전적으로 아프가니스탄의 마약 문제를 책임지지 않았다. 따라서 미국 국무부, 미국 마약단속국, 미국 군부, 나토NATO 우방국 및 아프가니스탄 정부는 항상 충돌할 수밖에 없었다. "한마디로 개밥처럼 다 뒤섞여 엉망이었죠." 익명의 영국 고위관리가 정부조사관에게 한 말이다.

미국은 아프가니스탄에 2조 달러를 투입했다. 그렇게 큰돈이 문제 해결에 동원되면 부패는 당연히 발생한다. 군부나 민간정부 모두 자신의 입지를 강화하는 자금융통 수단으로 활용하려 할 것이다. 이렇게 되면 현장에서는 엄청난 혼란이 발생한다. 아프가니스탄에서는 모든 전선에서 혼란스러운 전략이 목격되었다. 일단 처음 진단부터 틀렸다. 아프가니스탄은 고통을 겪고 있었지만 그 원인은 민주주의적 과정이 부족해서가 아니었다. 다수가 소수를 말살하려 하거나 무장한 소수에게 다수를 말살할 능력이 있을 때 민주주의는 제대로 작동하지 않는다. 군벌 국가에 중앙집권적 민주 국가를 수립하겠다는 정책은 가능하지도 않고, 각종 조치도 일관성이 없었다.

최소한의 일관성을 유지하라

사우스웨스트항공, 페츨, 라이언에어, 넷플릭스, 엔터프라이즈 렌터카, 이케아 그리고 프로그레시브보험사는 모두 배울 것이 많은 일관성 있는 정책을 펼친 사례다. 이들 대부분은 좁은 폭의 상품 라인업에 집중했다.

그렇다면 더 크고 복잡한 조직은 어떨까? 큰 조직은 이런 수준의 일관성을 유지할 수 없다. 그들은 자원을 더 많이 투자해서 이에 대응해야 한다. 모든 해군이 다 네이비실 팀이 될 수 없듯, 크고 복잡한 조직은 틈새시장의 강력한 전문조직과 경쟁해서는 안 된다.

대신 최소한의 일관성은 갖추어야 한다. 행동지침이 서로 모순되어서는 안 된다는 뜻이다. 이를테면 아래와 같다.

- 연구개발 예산을 삭감하면서 지속적인 제품개발 경쟁력을 보유하려 하지 마라.
- 안정적이고 신뢰할 만한 제품에서 트렌디한 마케팅 정책을 펴지 마라.
- 소프트웨어 개발을 외주로 주면서 데이터에 기반한 정책을 수립하지 마라.
- 신속한 배달로 판매 마케팅을 하면서 비용절감을 위해 물류센터를 축소하지 마라.
- 정치적 성향이 안 맞는다고 웹페이지를 폐쇄하면서 언론의 자유를 추구한다고 말하지 마라.

경쟁 상황에서의
크럭스 진단 방법

전략은 문제 해결의 한 형태이다. 그런데 전략을 제대로 이해하지 못하면서 문제를 해결할 수는 없다. 당면한 문제를 깊이 이해하는 것이 진단의 과정이다. 진단과정에서 전략가는 왜 그런 문제가 생겼는지, 어떤 힘이 작용하는지 그리고 왜 문제 해결이 어려운지 등을 이해하려고 노력한다. 여기에서 우리는 비유, 재구성, 비교, 분석 등의 수단을 이용해 상황과 그 중요성을 이해할 수 있다.

8장

문제란 무엇인가?

-재구성 및 비유를 통한 진단

과제의 크럭스를 발견하기 위해서는 그 요소들의 씨줄과 날줄을 알아야 한다. 명확한 진단을 하려면 재구성reframing과 비유 analogy라는 2개의 강력한 도구가 필요하다. 즉 구체적인 당신의 문제와 각기 다른 사람들이 다른 시대와 장소에서 부딪혔던 유사한 상황 사이에 지도를 그리는 것이다.

제대로 된 비유에서는 새로운 시각을 얻을 수 있다. 동시에 명확한 진단에 가장 큰 방해물은 무의식적인 비유와 편견에 사로잡히는 것이다. 정치인이든 기업인이든 우리는 자기강화적인 의견과 관점으로 가득 찬 반향실에서 살고 있다. 명확한 진단을 한다고 해서 현실을 정확하게 이해할 수 있는 것도 아니다.

세상은 너무나 복잡해서 완전히 이해하기 어렵다. 상황을 정리하고 이해하기 위해서 우리가 단순화하는 것뿐이다. 이를 위해 어떤 사실과 개념들을 묶기도 한다. 또 다른 방법은 익숙한 상황이나 잘 알려진 구조, 이론, 모델과 비교하는 것이다. 명확하다는 것은 상황을 단순화하고 구조화하는 데 이용되는 개념, 비유, 구조, 모델 및 기타 전제 등을 잘 알고 있다는 뜻이다.

관점의 변화

어느 조직의 공통적인 시스템과 전제를 알면 나 같은 외부인이 조직을 이해하기 쉬워진다. 이런 기업과 일할 때면 외부인이기 때문에 바보 같은 질문을 해도 된다. 진단이란 과제에 집중해서 '무엇'과 '왜'를 계속 질문하는 과정이다. 나는 인터뷰하는 매니저들에게 발언자와 내용에 관한 비밀을 지켜주겠다고 약속한다. 그러면 그들은 상황을 더 솔직하고 예리하게 분석해서 이야기해준다. 또한 그들이 조직 내부에서 상황을 이해하기 위해 사용하는 프레임과 비유를 더 잘 알려준다. 문제와 인과관계가 달라지면 다른 비유와 프레임을 이용해서 빨리 진단을 내릴 수 있다. 가장 강력한 진단 도구는 상황을 재구성하는 것이다. 간단히 말해 '프레임frame'이란 어떤 상황을 보는 시각이다. 때로는 개인이 프레임을 개발해서 자신과 조직에 적용하는 경우도 있다. 지도자들은 다른 것보다 문제를 조명하고 평가하는 데 프레임을 사용한다. 진단에서 핵심 단계는 테스트하고 조정하여 프레임, 즉 관점을 변화시키는 일이다.

퀘스트코의 '두 마리 새' 전략

2016년 나는 '퀘스트코QuestKo'의 CEO를 만나 전략을 이야기한 적이 있다. 그는 내게 회사의 전략, 아니 '전략기획'을 보여주었다. 형형색색의 그래프가 들어간 파워포인트 자료였다.

거기에는 손익, 경쟁사, 마켓 세그먼트, 구매층, 시장 규모와 성장률 예상 등이 들어 있었다. 자료의 마지막 부분에는 '성장전략'이라고 이름 붙인 내용이 있었다. 마치 회사를 선전하듯 매우 긍정적인 내용으로 가득 차 있었다. 다섯 쪽의 화려한 계획서에는 회사가 '수준 높은 고객경험을 통해 소비자에게 더 많은 가치를 제공'하고, '성장 가능성 높은 시장으로 진출을 모색'하며, 매출을 증대시키고 이익을 대폭 향상하겠다는 약속을 하고 있었다.

명확한 진단에 흔히 발생하는 방해물은 리더란 긍정적인 면만 강조하고 부정적인 면은 숨겨야 한다고 믿는 경영진의 인식이다. 이런 편견은 베트남전쟁에서의 패배나 GE 회장이었던 제프리 이멜트Jeffrey Immelt의 몰락과 같은 결과를 초래한다. 한때 최고로 잘나갔던 이 회사의 주식이 폭락하자 〈월스트리트 저널The Wall Street Journal〉은 이런 제목의 기사를 냈다. "제프리 이멜트 회장의 '성공극장'은 어떻게 GE의 부패를 숨겼나[1]How Jeffrey Immelt's 'Success Theater' Masked the Rot at GE."

퀘스트코의 과거 CEO들은 5번의 인수합병을 통해 회사를 성장시켰다. 그 시기는 회사 역사상 가장 위대했던 시절로 칭송받는다. 이사회 회의실 벽면에는 당시 인수를 주도했던 회장들의 초상화가 걸려 있다. 퀘스트코의 전략기획은 온통 긍정적인 실적과 전망으로 가득 차 있다. 물론 투자자들에게 희망을 주고 성장하는 산업에 투자하는 게 잘못된 일은 아니다. 그러나 당연한 목표와 식상한 주제에 CEO가 왜 그렇게 많은 시간을 투자해야 하는가? 그 계획에는 전략이라고 할 만한 것이 하나도 없다. 모든 사람이 새해가 되면 운동을 더 많이 하겠다고 결심한다. 이처럼 모든 회사의 계획에는 '성장하는 시장에 투자'한다고 되어 있다. 전혀 새로운 일이 아니다. 그러면 내 다음 질문은 뻔하다. "이게 왜 어렵습니까?"

내가 그렇게 물어보는 이유는 공감을 얻지 못하는 목표에서 장애물과 고난으로 관심을 돌리기 위해서다. 그런데 퀘스트코에서는 바로 답이 나오지 않았다. 중역들은 문제를 알고 있었으나 쉽게 말하려고 하지 않았다. 회사는 수익을 내고 있었지만 옛날만큼은 아니었다. 쇠퇴의 기운이 퍼지고 있었다.

퀘스트코의 CEO는 사업부 간의 통합이 필요하다고 생각했다. 그는 5개 사업부에 직원들이 별로 선호하지 않는 순환보직 제도를 도입했다. CFO는 남는 인력이 많으므로 인원을 감축하면 수익성이 개선될 거라고 생각했다. 인사담당 부사장은 부서 이기주의를 타파하고 개방형 조직으로 변화해서 협력을 유도하고 싶어 했다. 실제로 최근 조사에서 퀘스트코의 '고객경험'은 그리 좋지 않게 나타났다. 사실상 최하위였다.

게다가 새로운 경쟁사의 출현으로 퀘스트코는 흔들리고 있었다. 퀘스트코의 제품은 가격이 조금 높긴 했지만 경쟁력이 있다는 평가를 받았다. 성장하는 시장이었기에 매출액이 조금씩 증가했지만 시장점유율은 감소하고 있었다.

퀘스트코는 오랜 기간 별도로 구축한 시스템을 통합하려고 했다. 그러나 새로운 시스템을 도입하는 일은 직원들을 짜증나게 해서 소통을 더욱 단절시켰다. 예를 들어, 발주는 새로운 시스템에서 해야 하지만, 고객 이력을 보려면 옛날 시스템을 이용해야 했다. 또한 사업부별 업무처리 방식과 시스템이 다 달랐다. 젊은 고객들은 모바일 기능의 강화를 원했다.

나는 처음 이 문제를 파악하고 조금 당황스러웠다. 중역들은 문제를 알고 있었지만, 이를 파고들수록 수렁에 빠진다는 것도 알고 있었다.

경영진은 '전략'을 '업계의 리더를 목표로'와 같은 구호처럼 장기적인 목표라고 생각했다. 이런 회사에서는 결정적이면서도 달성할 가능성이 있는 과제로 관심을 돌리는 것이 중요하다. 우리는 난제를 수렁이라고 생각하지 않고 어느 것이 극복 가능한지를 따지기 시작했다. 언제 해결할지 모르는 문제가 아니라, 18개월에서 36개월 사이에 해결이 가능한 문제들을 찾았다. 방향을 새로 설정하자 회사는 고객만족에 집중하기 시작했다. CEO는 고객만족을 해결하는 일이 5개의 사업부를 더 잘 융합할 수 있는 방법이라는 사실을 깨달았다. 그때 우리는 크럭스를 발견했다. 조직의 구조나 기능을 건드리기보다는 업무를 조정하는 것이 받아들이는 쪽에서 훨씬 덜 위협적으로 느낀다. 구조를 변화시키면 권력과 지위가 직접적으로 위협받기 때문이다. 그러나 지도자의 리더십이 강력하다면 공통적인 과제를 해결하는 과정에서 자연스레 조직의 구조가 변경된다.

고객불만 문제는 한 가지 분야에서만 발생하지 않는다. 고객들은 불량률, 불만처리 지연, 엉성한 앱, 주인의식이 없는 직원의 일처리 등에 불만을 제기한다.

퀘스트코의 경영진은 워크숍을 통해 크럭스를 보다 명확하고 깊이 파악할 수 있었다. 즉 새로운 시스템의 운영방안을 고객 중심으로 변화시켜야 함을 깨달은 것이다. 퀘스트코는 이를 '두 마리 새'라고 불렀는데, 일석이조라는 뜻이었다. 과거에는 회사에서 고객만족도의 목표만 정해주고 이를 달성하는 데 필요한 수단은 주지 않았다. 그러나 이번에 그들은 실행계획을 만들었다.

1. 새로운 고객관리 소프트웨어의 개발은 IT부서의 프로그램 개발자가 아닌 고객을 직접 응대하는 6명의 매니저에게 권한을 준다.
2. 소프트웨어 개발의 최우선 목적은 IT부서 직원의 편의성이 아니라 한 단계 높은 수준의 고객만족 체험이다.
3. 각 사업부의 일선 매니저들은 격주로 만나 고객만족을 위한 문제점과 해결책을 토의한다.
4. 고객불만과 응대 이력 데이터를 정확히 축적할 수 있는 프로그램을 개발한다.
5. 격주 회의에서는 고객 관련 문제와 이를 해결하기 위한 대응책을 문서로 제출한다.
6. 모든 직원은 고객 중심의 업무로 전환하는 교육을 받는다.

방향을 바꾸자 소프트웨어뿐 아니라 일선 매니저들의 행동도 변했다. 그들은 업계 최고 수준의 고객만족도를 달성했고, 그에 따라 시장점유율과 이익도 증가했다.

퀘스트코는 동기부여에서 문제 해결로 시각을 변화시켰다. 과거에 최고경영진은 손익이나 기타 목표를 설정하고 이를 달성하도록 직원들을 밀어붙였다. 많은 문제와 해결해야 할 현안이 있었지만 문제에 집중하지 않았다. 하지만 이번에는 가장 중요하면서도 달성 가능한 목표인 고객만족 향상에 모든 역량을 집중했다. 그 결과 퀘스트코는 실적과 평판 그리고 협동하여 업무를 처리하는 능력 면에서 상당한 진전을 이루었다. 물론 이것으로 모든 문제가 해결된 것은 아니었다. 하지만 그들은 또 다른 문제를 해결할 수 있는 사고방식을 습관화했고, 조직의 근육을 키웠다.

전략수립을 동기부여나 대외 선언문과 혼동하면 제대로 된 진단을 할 수 없다. 힘들어도 현실을 받아들여야 한다. 그리고 항상 그렇듯 전략에서 제일 중요한 것은 행동이다.

스티브 잡스의 아이폰

문제를 진단한다는 의미가 꼭 자신의 문제일 필요는 없다. 그것은 구매자나 공급자가 직면한 문제일 수도 있다. 나는 이런 종류의 격차를 '가치부정value denial'이라고 이름 붙였다. 이는 당연한 기능을 하지 못하는 제품을 뜻한다. 예를 들면 정시에 출발하는 항공기, 합리적인 가격에 일정을 준수하는 주택 리모델링, '사회보장국'을 사칭하는 보이스피싱을 걸러주는 전화기 같은 것들이다.

스티브 잡스는 사람들이 웹브라우징과 전화기의 기능이 합쳐진 소형 휴대폰을 원한다고 생각했다. 그리고 그 유명한 아이폰을 만들었다. 2005년에는 아직 그런 기기가 존재하지 않았다. 하지만 그는 앞으로 기술이 발전해서 이러한 제품을 만드는 모든 어려움을 해결할 수 있을 거라고 예상했다.

나는 잡스가 1997년 애플로 복귀해 회사를 파산에서 구한 이야기를 쓴 적이 있다. 1995년 마이크로소프트가 윈도우95 운영체제를 시판하면서 애플의 매킨토시 컴퓨터의 기능을 모방한 PC가 시장에 저가로 유통되었다. 이로 인해 애플은 위기를 맞았다. 그후 1998년 여름에 그를 만났을 때, 나는 이렇게 물어보았다. "개인용 컴퓨터 시장의 모든 분위기가 애플은 더 이상 틈새시장 이상으로 확장할 수 없다는 쪽으로 기울고 있습니다. 윈텔 표준의 네트워크효과Network Effect*는 너무 강력해서 도저히 깰 수 없을 정도입니다. 이런 상황에서 장기적인 대응방안이나 전략은 무엇인가요?" 그는 아무 말 없이 웃더니 이렇게 대답했다. "다음 대작the next big thing을 기다리고 있습니다."

잡스는 픽사에서 일하면서 얻은 할리우드의 네트워크를 바탕으로 2001년에 아이튠즈와 아이팟을 개발했다. 또한 애플은 아

---

* 제품의 품질보다는 얼마나 많은 사람이 사용하느냐에 따라 구매가 결정되는 효과

이팟과 전화 기능을 묶으려 했다. 다른 한편으로, 잡스는 오랫동안 꿈꾸던 휴대용 '책' 형태의 컴퓨터 개발에 힘썼다. 사실 잡스는 휴대폰보다 패드기기에 더 관심이 많았다. 기존의 휴대폰은 설계 면에서 그의 흥미를 끌지 못했다. 기능이 제한되어 있었고, 이동통신사에 끌려다닐 수밖에 없었기 때문이다.

당시만 해도 거의 모든 휴대용 기기들은 실제 키보드나 스크린에 보이는 글자를 찍는 스타일러스펜으로 내용을 입력했다. 과연 애플은 손가락의 터치에 반응하는 스크린을 갖춘 패드를 만들 수 있을까? 그리고 텍스트뿐만 아니라 웹페이지 전체를 보여줄 만큼 큰 스크린을 실현할 수 있을까? 이를 위해 잡스는 엔지니어인 바스 오딩Bas Ording에게 화면을 스크롤해서 볼 수 있는 유저 인터페이스의 개발을 부탁했다. 그는 오늘날 우리가 당연하게 생각하는 관성스크롤 기능과 바운스백 기능이 있는 스크린을 개발했다. 화면에 손가락을 대고 위로 빨리 쓸어 올리면 화면이 밑으로 빨리 내려간다. 화면을 천천히 올리면 몇 개만 밑으로 내려가다가 끝에 다다르면 위로 튀어 오른다. 잡스는 2005년에 처음 이 기능을 보았을 때를 이렇게 회상했다. "이 바운스백과 관성스크롤 기능, 그리고 기타 몇 가지 기능을 보고 나니 '와, 휴대폰에도 이 기능을 집어넣으면 되겠네!'라는 생각이 들었다."[2] 이를 계기로 애플은 아이패드보다 아이폰에 더 집중했다.

당시는 월드와이드웹이 탄생한 지 약 10년이 지났을 때였다. 사람들은 윈도우를 실행하는 수백만 대의 데스크톱 PC와 노트북에서 웹서핑을 하고 이메일을 보냈다. 그리고 야후와 구글 사이트에서 검색하고 뉴스를 봤다. 유튜브가 막 시작됐고, 페이스북은 론칭을 1년 앞두고 있었다. 그러나 휴대기기에서의 웹서핑은 아직 한계가 있었다. 2005년 당시 최신 폰도 데스크톱 PC에서 보는 내용을 문자로 요약해서 보여주는 WAP 브라우저를 이용하고 있었다. 잡스는 진정한 의미의 휴대용 웹서핑기기의 역할을 하는 전화기가 나올 만큼 기술이 발달했다고 진단했다. 시장조사도 필요 없었다. 사람들이 이런 기기를 원하고 구입할 것을 단지 '알았을' 뿐이다. 이 과제의 크럭스는 기술이 발달해서 만들기 쉬워지기 전에, 아직 어려울 때 먼저 만들어내는 일이었다.

잡스는 2007년 처음으로 아이폰을 공개하면서 우선 아이팟과의 차이점을 보여주었다. 전략적인 면에서 본다면 그는 가장 잘 팔리는 자신의 제품과 충돌하는 제품을 만든 것이다. 그는 노래의 제목과 선명한 음악 앨범표지를 관성스크롤 기능을 통해 보여주었다. 그다음에는 휴대폰으로 TV와 장편 영화를 보는 방법을 시연했다. 휴대폰을 옆으로 돌려서 영화가 순식간에 대형화면으로 전환되는 것도 보여주었다. 다음으로 이메일과 연락처 통합을 보여준 후 인터넷으로 넘어갔다. 웹페이지를 화면 가득 보여준 다음, 핀치투줌pinch-to-zoom과 탭투익스팬드tap-to-expand 기능을 시연했다. 구글 맵에 들어가 인근의 스타벅스 카페를 찾기도 했다. 그리고 워싱턴 기념탑을 검색한 뒤 아이콘을 눌러 위성지도 모드로 변경했다.

아이폰의 첫 번째 혁신은 노트북이나 태블릿 PC 같은 형태가 아니라 바지 뒷주머니에 넣을 수 있는 조그만 기기에서 인터넷을 할 수 있다는 점이다. 그리고 두 번째 혁신은 특화된 작업을 수행하는 가볍고 빠른 앱이다. 초기 아이폰에는 비주얼 보이스 메일이나 사파리 웹브라우저, 아이팟 뮤직 및 비디오 플레이어, 구글 지도 등 몇 가지밖에 없었다. 잡스는 앱스토어를 운영할 생각이 없었다. 그는 아이폰에 순수한 애플 앱만 넣으려고 했다. 그러나 직원들이 그를 설득해서 방향을 돌렸다.[3]

2008년에 애플 앱스토어를 처음 개설했을 때는 약 500개의 앱이 있었다. 1년 후 앱은 5만 개로 늘어났다. 2015년에는 200만 개였다. 아이폰은 저렴하고 사용하기 쉬운 앱으로 PC와 완전히 다른 세상을 만들었다.

한편 2008년에 구글은 안드로이드 운영체제를 무료화한다고 발표했다. 덕분에 휴대폰 제조사는 구글이 관리하는 플레이스토어 등을 포함해서 아이폰의 기능을 모방할 수 있게 되었다.

오래전 몬티 파이튼Monty Python 쇼에서 사회자가 "이제 완전히 새로운 쇼를 소개합니다!"라고 했듯이, 스마트폰의 세 번째 혁신은 누구도 경험해보지 못한 SNS의 세계였다. 페이스북 가입자 수는 2008년에 1억 명이었으나, 2012년에는 10억 명으로 늘어났다. 인스타그램, 스냅챗, 위챗, 왓츠앱, 트위터 등은 스마트폰의 성장과 함께 가입자 수가 폭발적으로 늘었다. 이 새로운 소셜미디어에 사람들은 열광했다. 일본에서는 걸어가면서 휴대폰으로 페이스북을 하는 사람을 '스마트폰 좀비'라고 불렀다. MBA 수업시간에도 학생들은 단 1시간도 단절되기 싫어 책상 밑에서 휴대폰을 만지작거린다. 나는 애스펀에 있는 제롬호텔의 라운지로 들어가

다가 10대 11명이 마치 캠프파이어를 하듯 둥글게 모여 있는 것을 보았다. 한 학생이 휴대폰으로 자신의 SNS에 올린 사진을 다른 학생들에게 보여주는 모습이었다.

물론 스티브 잡스도 이렇게까지 될 줄은 예견하지 못했다. 그저 쉽게 배우고 사용할 수 있는 기기 하나로 아이팟, 전화, 인터넷의 모든 기능을 호주머니에 넣고 싶었을 뿐이다. 이 모든 것이 가능했던 이유는 이런 기기에 대한 보이지 않는 수요를 예측해서 대응했기 때문이다.

잘못된 인과관계 모델

진단에 사용하는 가장 흔한 방법은 유사한 상황과 연결시켜 생각하는 '비유'다. 비유를 잘 사용하는 방법은 무엇인가? 먼저 한두 개 이상의 유사한 상황을 찾아 그 기저에 깔린 논리를 파악해야 한다. 그다음 당신의 현재 상황과 얼마나 유사한지 점검한다.

애플의 성공에는 이런 비유 방식이 큰 몫을 차지한다. 반면에 이를 제대로 이용하지 못한 경쟁사들은 시장에서 퇴출되었다. 애플이 2007년에 처음으로 아이폰을 내놓았을 때 전문가들은 실패를 예상했다. 그들은 애플의 매킨토시 PC처럼 틈새시장용 제품으로 끝날 것이라 여겼다. 또한 경쟁이 너무 심해서 수익성이 없을 거라고 예측했다. 이는 스마트폰 시장을 PC 시장과 비교했기 때문에 나온 결론이었다.

마이크로소프트의 CEO였던 스티브 발머는 이렇게 말했다.

아이폰의 시장점유율은 증가할 수 없다. 절대로 불가능하다. 보
조금을 받고도 500달러나 한다. 어쩌면 이걸로 아이폰은 돈을
벌 수도 있을 것이다.
그러나 전 세계에 13억 대의 휴대폰이 팔린다고 할 때, 겨우 2~3퍼
센트 팔리는 아이폰보다는 60퍼센트, 70퍼센트, 심지어 80퍼센
트까지 팔리는 (안드로이드)휴대폰에 우리 마이크로소프트의 소
프트웨어를 까는 것이 훨씬 이익이다.[4]

존 드보락John Dvorak은 과학기술 분야의 유명한 칼럼니스트다.
그는 2007년에 애플의 성공을 의심하는 기사를 썼다.

이것은 성장하는 시장이 아니다. 사실은 통합이 진행되고 있으
며, 노키아와 모토로라가 모든 것을 지배하게 될 것이다. 중소
형 신생기업은 이익률이 너무 낮아서 경쟁할 수 없다. 이렇게
경쟁이 심한 시장에서 애플이 살아남을 가능성은 거의 없다. 애
플은 개인용 컴퓨터 시장의 개척자였지만, 마이크로소프트와
경쟁하면서 겨우 5퍼센트의 시장점유율을 유지하고 있다. 그나
마 이익률이 높아서 버틸 수 있었다. 그러나 이렇게 낮은 이익
률로는 휴대폰 시장에서 단 15분도 살아남을 수 없다.[5]

당시에는 핀란드의 노키아가 40퍼센트의 점유율로 시장을 선

도하고 있었다. 노키아의 수석 전략가인 안시 반요키Anssi Vanjoki
는 아이폰을 큰 위협으로 생각하지 않았다. 아직 노키아가 휴대
폰 시장을 지배하던 2009년에 그는 이렇게 말했다. "휴대폰 시장
은 PC 시장과 유사한 방향으로 전개될 것이다. 처음에 애플은 매
킨토시 컴퓨터로 엄청난 주목을 받았지만 틈새시장을 벗어나지
못했다. 휴대폰 시장에서도 마찬가지일 것이다."[6]

일반인들은 말할 것도 없고 마이크로소프트의 CEO나 과학기
술의 최고 분석가, 가장 큰 휴대폰 회사의 수석 전략가조차 상황
을 왜 이렇게 잘못 읽었을까? 그들은 모두 동일한 대상을 비교했
다. 즉 휴대폰 시장이 PC 시장과 같으리라고 생각했다.

발머의 예측은 어느 정도 이해된다. 그는 휴대폰 시장에 자사
의 마이크로소프트 모바일 운영체제가 확대되길 원했으며, 이
제품이 최고라고 생각했다. 연락처를 관리하고, 전화를 걸 수 있
고, 이메일도 보낼 수 있었다. 조금만 있으면 엑셀 스프레드시트
나 파워포인트, 워드문서 편집도 가능해질 것이다. 그리고 모토
로라, HTC, 노키아 등 모든 휴대폰업체가 윈도우 모바일 운영체
제를 선택할 것으로 생각했다. 매년 약 10억 개의 스마트폰이 팔
리는데, 대당 15달러에서 30달러의 라이선스 비용만 받아도 미
래는 거의 결정된 것이나 다름없었다.

또한 발머는 폐쇄형 시스템은 개방형 시스템을 못 이긴다는 당
시 IT업계에서 인정된 룰을 받아들였다. 이 경험칙은 개인용 컴
퓨터 산업의 초창기에 IBM이 만들었다. 마우스를 사용하는 윈도
우 기반의 세련된 매킨토시 컴퓨터에 비해 IBM의 데스크톱 PC는

투박했지만 저렴했고 문서작업에 더 적합했다. 사무실에서 타자기가 사라지고 PC 기반의 워드프로세서를 채택하게 되면서 IBM 컴퓨터의 판매가 폭발적으로 늘었다.

그러나 IBM은 더 많은 이익을 취할 기회를 놓쳤다. IBM은 자만심 때문에 두 가지 커다란 실수를 저질렀다. 우선 빌 게이츠로부터 IBM-DOS 운영체제를 구입하면서, 그에게 이 운영체제를 MS-DOS라는 자체 브랜드로 타사에 팔 수 있는 권리를 주었다. 당시에는 이런 형태의 하드웨어를 만드는 회사가 없었기 때문에 IBM에게 이것은 아무런 의미가 없었다. 두 번째는 PC 제작 과정에서 IBM이 만든 바이오스가 허술한 언어로 작성되어 있어 IBM의 저작권 훼손 없이 누구나 쉽게 모방할 수 있었다. 이런 실수들로 인해 MS-DOS를 운영체제로 하는 PC들이 시장에 넘쳐났고, 경쟁이 심화되면서 이익률이 감소했다. 1986년에 IBM의 회장인 존 에이커스John Akers는 PC 시장에 대해 이렇게 불만을 토로했다. "PC산업은 원래 마진이 높은 산업입니다."[7] IBM은 2004년에 돈이 안 되는 PC산업을 레노버Lenovo에 팔아버렸다. 하지만 애플의 매킨토시 컴퓨터는 누구도 모방하지 못했다.

매킨토시용 엑셀 스프레드시트를 개발한 다음 마이크로소프트는 마우스와 윈도우 인터페이스에 대한 이해를 바탕으로 윈도우 운영체제를 개발했다. 그리고 윈도우오피스라는 프로그램 안에 문서작업, 스프레드시트, 문서발표 및 데이터관리 소프트웨어를 하나로 묶어서 워드퍼펙트WordPerfect, 로터스Lotus, 디베이스dBase 같은 독립형 소프트웨어를 압도했다. 그때부터 PC산업은 마이크로소프트와 인텔의 x86 칩이 거의 독점했고, 우리는 이를 윈텔 표준이라고 부른다.

윈텔 표준은 일반인들에게는 좋은 일이지만 PC 제조사에게는 안 좋은 일이었다. 인텔의 x86 칩을 내장하지 않으면 윈도우가 구동되지 않았고 디스크, 키보드, 마우스, 모니터 등도 윈도우 운영체제와 호환돼야 했다. 모든 PC에는 한 회사가 공급한 부품이 들어가야만 했다. 자체 브랜드 칩을 사용할 수도 있었으나, 그 경우 이익이 매우 낮아졌다. 윈텔이라는 틀 안에서는 반도체와 소프트웨어도 큰 차이가 없었다.

아이폰이 출현했을 때 발머, 드보락, 반요키 등은 휴대폰이 PC와 같은 길을 걸을 것으로 생각했다. 그러나 그런 예상은 통하지 않았다. IBM이 구조설계와 저작권보호에서 저지른 실수 때문에 PC 시장에는 복제품이 넘쳐났다. 그런데 문서작업에 대한 수요로 시장이 폭발했다. 반면에 휴대폰 시장의 비즈니스 수요는 블랙베리가 차지하고 있었는데, 인터넷이 가능한 스마트폰을 원하는 일반 소비자들이 폭발적으로 늘어났다. 게다가 애플은 IBM처럼 심각한 실수를 저지르지 않았다.

이처럼 잘못된 비유로 인해 노키아와 모토로라 같은 기업이 역사의 뒤안길로 사라져버렸고, 마이크로소프트는 휴대폰 시장에서 헛스윙만 해댔다. 애플은 이익이 낮은 틈새시장의 주자에 머무르기는커녕 2015년에 세계 최초로 기업가치가 1조 달러에 이르는 대기록을 달성했다.

공지전투

공지전투AirLand Battle는 프레임을 바꾸는 것이 얼마나 강력한
지를 보여주는 사례다. 처음 문제를 진단했을 때는 거의 해결이
불가능하다고 결론이 났었다. 적어도 적정한 시간 내에서는 해
결할 수 없었다. 그런데 문제를 재구성하자 창의적인 해결방안
을 도출할 수 있었다.

1973년 10월에 발생한 제4차 중동전쟁은 이집트와 시리아가
3,000대의 탱크와 35만 명의 병력으로 이스라엘을 공격하면서
시작됐다. 아랍권의 무기들은 소련제였으며, 지휘관들은 소련식
전술을 익혔다. 전쟁이 일어난 19일간 아랍연합군과 이스라엘은
제2차 세계대전 이후 가장 치열한 전투를 벌였다. 특히 이 전쟁
에서는 휴대용 미사일과 로켓의 효용성이 매우 잘 드러났다. 아
랍연합군은 소련의 무기와 전술을 이용해서 막강한 이스라엘군
에게 심각한 타격을 입혔다. 새로운 무기들은 중장갑 전차와 저
고도 비행기를 파괴하는 데 놀랄 만큼 효과적이었다. 양측의 전
차 및 비행기 손실은 엄청났다. 미국의 분석에 의하면 이 전쟁에
서 파괴된 전차는 미국이 비축해놓은 전차보다 많았다.

전쟁이 발발하기 6개월 전, 미국은 베트남에서 모든 전투작
전을 중지시켰다. 미국 상원의 케이스 처치 수정안Case-Church
Amendment으로 미국은 더 이상 전쟁에 개입할 수 없게 되었다.
미국은 10년 이상 베트남의 정글과 논에서 저강도 전투에 집중
했다. 이 전쟁에서 패배하면서 미군의 사기는 떨어졌고 조직체

계가 무너졌다. 그런데 중동에서 전쟁이 일어나자 미국의 군사 지도자들은 미국이 고강도 전투에 대한 대비가 거의 없다는 사실을 깨달았다. 미국은 나토와 맺은 방위조약으로 인해, 소련 주도의 바르샤바 조약기구Warsaw Pact의 집중적인 공격으로부터 유럽을 방어해야 할 의무가 있었다.[8] 게다가 1960년대 말에 스파이들이 소련의 극비 서유럽공격계획을 입수하면서 미국은 다시 한 번 충격에 휩싸였다.

원래 미국의 유럽방어계획은 바르샤바 조약기구의 엄청난 수적 우위에 대응하여 작성되었다. 주력전차 1만 9,000대 대 6,000대, 야포 3만 9,000문 대 1만 4,000문, 전투기 2,460대 대 1,700대 등 나토는 장비 면에서 심한 열세에 놓여 있었다. 거기에 병력 수는 3배나 차이가 났다.[9] 따라서 공격이 시작되면 일단 라인강까지 철수한 후 반격을 시작한다는 작전을 세워놓았다. 당연히 서독은 영토를 희생하는 이 계획에 반대했다.

소련의 극비문서를 해독한 결과 바르샤바 조약기구의 서유럽 침략은 '이중 제대double echelon'라는 개념을 기반으로 하고 있었다. 전체 계획은 유럽의 중앙부를 거쳐 프랑스까지 진군하고, 최종적으로 영국 해협까지 밀어붙이는 것이었다. 첫 번째 공격군(제대)은 나토군의 약점을 찾아내 방어력을 무력화시킨다. **그림 11**에 묘사되어 있듯 두 번째 공격군은 방어가 무너진 곳을 통해 진군한다. CIA의 기록에 따르면 다음과 같았다. "첫 번째 공격의 주력군은 라인강 인근으로 집결한다. 두 번째 공격군이 치고 올라오면서 서독과 베네룩스 3국을 점령하고 프랑스 국경까지 진군

한다."[10]

CIA는 나토를 침략하겠다는 바르샤바 조약기구의 계획을 보고 경악했다. 소련도 미국처럼 공격이 아니라 방어 위주로 전략을 수립할 거라고 생각했기 때문이다.

미국의 전략가들은 심각하게 전쟁 시뮬레이션을 돌려보았다. 만약 바르샤바 조약기구가 중동전의 새로운 무기를 '이중 제대' 작전에 투입한다면 나토의 후퇴 후 방어전략은 무너질 터였다. 그들은 나토의 유럽방어작전이 실패할 거라는 우울한 결론에 도달했다.

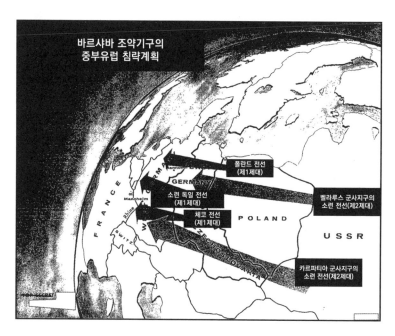

_____ 그림 11. 바르샤바 조약기구의 전쟁계획, CIA의 비망록

출처: "바르샤바 조약기구의 중부유럽 침략계획에 대한 중앙정보부 비망록", CIA, 1968년 6월 8일, 극비(2012년 해제)

제4차 중동전쟁이 없었다면, 그리고 바르샤바 조약기구의 극비 문서를 보지 않았다면 이런 문제를 파악하지 못했을 것이다. 나토군에게는 병력과 장비가 있고, 핵 억제력도 있었다. 하지만 바르샤바 조약기구가 핵을 사용하지 않고도 나토군을 유럽 본토에서 몰아낼 수 있다면 어떻게 해야 할까?

국가적인 계획수립이 어려운 이유는 각 기관에서 서로 더 많은 자원이 필요하다고 주장하기 때문이다. 그중에서도 군사계획은 특히 어렵다. 2000년에 어떤 대령은 내게 이렇게 말했다.

21세기를 준비하는 것은 매우 어렵습니다. 무기체계는 합리적인 수준의 발전을 예측할 수 있지만, 정치나 전술은 그렇지 못합니다. 대통령이 언제 어디로 우리를 파견해서 무슨 임무를 맡길지 전혀 예측이 안 됩니다. 어쩌면 그린란드를 공격하라거나 일본을 방어하라고 할지도 모릅니다. 남극의 펭귄을 구하라는 임무가 내려올지도 모르죠. 무슨 일을 할지 모르는데 어떻게 계획을 세울 수 있겠습니까?

안타깝게도 이 대령은 아프가니스탄 침략에 대해서는 언급하지 않았다.

이렇게 나토와 바르샤바 조약기구 간의 격차가 드러났음에도 많은 사람이 이를 무시했고, 심각하게 생각하지 않았다. 엄청난 예산을 투입해 새로운 무기를 개발하기 전에는 근본적으로 해결이 불가능하다고 생각했다. 워싱턴은 온통 워터게이트 사건에 신경 쓰느라 이 문제를 무시했다.

어느 조직에서나 그렇듯 최고위급 지도자 바로 밑에는 독립적으로 움직여 문제를 해결하려는 사람들이 있다. 이들은 다른 프레임과 관점을 가지고 있다. 이 문제의 경우, 미 육군훈련 및 교육사령부 사령관이었던 윌리엄 드푸이William DePuy 장군은 전투교리를 개정하고 개선된 훈련과정을 통해 이 차이를 극복할 수 있다고 생각했다. 그는 미국이 바르샤바 조약기구에 비해 물자의 열세를 극복할 수 없다고 주장했다. 그러나 1973년 중동전에서 병력이 더 적은 이스라엘이 승리하는 것을 보고 자신감을 얻었다. 그는 이 과제의 크럭스가 군에서 '교리'라고 불리는 전술에 있다고 진단했다. 그는 유럽방어전략 문제를 해결하는 방법은 보유한 자원을 최대로 활용해서 실전의 개념을 바꾸고 현대화하는 것이라고 생각했다.

그는 제90보병사단에서 작전참모(S-3)로 참전하여 프랑스 노르망디에서 복무했고, 지그프리트 방어선을 돌파해 진군했다. 그는 독일 보병의 전술에서 많은 것을 배웠다고 말했다.

전선은 하나였다. 독일군은 지역방어전략으로 유연성과 회복성을 갖고 있어 돌파하기 어려웠다. 독일군은 한 가지 방식으로만 작전을 짜지 않았다. 그들은 어떤 방향으로도 사격할 수 있도록 지역을 몇 개로 나누어 기지로 삼았다. 지형지물을 이용해서 엄폐 및 은폐를 했고, 무엇보다 상상력의 힘을 이용했다. 그러나 노르망디에서 미군은 일렬로 바짝 붙어 산울타리를 넘어 다녔

다. 한 줄씩 말이다. 오늘날(1979년) 미국 육군에서는 여전히 똑
같은 일이 벌어지고 있다.[11]

그는 베트남에서 제1보병사단장으로 있을 때에도 분대, 소대,
중대의 교전 및 은폐전술을 발전시키려 노력했다. 교육사령관이
된 후에는 '적극방어Active Defense' 개념을 도입했다. 이 전략은
기갑부대와 기계화 보병부대의 기동 그리고 근접 항공지원을 이
용하여 지속적으로 전술기동을 행하면서 지역을 방어한다는 개
념이다. 그는 역사적으로 미군은 항상 첫 전투에서 준비가 제대
로 되어 있지 않으며, 유럽은 고강도 공격을 받으면 만회할 시간
이 없다고 강조했다. 그는 이 전략을 시행하기 위해 먼저 캘리포
니아 사막에 포트어윈 육군훈련소를 설립했다. 이 훈련소는 나
중에 보병 및 기갑 지휘관들이 치고 빠지는 전술을 구사하는 실
전훈련에서 '최강자Top Gun'를 가리는 장소가 되었다.

그가 적극방어 개념을 훈련교범에 반영시키려 하자 전술과 전
략을 망라해 군 내부에서 활발한 토론이 벌어졌다. 그중 다소
공격성이 부족하다는 의견이 많았다. 알렉산더 헤이그Alexander
Haig 장군은 이렇게 말했다. "일반적으로 방어의 최종 목적은 공
격을 통해 주도권을 되찾으려는 것이라는 점을 상기시키면 좋겠
습니다."[12]

그리고 돈 스태리Donn Starry 장군의 지휘하에 새로운 교리가 개
발되었다. 처음에 '종심전투deep battle'로 명명된 이 교리는 1986년
에 발표된 작전야전교범(FM-105)으로 최종 완성되었다. 후에는 드

푸이의 기계화부대 중심 전략에서 공군과 육군의 합동전략으로 개념을 넓혀 '공지전투'로 명칭이 바뀌었다.

공지전투는 나토가 보유한 통신, 탐지, 지휘 및 통제, 작전의 유연성 그리고 특히 공군 전투기의 우월성을 최대한 활용하는 개념이었다. 작전의 핵심은 공격을 받았을 때 매우 강하게 반격해서 적국의 중심으로 밀고 들어가는 것이다. 과거에는 적의 진격을 '차단'하기 위해 공군과 장거리 포격을 이용했다. 그러나 새로운 장거리 공격은 적을 혼란에 빠트려 방향을 잃게 해서 아군이 원하는 방향, 심지어 함정으로 적군을 유도하는 개념이었다. 단지 방어에 그치는 것이 아니라 승리가 목적이었다. 군사연습 시뮬레이션 결과, 새로운 교리가 먹히는 것으로 나타났다. 단, 나토 병력의 30피센트가 손실될 가능성이 있었다. 다행히 이 시나리오를 실전에 적용할 일은 생기지 않았다.

공지전투 개념이 탄생한 역사를 보면, 정확한 문제 진단이 새롭고 더 나은 경쟁력을 창출하는 수단이 된다는 것을 알 수 있다. 또한 문제 해결에 공개토론이 얼마나 유용한지도 보여준다. 마지막으로, 사고방식과 행동을 바꾸는 혁신의 힘을 느낄 수 있다. 직원들이 필요한 대책을 시행할 사고방식이나 기술이 없다면 조직은 획기적인 전략을 도입할 수 없다. '어떻게 싸울 것인가'에 대한 드푸이의 군사교리는 매우 혁신적이었다. 이는 IBM 회장인 루 거스트너가 조직 중심에서 고객 중심으로 전략을 변환한 것이나, GE의 회장 잭 웰치Jack Welch가 '빠른 결정, 단순한 조직구조 그리고 자신감'이라는 구호를 내세워 크로톤빌 연수원에서 교육한 것에 비견될 만한 사건이었다. 또한 이 교리는 복잡한 조직에서 이런 형태의 변화를 이끌어내는 데 얼마나 많은 시간이 소요되는지도 설명하고 있다.

9장

비교하고, 재진단하라

측정에는 항상 비교 대상이 있어야 한다. 지구에서 달까지의 거리를 측정할 때는 표준 미터법 또는 그리스에서 유래한 피트 단위가 기준이 된다. 기업의 이익은 작년 대비 얼마나 증가했는지 또는 매출액(순이익) 대비 얼마인지를 비교한다. 기업에서는 그런 비교를 할 때 회계자료를 기준으로 한다. 매출이 작년보다 더 빨리 성장하는가? 이익은 늘어나는가? 그다음에는 보다 예민한 질문이 뒤따른다. 이익이 감소하는 이유는 무엇인가? 왜 비용이 증가하는가? 시장점유율이 감소하는 이유는 무엇인가?

경쟁사나 산업 전체와 실적을 비교하거나 다른 기관의 데이터와 비교하면 흥미로운 결과가 나오기도 한다. 비교의 대상을 넓히면 결과가 다소 왜곡될 수도 있지만 뜻밖의 깨달음을 얻을 수 있다.

세계에서 가장 비싼 지하철 구간

주제를 바꾸어 보자. 〈뉴욕 타임스〉 기자인 브라이언 로젠탈Brian Rosenthal은 2017년에 "지구상에서 가장 비싼 지하철 구간"이라는 제목의 기사를 낸 적이 있다. 그가 문제 삼은 것은 이스트사이드 액세스 터널이었다. 이 터널은 이스트 42번가와 매디슨가 사이에 있는 그랜드센트럴 터미널과, 웨스트 33번가와 7번가 사이에 있는 펜실베이니아 역을 연결했다. 이 터널 공사의 목적은 뉴욕의 양대 통근노선인 메트로 노스 철도와 롱아일랜드 철도를 매끄럽게 연결시키기 위함이었다. 문제는 공사비용이 120억 달러, 즉 철도 1마일당 35억 달러까지 늘어났다는 점이다. 이는 전 세계 지하터널 평균 공사비의 7배에 달하는 금액이었다. 로젠탈은 이렇게 썼다.

우리는 정치세력과 연계한 노동조합, 건설사, 컨설팅업체들이 엄청난 부를 축적하는 것을 공무원들이 수년간 방관해온 사실을 알아냈다.

노동조합은 앤드루 쿠오모Andrew Cuomo 주지사 및 다른 정치인들과 결탁했다. 그들은 지하건설 공사에 다른 공사보다 무려 4배나 더 많은 인력을 고용하는 계약을 따냈다. 시민의 세금으로 뉴욕 메트로폴리탄교통국Metropolitan Transportation Authority(MTA)이 건설대금을 지불하고 있었지만, 정부 관계자는 근로조건을 결정하는 회의에 참석하지도 못했다. 건설사는 매 3년마다 노동

조합을 만나 근로조건을 타결하는데, 그 결과는 모든 회사에 적용되므로 협력사들이 임금이나 근로조건을 조정하여 입찰가격을 낮추지 못한다.

대서양 건너 프랑스 파리에서도 비슷한 공사가 벌어지고 있는데, 뉴욕과 극명하게 차이 난다. 뉴욕 2번가 지하철은 1마일당 공사비가 평균 25억 달러인데 반해, 파리의 14호선 연장구간은 1마일당 4억 5,000만 달러에 불과하다.[1]

우리는 도시와 주 그리고 연방 차원에서 부패 자금이 조달되는 이야기는 들어보았을 것이다. 그러나 지하철 공사에 어떻게 다른 나라보다 7배나 더 많은 공사비가 들어갈 수 있는가? 다른 나라와 비교해보면 더 기가 막힌다. 만일 뉴욕시의 공사비가 정상적이었다면 건설비용이 훨씬 줄었을 것이고, 특정 연합의 정치적 충성도를 높이기 위한 비용으로 사용되지 않았을 것이다.

2011년 교통전문가인 에런 레비Aron Levy의 추가 조사에서도 미국 철도 건설비용이 다른 선진국에 비해 크게 부풀려져 있음을 알 수 있다.

뉴욕과 마찬가지로 파리 지하철 공사에도 노조가 있었다. 하지만 근로조건과 이를 결정하는 사람이 달랐다. 그리고 투입 인원수도 달랐다. 프랑스는 건축심의위원회의 힘이 막강하다. 반면 미국은 가장 낮은 가격을 써낸 업체에게 낙찰된 후, 그 업체가 '계약사항 변경change order'을 다시 협상한다. 공사 관행과 비용의 차이를 제대로 이해하려면 데이터를 심도 있게 연구해야

공사명	1km당 비용 (단위: 백만 달러)	노선 길이 (단위: 킬로미터)
뉴욕 이스트사이드 액세스	4,000	2
뉴욕 2번가 지하철(1단계)	1,700	3
런던 크로스레일	1,000	22
런던 주빌리선 연장	450	16
암스테르담 남북 라인	410	9.5
베를린 U55 라인	250	1.8
파리 지하철 14호선	230	9
나폴리 지하철 6호선	130	5

_____ 그림 12. 에런 레비의 미국 철도 건설비용

출처: 에런 레비, "미국 철도 건설비용", Pedestrian Observations(블로그), pedestrianobservations.com, 2011년 5월 16일.

하지만, 자료를 얻기가 쉽지 않다. 현재 우리는 전체 그림을 보지 못한다. 그러나 다른 국가와 비교해보면 공사비용 또는 예산대비 집행비용만을 보았을 때는 나타나지 않던 문제점이 부각된다. 이 문제를 해결하려면 문제의 전체 윤곽을 파악해야 한다. 그리고 당연한 이야기지만 문제에 대해 어떤 행동을 취할 수 있는 행정력이 있어야 한다.

비슷한 맥락에서 우리는 미국의 공공의료비가 프랑스보다 2배나 많은데도 왜 제대로 된 의료서비스를 받지 못하는지, 중등학교 학력테스트 결과는 왜 다른 선진국보다 뒤떨어지는지 잘 이해하지 못한다. 이런 문제에 대해 아무것도 모르는 정치인들의

통상적인 반응은 '예산 증액'이다. 차후라도 어떤 정치인이 대대적인 '인프라 지출'의 필요성을 주장한다면 **그림 12**의 표를 기억하기 바란다. 문제 있는 시스템에 계속 예산을 투입하는 것은 밑 빠진 독에 물 붓기다. 문제가 커지기 전에 고쳐야 한다.

새로운 방식으로 재분석하라

기존에 있는 데이터를 새로운 방식으로 분석하면 문제나 기회가 보인다. 모든 기업에는 유형별로 제품을 구분하고 직접노무비, 재료비, 제조간접비를 분배하는 회계시스템이 있다. 여기서 제품 구분에 변화를 주는 것만으로도 새로운 통찰을 얻을 수 있다. 그 예로 브라질의 창문 제조업체인 '델피로DelPiro'를 살펴보자. 델피로는 고급 주택과 아파트에 들어가는 여닫이창과 금속제 셔터로 이루어진 시스템창호를 만드는 회사였다. 미국 업체의 여닫이창과 달리 델피로의 여닫이창은 문이 안으로 열렸다. 그래서 외부로 난 셔터를 닫아도 열린 여닫이창으로 공기가 순환된다. 소형 창문과 셔터는 재고를 유지했으나 대형 창문은 주문이 들어올 때만 생산했다. 이 회사의 표면상 문제점은 이익률이 감소한다는 것이었다. 하지만 더 심각한 문제는 경영진이 제품에 따라 이익률이 달라지는 원인을 파악하지 못한다는 점이었다.

델피로의 원가팀은 여닫이창 및 셔터에 배부되는 작업 시간과 직접재료비를 추적했다. 우선 크기에 따라 제품을 6개의 그룹으로 나누었다. 그들은 내부 데이터를 분석하고 작업자들이 창문과 셔터를 조립하는 공정을 유심히 관찰했다. 데이터를 한 달 이상 기록한 결과, 크기별 작업 시간과 재료비를 산출할 수 있었다. 원가산출은 아주 까다로운 작업이다. 여닫이창 1개를 제조하는데만 적용되는 '딱 떨어지는' 원가 같은 것은 없다. 한계원가, 로트* 당 원가, 주문단위당 원가, 작업준비 소요원가 같은 것만이 있을 뿐이다. 이 회사의 경우 재료비 등 모든 것을 각각의 작업 시간에 분배해서 단위원가를 산출했다. 더 명확히 하기 위해 우리는 로트당 원가에 주목했다. 제조설비를 준비하는 데 들어간 시간과 실제 조립과 마감처리에 들어간 시간을 비교해서 주문단위당 원가를 산출했다.

분석 결과는 놀라웠다. 대형 창문은 생산준비 비용이 매우 높았지만, 경영진이 생각했던 것보다 훨씬 수익성이 좋았다. 대형 창문을 로트 생산하는 데 필요한 생산준비 비용이 높다는 것을 본 델피로는 고객이 대형 창문을 대량으로 주문하면 할인을 적용해주기로 결정했다. 또한 중형 사이즈의 셔터 역시 수익성이 좋았다. 이렇게 연구를 통해 새로운 사실을 알게 되자 델피로는 이 셔터를 대상으로 마케팅 캠페인을 벌였다. 그리고 경쟁사의 창문에 들어맞는 셔터 마운팅을 새로 디자인했다. 이 캠페인은 커다란 성공을 거두었다. 엄밀히 말하면 우리가 델피로에서 한 분석은 '원가동인'**을 찾아내는 활동이었지만, 더 중요한 것

---

* 1회에 생산되는 특정 수의 제품 단위
** 원가를 발생시키며 원가의 변동을 유발하는 요인

은 원가동인을 크기별로 각 제품에 분배한 점이다. 제품을 포지 셔닝하고 새로운 영역으로 확대하는 것이 전략이라고 생각하는 사람들이 있다. 그러나 조직의 시스템이나 제조 수준이 따라오지 못하면 이런 전략은 공감을 얻지 못한다. 앞에서 설명한 공지전의 경우, 전술을 재검토해서 새로운 전략을 만들었다. 그리고 델피로는 원가를 분석함으로써 판매량을 늘리고 유사한 건축자재 분야로 영역을 넓히는 계기가 되었다.

소프리티: 결과를 뒤바꾼 재진단

때로는 데이터를 재분석하면 기존 진단을 완전히 뒤엎는 결과가 나올 수도 있다. '코트니Courtney'는 '소프리티SoPretty'의 사장이었다. 소프리티는 의류, 화장품, 액세서리 등을 취급하는 대기업의 계열사로, 38개의 점포를 가진 체인점이었다. 8년 전에 설립되어 다른 소매 체인을 흡수해 오늘에 이르렀다. 패션업계에서 경력을 시작했던 코트니는 소프리티 제품과 매장에 독특한 분위기를 연출해 나름대로 성공을 거두었다. 그러나 회사의 성장을 추구하는 과정에서 코트니가 부딪혔던 가장 큰 문제는 매장의 규모였다.

소프리티 매장의 크기는 15평짜리 초소형 매장부터 200평의 대형 매장까지 다양하며, 평균은 100평 정도였다. 코트니는 우선 각 매장의 세전이익profit before tax(PBT)을 분석했다. 그 결과 평균은 150만 달러이며, 최고 500만 달러 이익부터 최소 100만 달러

손실까지 분포해 있었다.

회사의 분석팀은 임차료를 포함해서 PBT를 계산했다. 그런데 분석 결과 매장이 크면 이익도 크다는 결론이 나왔다. 분석팀은 아래와 같은 세 가지 권고사항을 도출했다.

1. 소형 매장 2개를 합쳐 더 큰 매장으로 통합하기
2. 신규 매장을 오픈할 때는 최소 170평 이상을 선택하기
3. 수익성이 높은 매장의 노하우를 손실 중인 매장에 전파하기

우리는 이 데이터 외에 지역의 인구, 중위연령, 소득 그리고 인근의 경쟁 매장 등을 포함시켜 다시 분석했다. 그 결과 반경 1킬로미터 내에 여성의류 경쟁 매장의 수가 PBT를 좌우하는 결정적인 요소임이 밝혀졌다. 놀랍게도 수익을 못 내는 매장의 주변에는 경쟁 매장이 하나밖에 없거나 아예 없었다. 경쟁자가 많을수록 수익이 많았다. 추가적으로 데이터를 분석한 결과 경쟁사가 많은 지역은 쇼핑의 중심지였다. 소비자들은 구매를 결정하기 전에 여러 매장에 들러 제품을 비교하기 때문에, 유동인구가 많은 지역이 유리하다는 뜻이었다.

우리는 유동인구에 따라 매장을 분류했다. 최초에 분석팀에서는 매장이 클수록 이익률이 크다고 했다. 하지만 매장의 사이즈가 이익을 좌우하는 가장 중요한 요소라는 분석은 틀렸다. 오히려 유동인구가 가장 큰 요인이었다. 유동인구가 많은 지역의 매장은 대개 규모가 크다. 그러나 유동인구가 많은 지역 내에서 비

교하면 오히려 큰 매장이 불리했다. 최초의 분석은 완벽하지 않았지만 적어도 잘못된 시작은 막아주었다.

멀티플랜트: 잘못된 믿음 버리기

'멀티플랜트MultiPlant'는 회사 전반적인 분야에서 전략을 수립하기 위해 내게 진단을 의뢰했다. 이 회사는 전 세계 63개 지역에 생산시설을 갖추고 다양한 식료품을 생산하고 있었다. 생산지가 이렇게 많은 이유는 병에 담긴 완제품이 무거워 물류비용이 부담됐기 때문이다. 이 회사는 크게 마케팅부서와 생산부서로 나뉘어져 있고, 각 지역별로 하부조직이 있었다.

여러 복잡한 문제가 많았지만 경영진이 생각하는 가장 큰 골칫거리는 몇몇 공장의 높은 생산원가였다. 그들은 값비싼 SAP 소프트웨어를 구입해서 각 공장의 비용과 생산성을 산출하고 있었다. 한 박스의 생산비용은 가장 낮은 공장이 6.57달러, 가장 높은 공장이 11.60달러였다. 그 외 장비 구입연도, 각 라인의 생산용량, 직원들의 임금과 이직률, 원자재비용, 에너지비용, 세금, 포장비용 등을 알 수 있었다. 생산원가가 가장 높은 공장은 호주에 있었고, 가장 낮은 곳은 동유럽에 있었다. 회사는 호주의 높은 임금과 전 세계 공장의 에너지 및 원자재비용에 대한 분석에 들어갔다.

이 비용 문제를 해결하기 위해 멀티플랜트는 전문가를 고용해 생산원가가 낮은 공장의 우수 사례를 생산원가가 높은 공장에 전파했다. 각 공장의 공정기술자들이 모여 개선 방향을 논의했고, 생산 담당 중역은 공장별 생산성을 자세히 분석했다. 한편, 설비규모 차이를 분석해도 생산량과 단위원가 사이의 어떠한 연관성도 발견할 수 없었다.

멀티플랜트의 전략 책임자는 생산원가가 높은 공장의 가동으로 발생하는 총이익 상실액을 계산해보면 무언가 알 수 있을 거라고 생각했다. SAP의 원가 정보 및 공장운용 정보와 별도로, 가격 정보는 마케팅부서에서 엑셀 스프레드시트에 기록했다. 원가 정보는 공장 단위가 아니라 지역을 기준으로 산출했다.

원가와 가격 정보를 연결시켜 분석해보니 놀라운 결과가 도출되었다. 공장별로 단위당 생산원가와 단위당 총이익 사이에는 어떤 관계도 없었다. 생산원가가 높든 낮든 이익률은 비슷했다. 이는 원가가 높은 공장이 회사의 이익을 갉아먹는다는 전통적인 믿음과 상충되는 결과였다.

처음에 경영진은 이 결과를 믿지 않았다. 생산비용이 높은 공장을 정상화하기 위해 상당한 투자를 했기 때문이다. 이로 인해 원가, 이익, 전략을 처음부터 다시 검토하게 되었다.

점차 수긍할 만한 이유가 나오기 시작했다. 생산원가가 낮은 공장은 대개 제품의 소매가격이 낮은 지역에 위치할 확률이 높았다. 이익률이 높은 공장은 경쟁이 심하지 않은 지역에 위치한 경우가 많았다. 총이익률이 비슷한 원인은 생산원가가 낮으면 판매수수료가 높거나 소비자에게 돌아가는 혜택이 컸기 때문이었다.

멀티플랜트는 생산원가에 대한 잘못된 믿음을 오랜 기간 키워 왔다. 이는 조직이 생산과 마케팅으로 분리되어 있고, 가격보다는 원가를 집중적으로 분석하는 SAP시스템에 의존했기 때문이다. 이런 잘못된 믿음으로 인해 엉뚱한 곳에서 문제를 해결하려 노력했다. 그러나 우연한 기회에 재분석이 이루어지면서 그들은 새로운 사실을 알게 되었다.

문제의 본질에 대해 가지고 있는 믿음을 버리기는 쉽지 않다. 그러나 멀티플랜트는 과감히 잘못된 믿음을 버리고 완전히 다른 방향으로 분석했다. 그리고 이후 몇 년간 놀라운 성과를 달성했다.

세계 1위 해운선사, 머스크해운

2000년대 초 머스크해운Maersk Line은 전 세계에서 가장 큰 컨테이너 선사였으며, 계속 새로운 선박을 도입해서 수송능력을 키워가고 있었다. 그들은 업계 최초로 E클래스 선박을 도입해서 1만 4,700TEU*를 운송하는 기록을 세우기도 했다. 몇 년 후에는 1만 8,270TEU를 운송하는 보다 큰 E클래스 선박 20척을 주문했다. 머스크해운은 덴마크 A.P. 몰러-머스크 그룹A.P. Moller-Maersk Group의 자회사로, 2015년에는 약 100개국에 700여 척의 컨테이너선을 운행했다.

---

* 20피트의 표준 컨테이너 크기를 나타내는 단위. 컨테이너선의 규모를 측정할 때 사용된다.

규모와 시장점유율에서 세계 최고임에도 불구하고, 머스크해운은 선박과 사무소에 투자되는 비용 대비 이익률이 낮았다. 경쟁사들도 모두 마찬가지였다. 중국에서 컨테이너 화물에 대한 수요가 급증했지만, 컨테이너 선박업계는 전반적으로 이익을 못 내고 있었다. 이에 각 선사는 대형 선박을 이용해 규모의 경제를 달성하려고 했다. 그들은 경쟁적으로 대형 컨테이너선을 발주해서 공급과잉을 초래했다. 그 결과 엄청난 폭의 운임할인이 발생했다. 컨테이너 선박업계는 여러모로 경제학자들이 말하는 전형적인 '완전'경쟁시장이었다. 선박 운용비용 이하로 운임이 떨어졌지만, EU의 반독점기구는 끈질기게 가격담합에 대한 의혹을 제시했다. 머스크해운은 어려운 입장에 처했지만 뾰족한 해결책이 없었다.

국제항공산업도 한때 같은 상황에 처한 적이 있었다. 미국과 EU의 항공사들은 코드셰어code share 제휴를 맺어 이 문제를 해결했다. 예를 들어, 아메리칸항공과 영국항공이 원월드Oneworld Alliance에 동시 가입하는 식이다. 이로 인해 포틀랜드에서 시카고 직행 구간은 아메리칸항공이 운영하지만, 시카고에서 런던 구간은 영국항공이 아메리칸항공의 플라이트 넘버를 코드셰어한다. 이는 다른 노선에 진입할 때 들어가는 마케팅 비용을 줄여준다.

머스크해운은 항공업계를 벤치마킹해서 선사 간 제휴를 주도했고, 이로 인해 EU로부터 반독점 예외조항 승인을 얻었다(2020년에 4년 기한 갱신에 성공했다). 선사 간 제휴의 가장 큰 목적은 새로운 노선에 제휴 선사가 들어가게 해서 노선 개설에 필요한 마케팅 비용을 줄이려는 것이었다. 2017년까지 3개의 큰 선사 제휴가 생겼고, 그중 머스크해운과 스위스·이탈리아 합작의 MSC가 맺은 '2M'(Maersk, MSC)이 제일 크다.

선사 간의 협조, 인수합병, 주요 8개 선사의 노력에도 불구하고 2019년 말까지 상황은 나아지지 않았고, 손익분기점에도 도달하지 못했다. 수요 대비 수송능력은 계속 늘어 2020년에는 100억 달러의 손실이 예상될 정도였다.

해운업계와 항공업계는 비슷한 점이 많지 않다. 그 차이는 항공운임이 발달해온 역사를 보면 알 수 있다. 기존의 허브앤스포크hub-and-spoke 모델에서는 대형 점보여객기가 주요 도시를 연결하면 소형 비행기가 로컬 도시를 운행했다. 그러나 여행객들은 환승비용 발생, 대형공항에서의 보안검색, 다른 항공사 창구로의 귀찮은 이동 등을 이유로 기피하기 시작했다. 그러자 항공업계는 통로가 하나인 중소형 여객기를 이용하는 점대점point-to-point 방식으로 전환했다. 좌석이 꽉 차지 않으면 대형 여객기는 규모의 경제가 발생하지 않는다. 이것이 에어버스airbus가 A380 점보여객기의 생산을 중지하겠다고 발표한 이유 중의 하나다. 그러나 컨테이너선을 이용한 운송에는 선박이 클수록 확실한 규모의 경제가 발생한다. 그렇기 때문에 선박회사들은 계속 더 큰 선박을 주문할 수밖에 없다. 여기서는 업체 간의 차별화가 거의 발생하지 않으므로 경쟁이 더욱 격화된다. 2019년에 A.P. 몰러-머스크 그룹의 CEO인 쇠렌 스코우Soren Skou는 향후 머스크해운에 글로벌 수준의 해상운송과 육상운송을 통합하는 디지털기술을 적용하겠다고 발표했다. "모든 운송 관계자들이 컨테이너의 위치를 (인터넷으로) 추적할 수 있게 됩니다. 이는 10~15년 전에는 불가능한 기술이었습니다."[2] 한마디로 페덱스FedEx를 벤치마킹한 것이다.

내가 보기에 운송비의 크럭스는 육상운송비다. 문명이 강, 호수, 내해를 중심으로 발전한 이유는 수상운송비가 훨씬 저렴했기 때문이다. 운송비에서는 항구로부터 사람들이 거주하고 근무하는 지역으로 물자를 이동시키는 비용이 가장 높다. 아마존 같은 회사는 바로 이 시스템을 개선했다. 머스크해운은 해상운송과 육상운송을 통합해서 새로운 위치를 구축할 수 있을까? 여기서는 항구에서의 병목현상을 해결하고 육상 하역장을 더 늘리는 방법이 해결책이 될 것이다.

5세력 모델

머스크해운은 잘 알려진 경영분석, 즉 마이클 포터의 '5세력' 산업분석 모델에 잘 들어맞는 사례다. 이 시스템은 '산업조직론 industrial organization(IO)'을 기반으로 왜 어떤 산업은 수익성이 높고 어떤 산업은 수익성이 낮은지를 연구하는 경제이론이다.

5세력 모델은 경쟁의 강도, 신규 진입자의 위협, 공급자의 교섭력, 소비자의 교섭력, 대체재의 위협 등 다섯 가지가 산업의 수익성에 위협을 주는 요소라는 이론이다.

이 모델을 적용할 때는 각 세력을 공평하게 자세히 들여다보아야 한다. 단지 어떤 산업에 존재하는 이런 요소들을 들여다보는 것만으로도 도움이 될 수 있다. 그러나 이 모델은 개별 기업의 실적이 아니라 산업 전체의 실적에 관한 것이라는 점을 잊어서는 안 된다. 어떤 산업 내 기업들의 이익률이 큰 편차를 보인다면 5세력 모델을 적용하는 것은 적절치 않다. 이 모델이 틀렸다는 것이 아니라 대략 비슷한 기업들이 모여 있는 산업에 잘 맞는다는 뜻이다. 만일 당신의 회사가 속한 산업 내의 경쟁사들이 다 비슷비슷하고 낮은 이익률, 특히 가격인하로 힘들어 한다면 이 5세력 모델이 적합한 분석 도구라고 할 수 있다.

또 한 가지 문제점은 대부분의 실제 산업에서는 이익률이 현저하게 다른 기업들이 있다는 점이다. 그런 경우 '산업수익성'은 아무런 의미가 없다. 나는 연방거래위원회의 이익률 자료를 기준으로 산업, 기업, 종목line of business 중 어느 것이 이익률에 많은 영향을 미치는지 통계적으로 조사해보았다.[3] 종목의 이익률에 영향을 미치는 여러 변수 중, 속한 산업으로 인한 부분은 4퍼센트에 불과했다. 반면에 44퍼센트는 종목의 차이로 인한 부분이었다. 그러므로 이익을 좌우하는 가장 중요한 요소는 개별 기업이나 산업이 아니라 어느 종목에 속해 있느냐다.

10장

양날의 검, 분석 도구

기업이 처한 상황을 분석하는 데는 여러 도구가 있다. 이런 도구들은 전제조건을 가정하고 몇 개의 요소, 또는 단 1개의 요소로 상황을 분석할 때만 효용이 있다. 그런데 그 전제조건이 어떤 상황에서는 맞을 수도 있고, 틀릴 수도 있다. 그러므로 상황이 복잡할 때는 이런 분석 도구가 도움이 되지만, 오히려 방향을 잃고 크럭스 진단을 어렵게 만들 수도 있다. 이는 양날의 검과 같아서 조심스럽게 사용해야 한다.

컨설팅업체에서 사용하는 도구는 보통 경쟁 상황을 가정하는 경우가 많다. 어떤 프레임을 적용한 뒤 데이터를 수집하고, 분석 및 비교 도구를 이용해서 문제나 잃어버린 기회를 찾아낸다. 이 장에서는 분석과 진단에 사용되는 유용한 도구를 다룬다. 그리고 각 도구별로 잘못 사용될 가능성에 대해서도 살펴본다.

자본예산제도

투자계획을 검토할 때 투입비용 대비 효과를 비교하는 방식은 처음에는 나름 합리적인 방법인 것처럼 들린다. 자본예산제도 capital budgeting system는 대규모 투자의 가치를 결정할 때 많이 이용하는 재무분석 도구다. 개념은 간단하다. 미래의 (추정) 현금흐름을 예상해보는 것이다. 그다음은 미래현금유입액의 현재가치를 계산한다. 만일 그 현재가치가 투자액보다 크면 계획을 승인한다. 요즘은 미래현금흐름의 위험성을 고려하는 방식도 개발되었다.

그러나 이런 식으로 투자계획의 타당성을 검토하는 기업은 별로 없다. 보통은 관리자들이 프로젝트를 기획해서 기대효과를 분석한 다음 중역들에게 보고한다. 중요한 것은 현재가치가 아니라 경쟁사 현황, 예상 성장률, 타이밍 그리고 내부 경쟁력에 대한 판단이다.

이렇게 이론과 현실이 차이가 나는 이유는 무엇인가. 이론에서는 경제 상황, 경쟁사 등 계획과 관련된 리스크로 발생하는 미래현금흐름의 불확실성을 고려하지만, 현실에서 가장 큰 리스크는 투자를 계획하는 사람들의 능력과 정직성이기 때문이다. 그 대표적인 사례가 100대 대기업 중 한 회사에서 계획한 '프로젝트T'다. 이 회사 주요제품의 시장은 이미 포화 상태에 달해 감소하는 중이었지만, 프로젝트T는 옛 영화를 되찾고 수익을 가져다줄 새로운 기획이었다. 워낙 대규모 투자사업이라 '브래들리Bradley'라는 상무가 진두지휘를 맡았다. 고속 승진한 40세의 이 상무는 영리하고 야망이 넘쳤다. 이 프로젝트에 들어가는 비용은 거의 한도가 없어 보였다.

나는 원래 다른 프로젝트에 참여했는데, 이 프로젝트에 관심이 생겨 자원했다. 브래들리는 투자심의위원회에서 위원들의 반응을 미리 알아보기 위해 사운딩 보드의 역할로 나를 이용했다. 프로젝트T에서 가장 중요한 과정은 복잡한 소비자 대상 실험이었다. 우리는 우선 수백 가정을 등록시켜 시제품을 테스트하게 했다. 그런데 프로젝트가 진행될수록 자꾸 의문이 생겼다. 테스트 결과가 좀 이상했던 것이다. 소비자들은 그 시제품을 그다지 좋아하지 않았다. 전반적으로는 신제품에 관심을 보였지만, 돈을 주고 구입하겠다는 소비자는 별로 없었다. 즉 위약금을 물더라도 서비스를 취소할 수 있다는 뜻이었다.

브래들리는 이에 대해 부가서비스가 제공되면 유료이용 소비자가 늘어날 것이며, 가격탄력성이 부족하다는 것은 향후 수익이 늘어난다는 의미라고 대응했다. 그런데 고려 대상에서 경쟁사가 빠져 있었다. 이 프로젝트에 적용된 아이디어는 모두 타 회사의 것이었는데도 거의 100퍼센트의 시장점유율을 예상했다. 또한 직접 경쟁자가 아닌 대체재 생산자로부터의 가격 압박만을 가정했다. 이것이 합리적인 가정인가?

투자심의위원회에 설명회를 갖기 일주일 전이었다. 나와 브래들리 그리고 가장 핵심 직원 한 명이 밤늦게까지 슬라이드와 배포할 자료를 검토하고 있었다. 자료는 고급스러운 모조지에 인쇄해서 고리바인더로 묶은 다음 암녹색 표지를 붙였다. 그러나 기술에 대한 자세한 분석은 없었다. 다만 기술 관련 사진과 예상 시장규모만 보여주었다. 그리고 현금흐름 예상과 현재가치를 계산해서 넣었다. 15년간 10퍼센트의 할인율을 적용시켜 60억 달러의 흑자를 보는 것으로 만들어놓았다. 내용 중에는 위험요소를 감안하고 여러 가능성을 분석한 글도 포함되어 있었다. 그러나 브래들리는 위원회가 가장 관심을 보일 만한 페이지만 뚫어지게 쳐다보고 있었다. 그는 위원들이 누적 수익을 집중해서 검토할 것이라고 주장했다. **그림 13**에 나와 있듯이 투자 초기 현금흐름은 마이너스 25억 달러를 보인다. 그리고 향후 몇 년간 수익이 누적되면서 7년 차에 손익분기점에 도달한다. 브래들리는 위원들이 가장 주의 깊게 보는 것은 투자금 회수에 소요되는 기간이라고 말했다. 그리고 걱정스러운 표정으로 그래프를 쳐다보았다. 밤 10시가 넘어갈 무렵, 그는 가위를 들더니 그래프에서 곡선을 오려냈다. 그리고 이리저리 그래프를 고쳐서 투명테이프로 다시 붙였다. 이번에는 5년 만에 원금을 회수하는 것으로 나타났다.

"이렇게 다시 그려서 출판사로 보내게." 브래들리가 재킷을 입으며 직원에게 말했다.

"상무님, 그렇게 바꾸면 4,000만 달러를 들여 기업분석 컨설팅과 시장 테스트를 한 게 무슨 소용이 있습니까?" 내가 묻자, 그는 이렇게 대답했다. "교수님, 전략기획을 잘 모르시는군요. 전략기획은 사내의 자원을 따내기 위한 전쟁입니다. 그리고 저는 그 전쟁에서 이기고 싶어요."

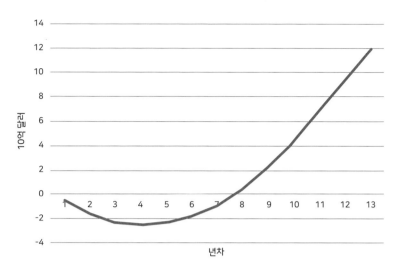

그림 13. 프로젝트T의 누적 현금흐름 그래프

브래들리의 단호한 결심에도 불구하고 프로젝트T는 진행되지 않았다. 이사회는 프로젝트T의 위험성이 너무 크다고 판단했고, 그가 예상했던 대로 더 빠른 투자금 회수를 원했다. 다음 해 회사는 2개의 사업부를 매각하고 대형 인수합병을 성사시켰다. 브래들리는 다른 다국적기업의 고위직으로 옮겼다.

브래들리의 사례는 지식, 자원 그리고 결정권이 각각 다른 주체에게 있을 때 발생하는 문제점을 보여준다. 자원을 분배하는 방법을 다른 사람에게 물어봐야 한다면 문제가 생길 가능성이 높다. 다른 사람에게 또 다른 사람의 자원을 어떻게 분배할지 물어봐야 한다면 문제는 더욱 심각해진다. 그 결과 전략수립은 직원들이 얼마나 정직하고 성실한가에 따라 성패가 좌우된다. 가장 좋은 전략은 프로젝트T처럼 다른 사람에게 맡겨서 되는 것이 아니라, 고위 중역이나 최고경영진이 신뢰할 만한 조언자와의 협의를 거쳐 수립해야 한다. 프로젝트T의 경우 회사의 규모가 너무나 컸기 때문에 자금지원을 받으려는 다양한 전략과 프로젝트를 고위 중역들이 이해하지 못했다.

정직하지 못한 조직은 지식과 역량을 제대로 이용하지 못하고 근시안적으로 움직일 수밖에 없다. 브래들리가 거짓말을 한 이유는 투자금이 그의 돈이 아니었기 때문이다. 프로젝트에 문제가 생기면 그가 제일 먼저 알아채고 가장 빨리 탈출할 것이다. 그리고 남겨진 사람들에게 일을 망친 책임을 떠넘길 것이다. 프로젝트가 제대로 진행이 안 된다고 해도 그는 여전히 얻을 것이 있다. 회사로부터 그런 규모의 지원을 받은 이력은 그의 경력에 또 하나의 훈장으로 남는다. 그리고 그 훈장을 발판 삼아 기업 내 높은 보직으로 올라가거나, 더 많은 보수를 받으며 다른 회사의 고위직으로 이직할 것이다.[1]

다행히 투자심의위원회의 위원들은 관련 기술은 잘 몰랐지만 어리석지는 않았다. 그들은 브래들리 같은 사람들을 전부터 많이 겪어봤고, 먼 미래에 대한 전망은 정확하지 않다는 것도 알고 있었다. 따라서 미래에 발생하는 불확실한 수익은 믿지 않았고, 단기목표에 집중하도록 요구했다. 5년 내 회수한다는 브래들리의 계획은, 이런 사실을 잘 알지 못하는 위원들에게 내놓기에는 썩 괜찮은 방법이었다.

위원들은 복잡하고 정교한 분석방식으로 계산하면 미래의 전망이 그럴듯하게 보인다는 것도 알고 있었다. 브래들리의 투자금 회수계획은 소비자와 경쟁사의 예상행동, 미래의 가격과 비용에 대한 수백 가지 전제를 기반으로 만든 복잡한 경제 모델을 이용해서 산출됐다. 그러나 그들은 이런 종류의 정교한 분석을 믿지 않고 자신들의 직관을 더 신뢰했다. 그들의 판단은 비록 정보는 부족할지 모르지만 편견에 치우치지는 않았다. 이렇게 외부의 데이터나 자문을 믿지 않는 또 다른 형태의 근시적 경영방침이 생긴다.

이런 상황을 '대리인 문제'라고 하는데, 엉망으로 뒤엉킨 상황의 해결방안을 도출하기 위해 상당히 많은 지적 에너지가 낭비된다. 그리고 보통 아무 해결책도 얻지 못한다. 프로젝트T의 경우 6년이나 10년 후 그 결정으로 발생한 결과에 책임을 묻는 사후 점검제도 외에는 뾰족한 해결방안이 없다. 그러나 역동적으로 움직이는 기업과 중역들의 빠른 이직 현상을 감안하면 이는 거의 현실성이 없다. 몇 년 지나면 브래들리는 승진해서 다른 회사로 옮길 것이고, 프로젝트는 다른 사람들로 채워져 또 다른 의사결정을 내릴 것이다. 그렇게 되면 프로젝트의 최초 의사결정자와 최종 결과와의 연관성은 희박해진다.

이 사례에서 보듯 장기 프로젝트의 투자금 회수 모델은 기업에서 그다지 중요하게 받아들이지 않는다. 대신 투자금의 신속한 회수에 초점을 맞춘다. 기업이 무지해서 재정 경제학자들이 만든 우아한 이론을 사용하지 못하는 게 아니다. 그 이론들이 숨어 있는 무능력이나 거짓, 속임수를 제대로 반영하지 못하기 때문이다. 또한 단기적인 성과를 내면 보너스를 받을 가능성도 반영하지 못한다.

분석 넘어서기

브래들리의 가장 큰 문제는 프로젝트 최종 결정자들이 그가 분석에 사용한 요소들과 그의 판단력을 신뢰하지 않았다는 점이다. 브래들리 같은 유형의 경영진에 대처하는 방법은 기조를 달리하고 게임의 법칙을 바꾸어 기술적 분석을 넘어서는 것이다. 그 대표적인 예가 보스턴컨설팅그룹(BCG)의 BCG 매트릭스BCG growth-share matrix다. '성장-점유율 매트릭스'라고도 부른다. 도그Dog, 캐시 카우Cash Cow, 스타Star 그리고 물음표Question Mark로 구분된 사분면을 이용하는 이 방식은 1970년대부터 1980년대 초까지 기업경영전략의 수립에 지대한 영향을 미쳤다. 오늘날에도 가끔씩 볼 수 있다.

BCG 매트릭스는 보스턴그룹의 컨설턴트였던 앨런 자콘Alan Zakon이 미드코퍼레이션Mead Corporation에 자문을 주던 중 만든 모델이다. 이 모델에 따르면 기업은 성장률과 현금흐름에 따라 사분면 중 어느 한 곳에 위치한다. Y축 시장성장률과 X축 시장점유율은 나중에 다른 기업의 분석용으로 추가되었다.

1980년대 중반에 나는 BCG와 함께 이 프로젝트에 참여했던 윌리엄 워맥William Wommack을 만날 기회가 있었다. 그가 막 미드코퍼레이션을 관둔 시점이었다. 나는 그에게 어떻게 이 모델이 나왔는지 물어보았다. 워맥은 당시 미드코퍼레이션이 사업 다각화를 모색했지만 기업의 근간은 여전히 임산물이었다고 말했다. 그들은 정밀한 자본예산제도를 도입했다. "제재소 직원들이 통계적 화학량론 분석을 이용해 공장을 확장하고 새로운 설비를 도입해야 한다고 주장했어요." 그러면 펄프공장과 제지공장 임원들 역시 정밀한 분석 방법을 동원해 공장을 늘려야 할 당위성에 관한 보고서를 제출했다. "그래서 계속 투자를 했지만 이들 사업은 전혀 수익을 내지 못했죠." 워맥은 투자금이 적게 들어가는 새로운 성장 사업으로 방향을 전환해야 한다고 생각했다. 결국 회사는 경영방침을 바꾸었다. 기존의 산림 사업은 '수익을 창출하는 자금원으로 그 역할을 변경'했다. 그리고 그 자금을 다른 분야에 투자하기로 했다.[2]

BCG 매트릭스는 미드코퍼레이션뿐 아니라 다른 기업의 시스템도 바꾸었다. 원래 자본예산제도는 투자심의위원회에서 할인율이나 회수율의 기준을 통과한 프로젝트를 승인하는 방식이었다. 그러나 새로운 시스템은 수익을 창출하는 사업이 있으면 수익을 흡수하는 사업도 있다는 포트폴리오 밸런스 모델을 이용하므로 기존의 재무적인 분석보다 효과적이다. 각 시스템은 집중하는 분야가 다르지만 조직 내 힘의 균형에 변화를 준다는 면에서는 같다. 정밀한 자본예산제도는 재무 분야와 수학에 능한 사람들에게 유리하다. 하지만 새로운 포트폴리오 밸런스 모델은 최고경영층에게 권한을 돌려주어 수익이 나지 않는 사업을

"독"*으로 구분할 수 있다.

잭 웰치도 1980년 GE의 CEO가 되자 이 방식을 이용했다. 그는 400개가 넘는 GE의 계열사들을 모두 점검한 뒤 '업계의 1위 또는 2위'가 될 것을 주문했다. 그게 안 되면 '개선하거나 팔거나 폐쇄'하라고 지시했다. 그는 GE에 존재하던 복잡한 '전략기획' 방식을 과감히 버리고 시장의 선두주자가 아닌 계열사는 포기하기 시작했다.

BCG 매트릭스와 웰치의 업계 1, 2위 전략은 양날의 검과 같았다. 많은 기업에서 이 전략을 채택했지만, 기저에 깔린 판단 근거 즉 자본예산제도를 포기해야 한다는 점을 제대로 이해하지 못해 효과가 없었다. 기업경영에서는 비교 대상이나 구사하는 전략을 명확하게 이해하는 것이 중요하다.

혁신적 파괴

'혁신적 파괴disruption' 이론은 최근에 나온 전략 개념이다. BCG 매트릭스와 마찬가지로 잘못 사용하면 되레 혼란만 가중시킨다. 요즘에는 이 단어를 너무 많이 쓰다 보니 기존 비즈니스나 상황을 뒤집는 것은 무엇이든 이 의미로 쓰고 있다. 그러나 하버드대학교수인 클레이튼 크리스텐슨Clayton Christensen과 조지프 바우

---

* 성장률과 수익성이 모두 낮은 사양산업

어Joseph Bower가 처음 이 개념을 도입했을 때는 보다 정확한 의미를 가지고 있었다. 이들은 수많은 업계의 선도기업이 경쟁사가 새로운 기술을 도입하면 '정상을 유지하지' 못하는 이유를 파악하려고 했다. 예를 들어, 굿이어Goodyear와 파이어스톤Firestone 타이어는 레이디얼 타이어 시장에 한참 늦게 진입했고, 제록스Xerox는 캐논Canon이 소형복사기 시장에 들어오는 것을 그냥 방관했다. 부사이러스이리Bucyrus-Erie는 캐터필러Caterpillar와 디어Deere가 굴삭기 시장을 차지하도록 놔두었고, 시어스Sears는 월마트에 시장을 내주었다.[3]

한때 성공적이었던 이 기업들은 왜 경쟁사의 위협에 제대로 대처하지 못했을까? 크리스텐슨과 바우어는 선도기업들이 기존 고객들, 특히 가장 크고 까다로운 고객에 지나치게 집중했기 때문이라고 설명한다. 이 기업들은 더욱 크고 강력하며 빠른 제품을 원하는 고객의 요구에 부응하느라 성능은 조금 떨어지지만 저렴한 기술을 간과했다. 고전적인 사례는 데스크톱 PC용 하드디스크드라이브 제조업체들이 보다 빠르고 용량이 큰 디스크를 원하는 고객들을 신경 쓰느라, 새로 나온 소형 2.5인치 하드디스크드라이브 시장을 무시한 경우다. 기존 고객들은 그런 제품에 관심이 없었다. 그러나 소형 디스크드라이브의 성능이 개선되어 노트북에 탑재되고, 전통적인 대형 데스크톱 드라이브보다 비용 대비 효율이 더 높아졌다. 결국 이 하드디스크 제조회사들은 '아래로부터의 혁신적 파괴'에 굴복했다.

크리스텐슨은 하드디스크 시장, 굴삭기 시장 및 소규모 제철소

시장에 발생한 아래로부터의 혁신적 파괴를 상세히 예로 들면서 기업의 중역들을 겁먹게 만들었다. 그들은 시장에서 성공한 제품과 최대 고객에만 지나치게 신경 쓰는 게 아닌지 걱정했다. 자신들의 제품보다 떨어지는 경쟁사의 모든 제품에 대응을 해야 할까? 이런 시스템이 경쟁업체에 제대로 대응하는 데 도움을 줄 수 있을까?

크리스텐슨 모델은 저가의, 저사양 제품으로부터 치고 올라오는 혁신적 파괴에 관한 것이지만, 그 반대의 사례도 매우 많다. 아이폰은 가격이 더 높았지만 RIM의 블랙베리와 노키아 휴대폰을 혁신적으로 파괴했다.

블랙베리는 특히 기업과 정부기관에 인기가 있었다. 2013년에는 정부기관용 보안사설망 인증을 받았다. 블랙베리의 이메일 네트워크는 포화 상태였던 공공 데이터 네트워크를 제치고 많은 소비자들이 텔코 네트워크에 지불하던 데이터 다운로드 비용을 줄여주었다. 단말기는 기업의 IT부서에서 제어가 가능해 분실이나 도난발생 시 원격으로 데이터를 소거할 수 있었다.

기업들과 정부기관들은 블랙베리 생태계를 좋아했다. 3만 7,000달러면 500명의 유저가 블랙베리의 이메일을 이용할 수 있었다. 반면에 마이크로소프트 시스템은 10만 7,000달러가 필요했다. 게다가 블랙베리는 두 가지의 강력한 암호화표준 도구를 제공했다. 아이폰이 출시된 지 1년 후인 2008년, 모건스탠리 Morgan Stanley는 RIM이 "전기통신장비 분야에서 가장 대중적인 성공을 거두었다"고 평가했다. 평론가들은 블랙베리가 경쟁이 치열한 민간 휴대폰 시장보다는 기업을 대상으로 한 시장에 계속 투자해야 한다고 조언했다.

한편 사용자들은 회사에서 모든 비용을 다 내준다는 점을 좋아했다. 그저 단말기만 받으면 끝이었다. 2010년에 모건키건증권사Morgan Keegan & Co.는 블랙베리가 가격에 민감하고 메시지를 중요하게 생각하는 기업 고객에게 제대로 대응하고 있으며 미래에도 잘할 거라고 평가했다.

그러나 2010년대에 블랙베리가 무너진 이유는 기업들이 뜻밖의 '개인전화 휴대bring-your-own-phone' 정책을 폈기 때문이다. 이메일 비용은 점점 저렴해졌고, 직원들은 어쨌든 자신의 개인 소유 휴대폰을 가지고 출근했다. 누구나 아이폰 또는 안드로이드폰을 갖게 되면서 보안이 허술해졌다. 기업 시장이 급속히 위축되면서 블랙베리는 사라졌다. 정확히 말하면 기업이 직원의 휴대폰에 대한 통제권을 잃었고, 블랙베리는 그 영향을 받아 같이 소멸한 것이다.

블랙베리의 사례는 아래뿐 아니라 여러 방향에서 공격을 받을 수 있다는 사실을 보여준다. 성능이 좋고 가격이 비싼 제품도 위협적일 수 있다. 많은 사람이 정말로 '아래로부터' 혁신적 파괴가 있는지를 연구했다.

- 역사가인 질 르포어Jill Lepore는 하드디스크산업을 다시 조사한 내용을 〈뉴요커New Yorker〉에 기고했다. 르포어는 이렇게 주장했다. "지난 20년간 하드디스크업계의 진정한 승자는 파

괴적인 새로운 형식의 도입 여부와 상관없이 점진적으로 제품을 개선해온 업체다."[4]

- 수드Sood와 텔리스Tellis는 1879년부터 2000년까지 새로운 기술을 도입한 36개의 기업을 조사했다. 세부적으로 분석했지만 저가, 저사양 제품의 혁신적 파괴 사례를 찾지 못했다.
- 이가미 미쓰루Mitsuru Igami는 크리스텐슨이 사용했던 하드디스크산업의 데이터를 다시 검토했다. 그는 가격경쟁력이 있는 기존의 선두업체가 새로운 경쟁자에 대한 대처가 늦은 이유는 '오래된 수익원을 놓치고 싶지 않아서'라고 주장했다.[5]
- 조시 러너Josh Lerner 역시 하드디스크산업을 재조사한 뒤, 장기간에 걸쳐 가장 크게 혁신을 이룬 기업은 후발 기업이라고 결론 내렸다.[6]

즉 주요 고객에 집중하느라 저사양 제품의 위협에 제대로 대처하지 못한다는 크리스텐슨의 이론을 뒷받침할 후속 연구 결과는 나오지 않았다. 그러나 거대한 기업이 때로는 더 작은 라이벌 기업이나 신규 기업 또는 새로운 기술에 밀려나는 일도 현실에 존재한다. 그렇다면 이것은 어떻게 설명할 수 있을까? 진정한 의미의 혁신적 파괴가 있었던 사례를 들여다보자.

코닥의 멸망은 혁신적 파괴의 힘을 무시한 기업의 운명을 보여주는 사례로 자주 이용된다. 그러나 사실은 코닥을 파괴한 저가, 저사양 '제품'은 없었다. 당신이 코닥의 소유주라면 어떻게 했을 것인가? 코닥은 규모는 크지만 쇠락하던 필름 시장에서 70퍼센트의 수익을 올렸다. 또한 시장을 정확히 예측해서 제조공법에 대한 지적재산권을 미리 팔아버렸으며, 50년 전인 1975년에 이미 디지털 카메라를 만들었다. 회사의 중역들은 디지털 시대가 온다는 사실을 알았지만, 사람들이 디지털 사진기로 찍은 사진을 프린트해서 앨범에 보관하거나 벽에 걸어놓을 거라고 생각했다. 따라서 코닥은 디지털 포토 저장장치와 고화질 인쇄기술에 투자했다. 하지만 휴대폰의 작은 화면에 저해상도의 셀카를 올려 공유할 거라고 2000년 당시에 누가 예상할 수 있었을까? 당신이 디지털에 수백만 또는 수십억 달러를 투자해야 한다면 어떤 장치나 시스템 또는 제품에 할 것인가? 카메라, 프린터, CD, PC, 모니터, 사진기술 소프트웨어, 휴대폰 중 무엇을 고를 것인가? 코닥은 경쟁사가 아니라 필름과 관련된 모든 생태계에 혁신적 파괴를 당한 것이다.

코닥과 유사한 사례로 컴퓨터와 인터넷에 무너진 브리태니커 백과사전Encyclopedia Britannica이 있다. 이 사전은 몇 세대에 걸쳐, 때로는 방문판매를 통해 자녀에 대한 투자로 생각하는 부모들에게 판매되었다. 가격이 수천 달러에 이르다 보니 대개는 32권 모두를 보관할 수 있는 멋진 책장이 포함되어 있었다. 200년이 넘는 기간 동안 내용을 작성한 사람은 4,000명이 넘었고, 편집자도 100명에 이르렀다.

CD롬 버전도 나왔지만 책만큼의 판매는 이루어지지 않았다. 인터넷 버전도 시도했지만 가격이 비싸 가입자가 거의 없었다. 이 사전을 무너트린 것은 위키피디아Wikipedia도, 엔카르타Encarta

도, 스콜라피디아Scholarpedia도, 디지털유니버스Digital Universe도, 태블릿 PC도, 휴대폰도 아니었다. PC, 휴대폰, 인터넷, 구글, 블로거, 구글 북스 등 모든 디지털 생태계에 의해 파괴된 것이다. 코닥처럼 브리태니커 백과사전은 경쟁 제품이 있던 것도 아니고, 상대해야 할 경쟁사도 명확하지 않았으며, 궁지를 벗어날 인수합병 대상도 없었다.

혁신적 파괴에 대처하는 법

문제는 그것을 보지 못할 때 있는 것이 아니다. 진짜 문제는 다음과 같다.

(A) 문제에 대응해서 얻는 것보다 희생되는 수익이 더 클 때
(B) 문제에 대응하기에는 기술적 능력과 자금력 및 조직력이 부족할 때
(C) 기업이 속한 산업의 생태계 전체가 무너질 때

이 세 가지 문제 중 어느 것도 해당되지 않는다면 혁신적 파괴에 당할 가능성이 없다. 다만 통상적인 전략 문제만 해결하면 된다. 예를 들어보자. 1980년대 유가급등으로 몬산토Monsanto의 대규모 석유화학사업은 타격을 입었다. 그러나 몬산토는 기술과 자본을 농생명산업에 투자해서 전 세계 인구의 배고픔을 덜어주는 유망한 분야로 진출했다. 이는 물론 '행동주의 투자자activist investor'*들의 관심을 끌 만한 기업공시와 상관없는 장기전략일 뿐이다.

(A)의 경우 경쟁사의 새로운 기술이 자사의 현재 수익에 미치는 영향이 너무 커서 즉각적인 대응이 필요하다면, 아무것도 하지 않고 기다렸을 때 소요되는 비용과 효과를 우선 계산해 보아야 한다. 어쩌면 현 산업이 천천히 소멸하도록 놔두는 것이 최선일 수도 있다. 안전한 착륙을 하기 위해서는 이를 회사의 다양한 포트폴리오의 하나로 만드는 것이 현명하다. 쇠퇴하는 분야에 투자하려고 하면 월스트리트, 행동주의 투자자, 투자회사들이 가만히 있지 않을 것이다. 회사의 사업 영역이 다각화되어 있지 않다면 다각화된 다른 기업에 매각하면 된다.

그 산업이 소멸하도록 놔두었다가 나중에 대응하는 방법은 (A)의 경우에서 취할 수 있는 또 다른 대안이다. 월 1,500달러에 기업에 T-1 데이터선을 대여하여 이익을 누리던 전화회사들은 인터넷이 등장하자 이와 같은 방식으로 대응했다. 이들은 DSL 시장이 성숙해져서 광섬유케이블이 사방에 깔릴 때까지 기다렸다. 그리고 2002년 월드컴WorldCom이 파산한 후, 마침내 저렴한 가격에 초고속 데이터서비스를 제공할 수 있었다.

(B)의 경우 기술력이 떨어진다면 보통은 기술을 보유한 기업을 인수한다. 이것이 기술에 의한 혁신적 파괴에 대처하는 일반적인 대응법이다. 혁신적 파괴로 무너진 기업의 '전형적인 이야기'

---

* 특정 기업의 주식을 대량 매수해 주주로 등재한 후, 주주 이익을 극대화하기 위해 기업의 지배구조나 경영까지 개입하는 투자자

를 들어보면 인수할 기업이 없는 경우가 많았다. 블랙베리에는 인수할 만한 중견 스마트폰업체가 없었다. 코닥도 필름산업을 강화할지, 아니면 경쟁이 치열한 카메라와 스마트폰업계로 뛰어들어야 할지 뾰족한 답이 없었다. 그런 경우 관련 기술을 가진 업체와 합작투자를 모색하여 가장 적합한 업체에 기업을 매각하거나, 수익이 점점 사라질 때까지 시간을 끄는 수밖에 없다.

조직의 유연성이 부족해 제대로 대응하지 못할 때는 기업의 구조가 다른 분야에 적합하도록 전문화된 경우가 많다. 또는 조직의 중심에 굳어진 '혹blob'이 있어서, 문제 해결보다는 위원회를 구성하고 파워포인트 보고서를 작성하는 일이 주업무가 된 경우도 있다. 여기서는 기업인수가 해결방안이 될 수 있으나, 이때에도 인수한 기업을 중앙조직의 혹으로부터 분리하는 것이 바람직하다. 이에 관해서는 13장의 관성과 규모에서 좀 더 알아본다.

(C)처럼 전 생태계가 파괴되었을 때는 미래를 볼 수 있는 수정구슬이 있어서 제때 탈출할 수 있는 것이 아니라면 특별한 도리가 없다. 기술, 취향, 규제법에 커다란 변화가 생기면 한 산업이 파괴되고 완전히 사라질 수도 있다. 아무리 경영을 잘해도 영원히 잘나가는 산업이란 있을 수 없다.

자본예산제도, BCG 매트릭스, 혁신적 파괴는 상황을 분석하는 데 도움을 줄 수 있다. 그 외에도 가치사슬 분석, 지불의사 이론, 다항로짓 모델, 매킨지 7S 모델, 블루오션전략캔버스, 시나리오 개발, 벤치마킹, 제품수명주기 이론, 근본원인 분석 등 많은 도구가 있다. 각 이론은 단지 몇 개의 요소나 문제, 심지어 한 가지에만 주의를 기울인다. 그리고 여러 전제를 기반으로 하고 있다. 이런 전제들을 무시하면 안 된다.

크럭스
해결방법

1부에서는 과제 기반의 전략과 크럭스를, 2부에서는 특히 경쟁 상황에서의 진단 방법을 알아보았다. 3부에서는 문제를 찾아낸 뒤 크럭스를 극복하는 방법을 중점적으로 다룬다. '이점edge'의 원천을 조사하고, 혁신 단계에서의 여러 문제들과 조직이 제 기능을 하지 못할 때 발생하는 크럭스를 해결해나가는 방법을 알아본다.

11장
경쟁우위를 확보하라

실력이 비등한 선수들이 링에서 마주치면 누가 이길까? 경쟁 상황이 되면 상대방보다 유리한 점을 찾는데, 이는 무언가 불균형할 때만 가능하다. 한 선수가 리치가 더 길거나 체력이 더 좋을 수 있다. 우리는 이런 불균형한 항목을 기반으로 기업전략이나 군사작전을 짠다. 뛰어난 전략가는 불균형한 요소들 중 어떤 것을 이점으로 이용할지 판별하는 날카로운 판단력을 갖고 있다.

이점의 네 가지 기본요소

에드워드 마크Edward Mark는 내 친구의 지인이었다. 그는 마흔이 됐을 때 조명 디자인 회사를 관두고 다른 일을 찾아 나섰다. 그러다가 나에게 사업 아이디어를 한번 봐달라고 부탁했다. 나는 커피를 마시며 그가 건넨 서류를 읽어보았다. 에어로빅 교실에 대한 사업계획서였다. 그는 이 아이템이 대단한 인기를 끌고 있다는 걸 알았다. 그는 웃으면서 전부터 캘리포니아의 매머드 레이크에서 살고 싶었다고 말했다. 매머드 레이크는 시에라네바다산맥의 입구에 있는 스키 리조트 타운이다. 그는 가족에게 돈을 빌려 매머드 레이크에 에어로빅 교실을 운영할 계획이었다. 이곳에는 운동을 좋아하는 사람들이 많이 모여 있으니 에어로빅에 대한 수요도 많을 것이라고 생각했다. 게다가 일거리를 찾는 활동적인 사람들도 많을 테니 적당한 가격에 강사를 구하기도 쉬울 거라고 예상했다. 향후 5년간의 매출, 비용, 수익 등이 사업계획서에 나와 있었다. 그는 에어로빅이나 서비스에 관련된 일을 해본 경험은 없었다.

그의 사업계획은 이렇게 하면 될 것 같다는 가설에 불과했다. 이를 검증하는 방법은 실제로 간단히 테스트해보는 것이다. 자연에서의 경쟁으로 적응하지 못한 종이 걸러지듯, 시장에서 테스트를 해보면 안 좋은 아이디어가 걸러지고 '먹히는' 아이디어만 살아남는다. 하지만 매번 새로운 아이디어로 시장에 도전하는 것은 비용도 많이 들고, 그럴 필요도 없다. 칼 포퍼Karl Popper가 말했듯, '우리가 주장하는 이론이 우리 대신 죽도록 놔두는 게' 더 낫다.[1]

사업을 할 때는 상대방보다 유리한 점이 없다면 수익을 기대하기 어렵다. 우리는 기본적으로 다음 네 가지 분야에서 유리한 점을 찾아야 한다. 첫째는 다른 사람에게 없는 정보이고, 둘째는 다른 사람이 보유하지 못한 기술이나 노하우 또는 특허이다. 셋째는 시장에서의 독특한 포지션이나 명성, 브랜드 또는 경쟁사가 흉내 내기 어려운 시스템(물류시스템, 공급망 등)이며, 넷째는 규모, 기술, 경험 면에서 경쟁사가 쉽게 따라오기 어려운 수준의 효율성과 경영기법이다. 우리는 각 분야에서 이점으로 승화시킬 수 있는 차별화된 요소를 찾아야 한다.

마크가 제안한 에어로빅 교실 계획에는 특별한 이점이 보이지 않았다. 안됐지만 객관적으로 평가하면 그 사업은 접어야 한다. 그에게는 특별한 정보가 없었다. 사람들에게서 들은 정보와 신문기사가 전부였다. 희소성 있는 자원도 없었다. 에어로빅이나 서비스업에 대한 경험도 없었다. 이런 상황에서 사업계획서상의 수익 전망은 그저 바람일 뿐이다.

이런 식으로 결론을 내리면 화내는 사람도 있을 것이다. "하지만 잘될 수도 있지!"라고 반박한다. 맞다. 잘될 수도 있다. 어쩌면 마크가 서비스업에 숨겨진 재능이 있을 수도 있다. 아니면 그가 시작한 지 한 달 만에 매머드 레이크가 추가적인 에어로빅 교실의 개장을 제한하는 조치를 취해서 그의 사업권이 보호받을 수도 있다.

이점에서 가장 중요한 것은 수익에 대한 '기대'다. 도박하는 사람이 라스베이거스의 카지노에서 한두 번 돈을 딸 수는 있다. 그러나 카지노 게임으로 돈을 번다는 생각을 해서는 안 된다. 경쟁에서 사업을 성공시키려면 지식이나 자원 또는 그 두 가지 모두에서 이점이 있어야 한다.

마크에게 어떤 말을 해주어야 할까? 아니 정확히 말하면 그는 어떤 말을 듣고 싶어 할까? 나는 사업계획은 빼고 우선 그의 모험적인 기백을 슬쩍 칭찬했다. 그다음 이렇게 조언했다. "이 분야에 대해 좀 더 특별한 정보가 있어야 합니다. 다른 사람에게 없는 차별화된 정보와 상황을 기준으로 접근해야 합니다. 그러기 위해서는 에어로빅과 매머드 레이크 중 어떤 요인이 더 중요한지 결정해야 합니다. 그다음에는 이 문제에 몰두해서 업계 사람들, 예상 가능한 문제들, 다양한 접근방식, 위치 검토, 정치적인 사항 및 기타 등등을 공부해야 합니다. 악마와 마찬가지로 기회는 디테일에 있습니다."

어떤 과제의 크럭스를 돌파할 수 있는 힘이나 수단을 구할 때는 이점이 가진 기본요소를 다시 되새겨 보는 게 좋다. 마크에게는 없었지만 기업들은 대부분 자신만의 특별한 정보와 자원을 가지고 있다. 기업에서 오래 근무한 관리자들은 제품개발 및 생산에 대해 다른 사람들보다 더 많이 알고 있다. 또한 고객의 특성과 고객이 자사의 제품과 서비스를 어떻게 이용하는지도 잘 알고 있다. 성과가 차이 나는 것은 장기간에 걸쳐 획득한 특별한 노하우와 지식의 불균형 때문이다.

베르트랑 모델의 한계

업계의 선두에 서서 풍부한 자원을 보유한 기업이 잔인한 가격 인하 경쟁에 뛰어들기는 너무 쉽다. 하지만 그 결과는 항상 좋지 않았다.

경쟁기업 간의 치열한 가격경쟁 이론은 1883년에 프랑스의 수학자인 조제프 베르트랑Joseph Bertrand이 개발했다. 그는 프랑스 중부 오베르뉴의 암반층에서 채취한 광천수를 판매하는 두 생수회사를 예로 들었다. 소비자들은 이 광천수가 동일한 것을 알기 때문에 가격이 저렴한 제품을 선택한다. 이들 생수회사는 가격을 내리면 판매가 증가한다는 것을 알고 있다. 베르트랑은 각 회사가 상대방의 가격 바로 밑으로 값을 책정해서 모든 고객을 확보하려 한다고 가정했다. 이런 과정이 반복되면 결국 한계비용 수준으로 가격이 내려갈 수밖에 없다. 베르트랑 모델에서 중요한 것은 가격할인을 하려는 경쟁사의 의지다. 그리고 이는 구매자의 행동에 따라 좌우된다.

베르트랑 모델에서 전제조건은 시장이 가격인하에 신속하고 단호하게 대처해야 하며, 경쟁사는 가격을 인하할 능력이 충분히 있어야 한다. 또한 소비자가 가격인하를 즉시 알 수 있고, 제품이 표준화되어 품질 차이가 거의 없어야 한다. 이런 조건에서 가격은 한계비용 수준으로 내려간다는 것이다.

베르트랑 모델 같은 경쟁에서 이기는 유일한 방법은 경쟁사를 몰아내고 광천수를 독점하거나, 다른 경쟁사들보다 월등하게 낮은 비용으로 생산하면 된다. 하지만 이는 가능성이 별로 없다. 예를 들어 온라인 주식중개 시장은 점점 베르트랑의 모델과 비슷해지는데, 이런 곳에 인프라 확충을 위한 투자를 권하는 사람은 없다.

현실에서는 보통 경쟁사보다 품질이 뛰어나거나 가성비가 좋은 경우에 성공한다. 또는 소비자의 니즈와 취향에 맞는 시장을 공략한다거나, 소비자가 게을러서 신경을 안 쓰는 무기력 상태를 이용하기도 한다. 예를 들어, 주택담보대출산업은 주택 소유주들이 대출 잔액과 변동된 대출 금리에 즉각적으로 반응하지 않기 때문에 타격 없이 유지된다. 골드만삭스의 한 애널리스트는 이렇게 말했다. "경제이론으로 소비자의 이런 행동을 설명하려 했지만 맞지 않았어요. 대부분의 주택담보대출자는 잠들어 있다가 4년마다 한 번씩 일어나 이자율을 쳐다보는 것 같아요. 만일 대출자들이 잠을 안 잔다면 이 업계의 수익은 곤두박질치게 될 겁니다."

자신만의 이점 알기

1982년 초, 나는 정유회사 셸의 초대로 영국 러니미드에서 일주일간 열린 회의에 참석했다. 셸 기획실은 정치, 사회, 경제적 문제들을 망라해서 그룹의 미래에 관해 명확하고도 수준 높은 전망을 내놓았다. 넷째 날 오후, 한 중역이 토의 내용을 이렇게 요약했다. "업스트림upstream에서는 수익이 좋지만 다운스트림downstream, 특히 유럽의 다운스트림 분야에서는 손실을 보고 있습니다. 우리는 확실히 다운스트림보다는 업스트림에서 더 잘하고 있습니다." 정유업계에서 업스트림은 원유의 탐사와 채취를 뜻하고, 다운스트림은 정제를 통한 휘발유, 디젤유 및 기타 석유화학 제품의 생산을 뜻한다.

그 중역은 잘못 판단하고 있었다. 셸이 다운스트림보다 업스트림에서 더 많은 수익을 올린 것은 맞다. 그러나 어떤 일을 더 잘해서 그런 것이 아니다. 업스트림 분야에서 OPEC은 원유가격을 지난 5년간 2배 이상 인상했다. 원유채취산업에 발을 들여놓은 기업은 누구나 돈을 벌었다. 반면에 유가상승으로 유럽에서는 수요가 19퍼센트나 감소했다. 수요감소로 유럽의 정유설비는 초과 상태였다. 이로 인해 정유사의 수익은 역대 최저 수준으로 낮아져서 빠른 속도로 손실을 기록했다. 잠시나마 베르트랑의 경쟁 모델과 같은 상태가 되었다. 여기저기서 정유회사가 문을 닫았다. 셸은 독일과 네덜란드의 대규모 정유공장을 폐쇄했다. 텍사코Texaco, 걸프Gulf, BP 역시 영업 중지와 공장 폐쇄를 발표했다.

실제로 경쟁사와 직접적인 가격경쟁을 목적으로 설비에 투자하고 운영할 필요성이 생긴다면 당연히 베르트랑 모델에서 설명한 결말이 나온다. 그러니 놀라지 말기 바란다. 당신이 '능력이 뛰어나지' 않거나 장점이 없어서 그런 것이 아니다.

문제의 크럭스를 해결하려 노력하다 보면 거의 항상 베르트랑 모델에서와 같은 가격경쟁이나 투자가 답이 아니라는 사실을 알게 될 것이다.

밀결합

새롭고 독창적인 행위가 '밀접하게 결합close coupling'됐을 때 가장 혁신적인 이점이 발휘된다. 어려운 경쟁자를 만났을 때, 이 문제의 크럭스는 주 시장을 벗어나 조금 다른 소비자 층에게 새로운 방식으로 대응하는 것이다. 이 새로운 시장은 기존 기술과 경쟁사가 바로 흉내 내기 어려운 무언가를 결합할 때 창조된다.

보통 기존의 제품이나 서비스는 이미 결합된 요소로 이루어져 있다. 처음에는 새로운 결합을 혁신으로 생각한다. 그러나 시간이 지나면 그 결합을 당연하게 생각한다. GE의 터보팬 제트엔진은 공학, 재료, 제조기술이 뛰어나게 결합된 결과다. 스티브 잡스의 아이폰은 그 전에 어디에서도 볼 수 없던 하드웨어와 소프트웨어의 밀접한 결합을 보여준다. 아마존의 뛰어난 성과는 온라인쇼핑 경험과 극도로 효율적인 창고 및 물류 업무의 밀접한 결합으로 가능했다. 그 누구도 서로 상이한 기술을 이 정도로 밀접하게 결합하지 못했다. 이런 결합은 따라 하기 어려우며, 아마존이 이점을 계속 유지하는 비결이기도 하다.

이점을 만들기 위해서는 아직 연결된 적 없는 아이디어와 기술을 결합시켜야 한다. 이는 상이한 지식과 경험을 가진 활동을 결합시킨다는 뜻이다. 예를 들어, 고대의 양봉기술을 현대의 작물 재배 지역, 작물유전학 및 기상 데이터와 결합시킬 수 있을까?

1970년대 말 시모어 크레이Seymour Cray는 초고속 컴퓨터의 새로운 지평을 개척해 '슈퍼컴퓨터의 아버지'라고 불린다. 그는 결합하기 어려운 세 분야의 지식을 연결했다. 그는 기본적인 컴퓨터 기술, 계차방정식과 미분방정식, 전자기파 신호의 배출과 관련된 맥스웰방정식을 이해하고 있었다. 그의 컴퓨터는 초고속 연산 능력과 벡터처리 능력을 결합하면서 기존 IBM 컴퓨터보다 40배에서 400배까지 성능이 개선되었다.

라이트 형제Wright brothers에게 문제의 크럭스는 글라이더에서 동력비행으로 전환하는 것이었다. 어떤 사람들은 글라이더 기술이 있었고, 어떤 사람들은 가솔린엔진 기술이 있었다. 하지만 라이트 형제의 글라이더를 날릴 만큼 가벼운 엔진은 없었다. 형제는 기존 엔진을 연구해서 매우 단순하면서도 가벼운 4행정 4실린더 가솔린엔진을 설계했다. 그리고 데이턴의 자전거 수리점에서 이 엔진을 제작했다. 이 엔진이 없었다면 1903년의 첫 동력비행은 불가능했을 것이다. 또한 그들의 공기역학에 관한 직관, 경량기체 제작기술, 가솔린엔진 설계와 제작 능력이 결합되지 않았다면 그렇게 빨리 동력비행을 하지 못했을 것이다.

오늘날 가장 야심 찬 전략적 결합은 산타클라라의 엔비디아가 영국의 ARM을 인수한 사건일 것이다. 엔비디아는 성장하는 AI 시장에서 최고의 위치로 자리매김했다. 그 이유는 엔비디아의 그래픽 프로세서 역시 인텔의 x86만큼 복잡했지만, 로직이 달랐기 때문이다.

인텔의 표준 프로세서는 범용장치로서 프로그램이 지시하는 것은 무엇이든 실행한다. 이를 '코어core'라고 부른다. 오늘날 인텔의 코어에는 2억 개에서 5억 개의 트랜지스터가 들어가고, 전체 프로세서에는 4개에서 12개의 코어가 들어간다. 최신 컴퓨터에는 코어들이 동시에 가동될 수도 있지만, 그럴 경우 발열 때문에 컴퓨터가 녹아버릴 것이다. 그러므로 전원을 적절히 분배하는 것이 필요하다. 대부분의 데스크톱 PC나 노트북은 하나의 코어만으로도 제대로 작동한다.

반면에 엔비디아의 그래픽처리장치(GPU)는 보다 단순한 코어를 가지고 있다. 각 코어는 몇 개의 간단한 곱셈, 나눗셈 같은 연산만 하면 된다. 하나의 GPU 코어에는 단지 1,000만 개의 트랜지스터가 들어가며, 가장 최근에 엔비디아가 출시한 GPU에는 2,176개의 코어가 내장되어 있다. 이렇게 동시에 단순한 작동이 가능하기 때문에 엔비디아 GPU는 머신러닝 최적의 칩으로 평가받는다. 엔비디아가 가장 최근에 출시한 고사양 AI 칩인 A100에는 540억 개의 트랜지스터와 4만 3,000개의 코어가 들어 있다.

ARM은 거의 모든 휴대기기에 들어가는 프로세서의 아키텍처를 설계하는 회사로, 최근 인텔의 클라우드 프로세싱 영역도 침범하기 시작했다. ARM의 아키텍처는 인텔보다 좀 더 단순하고 전력을 적게 잡아먹는다. ARM은 자체적으로 프로세서를 설계하지 않지만 가변성이 높은 설계 표준을 가지고 있다. 따라서 터치패드 기능이나 카메라 기능을 추가하고 싶으면 설계자들이 그에 맞게 얼마든지 조합할 수 있다.

엔비디아는 ARM의 전체 생태계에 매료되었다. CEO 젠슨 황Jensen Huang의 주도하에 엔비디아는 프로세서의 초고속 운영이 가능한 딥러닝기술, 초고속 액세스 메모리 아키텍처, 코어를 구동시키는 쉽게 접근 가능한 언어(CUDA) 등을 개발했다. 여기서 크럭스는 ARM이 지원하는 설계를 엔비디아 코어에 적용해서 클라우드 기반의 암호화, 이미지 분석, 머신러닝 등에 사용하는 것이다. 그런데 프로세서와 메모리의 긴밀한 결합이 더욱 발전해서 인텔의 아키텍처를 따라잡으면 어떤 일이 발생할까? 다른 모든 비지니즈전략처럼 이것은 내기와 같다. 잘되면 엄청난 보상이 주어질 것이다.

최고의 프랑스 식당은 신선한 현지 재료를 이용해야 하기 때문에 주로 지방에 있다. 미국에서는 이런 결합이 매우 드물다. 앨리스 워터스Alice Waters는 농촌에서 갓 올라온 신선한 재료를 새로운 미국식 식단과 결합해 버클리에 셰파니스Chez Panisse 레스토랑을 설립했다. 워터스가 시작한 '농장에서 바로 식탁으로fresh farm-to-plate' 캠페인 덕분에 우리는 좋은 먹거리에 대해 완전히 새로운 시각을 갖게 되었다. 이 같은 공훈으로 워터스는 2009년에 프랑스 정부로부터 레지옹 도뇌르Légion d'honneur 훈장을 받았다.

소비자 제품의 경우 문제는 상이한 소비자 그룹과 연결할 수 있는 차별화된 모델이나 브랜드를 창조하기가 어렵다는 점이다. 따라서 이런 문제의 크럭스는 실제 고객의 행동과 니즈를 현실에 맞게 이해하는 것이다.

소비자리서치의 중요성을 맨 처음 깨달은 회사는 프록터앤드갬블(P&G)이었다. 1920년대 말 P&G는 '브랜드경영'에 대한 실험을 실시했다. 예를 들면, 카메이 비누와 아이보리 비누를 차별화하고 브랜드 매니저도 따로 두는 식이었다. 이를 위해 경제학 박사학위를 가진 폴 스멜서Paul Smelser를 고용했고, 그의 주도하에 본격적인 시장조사를 실시했다. 이는 P&G가 고객을 제대로 이해하는 계기가 되었다. 그는 "세안할 때와 설거지할 때 아이보리 비누가 사용되는 비율은 각각 얼마인가요?"와 같은 질문을 던져 중역들을 당황시켰다.[2] 당연히 아무도 아는 사람이 없었다. 그는 이런 점들을 조사해야겠다고 생각했다.

스멜서의 조사팀을 유명하게 만든 것은 조사원들이었다. 대부분 젊은 여성들인 이들은 각 가정을 방문해서 세척용품이 어떻게 사용되는지 조사하는 교육을 받았다. 이때 기억력 훈련을 위해 펜이나 메모판 지참은 허용되지 않았다. 그들은 방문 후에 기억을 되살려 본 것을 그대로 기록해야 했다. P&G는 이 조사 및 기타 조사 결과를 이용해 세계 최고 수준의 소비자 제품 제조업체가 되었다.

인튜이트Intuit의 성공적인 개인 재무관리 소프트웨어인 퀴큰 Quicken, 퀵북스QuickBooks, 터보택스TurboTax는 각 분야의 선두 제품이다. P&G와 마찬가지로 인튜이트에는 '집까지 따라가는 follow-me-home' 정책이 있었다. 매니저들이 고객의 집을 방문조사했을 때, 고객 대부분은 수표 잔액을 정리하는 퀴큰 프로그램을 소규모 점포의 회계 소프트웨어로 사용하고 있었다. 그러나 고객들은 어려운 회계 용어들을 잘 몰랐다. 그 결과 인튜이트는 전혀 회계시스템 같지 않은 퀵북스를 개발했다. 2008년부터 2018년까지 인튜이트의 CEO를 지낸 브래드 스미스Brad Smith는 이렇게 말했다. "방문조사를 하면 다른 조사에서는 알 수 없는 것을 얻을 수 있어요. 어떤 사람을 알려면 눈을 쳐다보고 감정을 느껴야 합니다."[3]

'인디고머티리얼스Indego Materials'는 위기가 닥쳤을 때 중요한 고객과의 밀접한 결합을 통해 이를 극복했다.

분말금속은 장난감부터 제트엔진의 블레이드까지 다양한 곳에 사용된다. 이 회사는 텅스텐, 텅스텐 카바이드, 티타늄, 토륨 등을 원료로 분말금속을 만드는 업체였다. 내화금속*으로 알려진 이런 재료들은 너무나 강해서 전통적인 절단 작업이나 금속 제거 방식으로는 가공하기 어려웠다. 대신 분말로 된 금속을 틀에 넣고 고압이나 고열을 가해 원하는 형상을 만드는 방식이 이용된다. 이를 소결이라고 한다. 특히 텅스텐 카바이드는 매우 단단해 주로 다른 금속을 절단하는 재료로 사용된다.

2010년부터 인디고는 특허받은 적층 제조기술로 시장에서 경쟁우위를 누렸다. 이 방식으로 최종 형상을 보다 작고 세밀하게 만들 수 있었다. 이 기술을 이용하지 않으면 소결방식으로 만든 최종 제품의 정밀성이 떨어질 수밖에 없었다. 전 세계적으로 분말금속을 수입하는 업체는 약 20여 개가 있었다.

그런데 문제가 생겼다. 2016년 CEO인 '론 허웨이스Ron Herwaith'는 회의에서 이렇게 말했다. "한국에 새로운 경쟁자가 출현했는데 상당히 뛰어납니다. 우리 마진이 점차 감소하고 있습니다. 우

---

* 철의 녹는점보다 높은 곳에서 녹는 금속

리의 가장 큰 문제는 몰딩과 소결 작업을 하기 전에 고객들이 재료에 어떤 처리를 하는지, 그리고 최종적으로 어떤 성능을 원하는지 모른다는 점입니다. 고객들은 그저 견적을 내달라고 하거나 납품조건을 맞춰달라는 요구밖에 하지 않습니다."

인디고 경영진은 팀을 꾸려 전년도에 몇 문제에 도움을 준 적이 있는 주요 고객사와 함께 이 문제를 풀어나가기로 했다. 4개월에 걸친 조사 끝에 인디고는 다음과 같은 사실을 알아냈다. 고객사들은 인디고의 분말 텅스텐이 가진 경도와 미립성을 좋아하지만, 기공*에 좀 더 신경을 써주길 원했다.

이 결과를 바탕으로 인디고는 시제품 제작시설을 만들어 고객사들이 제조방식의 일부를 시험해볼 수 있게 했다. 그다음에는 경험 많은 세일즈 엔지니어들로 구성된 팀을 만들어, 고객사들이 제품의 성능을 개선해서 차별화할 수 있도록 도와주었다. 인디고는 고객의 문제를 해결하기 위해 시제품 제작시설까지 만들면서 고객사들이 분말금속을 더욱 효과적으로 사용할 수 있도록 도와주었다. 그 뒤 제품을 단순한 원자재로 보지 않고 특별 자재로 간주하는 고객사의 정책에 힘입어, 인디고의 수익성은 몇 년에 걸쳐 개선되었다.

---

* 자가윤활베어링이 들어갈 만한 미세한 구멍이나 길

분리

밀결합은 개별 기업의 기업가적 행위지만, 분리uncoupling는 특화된 기업에 의해 기존의 결합이 풀어지는 산업 현상이다. 여기에서는 초기에 특별한 지위를 점유하여 기존의 결합에서 오는 권리를 유지하려는 기업을 따돌려야 한다.

예를 들어보자. 전에는 IBM이나 다른 중소기업들이 기업이나 정부에 통합 시스템을 제공했다. 그들은 시스템을 설계한 뒤 메모리, 프로세서, 카드 및 테이프 리더기, 프린터, 단말기 등을 함께 구성해서 판매했다. 그러나 마이크로프로세서가 나오면서 이런 시스템이 깨졌다. 디바이스들이 더욱 스마트해지면서 디스크 드라이브, 키보드, 메인 프로세서, 모니터, 메모리, 소프트웨어 등을 따로 공급하는 개별 업체들이 등장했다. 이렇게 분리되면서 델Dell은 온라인 판매로 엄청난 이익을 보았고, 인텔의 마이크로프로세서와 마이크로소프트의 윈도우 및 오피스가 결합해 막대한 수익을 내기도 했다. 또한 인텔은 하드디스크드라이브 산업에 발생한 분리로 인해 상당한 이익을 창출했다.

통합과 분산

통합integration은 '업스트림' 단계에서 '다운스트림'으로 투입물을 공급할 때 발생하는 활동을 말한다. 예를 들어, 나무가 제재소로 투입되어 목재, 공책, 종이타월이 나오는 것과 같다. 크럭스에는 단계별로 도전과제들이 있어서 통합 또는 분산deintegration을 결정해야 극복할 수 있다.

1909년부터 1916년 사이에 포드자동차Ford Motor Company는 모델T 자동차의 가격을 950달러에서 360달러로 인하해서 구매층을 엄청나게 확대했다. 그러나 이는 사람들이 짐작한 것처럼 이동식 조립라인을 도입했기 때문이 아니었다. 1909년 포드자동차의 노무비는 100달러에 불과했다. 가격인하는 재료비를 대당 550달러에서 220달러로 줄였기 때문에 가능했다.[4] 이는 자동차 부품을 역으로 통합하는 특이한 공정설계에서 나왔다. 당시 시트, 창문, 운전대 등의 부품은 가족들이 운영하는 수공업 조립공장에서 생산되었다. 포드의 공정기술자들은 이런 부품을 대량으로, 제때에, 안정된 품질로, 저가에 생산하도록 바꾸었다. 그 결과, 모델T의 엄청난 원가절감이 가능했다.

통합의 논리가 아직도 먹히기는 하지만 그런 기회를 찾기는 매우 어렵다. 차라리 분산하면 훨씬 더 수익이 날 것이다. 부품과 서비스, 구성품을 공급하는 협력업체는 일괄로 제공하는 업체보다 전문성에서 뛰어나다. 모델T의 경우와 반대되는 이야기다. 제조와 코딩 같은 지식 기반 기술이 원가절감을 위해 해외로 이동하면서 '공급망'의 아웃소싱 열풍이 불었고, 이에 힘입어 분산이 유행하게 되었다. 대표적인 사례가 반도체회사들이 전문화된 반도체 제조회사로 생산을 분산한 것이다. 원래 페어차일드Fairchild, 텍사스인스트루먼트, IBM, 모토로라 같은 기업들은 메모리와 프로세서를 직접 생산했다. 그러나 오늘날에는 인텔과 삼성만이 대규모의 자체 생산설비를 유지하고 있다.

통합과 분산의 결정은 한 기업에서도 생산 제품에 따라 달라질 수 있다. 파키스탄의 신발 제조업체인 바타Bata 제화는 샌들의 경우 생산을 중단하고 활발한 협력업체에 외주를 주는 것이 합당했다. 반면에 '스니커즈 운동화'는 고무와 패브릭을 접착시키는 가황작업에 대한 특별한 노하우 때문에 계속 직접 생산했다.

'가마지GamaGee'는 특화된 보험상품을 만드는 재무서비스회사다. 이 회사는 금융상품의 설계만 담당하며 실제 보험 업무는 그 분야의 전문가가 한다. 마케팅은 하청을 주었으며 판매는 금융어드바이저가 담당한다. 이처럼 오늘날의 금융시장에서 통합은 얻기 어려운 고객정보나 시장정보에 국한되어 발생한다.

규모와 경험

효율성을 높이고 시장지배를 강화하는 방법으로 가장 먼저 떠오르는 것은 규모다. 규모가 크면 원가가 낮아지지 않을까?

이 말은 맞기도 하고, 틀리기도 하다. 삼성은 2019년에 2억 9,500만 대의 스마트폰을 생산했고, 2위인 애플은 1억 9,700만 대를 생산했다. 삼성은 반도체와 모니터까지 수직적으로 통합되어 있으므로 생산대수가 더 많으면 확실한 '규모'와 통합의 우위를 가질 것이라고 생각할지 모른다. 그러나 삼성이 판매하는 모델은 150여 개가 넘지만, 애플은 단지 3종류에 불과하다. 삼성이 규모에서 얻는 이익은 개발도상국에 판매하는 저가의 저수익 휴대폰에 매몰된다. 그 결과 삼성은 전 세계 스마트폰 시장에서 발생하는 이익의 17퍼센트만 가져가는 반면에, 애플은 66퍼센트를 취한다. 그러므로 이 경우에는 크다고 무조건 좋은 것은 아니다.

하지만 규모의 경제가 실현되는 분야는 많다. 문제는 효율적으로 규모가 커야 한다는 점이다. 만일 기업의 규모가 전체 시장의 10분의 1일 때 효율성이 가장 좋다면, 그런 기업이 10개가 존재할 수 있다. 이는 결국 규모가 크다고 반드시 유리하지는 않다는 의미다.

규모의 이점을 상쇄시키는 요소는 물류비, 그리고 차별화를 바라는 고객의 요구다. 만일 레스토랑의 운영비용이 테이블 수와 주문한 음식의 개수와 비례한다면 1,000명을 수용하는 레스토랑을 짓는 의미가 없어진다. 고객들이 원하는 것은 단순한 식사가 아니다. 항공사에도 규모의 경제가 작용해서 에어버스의 A380 기종이 좌석당 비용이 가장 적게 들어간다. 에어버스는 이 기종으로 보잉사의 747모델을 제치고 가장 큰 여객기의 자리를 차지하려 했다. 그러나 최저비용은 모든 좌석이 찼을 때만 가능했다. 결국 A380은 2019년에 생산을 중단했다.

이와 비슷하게 전 세계 자동차산업에는 순수원가 측면에서 본 규모의 경제가 존재한다. 2019년 전 세계 생산대수 7,500만 대 중 도요타가 선두로 10퍼센트의 시장점유율을 보유했고, 그다음은 폭스바겐이 7.5퍼센트, 포드가 5.6퍼센트를 차지했다. 즉 여기에는 규모의 경제 외에 다른 것이 작용했다는 의미다. 만일 규모가 제일 중요한 요소라면 가장 많이 생산한 업체가 시장을 완전히 지배했을 것이다.

규모의 경제가 결정적인 요소가 아닌 이유는 모든 사람이 똑같은 자동차를 원하지 않기 때문이다. 다양한 자동차를 원하는 구매자의 욕구는 '생산규모의 경제' 효과를 떨어트린다. 각 제조사가 부딪히는 문제는 단위원가뿐 아니라 구매자들의 다양한 사회규범, 니즈, 취향 및 소득이다.

단순히 조직의 규모가 크다고 해서 규모의 경제를 누릴 거라는 생각은 매우 잘못되었다. 오히려 조직이 클수록 전체적인 조율을 위해서는 더 많은 관리자와 위원회가 조직 단위별로 필요하다. 이런 이유로 규모의 경제를 목적으로 한 인수합병이 실패하는 경우가 많다. 합병이 성사된 이후 인수한 조직의 기능, 기술, 급여체계, 업무 등이 너무나 상이해서 바라던 합병효과를 기대하기 어렵다는 것을 깨닫기도 한다. 대표적인 사례로 다임러와 크라이슬러Daimler & Chrysler, 알카텔과 루슨트Alcatel & Lucent, AOL과 타임워너의 합병 등이 있다.

규모의 문제는 경쟁사의 집행비용에 민감한 광고와 연구개발 분야에서도 중요하다. 이는 매우 조심스럽게 접근해야 할 복잡한 이슈다. 일반적으로 초기 단계에서 집중적인 투자를 했다가 규모가 더 큰 기업에 밀려 결국 퇴각하는 경우가 많다.

헨더슨의 경험곡선이 놓친 것

우리는 무엇이든 여러 번 해보면 잘하게 된다는 것을 경험으로 안다. 이 같은 전형적인 사례는 보잉 제2공장의 B-17 폭격기 생산에서 찾아볼 수 있다.[5] 이 폭격기는 1941년 초도생산 시 대당 14만 시간이 필요했다. 1년 뒤에는 4만 5,000시간, 생산을 종료한 1945년에는 1만 5,000시간으로 감소했다.

B-17의 사례에서 우리는 많은 것을 배울 수 있다. 생산 시간이 줄어든 원인은 규모의 경제가 아니었다. 작업자들이 갈수록 더 '능률적으로' 일하는 것도 아니었다. 이들은 처음 시작할 때부터 숙련된 기능공들이었다. 오히려 생산규모를 확장하면서 비교적 덜 숙련된 외부 인원을 충원했다. 눈에 띄게 변한 것은 공장의 조직이었다. 공장은 조립라인으로 가기 전에 '불량' 부품들을 먼저 제거해서 리워크 인원을 대폭 줄였다. 게다가 저스트인타임Just in Time 생산방식을 도입해서 공장의 중앙에 위치한 부품보관실을 조립 현장으로 이동시켰으며, 작업공정을 하부 조립라인으로 조정했다.

보스턴컨설팅그룹의 사장이었던 브루스 헨더슨Bruce Henderson 은 '실행에 의한 학습learning by doing'을 '경험곡선experience curve' 이라고 이름 붙인 후, 이를 이용하여 BCG를 전략컨설팅 분야의 선두업체로 이끌었다. 나는 1976년에 그의 사무실에서 처음으로 경험곡선을 본 적이 있다. BCG는 고객사인 텍사스인스트루먼트의 원가 데이터를 조사한 뒤 그래프를 그려 생산량이 늘어날수록 단위원가가 감소한다는 것을 보여주었다. 생산량이 2배가 될 때마다 원가는 20퍼센트씩 줄어들었다. 헨더슨은 이런 경험효과 때문에 일단 어떤 기업이 선두로 올라서면 계속 그 지위를 유지할 수 있다고 주장했다. 경쟁 상황에서의 지속적인 성공을 설명한 것이다.

지금 돌이켜보면 경험곡선은 반도체산업을 설명하는 것이었다. 생산시설에 변화가 없다면 생산량이 증가할수록 단위원가는 감소한다. 결함의 원인을 파악해서 해결하면 생산량이 늘어난다. 그리고 결정적으로, 시간이 지남에 따라 실리콘 1평방 밀리미터에 더 많은 트랜지스터를 심을 수 있게 되었다. 우리는 이를 '무어의 법칙'이라고 부른다. 그런데 매우 중요한 요소임에도 헨더슨의 설명에서 빠진 것이 있다. 그것은 무어의 법칙이 산업 전체에 해당될지는 몰라도 각 기업 단위별로는 적용되지 않는다는 점이다. 텍사스인스트루먼트는 업계 선두의 위치를 차지하려고 생산설비를 증설했지만, 그들을 기다리고 있는 것은 엄청난 수익이 아니라 단위원가가 동일한 대만의 여러 반도체업체들이었다. 헨더슨의 곡선에 구현된 원가절감은 한 업체가 독점할 수 없으며, 이로 인해 지속적인 우위를 유지할 수도 없었다.

물론 경험이 중요하기는 하다. 기업의 활동이 안정적일수록, 공정이 복잡할수록 계속하다 보면 효율성이 증가한다. 비행기를 생산할 때 20번째 비행기의 노무비가 첫 번째 비행기보다 훨씬 적으리라는 것은 누구나 예상할 수 있다. 그리고 생산에만 경험이 작용하는 것은 아니다. 갈수록 구글의 검색 결과가 더 좋아졌듯이 말이다.

경험에서 중요한 것은 어느 정도까지 경쟁사보다 우위를 유지하는 데 기여하는가이다. 규모의 경제와 마찬가지로 어느 선을 넘어서면 축적된 경험보다는 다른 요소들이 더 중요해진다.

네트워크 효과

'네트워크 효과'는 마이크로소프트, 구글, 페이스북, 트위터, 그리고 정도가 조금 약하지만 애플처럼 준독점 빅테크기업들이 누리는 '우위'를 전문적인 용어로 표현한 것이다. 사람들을 네트워크 효과로 유인할 수만 있다면 가장 짧은 시간 내에 어떤 제품이나 기업을 상당한 위치로 올려놓을 수 있다. 반대로 파티를 열었는데 아무도 안 오는 경우처럼, 네트워크 효과를 잡지 못한다면 치열한 경쟁 속에서 소멸하고 말 것이다.

규모의 경제는 단위원가까지 따지지만, 네트워크 효과는 제품의 가치를 올려준다. 네트워크 효과가 발생하려면 제품이나 서비스의 가치가 상승해서 보다 많은 사람들이 이용해야 한다.

1974년 빌 게이츠는 하버드대학의 경제학 수업에서 전화통신 시스템에 대한 네트워크 효과를 배웠다. 그는 새로운 초소형 컴퓨터에 빠져 대학을 중퇴하고 친구와 공동 설립한 마이크로소프트에서 알테어 베이식Altair BASIC이라는 프로그램을 만들었다. 실제 시판된 프로그램은 엠베이식닷컴mbasic.com이었으며, 컴퓨터를 취미로 하는 사람들이 많이 카피했다. 스콧 애덤스Scott Adams

의 텍스트 기반 모험게임처럼 이 프로그램 언어를 이용해 많은 게임이 출시되었다. 빌 게이츠는 불법복제를 비난했지만, 이 제품이 많이 퍼지면서 경쟁사의 더 나은 TDL 베이식 언어가 안 팔린다는 것을 깨달았다. 빌 게이츠는 이 프로그램으로 돈을 벌지는 못했지만 이것이 사실상 당시의 표준 운영체제가 되어버렸다. 후에 마이크로소프트의 윈도우와 오피스 제품의 네트워크 효과로 인해 빌 게이츠는 세계적인 부자가 되었다.

네트워크 효과를 유발할 수 있는 제품을 만든다면 줌Zoom처럼 짧은 시간 내에 성공할 수 있다. 하지만 기본 시스템이 바뀌면 경쟁력을 상실할 수도 있다. 예를 들어, 최초의 스프레드시트인 비지칼크VisiCalc는 초창기 애플 컴퓨터 이용자 사이에서 압도적인 인기를 끌었지만, 얼마 후에 로더스 1-2-3 Lotus 1-2-3에 자리를 내주었다. 그리고 윈도우가 출시되면서 마이크로소프트 엑셀이 최후의 승자가 되었다.

네트워크 효과에 인터넷을 결합하면서 많은 기업은 그들의 서비스를 무료로 제공하게 되었고, 소위 베르트랑의 함정Bertrand competition trap에 빠질 위험이 높아졌다. 이런 기업들에게 가장 큰 문제는 어디에서 수익을 내는가이다. 이 질문에 답하기 위한 목적으로 '비즈니스 모델business model'이라는 용어가 생겼다. 한마디로 비즈니스 모델은 무료로 서비스를 제공할 때 어디에서 수익을 얻는지를 설명하는 것이다. 예를 들어, 웹사이트의 비즈니스 모델은 페이지 광고, 사용자정보 기반 광고, 유료 프리미엄 회원제, 순수 회원제 등이 있다.

오늘날 구글, 페이스북, 트위터 및 기타 웹 기반 플랫폼이 누리는 막강한 지위는 강력한 네트워크 효과 덕분이다. 그들은 이를 이용해서 사용자에게는 맞춤형 콘텐츠를, 광고주에게는 타깃 오디언스target audience의 정보를 제공하며, 사용자의 요구에 즉각 대응한다. 페이스북의 회원 수는 약 25억 명이다. 기술이나 법에 심각한 변화가 생기지 않는 한 페이스북은 쉽게 무너지지 않을 것이다.

플랫폼

최근 플랫폼 기반의 기업들이 우후죽순으로 생겨났다. 웹 기반 플랫폼은 구매자와 판매자 모두에게 도움이 되는 일종의 시장이 되었다. 페이스북은 최초에 이용자 기반으로 시작했지만, 에어비앤비 같은 플랫폼은 임대인이 없으면 이용자에게 아무 쓸모가 없으며 그 반대도 마찬가지다.

플랫폼 전략에서 우위는 구매자와 판매자 양쪽에서 합당한 수준의 네트워크 효과가 발생해 다른 플랫폼으로의 이동을 막는 것이다. 초기에는 어느 쪽을 먼저 구축하고 어느 쪽을 나중에 추가하느냐를 결정하는 것이 중요하다. 그 결정은 구체적인 상황과 소유자의 독창성에 달려 있다. 에어비앤비는 우선 아파트 소유자의 리스트를 작성해서 문제를 해결했다. 그리고 신문 광고와 인터넷 광고, 온라인 벼룩시장인 크레이그리스트Craigslist를 공략했다. 또한 전문 작가를 고용해서 아파트의 사진을 찍어 올렸다. 그러자 아파트 소유주들이 서로 리스트에 올리겠다고 나섰으며 사진도 크레이그리스트와 달리 호텔 광고 수준으로 향상되었다. 시간이 지나면서 에어비앤비는 더 이상 전문 작가를 고용할 필요가 없어졌다. 부동산 소유주들이 사진사를 고용해서 다른 부동산에 비해 떨어지지 않는 사진을 올렸기 때문이다.

우버는 운전기사와 승객을 연결해주는 플랫폼이다. 많은 택시 업체가 우버의 저렴한 이용 요금 때문에 사업을 접었다. 그러나 우버 기사의 수입에 대해서는 아직도 말이 많다. 우버의 기사가 되기는 쉽지만, 작년 같은 경우 이직률이 60퍼센트였다. 우버는 전 세계에 걸쳐 마케팅, 부과금, 정치기부금 등으로 많은 금액을 지출한다. 우버가 수익을 낼 수 있을까에 대해서는 아직 의문이 남아 있다. 2020년에는 67억 7,000만 달러의 손실을 기록했는데, 2019년의 85억 달러보다는 개선된 것이었다. 2021년에는 손익분기점에 도달할 거라고 주장했지만 그것도 여러 전제를 달고 있었다. 감가상각비, 주식보상비, 규제충당금, 영업권 손상, 금융비용, 코로나19비용 및 기타 카브아웃carve-out*비용은 포함하지 않는다는 조건이었다. 가장 큰 문제는 우버가 '성장하는 중인지' 또는 이런 가격구조를 계속 유지할 수 있을 것인지가 불확실하다는 점이다.

우버의 가장 중요한 특징은 기사들이 초기 비용이 거의 없이

---

* 특정 사업부 또는 자회사 지분을 외부 투자자에게 일부 매각하는 행위

자신의 '사업'을 시작할 수 있고, 근무시간이 자유롭다는 것이다. 이런 특징 때문에 많은 사람을 끌어들일 수 있었다. 이는 장인들에게 자신의 제품을 쉽게 팔 수 있는 공간을 제공하는 엣시Etsy처럼 플랫폼기업의 기본 요건이다.

수공예품이나 빈티지 물품을 전문으로 거래하는 엣시는 뉴욕대학교 졸업생들인 롭 칼린Rob Kalin, 크리스 매과이어Chris Maguire, 하임 쇼픽Haim Schoppik이 만들었다. 이들은 겟크래프티닷컴 getcrafty.com과 크래프스터닷오그Crafster.org의 전자게시판을 연구했다. 이곳은 다양한 사람들이 자신의 프로젝트와 제작방법을 공유하는 곳이다. 게시자들은 제품을 팔고 싶어 했지만, 그렇다고 이베이에 내놓기는 싫어했다. 엣시는 우선 자신들의 게시판을 몇 개월간 무료로 제공했다. 처음 판매는 보통 다른 장인들에게 팔았다. 엣시는 온라인 진열대, 편집 도구, 신용카드 장비, 안내서, 모임 등을 제공해서 판매자들을 지원했다. 또한 상업적 대중문화를 거부하는 방안으로 공예를 좋아하는 페미니스트 블로거들에게 사이트를 홍보했다. 그러자 구매자들이 점점 늘어났다.

엣시는 2005년 기업공개를 통해 2억 8,700만 달러를 조달해서 규모를 더 키우는 데 투자할 수 있었다. 월스트리트는 항상 그렇듯 분기별 성장률에만 관심을 보였지만, 엣시의 성장은 아트파이어ArtFire나 아마존 핸드메이드Amazon Handmade 같은 플랫폼의 위축을 가져왔다. 그런데 규모가 커지면서 수제의 개념이 약해졌고, 손으로 디자인해서 계약 생산한 제품까지 범위가 넓어졌다. 구매자들은 엣시가 너무 커졌다고 불평했다. 어떤 고객은 이렇게 불평했다. "웨딩드레스 카테고리에서 '인어'를 검색하면 1,299개의 결과가 나와요. 그중에는 수작업으로 레이스를 부착했다는 65달러짜리 드레스부터 〈프로젝트 런웨이〉의 디자이너인 리앤 마셜Leanne Marshall이 만든 6,882달러짜리 드레스까지 종류가 너무 많아요."[6]

그럼에도 불구하고 2020년에 엣시의 시가총액은 60억 달러였고, 수익은 7,600만 달러를 기록했다. 거래 금액은 매년 20퍼센트 이상 성장했다. 엣시의 수익은 판매에서 5퍼센트, 결제 처리에서 3퍼센트의 수수료와 건당 4개월간 20센트가 부과되는 상품 게시 수수료에서 나온다.

플랫폼의 이점 또는 우위를 평가할 때는 탐색비용search cost*과 충성도 즉 전환비용이 포함된다. 이 말은 카테고리나 상품을 쉽게 검색하려는 욕구를 그 플랫폼이 얼마나 충족시켜주며, 다른 플랫폼으로 얼마나 쉽게 갈아탈 수 있는지를 본다는 뜻이다.

우버의 경우 혼잡한 시간에 통상 요금의 3배를 부담하는 문제가 있었지만 기사 호출은 빠르고 쉬웠다. 그러나 차량공유 시장에는 충성도가 부족하다는 주장이 있다. 우버의 기사이면서 경쟁사 리프트Lyft의 기사로도 일하는 사람이 많다. 또한 휴대폰 차량호출앱은 복제하기 쉽다는 문제가 있다. 이는 에어비앤비에도 적용되는 문제다.

---

* 필요한 정보를 얻는 데 들어가는 비용

수공예품 거래 플랫폼에서는 판매자와 구매자가 다른 플랫폼으로 이동하려는 경향을 보이는데, 이때 판매자의 경우에는 다소 비용이 든다. 이는 웹사이트를 구성하는 로직이 복잡하고 판매자가 웹사이트에 충성도를 보이기 때문이다. 그러나 아마 5년 안에는 온라인숍을 다른 플랫폼으로 옮기기 쉬워져서 플랫폼 경쟁이 더욱 심화될 것이다. 수공예품 거래 플랫폼의 또 다른 문제는 품질관리다. 엣시에는 1,200만 개의 장신구가 올라와 있는데, 수제품도 있지만 그중 일부는 누가 봐도 알리바바에서 구입한 것도 있다. 제품 사진의 품질도 모두 다르며, 엣시는 '수제'라는 원칙을 지키고 정책을 수립하는 데 애를 먹고 있다. 아트파이어의 사진들은 품질 편차가 더욱 심하다. 이런 종류의 플랫폼에는 가치를 상승시킬 많은 혁신이 필요하다.

12장

기술개발과 혁신에 투자하라

기술과 관련된 분야에서 전략가가 되려면 기술이 어떻게 발전하는지 알아야 한다. 물론 뛰어난 천재는 자신이 기술 발전에 직접 참여하기도 한다. 예를 들어, 미국의 특허제도는 외로운 발명가의 아이디어에 많이 의존한다. 그러나 발명은 어느 날 갑자기 하늘에서 떨어지는 게 아니다. 보통 어떤 아이디어나 깨달음이 떠오른 후, 관련된 이야기가 돌고 생각이 점차 발전하면서 이루어지기 마련이다. 텍사스인스트루먼트의 잭 킬비Jack Kilby는 로버트 노이스Robert Noyce*와 거의 같은 시기에 집적회로를 발명했다. 엘리샤 그레이Elisha Gray는 알렉산더 그레이엄 벨Alexander Graham Bell과 같은 날짜에 전화기에 대한 특허를 신청했다. 마크 렘리Mark Lemley는 이와 관련해 다음과 같이 말했다. "미국의 중요한 발명의 역사는 대중의 신화적인 믿음과 달리, 동시대에 서

---

* 인텔의 설립자로 집적회로를 개발했다.

로 다른 발명가들이 점진적으로 개선해온 활동의 역사다."[1] 대부분의 발명은 이미 구축된 인프라를 기반으로 이루어진다. 에디슨의 천재적 발명은 전기가 도입된 이후에 나왔다. 구글의 뛰어난 검색엔진은 인터넷과 다른 검색엔진이 나온 뒤에 생겼다. 월드와이드웹은 미국 국방부가 지원한 아르파넷ARPANET을 기반으로 만들어졌으며, 패킷교환packet-switching* 기술은 1960년대 중반부터 연구되고 있었다.

기술의 발전은 층층이 쌓인 지식과 인프라를 기반으로 어느 날 갑자기 파도처럼 덮친다. 전략가는 한 세기 이상 영향을 미치는 '큰 파도long wave'와 새로 도입된 기술의 원가절감으로 발생하는 '작은 파도shorter wave'를 구별할 줄 알아야 한다. 기술을 기반으로 우위를 점하고 있는 대기업은 현재 작은 파도에 의존해 수익을 내고 있어도 항상 큰 파도를 의식해야 한다. 반면에 신생기업이나 중소기업 또는 대기업의 상품개발부서는 작은 파도에 집중해야 한다. 그것이 기술과 혁신의 이점을 가장 잘 누릴 수 있는 방법이기 때문이다.

큰 파도

거의 모든 사람이 그 여파가 끝났다고 생각하는 큰 파도는 직

---

* 정보를 작은 조각으로 분리하여 전송하는 방식

물제조와 의류생산이다. 산업혁명(1760~1860년) 이전의 사람들은 오늘날의 기준으로 보면 가난했기 때문에 옷이 해질 때까지 입었다. 1700년대에 보통의 부녀자들은 실로 옷감을 짜고 다시 이것으로 옷을 만드는 데 많은 시간을 빼앗겼다. 독신녀를 '스핀스터spinster'라고 부르는 이유는 주로 실을 자아내 팔았기 때문이다. 이브 피셔Eve Fisher는 수작업으로 남성 셔츠를 만드는 데 소요되는 시간을 계산했는데, 바느질에 7시간, 직조에 72시간, 방적에 500시간 등 총 579시간이 필요했다. 여기에 시간당 7.25달러인 최저임금을 적용하면 4,197.25달러[2]가 된다. 대량생산된 셔츠가 시장에 나왔을 때, 집에서 손으로 직접 만드는 비용과 비교해 엄청난 원가절감이 있었다. 오늘날 평범한 남성 셔츠가 20달러 정도이므로 99.5퍼센트 절감된 것이다. 1760년부터 1900년 사이에 시계, 식기 및 기타 생활용품에 이런 식의 가격인하가 발생했다. 가히 혁명이었다.

옷감은 가장 오래된 제품이지만 오늘날에도 혁신은 계속 이루어진다. 대부분의 옷은 면이나 폴리에스터 또는 이 둘을 합성한 섬유로 만들어진다. 그런데 환경문제가 대두되면서 소비자들은 유기농섬유 또는 미세플라스틱을 배출하지 않는 합성섬유를 원하기 시작했다. 이런 사회적 트렌드를 반영해서 파인애플 나무의 부산물로 만든 피나텍스Pinatex와, 버섯 균사체 세포와 실로 만든 마이코텍스MycoTEX 같은 직물이 인기를 얻고 있다.

지난 200년간 가장 커다란 파도는 전기의 사용이었다. 1820년에 한스 크리스티안 외르스테드Hans Christian Ørsted는 전류가 나

침반의 바늘을 움직인다는 것을 알게 되었다. 전류가 물체를 움직일 수 있다는 사실을 최초로 깨달은 것이다. 1840년대에는 전기모터가 발명되어 선반lathe과 기타 연장 등에 사용되었고, 얼마 후에는 공장에 도입되어 증기에서 생긴 동력을 분배하는 복잡한 도르래와 가죽벨트를 대체했다. 1880년대에는 뉴욕과 여러 도시에 전기를 생산하는 발전소가 생겼다. 1890년대에는 클리블랜드에 최초로 전차가 등장해 마차를 대신했다. 20세기 초반에는 대부분의 가정에서 양초 대신 에디슨의 전구를 이용하기 시작했다.

기업들이 세탁기, 냉장고, 라디오 같은 가전제품을 본격적으로 상업화한 계기는 1920년대에 가정에 전기가 보급되면서부터였다. 그 이후 20년 사이에 IBM은 전기식 천공카드 작성기tabulating machine를 만들었고 원시적인 형태의 컴퓨터가 나왔다. 최초의 트랜지스터는 1947년 AT&T의 벨연구소가 발명했고, 1950년대에 IBM은 이를 이용해 복잡한 기능을 가진 계산기를 제작했다. 1960년대에는 직접회로기술을 개발하고 반도체 메모리와 마이크로프로세서를 발명했다. 최초의 '가정용' 컴퓨터는 1970년대 말에 출현했다.

현대의 인터넷 구축에는 저가의 소형 컴퓨터, 고용량 광섬유, 케이블TV 신호분배시스템이 필요하다. 휴대폰에는 무선통신기술, 집적회로, 셀룰러 네트워크기술 등이 들어간다. 단계별로 전자기술은 새로운 과학기술과 기존의 인프라에 의존해왔고, 발전은 아직 끝나지 않았다.

이런 종류의 큰 파도는 볼 수는 있지만 예측하기는 힘들다.

1967년에 나는 '미래'를 예견하는 워크숍에 참석한 적이 있다. 저명한 미래학자인 허먼 칸Herman Kahn이 주관한 이 워크숍에는 과학자, 기업가, 소수의 정부관계자 등이 참석해 30년 후인 2007년의 미래를 예측했다. 핵전쟁이 없다는 전제하에 인류는 암을 치료하고 화성에 식민지를 건설할 것이며, 전 세계 어디든 로켓을 타고 1시간 내에 갈 수 있으리라고 기대했다. 또한 핵융합을 이용해 저렴한 청정에너지를 생산할 것이며, 자동 언어번역기를 발명할 것이라고 예상했다.

우리의 예상은 말 그대로 희망사항에 불과했다. 기술을 우리의 소원을 들어주는 마법의 기계로 생각한 것이다. 예상한 내용 중 오늘날 그나마 비슷하게라도 실현된 것은 번역기 정도다. 저렴한 청정에너지도 아직 없고, 암을 정복하지도 못했으며, 화성에 식민지도 세우지 못했다. 대신 이 학자들이 예측하지 못한 세상이 펼쳐졌다. 어디를 가든 컴퓨터가 널렸고, 주머니에도 가지고 다니면서 전 세계를 연결했다. 필요한 것을 바로 알아낼 수 있는 능력을 가진 것이다.

월드와이드웹의 형태로 인터넷이 처음 등장했을 때, 다들 지식의 공유와 인류 해방의 새로운 시대가 오리라고 예측했다. 어느 정도 이 예측이 실현되어 우리의 일터와 문화를 바꾼 것은 사실이다. 그러나 아무도 인터넷의 영향으로 집중력이 떨어지리라고는 예상하지 못했다. 또한 네트워크가 더욱 확대되어 온 세상이 가짜 뉴스로 뒤덮일 거라는 예상도 하지 못했다. 10년 전만 해도 트위터 같은 소셜미디어가 강제로 사회 규범을 바꾸는 작용을 하리라고는 생각지 못했다. 이것은 우리가 바라던 세상이 아니다. 이런 세상은 우리의 바람과 상관없이 큰 파도처럼 닥쳐왔다.

한 가지 배울 점은 전략가란 모름지기 큰 파도의 성격을 알아야 한다는 것이다. 어떤 파도는 장기간에 걸쳐 진행되지만, 다른 파도는 배의 추진력처럼 물리적 한계에 부딪히기도 한다. 일반적으로 먼 미래일수록 기술을 예측하기가 더 어려워진다. 어느 정도 예측 가능한 미래는 향후 5년에서 7년 정도다. 그보다 먼 미래는 마치 자산 포트폴리오를 구성하듯 서로 충돌하는 여러 가지 가능성을 포함시켜야 한다. 주로 대기업, 정부기관 및 연구기관에서 이런 관점을 견지한다.

작은 파도

변화의 큰 파도 안에서 기술은 보다 짧은 보폭으로 움직인다. 상업화를 해도 좋을 만큼 새로운 제품의 원가가 낮아질 때 작은 파도가 발생한다. 예를 들어보자. 1960년대 초에 필립스Philips를 포함한 여러 기업에서는 희미하지만 빛을 발하는 다이오드를 개발했다. 1970년대가 되자 최초의 LED 벌브가 탄생해 전자계산기의 표시창에 사용되었다. 2000년대 중반에는 LED 벌브가 형광등을 대체할 만큼 밝아졌고, 가격도 저렴해졌다. 다음 단계는 아마도 야외활동에 큰 도움을 주는 레이저 다이오드가 될 것이다.

규모가 커지고 경험이 늘어나면 원가가 절감되는 제품의 경우,

기업들은 보통 가격에 덜 민감한 소비자들을 대상으로 판매를 시험한다. 이는 두 가지 효과가 있다. 첫째, 적으나마 판매를 할 수 있고 구매자로부터 피드백을 받을 수 있다. 둘째, 초기 시장이 매우 한정되어 있기 때문에 경쟁사에서 그 좁은 시장에 진입하지 않는다는 점이다. 1970년대 코닝Corning은 최초로 광섬유케이블을 개발했지만, 신호소실 때문에 전달거리가 1마일에도 못 미쳤다. 누가 그렇게 짧은 거리밖에 전달하지 못하는 케이블을 구매하겠는가? 그 누군가는 다름 아닌 미국 국방부였다. 광섬유케이블은 원자폭탄이 터졌을 때 발생하는 전자기펄스로부터 안전하기 때문이었다. 1975년대 초에 콜로라도에 있는 북미항공우주방위사령부(NORAD)는 컴퓨터들을 지하에 부설된 광섬유케이블로 연결했다. 신호소실 문제가 해결된 현재는 광섬유케이블이 전 세계의 인터넷을 연결한다.

팩스가 일본에 가장 먼저 정착된 이유는 독특한 주소시스템 때문이었다. 일본은 위치가 아닌 건축 순서로 주소를 부여했다. 따라서 주소만 가지고 사무실이나 점포를 찾아가기가 매우 어려웠다. 이때 등장한 팩스기기가 훌륭한 해결책을 제시했다. 즉 누군가를 초대한 경우 약속 장소를 그린 지도를 팩스로 보내면 됐다. 오늘날은 이메일이나 메시지로 대체됐지만 아직도 팩스를 이용하는 방식이 남아 있다.

마케팅 '전문가'에 의하면 새로운 기술의 얼리어답터들은 보통 '인플루언서'인 경우가 많다고 한다. 그 말이 맞는 경우도 있다. 그러나 미국의 휴대폰 얼리어답터들 중에는 마약상이 많았다.

이들은 마약판매상과 인근 건물에 숨어 있는 공급상들을 연결하는 용도로 휴대폰을 사용했다. 그 용도가 아주 한정되어 있었기 때문에 미국에는 아날로그 방식의 AMPS 방식이 정착했고, 반면에 유럽은 디지털 방식을 도입했다. 같은 맥락에서 알테어 개인 컴퓨터의 얼리어답터들은 인플루언서라기보다는 취미로 하는 사람들이었다.

다음은 작은 파도의 여러 사례를 통해 개인이나 기업이 어떻게 원가절감 가능성을 파악하고, 어떤 과정으로 상업화했는지를 자세히 살펴본다. 또한 각 경우에서 초기 단계의 크럭스는 무엇이었고, 현재의 크럭스는 무엇인지에 대해서도 알아본다.

인튜이티브서지컬

게리 굿하트Gary Guthart는 10대 시절에 나사의 에임스연구센터에서 제트전투기의 비행 능력을 평가하는 소프트웨어 개발 작업에 참여했다. 그는 유체역학 박사학위를 취득한 뒤, 스탠퍼드연구소(SRI)에 취직했다. 어느 날, 연구소에서 농구시합을 하던 중 한 연구원이 특정한 종류의 비선형방정식을 다루는 사람을 아느냐고 물었다. 그는 자신이 할 줄 안다고 대답했고, 그 이후 로봇 수술 연구소에서 일하게 되었다. 그는 쥐의 절단된 대퇴골 동맥을 결합했고, 응급수술용 로봇으로 수술도 해보았다. 그는 외과 수술에 요구되는 정밀함을 잘 알고 있었다. 그것은 사람이 눈이나 손으로 할 수 있는 수준을 훨씬 벗어난다. 그는 로봇을 이용한 수술이 가져올 미래를 예견했고 이 새로운 기술이 많은 생명을 구하리라 확신했다.

1995년 벤처 투자가인 존 프로이트John Freund, 외과의사인 로저 몰Roger Moll, 과학자인 로버트 영Robert Younge은 인튜이티브서지컬Intuitive Surgical을 설립해서 SRI의 지적재산권을 구입하고, 게리 굿하트를 영입했다. 원래 미국 국방부는 전투 중 발생한 부상을 원격으로 처치하기 위한 방안으로 SRI의 연구에 자금을 지원했다. 그런데 인튜이티브는 다른 쪽으로 방향을 잡아 수술실에서 의사를 도와주는 기능에 초점을 맞추었다. 최초의 프로토타입 로봇은 로봇팔에 손목처럼 구부러지는 기능을 추가했고, 모니터에는 3D 기능을 넣었다. 초기 실험 단계에서 3D비전시스템이 어려운 수술에 많은 도움이 된다는 것이 밝혀졌기 때문이다.

다음 프로토타입인 모나Mona에는 소독을 쉽게 하기 위해 교환되는 장비를 설치했다. 모나는 최초로 사람을 대상으로 한 담낭제거수술에 사용되었다. 그다음 모델인 다빈치da Vinci에는 훨씬 개선된 3D 이미지 화면과 로봇팔을 적용했다. 2000년에는 FDA로부터 일반외과수술 적합판정을 받았다.

그동안 문제점이 있기는 했지만 오늘날 인튜이티브는 전 세계 로봇수술 분야의 선도기업으로 자리 잡았다. 수많은 외과의사들이 인튜이티브의 다빈치로봇시스템으로 교육을 받고 있다. 특히 수술 후 발생하는 합병증 제거에 탁월한 효과를 보고 있다. 게리 굿하트와 인튜이티브의 기술은 제때 새로운 변화에 불을 당겼다. 2010년에 그는 회사의 CEO가 되었다.

2021년 현재 인튜이티브는 여러 과제와 기회에 동시에 노출되어 있다. 굿하트는 폐 조직검사와 위 축소수술에 관련된 기술에 투자하고 있다. 경쟁사들을 살펴보면, 구글의 모회사인 알파벳과 의료기기업체인 메드트로닉Medtronic이 로봇수술산업으로의 진입을 선언했다. 이보다 더 큰 문제는 뒤처진 햅틱기술이다. 외과의사들은 수술용 칼에 어느 정도의 압력을 가해야 하는지 또는 부드러운 조직을 어떻게 다뤄야 하는지를 결정할 때 손에 닿는 감각을 이용한다. 그런데 로봇수술은 그 느낌이 부족하다는 것이다. 이 문제만 해결한다면 로봇수술 시장은 몇 배 더 확장될 수 있다. 그러나 알파벳이 이 문제를 해결한다면 인튜이티브에게는 심각한 타격이 될 것이다. 내가 만일 굿하트라면 이 문제를 크럭스로 인식하고 '적당히 좋은' 해결방법을 찾을 것이다. 즉 구글의 인공지능 연구원들은 토털 솔루션을 모색하겠지만, 조직의 밀도와 혹의 위치를 파악하는 데 적당히 좋은 시스템이면 구글을 이길 수 있다고 생각한다. 물론 이것은 비밀이다.

줌

2016년에 나는 다국적 테크기업과 같이 일할 기회가 생겨 유럽에 간 적이 있다. 미국과 아시아의 지사와 화상회의를 하기 위해 고위 중역들이 회의실로 모였다. 그리고 시스코Cisco의 웹엑스WebEx 화상회의시스템으로 해외 지사를 연결하려고 했다. 그런데 화면은 나왔지만 소리가 안 들렸다. 통신팀 직원을 불렀으나 역시 실패했다. 전원을 껐다 다시 켜도 마찬가지였다. 화상회의가 제대로 연결이 안 된 경험은 이 회사 말고도 많다. 기업의 보안시스템과 화상회의시스템은 대체적으로 제대로 작동하지 않는다.

시스코는 2007년에 30억 달러를 주고 웹엑스를 인수했다. 이때 에릭 위안Eric Yuan도 같이 넘어왔다. 그는 중국에서 수학과 컴퓨터공학을 공부하고 1997년에 미국으로 건너와 웹엑스 개발팀에서 근무했다. 시스코에 인수된 후 웹엑스의 고객을 확충하는 과정에서 그는 800명의 개발자로 구성된 조직의 부사장이 되었다.

위안이 해결해야 할 문제점은 웹엑스의 시스템이 상당 기간 아무런 개선이 없었다는 점이었다. 시장에 처음 등장할 때는 매우 혁신적이었지만 2010년까지도 소프트웨어의 업그레이드가 진행되지 않았고, 여전히 설치가 복잡했다. 위안은 이렇게 털어놓았다. "웹엑스 이용자들을 만나서 이야기를 들어봤는데, 단 한 명도 만족하는 고객이 없어서 매우 놀랐습니다."[3] 그와 같이 일했던 벨챠미 샨카르링암Velchamy Sankarlingam은 이렇게 말했다. "시스코는 사고방식이 완전히 다릅니다. 그냥 팔면 끝이에요. 시스템이 다운되어도 해결하는 부서가 없었습니다."[4]

위안은 2011년에 직원 몇 명을 데리고 시스코를 나와 줌을 설립했다. 줌은 웹엑스보다 설치, 이용 및 유지가 훨씬 쉬운 화상 중심의 회의용 소프트웨어를 개발했다.

줌이 해결해야 할 기술적·상업적 문제의 크럭스는 우선 회원가입, 계좌개설, 프로그램 다운로드 과정을 간단하게 하고, 사람들의 휴대폰에 설치된 웹엑스, 스카이프, 마이크로소프트 팀즈, 팀뷰어 등의 앱을 제거하는 것이었다. 그런데 사용하기 쉬우면서 고품질인 화상회의시스템을 개발하는 일은 쉽지 않았다. 방화벽이 설치되어 있거나 브라우저가 달라도 이상 없이 작동해야 했고, 화면을 압축해서 분할이 가능해야 했으며, 이용자의 컴퓨터 구동속도와도 맞아야 했다. 줌은 최고 수준의 엔지니어를 모든 마찰점 해결에 투입하고 '고객을 만족시키는 제품' 정책을 고수하면서 이 문제를 해결했다.

줌 소프트웨어는 40분간 100명의 참가자까지는 무료였다. 사용하기 편리한 소통 도구로 줌은 들불처럼 퍼져나갔다. 코로나19가 덮치자 줌의 이용자는 2020년 5월까지 3,000퍼센트 증가했고, 줌이란 단어는 아예 동사가 되었다. 학생들은 줌을 이용해 수업을 들었다. 보안 문제가 제기되었으나 곧 해결되었고, 보건 당국은 코로나19 시국에 연이은 줌 회의가 건강에 미치는 영향을 걱정하기 시작했다.

코로나19가 거의 종식되면서 줌이 당면한 문제는 당연히 화상회의 빈도 감소와 구글, 마이크로소프트 같은 경쟁사의 움직임이었다. 분명히 어떤 경쟁사든 줌을 현재 위치까지 올려놓은 고화질의 편리한 화상회의시스템을 개발할 것이다. 증권가는 코로나19로 인한 조치들이 풀리면서 줌의 이용 빈도 감소를 예상하고 있었다. 따라서 이제는 다른 기회를 찾아야 한다. 한 가지 방법은 2011년 처음 시장에 나온 웹엑스가 그랬던 것처럼 혁신적인 앱을 찾는 것이다. 최근에 나온 '팀' 협업 도구는 좋은 해답처럼 보인다.

드롭박스

드롭박스Dropbox는 무료 사용에서 발생하는 암묵적 비용 감소와 네트워크 효과를 결합한 전형적인 사례다. 2015년에 나는 드롭박스의 미래에 대해 설립자이자 CEO인 드루 휴스턴Drew Houston과 이야기할 기회가 있었다. 그는 2006년 출장 중 USB드라이브를 분실한 적이 있었는데, 집 컴퓨터에 있는 파일을 불러올 방법이 없었다. 이 경험으로 그는 드롭박스라는 파일 동기화 프로그램을 개발했다. 2015년까지 드롭박스의 사용자는 계속 늘어났다. 사용자가 데스크톱 PC의 파일을 드롭박스용으로 지정하면 시스템이 파일 내용의 변경 여부를 계속 점검해서 필요시 백업파일에 보관했다. 사용자의 컴퓨터가 여러 대라도 지정된 모든 파일을 동기화하는 것이 가능했다.

드롭박스는 저장 용량이 2기가바이트 미만이면 무료이며, 추가로 필요한 사용자에게는 용량에 따른 등급별 요금제를 적용한다. 드롭박스의 빠른 성장은 회원가입만 하면 사용할 수 있는 무료 이용과 파일공유 덕분에 가능했다. 구글보다 네트워크 효과는 떨어지지만, 일단 드롭박스에 파일을 동기화해놓으면 다른 웹하드로 옮기는 데 비용이 든다. 즉 암묵적 비용이 발생한다.

2015년에 휴스턴의 걱정거리는 구글, 마이크로소프트, 박스 등의 경쟁사였다. 하지만 그는 드롭박스가 가장 단순하고 쉬우며 문제가 없는 파일공유서비스를 제공하는 한 계속 성장을 유지할 거라고 확신했다.

드롭박스는 2018년에 상장했다. 2021년에는 6,000만 명 이상의 회원을 보유했으며, 시장가치는 100조 달러에 이른다. 휴스턴이 크럭스로 생각한 '귀찮지 않은 파일공유서비스'는 아직까지 유효한 듯 보인다. 저장비용이 문제가 되기는 하지만, 유지관리비용이 거의 안 들기 때문에 USB 메모리로 파일을 옮길 때 발생하는 암묵적 비용을 획기적으로 줄일 수 있다. 구글도 드라이브를 제공하지만 드라이브는 한 번에 1개의 파일 동기화만 가능하다. 또한 유저 인터페이스 기능이 미흡하고 대용량 파일을 변경하거나 PC가 여러 대면 업로딩과 다운로딩을 여러 번에 걸쳐 해야 한다. 게다가 파일공유를 하려면 업체가 제공하는 문서작성, 수치계산, 프레젠테이션용 소프트웨어를 이용해야 한다. 이런 이유로 드롭박스가 빅테크기업이 아니라서 선택한다는 사용자도 많다.

그러나 2015년과 마찬가지로 빅테크기업이 클라우드 저장공간을 상업화하려는 노력은 여전히 '걱정거리'다. 파일공유 시장은 오베르뉴의 광천수처럼 완전경쟁 시장에 가까워 참가자들은 자멸적인 베르트랑의 게임에 빠질 가능성이 높다. 드롭박스는 경쟁력이 있으며 전환비용 때문에 기존 가입자들이 빠른 시일 내에 빠져나가지는 않을 것이다. 그러나 장기적으로는 경쟁사의 모방이 위협이 될 수 있다. 드롭박스의 크럭스는 저작권을 가진 소프트웨어를 개발하는 데 있다. 최근 전자서명업체인 도큐사인DocuSign과 헬로사인HelloSign을 인수한 것은 이런 방향으로 전환해가는 과정이다. 또한 투자 전문가들이 거래에 필요한 문서를 보관하고 열람할 수 있는 가상의 '딜룸deal room'을 개발한 것도 이런 움직임의 일환이다. 로펌이나 변호사가 이용하는 특수문서 자료실도 여기에 부합할 것이다. 또한 손쉬운 버전관리서비스도 유망한 분야다.

인튜이티브, 줌, 드롭박스의 성장과정에 공통점이 있다는 것은 우연이 아니다. 성공으로 개혁을 이룬 기업은 경쟁사가 진입하기 전, 고속 성장단계에서 엄청난 호황을 누린다. 그러나 이 성공을 본 대기업들은 다른 스타트업을 인수하여 경쟁력을 강화한 뒤 그 분야에 뛰어든다. 따라서 이들의 크럭스는 형식에 얽매이지 않는 민첩함을 무기로 대기업과의 경쟁에서 이기는 것이다.

빅테크기업

큰 폭의 원가절감(또는 효용증가)과 강력한 네트워크 효과가 만나, 현재 전 세계를 지배하는 빅테크기업이 탄생했다. 예를 들어, 오늘날 간단하고 손쉬운 인터넷 검색은 거의 당연하게 여겨진다.

아무도 구글, 페이스북, 트위터 및 애플 등 오늘날 우리가 아는 정보 기반 IT기업들의 출현을 예상하지 못했다. 도입 초기 인터넷은 모든 사람이 이용할 수 있는 정보의 고속도로로 생각했다. 그러나 우리가 놓친 것은 막강한 네트워크 효과를 가진 시스템이 암묵적 소비자비용을 대폭 줄일 수 있다는 점이었다. 즉 구글 검색이 정보를 찾는 비용을 큰 폭으로 줄이면서 보다 많은 사람이 이용하게 되었고, 그럴수록 검색 기능이 더 좋아져 이용요금이 없어도 그 가치가 점점 높아진다는 의미다.

하버드대 2학년생인 마크 저커버그Mark Zuckerberg는 2003년 두 여학생의 사진을 나란히 보여주는 페이스매시Facemash라는 소프트웨어를 개발했다. 누가 더 인기 있는지 선택하는 게임이었다. 얼마 후에 그는 페이스북을 개발해서 하버드 재학생들이 자신에 대한 정보와 사진을 올리는 공간을 만들었다. 2007년이 되자 페이스북은 캠퍼스를 벗어나 수백만 명이 이용했고, 비즈니스 페이지 계정은 10만 개에 달했다.

저커버그는 이런 일이 발생하리라고 전혀 생각지 못했다. 페이스북이 흥한 이유는 웹을 만드는 마크업 언어markup language가 복잡했기 때문이다. 즉 개인이 웹사이트를 개설하려면 비용도 많이 들고 어려웠다. 페이스북은 개인 홈페이지를 쉽게 만들 수 있는 데다 SNS의 네트워크 효과가 결합하면서 오늘날 우리가 아는 괴물이 되었다. 페이스북과 별도로 홈페이지를 구축하는 것은 여전히 복잡하고 비싸다(6장의 샤론 톰프슨과 웹코 참조).

구글, 페이스북, 트위터에 대한 문제제기는 주로 독점 우려와 여론형성의 불안감에서 출발한다. 또 한 가지 놀라운 점은 출판계나 연예계에서는 그렇게 심하게 규제하던 지적재산권 문제가 이들 빅테크기업에서는 아무런 문제없이 넘어간다는 것이다.

보완적 자산

혁신에서 가장 중요한 문제는 데이비드 티스David Teece 교수가
있어도 문제고 없어도 문제라고 말했던 '보완적 자산complementary
asset'[5]이다. 이는 새로운 발명과 제품을 시장에 내놓을 때 그 부
가적 서비스를 제공하는 데 필요한 기술이나 자원을 의미한다.
예를 들어, 당신이 혁신적인 혈압측정기를 출시했다면 이를 병
원과 의원에 공급하는 물류시스템을 '보완적 자산'이라고 한다.
당신은 비용을 지불하고 이 막강한 물류시스템을 이용해야만 한
다. 반면에 당신이 모든 통신사가 판매하길 원하는 아이폰을 발
명했다면 상황은 정반대가 된다.

필로 판즈워스Philo Farnsworth의 이야기는 지적재산권과 보완적
자산을 잘 설명해준다. 그는 1906년 유타주의 시골에서 태어나
1918년에 가족과 함께 아이다호주로 이주했다. 그곳 농장에는
발전기와 모터가 있었는데, 그는 이것들을 분해해보며 작동 원
리를 익혔다. 전기에 관련된 것은 무엇이든 닥치는 대로 읽었다.
고등학생 때는 화학교사에게 '영상해부관image dissector', 전자총
을 내장한 진공관, 디플렉터 플레이트deflector plate, 산화세슘 스
크린 등에 관한 자신의 아이디어를 말했고, 그 교사는 이를 받아
적었다. 7년 후 브리검영대학교에 입학한 판즈워스는 불과 22세
의 나이에 '텔레비전 시스템Television System' 특허를 신청했다.

1929년에는 자기 부인의 이미지를 전송하는 수준에 이르렀다.
그런데 라디오산업의 혁명을 이끌던 RCA가 TV카메라의 원형인

'아이코노스코프'를 발명한 블라디미르 즈보리킨Vladimir Zworykin 으로부터 1923년에 출원한 그 특허권을 구입하면서 문제가 생겼다. 특허청은 이 출원권을 인정하지 않았다. 아이코노스코프가 작동한다는 증거가 없었기 때문이다(실제로 작동하지 않았다). 그러자 RCA는 판즈워스에게 10만 달러를 제시하며 텔레비전 시스템의 특허권을 판매하라고 말했다. 하지만 판즈워스가 거절하자 그의 특허권이 무효라며 소송을 제기했다. 판즈워스는 1심과 2심에서는 패했지만 특허청이 그의 우선권을 인정하여 3심에서 이겼다. 고등학교 화학교사의 노트가 결정적 증거로 작용했다. 그뒤 판즈워스는 필코Philco와 동업에 들어갔다.

한편 RCA에 고용된 즈보리킨은 키네스코프를 설계하고 특허를 출원했는데, 이것이 초기 텔레비전의 표준이 되었다. 판즈워스는 텔레비전 세트를 만들어 판매했으나 시원치 않았다. 그는 계속 발명을 해서 300여 개 이상의 특허를 출원했다. 그중에는 소형 핵융합로인 판즈워스허쉬퓨저Farnsworth-Hirsch fusor도 포함되어 있다. 그는 마지막 투자회사가 그의 파산을 선언한 뒤 64세의 나이에 폐렴으로 사망했다.

판즈워스 이야기에는 교훈이 있다. 누구나 새로운 아이디어를 창조할 수 있지만 기술은 단계별로 몰려오기 때문에 다른 사람들에게도 그 아이디어가 떠오를 수 있다는 것이다. 당신이 진정한 첫 번째라면 강력한 지적재산권 보호장치를 마련해야 한다. 하지만 다른 사람들 역시 당신과 비슷한 아이디어를 개발해서 발전시킬 수 있다는 사실을 잊어서는 안 된다. 새로운 제품이나 아이디어가 성공하려면 보완적 자산에 의지할 수밖에 없다. RCA는 연구소와 자금, 방송기술과 시스템 그리고 텔레비전을 운용할 때까지의 전략적 인내를 보유하고 있었다. 판즈워스나 즈보르킨이 생각한 것은 텔레비전이 아니었다. RCA는 텔레비전 사업을 시작하기 위해 카메라와 TV수상기 그리고 특허권을 완벽하게 갖추어야 했다. RCA는 1939년이 되어서야 엠파이어스테이트 빌딩에 위치한 채널1로 쇼 프로그램을 송출했지만 아무도 보는 사람이 없었다. 그러나 1945년에 미국에는 단지 1만여 대의 TV가 있었지만 1950년에는 600만 대로 늘었고, 1990년대에는 누구나 가지게 되었다. 역사를 돌이켜보면 RCA가 가진 보완적 자산이 결정적이었다. 판즈워스는 RCA와 협업해서 더 좋은 거래조건을 이끌어내고 자금지원이 풍부한 연구시설을 이용했어야 했다.

13장

나쁜 기업문화와 관성을 경계하라

때로는 우리 자신이 문제일 수도 있다. 경쟁사도, 앞서가는 기술도 아니라 대응능력이 부족한 조직이 문제일 수 있다. 필요한 기술이 없거나 조직의 리더십, 구조 또는 처리과정에 문제가 있어 그 기술을 찾아내 적용하지 못하는 것이다. 이런 종류의 문제에서 크럭스는 리더가 조직을 어떻게 구성하고 운영하느냐에 달려 있다.

조직에서 발생하는 문제의 공통점은 과거의 특별했던 경험, 특히 성공했던 경험으로부터 발생하는 경우가 많다는 점이다. 어떤 시절, 특히 성장과 성공의 시대에 효과가 있던 방식이 '이 동네에서 일하는 방식'이 되어버린다. 아널드 토인비Arnold Toynbee는 이를 '일시적 기술의 우상화'라고 이름 붙이고 문명이 멸망하는 원인 중 하나로 생각했다. 나 같은 외부인은 사무실의 구조나 내부 보고체계 그리고 직원들이 조직에 대해 하는 말에서 이를 느낄 수 있다. 나는 1985년에 제너럴모터스General Motors(GM)를 방문한 적이 있었는데, 마치 GM이 거인처럼 전 세계를 누비고 다니던 1956년으로 시간여행을 간 느낌이었다. 이는 내가 해군 대위들과 한잔하다가 1942년 미드웨이 해전 무용담을 들었을 때와 비슷했다. 또한 베네통 그룹은 1960년대를 풍미하던 패션기업이다. 베니스 북부에 있는 본사는 16세기에 지어진 웅장한 건축물로, 내부는 '유나이티드 컬러스'와 '글로벌' 같은 진부한 주제로 장식되어 있다. 매출은 10년 내리 감소하고 있으며, 패션 제품은 어딘지 모르게 따분하고 생기가 없는 느낌이다.

GM에서 지렛점 배우기

인시아드경영대학원은 파리에서 북쪽으로 15킬로미터 떨어진 퐁텐블로에 있다. 나는 1993년에 UCLA를 떠나 3년간 인시아드 대학원의 교환교수로 색다른 경험을 했다.

대학원의 전략 과목 중 GM에 대한 수업이 있었다. 더 폭넓게 말하면 우수성excellence을 공부하는 시간이었다. 이는 당시 GM이 우수해서가 아니었다. 1950년대 피터 드러커Peter Drucker가 대표적인 우수 기업으로 뽑았던 이 회사는 거의 망하기 직전까지 전락해 신생기업 도요타나 회생에 성공한 포드 및 크라이슬러에도 한참 뒤처지고 있었다. 그랬다. 그 수업은 마치 참선을 하듯 우수성이 없는 기업을 연구해서 우수성을 배우려 했었다. GM은 왜 프리몬트에 있는 도요타와의 합작공장에서 배우지 못할까?

새턴Saturn 디비전에서 배운 교훈을 다른 디비전에 전파하지 못하는 이유는 무엇일까? 아니 간단히 말해 신제품 개발 주기를 4년 이하로 줄이지 못하고 심지어 마무리 품질이 국제기준에도 미치지 못하는 이유는 무엇일까?

수업 준비를 위해 학생들은 여러 보고서와 기사 그리고 GM의 역사를 다룬 책을 읽었다. 그중의 최고 과정은 실제 GM의 중역과 함께하는 시간이었다. 앨런Alan이라는 이름의 이 중역은 마침 인시아드에 다니는 아들이 있어서 그 주에 퐁텐블로를 방문하러 왔다고 했다.

그는 GM의 현실에 대해 음울하지만 정확하게 이야기했다. 시한부 환자의 증상을 진단하는 의사처럼 하나하나 문제점을 짚어 나갔다. 정확한 분석이 아닌 현상왜곡, 난무하는 출세지상주의, 심각한 형식주의, 불신과 견제 등 많은 문제가 언급되었다. 그가 말했다. "GM에는 뛰어난 사람들이 많았지만 모든 에너지를 외부의 시장이 아닌 내부의 경쟁에 쏟아부었죠."

앨런은 메리앤 켈러Maryann Keller가 쓴 《루드 어웨이크닝Rude Awakening》을 가지고 왔다. "이 책은 1982년 GM의 내부 상황을 잘 묘사하고 있습니다." 그가 큰 소리로 내용의 일부를 읽었다. "아무도 직원들에게 효율이나 혁신을 이야기하지 않았다. 창의성보다 단결을 중시하는 조직의 구조와 문화가 그렇게 만들었다. 보상시스템은 자동 조종장치 같았다. 장기근속하며 사규만 잘 지키면 고용은 보장되었다."[1] 그는 학생들을 쳐다보며 이렇게 결론 내렸다. "10년이 지나 사람들은 바뀌었지만 이런 행태는 그대로

입니다."

이를 어떻게 받아들여야 할지 혼란스러웠던 학생들은 말하기를 주저했다. 가장 먼저 프랑스의 상품관리자 출신인 한 학생이 이렇게 말했다. "리더, 즉 최고경영진이 문제입니다. 관리자들은 고위 중역들에게서 허용되는 선을 배웁니다. 단결을 중시하는 문화도 위에서부터 내려오는 것이죠."

프랑스에는 그랑제콜grandes écoles 출신의, 특히 수학을 잘하는 엘리트에게 고위직을 보장하는 전통이 있다. 그들은 조직을 리더의 한 부분으로 생각한다. 독일 사람들은 기술을 중요하게 생각한다. 미국은 보상을 중요시한다. 미시건 출신의 경제학 전공자는 미국인답게 이렇게 말했다. "B를 바라면서 A에 보상하는 오류*처럼, 단결을 중시하면서 창의력을 기대해서는 안 됩니다. 문제는 보상시스템입니다. 사람들은 보상받는 일을 하게 되어 있습니다. 창의력이 필요하다면 위험을 감수하고 새로운 도전을 하는 직원에게 보상을 해야 합니다."

관료주의와 명확한 사규의 부재를 문제로 꼽는 학생들도 있었다. 재무 경력이 있는 영국 출신의 학생은 이렇게 말했다. "GM은 너무 방대합니다. 이렇게 큰 조직은 변화하기 힘들죠. 몇 개로 분사해야 합니다."

나는 앨런에게 의견을 물었다. "학생들의 의견 중 아니라고 생각하는 부분이 있습니까? 그리고 어느 부분에 동의하십니까?"

---

* GM 부사장 스티븐 커Steven Kerr의 논문 제목

그의 대답은 우리를 놀라게 했다. "여러분이 말한 모든 게 맞습니다. 그리고 더 있습니다."

학생들은 다소 실망했다. 그들은 명쾌한 대책까지는 아니어도 적어도 정확한 진단이 나올 줄 알았다. '모든 것'이 문제가 될 수는 없으며, 얽힌 매듭을 확실히 풀 방법은 존재한다. 그러나 우리는 많은 문제를 파악했지만 누르면 모든 것이 해결되는 지렛점인 크럭스를 찾지 못했다.

GM의 크럭스는 15년 후인 2009년 GM이 제조업 사상 최대의 파산을 기록할 때 밝혀졌다. 당시 GM은 자산 820억 달러에 부채는 1,730억 달러였다. GM은 임금을 삭감하고 특정한 거액의 부채를 탕감한 뒤 채무면제와 함께 약 500억 달러의 정부지원을 받았다.

그다음 지렛점은 2006년부터 2014년까지 계속된 점화스위치 불량 문제였다. 이로 인해 124명이 사망했는데, 주로 쉐보레 코발트와 폰티악G5 차량에서 문제가 발생했다. 주행 중 차량이 충격을 받거나 무릎이나 무거운 키홀더로 점화스위치를 건드리면 '주행 모드'에서 'ACC 모드'로 바뀌어 에어백의 전원이 차단됐다. 전 미국 변호사인 안톤 발루카스Anton Valukas가 주관한 내부조사 결과, GM의 엔지니어들은 점화스위치의 문제점을 알고 있었으나 이를 에어백 전개와 연결시키지 못했다. 경찰의 사고보고서에도 연관성이 언급되어 있었지만, 이들은 점화스위치 불량과 에어백 불량 문제를 연관 짓지 않았다. 내부조사보고서는 놀랍게도 GM의 엔지니어들이 시스템으로서 차량이 어떻게 작동하는지 거의 모르고 있다고 밝혔다.

이에 덧붙여 발루카스의 보고서는 GM의 기업문화를 지적했다. 한 관리자는 이렇게 말했다. "5년 전에 누가 그 문제를 제기하려 했다면 많은 저항에 부딪혔을 겁니다."

엔지니어들도 이 문제를 보고하지 않았다. 2012년 중반에 소위 "챔피언"이라고 불리는 고위 관리자 3명이 주관하여 에어백 불량 문제를 단기에 해결하려 했다. 하지만 이들도 상부에 보고하지는 않았으며, 더 많은 회의를 소집한 뒤 다른 위원회를 만들어 문제 해결을 위임했다.[2]

이 보고서는 또한 잘 알려진 'GM 살루트Salute'와 'GM 노드Nod'에 대해서도 꼬집고 있다. '살루트'는 팔짱을 낀 채 손가락으로 다른 사람을 가리켜 책임을 전가하는 문화이며, '노드'는 개선할 의지 없이 고개만 까닥이는 행태를 말한다.

메리 바라Mary Barra 회장은 점화스위치 불량으로 수천만 대의 리콜을 결정했다. GM은 품질 문제 늑장대응으로 미국 정부에 9억 달러의 벌금을 지불했고, 합의금으로 6억 달러를 배상했다.

이번 사태를 교훈으로 GM은 많이 바뀌었다. 바라는 위계구조를 없애고 조직을 수평화했다. 책임을 물어 15명을 해고했으며 고위 중역으로 팀을 구성해 품질 문제를 담당하도록 했다. 또한 브랜드와 디비전의 구분을 없애고 전기차와 자율주행차에 역량을 집중해서 마침내 흑자를 기록했다.

2009년 파산 후 GM은 새턴, 허머, 폰티악, 사브 등 4개의 북미 브랜드를 폐지했다. 점화스위치 문제를 처리한 바라 회장은 서유럽, 러시아, 남아프리카와 인도에서 철수하고 호주와 인도네시아 공장을 폐쇄시켰다. 한때 전 세계에서 가장 큰 자동차회사였던 GM이 산업의 원동력이었던 규모의 경제를 다시 정의하고 있다. 기존 사업 분야 중에는 풀사이즈 트럭, 크로스오버 SUV, 캐딜락 브랜드의 실적이 좋다. 현재는 CEO가 차세대 성장 시장이라고 생각하는 전용전기차 개발에 온 힘을 쏟고 있다.

관성과 규모

모든 물질에는 관성이 작용한다. 물질이 무거울수록 방향을 바꾸거나 속도를 변경할 때 더 큰 힘이 필요하다. 조직의 관성은 주로 큰 조직에서 발생한다.

큰 조직이 나쁘다는 뜻이 아니다. 대기업으로 성공했다면 큰 규모의 조직을 운영하는 데서 발생하는 문제를 해결했다는 의미다. 규모가 커지면 문제도 많아진다. 여러 전문가 그룹 사이의 협조나, 문제 해결에 도움이 될 만한 정보 공유가 어려워진다. 개인의 노력이 희석되기 때문에 동기부여가 잘 되지 않는다. 또한 조직을 고립시켜 문제제기에 둔감해지고 대응이 늦어진다. 새로운 시스템의 적용 주기가 지연되어 효과적인 대응이 어렵다. 그러므로 성공한 대기업이란 이런 문제점을 모두 극복하는 구조와 과정을 발견한 조직이다. 이런 문제들은 결코 완전히 해결되거나 없어지지 않지만, 성공한 대기업은 규모로 인해 발생하는 문제점을 관리하는 방법을 안다.

노키아의 몰락

2007년에 노키아는 휴대폰 시장의 최강자로 전 세계 수요의 50퍼센트를 점유했다. 하지만 5년 후 시장점유율은 놀랍게도 5퍼센트 밑으로 떨어졌다. 많은 사람이 노키아의 추락 원인을 잘 알고 있다. 〈뉴요커〉의 기사는 짧지만 핵심을 찌른다. "노키아의 몰락 원인은 누구나 다 알고 있다. 애플과 안드로이드 때문이다."[3]

하지만 그것 말고 다른 원인도 있다. 칭찬받던 노키아의 기술과 1996년에 최초의 스마트폰을 만든 엔지니어들에게 무슨 일이 발생한 걸까? 노키아는 구식의 심비안Symbian 운영체제에 집착해서 몰락이 가속되었고, 이는 조직을 그렇게 구성하고 운영했기 때문에 당연한 결과였다.

노키아가 최고 위치로 올라설 수 있었던 배경에는 1991년에 진행된 심층적인 전략 연구가 있었다. 이 핀란드 통신사는 당시 새로 나온 GSM* 디지털 표준을 채택하고 이동통신에 집중하기로 결정했다. 타이밍이 적절했다. 노키아의 GSM 장비 시장과 이동

---

* 세계이동통신사업자협회Global System for Mobile Communications

통신 시장은 급격하게 성장했고, '캔두can-do' 정신과 문화는 노키아의 자랑이 되었다.

노키아의 커뮤니케이터 단말기는 최초의 스마트폰이었다. 1996년에 출시한 이 제품은 옆으로 접을 수 있고, 작지만 자판을 다 갖춘 키보드를 장착했다. 1998년에는 심비안을 개발해서 누구나 이 '개방형' 운영체제를 사용할 수 있게 했다. 심비안은 효율적으로 설계되어 있었다. 표준 C++ 언어로 작성되었고, 주프로세서의 특정 명령어 집합을 사용했다. 수요가 늘어나고 무어의 법칙에 따라 반도체의 가격이 떨어지면서 노키아의 사업은 더욱 번창했다. 2002년 초에 노키아 폰은 전 세계 휴대폰 시장점유율 36퍼센트를 기록했다.

노키아의 기본 전략은 글로벌 판매를 통해 제조원가를 낮추는 것이었다. 그들은 심비안재단을 통해 운영체제를 오픈소스 소프트웨어로 공개해서 심비안 운영체제를 표준으로 만들었다. 구글의 안드로이드 운영체제가 스마트폰 시대의 표준 운영체제가 된 것과 마찬가지였다.

CEO인 요르마 올릴라Jorma Ollila는 노키아의 몸집이 커지면서 민첩성이 사라졌다고 걱정했다. 그는 2003년 매트릭스 조직으로 개편을 단행했다. 그 배경에는 '기업 솔루션' 및 기타 사업에서 휴대폰 사업을 분리하려는 목적이 있었다. 또 다른 이유는 휴대폰 부문이 사내에서 정치적으로 너무 지배적인 위치에 올라서는 것을 견제하기 위함이었다. 심비안은 모든 폰에 적용되는 범용 소프트웨어가 되었다.

새로운 조직구조는 바로 문제를 일으키기 시작했다. 중역들은 휴대폰의 각 세그먼트를 나눠 맡아 새로운 모델의 수익성과 '타임투마켓time-to-market'*으로 엄밀한 평가를 받았다. 그러다 보니 사내 자원을 차지하기 위한 정치공작이 난무했다. 노키아는 여러 위원회를 만들어 갈등을 조정했으나 시간이 많이 걸렸다.[4]

매트릭스구조는 조직의 의사결정을 지연시키고 최고경영진을 현장으로부터 고립시켰다. 시장을 더욱 세밀하게 구분하다 보니 제품 수가 많아졌다. 2004년까지 노키아에는 36종의 휴대폰이 있었지만, 2006년 한 해에만 49종을 추가로 출시했다. 그런데 심비안 운영체제는 주프로세서와 긴밀하게 통합되어 있기 때문에 새로운 제품이 나올 때마다 이를 조정해야 했다. 또한 모듈화가 부족해서 개선 작업이 매우 어려웠다.[5] 심비안 개선 업무는 점점 연구개발 부문에 부담을 주기 시작했다. 그런데 경영층은 엉뚱하게도 연구개발비를 매출액의 10퍼센트 이내로 제한했다.

애플의 비밀유지 정책에도 불구하고 2005년 말 노키아의 엔지니어들은 아이폰의 핑거터치 설계를 알게 되었다. 2004년부터 스타일러스펜 기반의 터치스크린을 개발해온 노키아는 그때부터 핑거터치 기반 휴대폰 개발에 총력을 기울였다. 2006년 한 관리자는 이렇게 말했다. "터치스크린이 '넥스트 빅 씽Next Big Thing'**이라고 직감한 CEO는 모든 방법을 동원해 중역회의에서 의제로 삼고 후속조치를 지시했습니다."[6] 하지만 그런 휴대폰은 2009년

---

* 개발에서 시판까지 걸리는 시간
** 차세대 거대 시장

까지도 나오지 않았다.

사람들은 노키아의 몰락 이유가 심비안 운영체제를 버리지 못하고 '라이프스타일' 제품을 계속 출시하는 전략 때문이라고 쉽게 단정 내릴지 모른다. 그러나 보다 근원적인 질문은 왜 아무도 그 상황을 개선하지 않았는가 하는 것이다. 조직을 파멸시킨 이런 관성은 어디서 나온 것일까?

원인은 네 가지다. 첫째, 시장의 중심이 하드웨어에서 하드웨어와 통합 가능한 소프트웨어로 이동했다.

둘째, 최고경영진이 소프트웨어에 대한 지식이 부족했다. 원래 노키아는 뛰어난 기술을 기반으로 시작한 기업이지만 시간이 갈수록 수익 중심의 경영으로 바뀌었다. 요르마 올릴라는 투자은행 출신이며 그의 후계자인 올리 페카 칼라스부오Olli-Pekka Kallasvuo는 전직 사내 변호사였다. 이런 배경 때문인지 이들은 소프트웨어가 무엇인지, 소프트웨어를 어떻게 만드는지에 대해 거의 이해하지 못했다. 성과목표는 수립했지만 당면한 조직구조와 소프트웨어 문제의 크럭스도 이해하지 못했다.

셋째, 매트릭스구조가 책임을 분산시켜 그 누구도 책임지고 핑거터치 스마트폰을 개발하지 않았다. 한번 회사의 규모가 커지면 기술은 일상적인 것이 되어버리고, 관리자들은 손익목표 및 타임투마켓 목표 달성에 정신이 없다. 기술에 대해 알고 있던 직원 누구도 구글이 안드로이드를 개발한 것처럼 심비안을 버리고 더 나은 운영체제를 개발할 권한이 없었다.

넷째, 리더십 스타일이 너무 공격적이었다. 76명의 노키아 관리자들을 인터뷰한 결과, 중간 관리자와 엔지니어들은 겁에 질려 거짓인 줄 알면서도 낙관적인 예상을 할 수밖에 없었다고 고백했다. 노키아의 한 중역은 애플과 달리 최고경영진이 소프트웨어에 관해 전혀 능력이 없었다고 털어놓았다. 이들은 지침을 내리지만 나쁜 실적은 보고받으려 하지 않았다. 달성 가능성과 상관없이 목표가 설정되었다. 이의를 제기하면 한직으로 밀려나고 결국 해고되었다. 그들은 압박을 가하면 무엇이든 할 수 있다고 믿는 것 같았다. 1992년부터 2006년까지 회장을 지냈던 올릴라는 '성격이 매우 급해서' 직원들에게 '목청껏' 고함을 질러댔다고 한다.[7]

조직 변경과 쇄신

그나마 다행인 것은 노키아나 GM에 영향을 미쳤던 조직 문제는 크럭스전략의 원칙을 이용하면 해결할 수 있다. 즉 진단하고, 크럭스를 파악한 뒤, 성과목표를 정하고, 일관된 행동을 하는 것이다. 신생 인터넷 기반 기업들은 전통기업처럼 공장이나 고정자산, 노동조합 및 방대한 조직이 없기 때문에 신속하게 변화할 수 있다. 물론 이 변화에 적응하지 못하거나 해고되는 사람들에게는 고통일 것이다.

그러나 진정한 변화는 매우 이루기 어렵다. 최고의 교육을 받고 긍정적인 태도를 지닌 경영자가 지휘하는 기업은 수세기 전에 뛰어난 설립자가 만들었고, 시간이 가면서 미로처럼 복잡한 구조를 가지게 되었다. 경영자는 보통 자신이 경영하는 기업의 기술이나 공정에 대해 잘 모른다. 실적보고서만 보고 경영을 하기 때문에 그들이 할 수 있는 것은 단지 '전략'을 수립해 더 나은 성과를 재촉하는 것이다.

그러므로 오래된 기업에서 근본적인 변화를 달성하는 데는 시간이 많이 걸린다. 나는 인시아드경영대학원 재직 중에 기업혁신프로그램Corporate Renewal Initiative을 개발했다. 대기업 가운데 근본적인 변화를 일으킨 사례 10개를 선정해 세부 내용까지 추적했다. 보통 이런 혁신에는 5년 정도 소요된다. 최고경영진의 사진을 전과 후로 나누어 보면 대부분 이름과 얼굴이 바뀌어 있다. 즉 변화란 경영진의 변화를 뜻한다.

조직의 변화에 대해 많은 연구가 있지만 여기서는 내가 개인적으로 중요하다고 생각되는 요소들을 다루겠다.

경영진은 말뿐이 아닌 진정한 변화가 발생하도록 전력을 기울여야 하며 느슨한 전통을 쥐어짜는 불편함과 고통을 감내해야 한다. 조직의 규모가 어떻든 상부의 핵심 팀은 5명에서 8명으로 구성되어 있다. 이들이 20명에서 40명으로 구성된 혁신이행팀을 지휘한다. 변화에 대한 전략을 수립하고 매일 결과를 점검하는 이런 팀이 없다면 변화는 벽에 붙은 구호에 지나지 않는다.

복잡한 조직은 단순화해야 진정한 의미의 변화를 이룰 수 있다. 우선 불필요한 업무를 없애거나 외주를 주어야 한다. 더 나아가 아무런 실익도 없이 정보의 필터링 기능만 하는 잉여 조직을 제거해야 한다. 그다음에는 큰 조직을 작은 조직으로 분할해야 한다. 그래야 정치세력의 형성을 예방하고, 손실을 보아도 큰 조직에 묻어가지 못한다. 이는 다시 조직을 솎아내는 데 도움을 준다. 다음 단계는 사업 다각화를 축소하고 제품의 가짓수를 줄여 틈새시장전략을 폐기해야 한다.

일단 단순화 작업을 하면 기업의 기본 운영방식을 더 잘 이해하게 된다. 이때 진정한 혁신이 발생한다. 가장 흔히 사용하는 방법은 중간 관리자를 팀에 배치한 다음, 회사에 당면한 특정한 문제를 배정하는 것이다. 이는 보통 조직 문제는 아니지만 성과와 연관되어 있기 때문에 정책과 조직의 변화 없이는 해결하기 어렵다. 이런 문제를 해결할 수 있는 팀들은 차세대 지도자가 될 가능성이 높다.

IBM의 혁신

1911년에 설립된 IBM은 엔지니어들의 뛰어난 실력과 복잡한 기계제품을 제작할 수 있는 능력으로 천공카드 작업 및 계산 분야에서 놀라운 성공을 이루었다. 1963년이 되자 사람들은 여러 모델에 사용 가능한 소프트웨어를 만드는 비용이 하드웨어를 제작하는 비용과 같다는 것을 알게 되었다. 이 문제의 크럭스는 다양한 하드웨어에 장착 가능한 하나의 운영체제를 개발하는 것이었다. 즉 모든 기계를 소프트웨어와 호환할 수 있도록 재설정해야 했다. 새로운 제품인 360시리즈는 그런 목적에 부합했다. IBM은 거의 파산 직전에 이를 정도로 회사의 모든 자원을 이 제품에 쏟아부었다.

1967년에 나는 IBM의 사례연구를 진행하면서 360시리즈를 추진했던 T. 빈센트 리어슨T. Vincent Learson 회장을 만났다. "회사를 건 모험이었죠." 그가 말했다. IBM은 고객이 새로운 소프트웨어를 구매하지 않아도 업그레이드할 수 있는 제품을 만들려고 했다. 그러나 엔지니어들 사이에서는 의견이 갈렸다. 사무기기를 추구하는 엔지니어들과 고성능 과학기술용 컴퓨터를 만들고 싶은 엔지니어들은 호환성에 대해 서로 다른 생각을 갖고 있었다. 리어슨은 이렇게 말했다. "말하자면 창살 안에 둘을 집어넣고 노련한 심판이 보는 가운데 싸움을 붙인 거죠."

그래서 나온 것이 사무기기에 마이크로코드를 장착해서 기존 소프트웨어와 새로운 소프트웨어가 호환되게 만드는 아이디어였다.

그렇게 IBM은 1964년에 6종의 컴퓨터와 44종의 주변장치를 발표하고 전시했다. 그리고 한 달 만에 거의 10만 건의 주문을 받았다. IBM의 성장률은 급증했다.

회사가 커지면서 본사 직원의 수도 늘었다. 1972년에 당시 CEO였던 리어슨은 이렇게 불평했다. "얼마 전에 시설 담당 중역이 말하길, 중요한 설비를 공장 내에 설치하려면 누군가 회의를 소집해서 30명의 동의를 받아야 한다고 하더군요." 9년 후에 CEO인 존 오펠John Opel 역시 이렇게 토로했다. "형식주의가 심해져

성과가 잘 나지 않았습니다." 한 조사에 따르면 개발팀이 문제 해결에 필수적인 소형 장비 하나를 구입하려면 총 31명에게서 사인을 받아야 하고, 그 기간은 8주가 소요되었다.[8]

1980년대 IBM이 PC를 개발하는 과정을 살펴보면 문제가 잘 보인다. PC 프로젝트를 주관했던 돈 에스트리지Don Estridge는 한 번 실패를 맛보았기 때문에 IBM의 소프트웨어 개발 능력을 잘 알고 있었다. '시스템1'이라고 불렸던 그 프로젝트는 소형 메인 컴퓨터와 운영체제가 필요했다. 사양 세부명세서를 작성하는 데만 수천 명의 프로그래머들이 간섭했지만 막상 코드 작업은 매우 느렸다.[9] 이런 경험 때문에 PC를 만드는 임무를 맡았을 때, 운영체제는 마이크로소프트 제품을 사용했다.

1990년대 초에 IBM 연구원 몇 명은 '관리직 마피아'가 회사를 장악하고 있으며, 이로 인해 의사결정이 지연된다고 폭로했다.[10] 사업부별로 이권다툼이 심했으며, 한 사람의 '반대자'라도 생기면 프로젝트는 진행되지 못했다. 수익은 마이너스를 기록하고 추락은 막을 수 없는 듯 보였다. 월스트리트는 조직을 분할해서 개별 회사로 매각하거나 IT업계에 판매하라고 IBM에게 조언했다.

1993년에 IBM은 돌파구를 찾아 루 거스트너를 새로운 CEO로 영입했다. 거스트너는 IBM으로 옮기기 전 매킨지McKinsey와 아메리칸익스프레스American Express에서 근무한 이력이 있으며, RJR 나비스코RJR Nabisco의 회장을 지냈다. 그가 3년간 IBM에서 이룩한 업적은 전형적인 조직혁신의 사례로 거론된다.

거스트너 회장은 그 어떤 기업도 IBM이 가진 광범위한 기술과 관리자의 소통을 따라올 수 없다는 것을 알고 있었다. 그러나 조직을 상품 및 지역별로 분리하면서 이런 기술과 자원을 고객에게 전달하지 못하고 있었다. 게다가 IBM에는 변화에 저항하는 기업 문화가 존재했다. 한 인터뷰에서 거스트너는 이렇게 말했다.

문화를 바꾸기는 매우 어렵습니다. 그렇다고 강요할 수도 없지요. 직원들의 믿음, 충성을 바꿔야 하기 때문입니다. 그래서 몇 년이 걸릴 수도 있습니다. 될수록 많이 이야기해야 합니다. 직원들에게 변해야 하는 이유를 설명하고, 조직의 전략이 바뀌면 개인에게도 유리하다는 점을 설득해야 합니다. 우리는 지난 4~5년간 이렇게 해서 변화를 이뤄냈습니다.[11]

거스트너 회장은 어떻게 하면 회사가 하나의 완전체처럼 움직일 수 있을까에 대해 자신의 의견을 구호로 작성했다. 그리고 이를 직원들에게 배포하는 데 많은 시간과 에너지를 쏟아부었다. 그 슬로건이 '하나의 IBM'이었다. 하지만 아직도 앞에서 말한 '반대자' 제도가 조직을 지배하고 있었다. 이는 한 명의 중역이라도 거부하면 중요한 계획을 진행할 수 없는 공식 의사결정 시스템이었다. "나 자신도 이 고집과 적대감을 직접 경험했습니다. 누구에게 어떤 지시를 하면 절대로 이행되지 않았습니다. 며칠 후 또는 몇 주 후에 이를 알고 이유를 물어보았더니 한 중역이 이렇게 말하더군요. '그건 소프트 리퀘스트soft request* 같은 겁니다. 기본값이 거절이죠.'"[12]

취임 초기부터 그는 타사를 벤치마킹해서 IBM의 장비 도입 가격이 매우 높고 경쟁사 대비 경비가 4배나 더 많다는 것을 알게 되었다. 그는 중앙컴퓨터의 구입 가격을 삭감하고 70억 달러의 경비를 절감했다. 1993년에는 7만 5,000명의 직원을 해고했다. 그리고 조직 슬림화의 일환으로 몇몇 사업부를 매각하거나 없앴다.

비대해진 조직을 가장 잘 나타내는 사례는 수많은 데이터센터였다. IBM은 전 세계에 125개의 데이터센터와 이를 주관하는 128명의 최고정보관리책임자Chief information officer가 있었다. 거스트너는 데이터센터를 3개로 줄이고 IT 조직을 간소화해 최소 20억 달러를 절약했다.[13]

변화를 추진하면서 거스트너가 실시한 가장 혁신적인 방법은 집행위원회Corporate Executive Committee(CEC)를 신설한 것이다. 이는 그를 포함하여 10명의 위원으로 구성되었다. 각 위원에게는 구매, 영업, IT, 상품개발, 생산 등 분야별로 전권이 부여되었다. 이들의 주 임무는 오로지 변화였다. 왕정 시대의 총독처럼 이들은 고용, 해고, 재배치, 조직 변경에 관한 전권을 가지고 혁신을 추구했다.

IBM에는 변화에 저항하는 기업문화가 있었다. 그러나 변화를 강조하고 새로운 인원이 들어오면서 이를 극복했다. 내가 UCLA에 재직 중일 때, 경영대학원 진학을 고려하고 있는 젊고 참신한 문화인류학 전공 학생을 인터뷰한 적이 있다. 그는 문화에 따라

---

* 인터넷 사이트 회원가입 시 물어보는 마케팅 정보활용 동의 여부

조직 규범이 많은 차이를 보인다고 설명했다. 나는 점심식사를 같이하면서, 당시 그의 논문 주제인 조직의 관성과 변화에 대해 의견을 물어보았다. 그는 이렇게 대답했다. "어떤 조직의 규범을 바꾸려면 우두머리alpha를 바꾸면 됩니다. 모든 조직은 우두머리가 사고와 행동의 '옳은' 길을 결정합니다. 우두머리가 바뀌면 행동이 바뀝니다." 중요한 것은 우두머리가 반드시 공식적으로 제일 높은 사람일 필요는 없다는 점이다. 모두가 존경하고 따르는 사람이면 된다. 새로운 우두머리가 나타나면서 IBM의 문화는 천천히 변화했다.

2002년에는 샘 팔미사노Sam Palmisano가 새로운 CEO로 취임해서 회사의 '가치관'을 강조했다. 며칠에 걸쳐 온라인으로 진행된 '밸류잼ValuesJam'에는 32만 명의 직원이 참여해 가치관에 대한 토론을 벌였다. 이를 통해 그들은 혁신 의지를 공고히 했을 뿐 아니라 '고객의 성공'을 최우선 가치로 삼겠다고 공언했다. 이는 제품 중심의 정책을 펴온 회사로서는 대단한 변화였다.

2021년 현재 IBM은 정보처리산업의 주요 업체이기는 하나, 혁신에도 불구하고 예전의 선두자리를 아직 되찾지 못했다. 회사의 소프트웨어 분야가 전체 산업과 서비스형 소프트웨어 시장을 따라잡지 못했고, 액센츄어Accenture와 인포시스Infosys에 IT 아웃소싱 시장을 빼앗겼기 때문이다.

거스트너가 추진한 혁신은 IBM을 구했고 고객 최우선 정책은 제품 중심의 IBM을 변화시켰다. 그러나 거스트너와 팔미사노 모두 대형 기업고객 위주로 '고객 성공' 정책을 펼쳤기 때문에, 웹과 클라우드로 더욱 막강한 권한을 갖게 된 수많은 개인고객을 잡는 데 뒤처졌다. 또한 기업고객의 IT부서 역시 클라우드 도입에 늦다 보니 IBM은 마이크로소프트, 아마존에 이어 업계 3위에 머무르게 되었다. IBM은 전략수립에서 전형적인 문제에 봉착해 있다. IBM은 폭넓은 IT기술과 수많은 기업 및 조직에 '연결되어' 있다는 장점 때문에 사용할 수 있는 자원은 최고 수준이지만, 기업고객들은 민첩하지 못하고 최신 기술을 접목하려 하지 않는다.

성공은 풍요를 낳고, 풍요는 게으름을 낳는다. 그런 기업은 긴장이 풀리면서 시대에 맞지 않는 구조와 행태를 계속 유지한다. 그러다 뛰어난 지도자가 탄생해 새로운 시스템을 도입하고 경영철학을 주입한다. 한참이 지나면 다시 바뀌어 그 시스템과 형태가 구식이 된다.

성과와 수익성이 좋은 대기업이 생산성을 유지하면서 변화하기란 매우 어렵다. 과연 그게 가능할까?

조직과 문화는 전략적인 문제다. 기업이 성공적인 지위를 유지하는 데 도움이 된다면 이것은 분명 장점이 될 것이다. 그러나 효율성과 변화를 방해하는 요소라면 이는 기업의 전략과 관계된 문제다. '우리의 비전'이나 '성장전략' 같은 거창한 구호도 곪아터진 조직의 문제를 무시한다면 그저 또 다른 문제일 뿐이다. 진정한 전략적 리더십이란 기업 외부의 도전에 대응했던 노력과 같은 강도로 내부 문제를 해결하는 것이다.

크럭스 해결과정의
밝고 화려한 방해물

오늘날 기업이나 기관의 지도자들은 많은 유혹에 흔들린다. 주위에서는 그에게 회사 운영의 기본이 되는 '사훈mission'이 있어야 한다고 말한다. 흔히 목표에서 전략을 발견할 수 있다고 믿고, 목표를 글로 풀어 쓰는 것이 전략의 시작이라고 생각한다. 많은 지도자와 저자들이 그랬듯 전략과 경영을 혼동하기 쉽다. 이 둘은 관계는 있지만 다르다. 분기실적에 쫓겨 단기간에 만회하려는 노력은 이해되지만, 단기 결과를 추구하는 것이 전략이라고 생각해서는 안 된다.

14장

처음부터 목표를 설정하지 마라

어떤 목표를 달성하기 위한 계획을 전략이라고 믿는 사람들이 많다. 그렇지만 누가, 어떻게 목표를 설정하는가? 지도자가 목표를 선정한다는 것은 무엇이 중요한시 그리고 자원과 에너지를 어디로 분배할지를 결정한다는 의미다.

그런데 중대한 과제 및 기회에 대한 이해나 분석 없이 제멋대로 선정된 목표는 '지지받지 못하는 목표unsupported goal'다. 반면에 좋은 목표는 조직을 발전시키기 위한 행동을 추구한다. 혼란을 피하기 위해 지지받지 못하는 목표와 구별해서 이를 '목적'이라고 부르겠다. 예를 들어, 향후 12개월 안에 특정한 수익목표 달성처럼 지지받지 못하는 목표는 딜버트 스타일Dilbert-style* 경영이라고 할 수 있다. 현실과 괴리되어 있기 때문이다.

---

* 무능한 상사로 직원이 고통받는 상황을 그린 스콧 애덤스의 만화에서 유래한다. '딜버트의 법칙'은 무능한 직원일수록 조직에서 승진할 가능성이 높다는 역설적 주장을 나타낸다.

목표와 전략을 혼동한 커티스라이트

전략적 목표에 대한 내 생각이 명확해진 것은 몇 년 전 항공기 제작업체인 커티스라이트Curtiss-Wright의 CEO 테드 베르너Ted Berner가 주관한 전략회의에서였다. 그는 다각화와 관련된 내 책을 보고 나를 초청했다.[1] 베르너는 1960년부터 회사를 이끌어 왔는데, 다각화를 연구한 외부 전문가에게 기업전략을 맡기고자 했다. 그는 내게 고위 중역들과 팀을 이루어 작업해달라고 부탁했다.

이 회사의 공동 창립자는 전설적인 글렌 커티스Glenn Curtiss였다. 그는 자동차 디자이너, 오토바이 선수, 시험비행 조종사의 경력을 가지고 있었다. 1907년에는 V-8엔진을 장착한 오토바이로 시속 220킬로미터의 속도를 기록하며 '세계에서 가장 빠른 사나이'라는 타이틀을 획득했다. 이 일로 그는 유명세를 얻었다. 또한 1910년에는 최초로 해군 함정에서 비행기를 이륙시켰다. 그가 설립한 커티스Curtiss는 제1차 세계대전 중에 조작하기 쉬운 '제니' 훈련기 수천 대와 N-9 수상비행기를 해군에 납품하기도 했다.

라이트 항공사Wright Aeronautical는 라이트 형제가 설립한 엔진 제조업체다. 찰스 린드버그Charles Lindbergh가 뉴욕에서 파리까지 무착륙 비행에 이용한 '세인트루이스의 정신Spirit of Saint Louis'호에 라이트 항공사의 엔진이 장착되었다. 그리고 2년 후인 1929년에는 두 회사가 합병하여 커티스라이트가 탄생했다.

커티스라이트는 제2차 세계대전과 1950년대에 걸쳐 비행기 엔진 및 프로펠러 제작업체로 성장했다. 그러나 1960년대에 제트 엔진 시대가 도래하면서 기존 사업이 거의 문을 닫자 커티스라이트는 비행기 부품, 원자력발전소 장비, 자동차 및 건설기계 부품으로 사업을 다각화했다.

이 회사는 로터리(방켈)엔진의 탄생에 큰 몫을 했다. 1957년 독일의 NSU모토렌베르케NSU Motorenwerke 자동차회사가 최초의 로터리엔진을 내놓자, 커티스라이트는 미국 판매 독점권을 구입했다. 자동차업계는 로터리엔진에 엄청난 기대를 하고 있었다. 이 엔진은 왕복 피스톤 운동 없이 작동했다. 시끄럽지 않고 작은 진동 소리를 내며 바퀴로 동력을 전달했다. 이 엔진을 최초로 장착한 차량은 1967년에 시판된 마쓰다 코스모Mazda Cosmo였으며, 그뒤로 유명한 RX-7에도 장착되었다. 아메리칸모터스의 상품 담당 부사장인 제럴드 마이어스Gerald Meyers는 1980년이 되면 모든 엔진의 절반, 그리고 1984년에는 모두 로터리엔진으로 대체될 거라고 예측했다.[2] 증권가는 열광했고, 주당순이익이 13센트에 불과했던 커티스라이트의 주식은 1972년에 60달러까지 치솟았다.

그러나 연비가 좋지 않았던 로터리엔진은 1973년 급격한 유가 상승으로 직격타를 맞고 시장에서 서서히 사라졌다. 게다가 미국 정부의 배기가스 규제 조치에 제대로 대응하지 못했다. GM은 로터리엔진 프로젝트를 취소했고, 아무도 커티스라이트와 제휴하지 않았다. 1974년 주가는 5달러로 폭락했다. 하지만 계속해서 핵무기 부품, 원자력발전소용 시스템과 장비, 터빈 발전기 및 비행기 부품 등을 생산했다. 또한 광폭동체항공기 부품으로도 영역을 확대했다. 주가는 하락했지만 채무가 거의 없고 현금보유량도 상당했다.

베르너 회장은 금요일의 전략회의에서 중역들에게 회사의 목표를 명확히 해달라고 주문했다. 그는 이렇게 지시했다. "무엇보다 우리가 달성하려는 것에 대해 의견이 일치해야 합니다. 일단 목표를 명확히 하면 무슨 수를 쓰든 달성할 수 있습니다."

그날 아침 2시간의 회의는 고통스러웠다. 중역들은 '성장', '다각화', '투자수익률 제고' 같은 광범위한 목표만 이야기했다. 이런 목표에 반대할 사람은 없으나, 이것들은 구체적인 방안을 제시하기 전에는 아무 의미 없는 희망사항에 불과하다. 만일 누군가 배기가스 저감장치 시장에 진출해야 한다고 구체적으로 주장하면, 그런 '목표'는 무엇을 해야 할지에 대한 방향을 제시하는 매우 강력한 결정사항이 된다.

그날의 나머지 시간에는 회사의 사업영역을 검토했다. 휴식 시간에 베르너 회장은 다음 날 아침 이 문제를 다시 다루겠다며 내게 '뛰어난 전략적 목표'란 무엇인지 회의 전에 간단하게 설명해달라고 부탁했다.

그날 밤 도무지 잠이 오지 않았다. 나는 다양한 다각화 추진 방식의 장점과 단점 등을 토의할 생각이었지, 목표를 다루게 될 거라고는 예상하지 못했다. "기업은 무엇을 달성하기 위해 노력해야 하는가?"라는 질문은 "사람은 살면서 무엇을 추구해야 하는가?"라는 질문과 크게 다르지 않다. 이 문제는 지난 2,500년 동안 철학자들을 괴롭혀왔다. 왜 사람은 믿음, 명예, 진리, 정의, 권력,

부, 균형 혹은 단순히 행복을 추구하는가? 아니면 실존주의자들이 주장하듯 마음대로 목표와 가치관을 정해도 되는 것인가? 이런 것들이 내일 하는 일과 무슨 관계가 있는가? 나는 밤을 새워, 시간이 가도 변하지 않을 글을 타자기로 써 내려갔다. 46년이 지난 오늘까지도 이 글은 결과를 도출하는 전략수립에 도움이 된다고 생각한다.

뛰어난 전략적 목표란 무엇인가? 기업은 시장에서 살아남아 수익을 증대해야 한다. 그러나 이런 바람은 구체적인 행동으로 연결되지 못했다. 그래서 우리는 전략을 수립하기 위해 모였다. 즉 "무엇을 해야 하는가?"라는 질문에 답을 얻기 위해 모인 것이다. 답을 구하다 보면 조직이 달성하고지 하는 목표를 수립할 수 있을 것이다. 뛰어난 전략적 목표는 무엇을 투입한다고 저절로 생기는 것이 아니라, 전략이 있어야 수립할 수 있다.

우리는 전략을 수립하려 할 때 당연히 야망이나 가치관을 떠올린다. 그러나 야망, 욕망 그리고 가치관은 우리에게 무엇을 하라고 지시하지 않는다. 예를 들어, 자유와 안전 같은 가치는 모든 미국인이 소중하게 생각하지만 이런 것들이 사회보장제도에서 적립방식real saving*과 부과방식pay-as-you-go** 중 어느 제도를 선택할지 지시하지는 않는다. 또한 자유를 얻기 위해 정확히

---

* 기금을 조성해 여기서 나오는 수익으로 운영하는 방식
** 현재의 근로자가 조성한 기금으로 퇴직자를 지원하는 방식

어디까지 안전을 희생해야 하는지도 말해주지 않는다(반대도 마찬가지다).

'투자금액 대비 15퍼센트 이상의 이익 달성' 또는 '군수 및 항공산업의 비중을 매출액의 50퍼센트 이하로 유지' 같은 목표는 구체적이므로 보다 효과적이라고 생각한다. 그러나 이런 식으로 구체적인 목표를 선언하는 것은 사실상 결정과 다름없다. 즉 무엇을 해야 하는지에 대한 명확한 선택이다. 이런 구체적인 목표는 경영자가 어느 쪽에 시간과 에너지를 투자하고 자원을 배분해야 할지를 결정한다. 따라서 목표를 수립하려다 결국 목표처럼 보이는 결정을 수립하게 된다.

기업은 경쟁한다. 수익을 내기 위해, 기술을 얻기 위해, 명성을 얻고 인정받기 위해 그리고 자본시장에서 자금을 조달하기 위해 경쟁한다. 전략은 어디에서, 어떻게, 누구와 경쟁할지에 대한 결정이다. 하지만 안타깝게도 어떤 전략적 선택을 하면 수익성이 높아진다는 그런 마술 같은 법칙은 없다. 따라서 목표를 먼저 선택하고 이에 따른 전략을 수립하는 역방향 접근방식은 불가능하다. 입증할 만한 분석이 없는 한 구체적인 목표는 가짜 전략에 불과하다.

전략은 변화, 문제, 기술, 자원, 기회를 검토해서 나온 판단을 기반으로 수립해야 한다. 욕망이 전략에 반영될 수도 있다. 그러나 실제 전략은 변화에 대한 인식, 특별하고 보호받는 기술과 지식, 경쟁사의 기술과 지식, 가용 자원에 대한 날카로운 통찰력에서 나온다.

올해(1974년) 유가는 배럴당 3달러에서 12달러로 폭등했다. 여러 산업이 그 피해를 입을 것이다. 우리는 먼저 이런 상황 변화를 파악하고 커티스라이트에 유리하도록 이를 극복할 방법을 모색하여 전략을 수립할 것이다.

전략은 무엇을 할 것인가에 대해 숙고하여 내리는 판단이다. 우리가 바라는 모든 것을 한 번에 만족시킬 수는 없다. 전략에 따라 현 시점에서의 선과 후가 결정된다. 일단 앞으로 나갈 전략을 선택하면 그때서야 구체적인 목표를 설정할 수 있다.

다음 날 아침 이 글을 복사해서 중역들에게 돌렸다. 그때는 파워포인트가 없어서 직접 읽는 수밖에 없었다. 우레와 같은 박수는 없었다. 중역들은 내가 제기한 문제들을 검토하고 오일 쇼크로 인한 영향에 주의를 기울이기 시작했다. 고성능 장비의 설계와 제작에 강점이 있지만 정부계약 수주가 취약하다며 회사에 대한 진단을 내리기도 했다. 사업 환경이 보다 안정적이었으면 좋겠다는 말이었다.

커티스라이트와는 그날까지만 함께했다. 당시 그 회사의 가치는 약 100억 달러였다.[3] 사업 연관성이 없는 기업을 인수하는 등 그 뒤에 발생한 일들은 테드 베르너의 전략이 복합기업으로의 성장임을 보여주었다. 그는 1년간 센코Cenco의 주식을 매입했는데, 이 회사는 공해 저감장치와 의료기기를 생산하는 한편 양로원을 운영하는 등 다양한 분야에 손을 대고 있었다. 2년 후에 베르너는 케네콧Kennecott 구리광산을 차지하기 위한 대리전에도 관여했다. 그러더니 갑자기 텔레다인Teledyne이 커티스라이트의 주식을 사들이기 시작했다. 그 후 3년간 회사가치는 29억으로 쪼그라들었다. 그로부터 약 20년간 회사는 첨단 부품 및 조립품을 여객기와 군용기에 공급하는 원래의 모습으로 돌아갔다. 오늘날 커티스라이트는 유체 및 동작제어 제품을 생산해 우주항공, 원자력, 정유, 가스업체에 공급하고 있으며 우주항공, 자동차, 산업기계업체에 금속처리서비스를 제공하고 있다. 그리고 현재 회사가치는 60억 달러에 이른다.

목표는 결정이다

커티스라이트처럼 목표와 전략의 관계를 잘못 이해하면 아무리 전략수립 워크숍과 회의를 많이 해도 진전이 없다. 최고경영진이 우선 회사의 목표를 수립한 다음 전략을 개발하려고 하기 때문이다. 전략을 수립하겠다고 하면 보통은 이런 식으로 목표를 먼저 수립하라는 조언을 듣는다.

워크숍에서 광범위하고 일반적인 가치관에 대해 의견 일치를 구하는 것은 쉬워 보인다. 예를 들어 수익을 증대한다든지, 회사의 규모를 확대한다든지, 경쟁사보다 뛰어난 실적을 보인다든지, 직원들을 존중하고 처우를 개선한다든지 하는 것 등이다. 이런 가치관과 희망을 반대하는 사람은 없다. 그러나 이런 가치관이 어떤 구체적인 목표, 특히 계량적인 목표로 변하는 순간 행동이 뒤따라야 한다. 구체적인 숫자로 표현하면 무엇이 중요한지 결정된다.

만일 어떤 목표(결정)가 매우 중요한 문제를 해결하려고 노력하는 직원들에 대한 이해를 바탕으로 설정된다면, 그 목표는 행동의 방향을 결정하는 유용한 도구가 된다. 그러나 직원들에 대한 진단 없이 단순히 목표 발표에 그친다면, 그 목표는 제대로 된 진단 없이 무엇이 중요한지를 결정한다. 반면에 좋은 목표, 즉 좋은 목적은 문제를 해결하는 과정에서 자연스럽게 수립된다. 예를 들어 호주에서 새로 시작한 사업에 문제가 발생했을 때, 고객사와 협조하여 품질 문제를 해결한다거나 독립 팀을 만들어 완벽한 방수코팅 재질을 개발하는 것이다. 시장점유율 확대처럼 지지받지 못하는 목표로 시작한다면 경영자로서의 통찰력이 부족한 것이며, 직원들을 쥐어짜서 성과를 내려는 것이다.

베르너는 내게 "뛰어난 전략목표란 무엇입니까?"라고 물었다. 좋은 전략목표란 꼬인 과제를 해결한 '결과'지 '원인'이 아니다. 조직의 리더는 전략을 수립할 때 일반적인 희망과 당장 급한 구체적 행동방안을 연결시킨다. 연결이 잘되면 좋은 전략을 얻을 수 있다.

목표는 경영자에게 중요한 수단이다. 경영자와 관리자들은 행동지침으로 목표를 수립한다. 좋은 목표(목적)는 다음과 같다.

- 전체 문제가 아니라 해결하기 간단한 문제로 범위를 좁혀 모호성을 없앤다.

- 조직이 달성 방법을 알고 있거나, 노력해서 알아낼 수 있다.
- 선택과 집중 그리고 해결과정을 통해 해야 할 일과 해서는 안 되는 일을 구분한다.
- 모든 직원이 항상 동의하지는 않는다.

지지받지 못하는 엉터리 목표

나쁜 전략목표는 화려하지만 집중을 분산시키는 두 가지 색을 띠고 있다. 첫 번째는 분석이나 문제 인식조차 없는, 지지받지 못하는 목표다. 1985년 IBM 회장 존 에이커스는 향후 10년간 매출액을 460억 달러에서 1,800억 달러로 늘리겠다는 목표를 잡았다. 현재의 애플처럼 당시 IBM은 컴퓨터업계를 지배했고, 산업 전체 이익의 3분의 2를 가져갔다. 그러나 중앙컴퓨터의 시대는 저물어가고 현업과 동떨어진 전산부서도 사라지고 있었다. 에이커스의 목표를 달성하기 위해 매우 많은 인원이 충원됐지만, 주요 사업이 붕괴하면서 IBM은 거의 파산에 이르렀다. 에이커스가 수립한 목표는 조직을 이끌어갈 책임을 회피한다. 마치 경기 요령은 안 알려주면서 "무조건 이겨라!"라고 소리 지르는 코치와 같다.

지지받지 못하는 목표 중 대표적인 사례는 '센디아프로덕트 Sendia Products'다. 이 회사는 미국 500대 기업에 들어가는 대기업이었다. 이사회는 성장이 뒤처진다며 '다음 단계로 도약'하기를 원했다. 이에 부응해 새로운 CEO는 '온 투 더 넥스트On to the

Next'라는 슬로건을 내걸었다. 이를 위해 향후 5년간 매출액을 500억 달러에서 1,000억 달러로 2배 늘린다는 목표를 잡았다.

그러나 이 목표는 지지받지 못했다. 센디아가 시장을 지배하고 있었지만 이는 급격히 성장하는 시장이 아니었다. CEO는 2개의 인접 시장에 진입하려는 계획을 가지고 있었다. 첫 번째 인접 시장은 성장하고 있었지만 과거에 한 번 진출을 시도했다가 실패한 적이 있었다. 또한 매우 강력한 경쟁자가 이미 시장을 지배하고 있었다. 두 번째 인접 시장은 성장은 느렸지만 확실한 강자 없이 여러 제품들이 난무했다.

회사의 중역들은 벽에 큰 스크린이 달린 회의실에 모여, 곧 있을 이사회에서 발표할 파워포인트 자료를 보고 있었다. 가장 중요한 슬라이드는 향후 5년간 매출액을 500억 달러에서 1,000억 달러로 확대한다는 목표를 나타낸 막대그래프였다. 2개의 인접 시장에서 400억, 기존 시장에서 100억을 늘리겠다는 계획이었다. 보조 슬라이드에는 인접 시장의 제품출시 현황과 시장 상황에 관한 데이터가 담겨 있었다.

첫 번째 인접 시장에 관한 슬라이드에는 처음 몇 년간 손실을 기록하다 판매대수가 늘어나면서 흑자로 전환된다는 내용이 담겨 있고, 비고란은 수익의 현재가치가 플러스임을 언급하고 있었다. 그런데 CEO가 물었다. "이 예상 슬라이드에 시장점유율은 안 보이네요. 넣어야 되는 거 아닌가요?"

CFO가 보조 데이터를 찾아보더니 5년 후 85퍼센트의 시장점유율을 예상한다고 대답했다. "말이 안 되는 것 같은데. 이 시장에는 강력한 경쟁자가 있잖아요. 우리는 바닥에서 시작하는데." CEO가 말했다.

그러자 상품개발 담당 부사장이 자신만만하게 대답했다. "우리에게는 기술이 있습니다. 고객들이 우리의 기술을 알면 다 넘어올 겁니다."

CFO의 표정이 움찔했다. 아마 지난 번 시장 진입 실패를 떠올린 것 같았다.

"40퍼센트만 잡으면 어때요? 그게 더 합당하지 않나요?"라고 CEO가 물었다.

"그러면 5년 후 예상 매출액은 1,000억이 아닌 740억 달러로 떨어집니다."

그렇게 되면 현재가치가 마이너스가 된다고 재무팀 직원이 덧붙였다. CEO는 현재가치를 플러스로 유지할 수 있는 최소 점유율이 얼마냐고 물었고, 그 직원은 약 50퍼센트라고 대답했다.

CEO는 한숨을 쉬며 말했다. "그럼 50퍼센트로 놓고 두 번째 인접 시장을 좀 더 공격적으로 짜봅시다. 내일 이 시간에 다시 모여 마무리하겠습니다."

경쟁력이 탄탄했음에도 불구하고 센디아에는 전략이 없었다. 장점을 알아볼 능력도 없었고, 매출액을 2배로 확대할 특별한 수단도 없었다.

3년 뒤 이 계획은 모두 실패로 돌아갔고 CEO는 해고되었다.

이 CEO는 왜 기술력이나 경쟁사에 대한 명확한 분석보다는 슬라이드의 숫자를 조작하는 데 그렇게 신경을 썼을까? 한 가지 이유는 지난 10년간 독립과 사업 다각화를 중요하게 생각하는 사람들로 이사회 멤버들이 바뀌었기 때문이다. 이사진은 능력 있고 존경받는 사람들이었으나, 피상적으로나마 이 회사가 가진 기술을 이해하는 이사는 한 명밖에 없었다. 나머지는 회계보고서만 읽을 줄 아는 사람들이었다. 그리고 이들이 분기마다 CEO에게 성장목표를 달성하라고 압박을 가했던 것이다.

지지받지 못하는 목표가 센디아의 CEO마저 무너트렸다. 그들 모두는 파워포인트 자료가 아무 의미도 없다는 사실을 잘 알고 있었을 것이다. 그러나 '온 투 더 넥스트'에 대한 압박감 때문에 숫자를 조작하고 달성 불가능한 목표를 세웠다. CEO에게 배짱이 있었다면 달랐을 것이다. 수백만 달러의 연봉을 받으면서도 평범한 소방대원보다 용기가 없으니 놀라울 따름이다. 대부분의 사람들은 목표가 동기를 부여한다고 생각한다. 그러나 마음대로 세운 엉터리 목표는 달성하겠다는 동기가 아니라 냉소주의와 거짓말만 낳는다.

성급하고 잘못된 목표

두 번째 나쁜 전략목표의 사례는 정치나 편협한 시각으로 정확한 진단을 하지 못한 경우다. 이 경우도 문제를 발표하고 정책수립, 대책 그리고 목표설정으로 이어지는 과정은 같다. 그러나 목표를 달성하기 위해 엉뚱한 대책에 집중하느라 진짜 문제를 놓친다. 내재된 심각한 문제를 제대로 파악하지 못하는 단기 대책들이 모여서 잘못된 목표가 되는 경우가 많다. 딘푸드Dean Foods의 사례를 살펴보자.

딘푸드는 2001년 시카고의 유제품 생산업체인 수이자푸드Suiza Foods와의 합병으로 탄생한 미국 최대의 유가공업체였다. 합병 후 딘푸드는 미국에서 가공되는 우유의 3분의 1을 생산했다. 이는 2위부터 4위까지를 모두 합친 것과 맞먹는 양이었다.

딘푸드는 40~60여 개의 소규모 유가공업자들로 구성되어 있었다. 가족끼리 하는 조그만 회사부터 큰 규모의 회사까지 다양했다. 이들은 낙농가에서 원유를 구입해 균질, 살균 및 분리과정을 거쳐 우유를 생산했다. 식품점에서 볼 수 있는 우유는 대개 암소에서 짠 지 24시간에서 36시간밖에 경과하지 않은 것이다. 인수합병으로 딘푸드는 60여 개의 다양한 브랜드로 우유와 버터를 생산하게 되었다. 이 중 몇 개 브랜드는 우리가 잘 아는 것도 있고, 모르는 것도 있다. 유명한 브랜드로는 알타데나Alta Dena, 크림랜드Creamland, 포모스트Foremost, 메도브룩Meadow Brook, 스위스데어리Swiss Dairy 등이 있다.

1990년 이래 연도별로 차이는 있지만 미국의 우유 소비량은 평균 2~3퍼센트씩 꾸준히 감소해왔다. 미국 정부는 낙농가에 보조금을 지급하면서 복잡한 방식으로 가격을 통제했다. 전체로 보면 과잉생산이라서 남는 우유는 버려졌다. 우유의 가격은 수요, 소 사육두수, 사료의 가격에 따라 달라진다. 그중 수요는 치즈, 요구르트, 단백질 보충제의 인기에 따라 늘기도 하고 줄기도 한다.

딘푸드의 근본적인 문제는 진정한 의미의 내셔널 브랜드가 아니라는 것이었다. 그들은 경쟁할 때 로컬업체 취급을 받았다. 슈퍼마켓, 월마트, 코스트코는 로컬업체끼리 경쟁을 붙여 최저가를 유도했다. 시판되는 우유 제품의 80퍼센트는 PB 브랜드였다. 딘푸드가 협상력을 높이고자 내셔널 브랜드를 붙였지만 실제 협상에는 영향을 주지 못했다. 오랜 기간 강력한 내셔널 브랜드를 구축하려 노력했다. 하지만 제품의 특성상 장거리 수송이 어렵고, 2억 달러에 이르는 광고비를 지불하기에는 이익이 적어 진정한 내셔널 브랜드가 되는 것은 불가능했다.

이 문제를 해결하기 위해 딘푸드는 회사 운영을 효율화하기로 했다. 그들은 몇몇 가공공장을 폐쇄하고 공급 루트를 조정했다. 핵심성과지표key performance indicator(KPI)를 도입해 주별, 월별 실적을 평가했다. KPI로 물량, 매출액, 할인액, 비용, 원가요소, 판매수익 등을 지역별로 평가했다.[4]

그러나 유제품에서 가장 큰 비용을 차지하는 항목은 사료와 사육두수다. 사료 가격은 유가와 같은 방향으로 움직인다. 유가가 상승하면 대체연료인 에탄올에 대한 수요가 늘어나는데, 이 에탄올의 원료가 옥수수이기 때문이다. 또한 과잉생산 때문에 우유 가격이 오르는 데는 한계가 있다.

딘푸드는 사실 일반 우유가 아닌 가공품을 생산하는 기업을 보유하고 있었다. 이들 호라이즌오가닉Horizon Organic, 실크Silk, 알프로소이밀크Alpro soy milk 등은 2002년에 인수한 화이트웨이브WhiteWave라는 기업의 브랜드였다. 선견지명이 있었는지 딘푸드는 이 회사들을 분할해서 2012년에 상장시켰고, 29억 달러에 매각했다. 그러나 이는 너무 성급한 결정이었다. 프랑스 식품회사인 다농Danone이 5년 후에 화이트웨이브를 125억에 사들였기 때문이다.

2014년부터 딘푸드에는 시련이 닥친다. 중국의 우유 수입이 큰 폭으로 감소했고, EU는 우유생산량할당제를 폐지했다. 미국에서도 우유 소비가 감소해서 남는 우유는 폐기되었다. 회사는 더욱 구조조정에 힘썼다. 그리고 2016년에 브랜드 가치가 있는 기업인 프렌들리아이스크림Friendly's Ice Cream을 인수했다. 2017년 1월에 최고운영책임자Chief operating officer(COO)에서 CEO로 승진한 랠프 스코자파바Ralph Scozzafava는 비용절감을 더욱 밀어붙이고 PB 생산자로 전환한다는 전략을 추진했다.

그 후 3년간 매출액은 5퍼센트 감소했고, 6,200만 달러 순이익에서 5,000만 달러 순손실로 전환됐다. 언론에는 비용 합리화를 떠들었지만 매출원가는 매출액의 72퍼센트에서 79퍼센트로 증가했다. 주가가 1년 만에 87퍼센트 감소하자 스코자파바는 2019년 여름에 해고되었고, 11월에 회사는 파산했다. 언론은 미국인들의 우유 소비감소와 월마트의 자체 유제품 개발을 원인으로 지목했다. 그러나 낙농가들이 불평하는 동안에도 여전히 과잉생산으로 우유를 폐기했다.

딘푸드는 어떻게 해야 했을까? 그들은 2007년도에 20억 달러를 배당금으로 사용하는 대신 규제가 약한 성장산업의 브랜드를 인수했어야 했다. 화이트웨이브를 팔지 않고 이를 기반으로 더 많은 브랜드를 포용하고 전국적 물류시스템을 활용했으면 좋았을 것이다. 유가공업이 지역별로 월마트의 위탁업체로 변하는 것을 받아들였어야 했다. 프렌들리아이스크림을 대중 브랜드에서 프리미엄 브랜드로 업그레이드했어야 한다.

딘푸드는 유가공업체를 흡수했지만 과잉생산이나 수요감소를 해결하지 못했다. 40~60개의 로컬 가공업체로는 내셔널 브랜드를 만들기 어려웠다. KPI 평가에도 불구하고 딘푸드는 로컬업체들로 꾸려나가는 사업 관행에 근본적인 혁신을 달성하지 못했다. 성과를 평가한다고 해서 다 개선되는 것은 아니다.

상품이 피클이나 감자칩이었다면 업체를 흡수했던 조치는 효과가 있었을 것이다. 그러나 브랜드화가 어렵고, 현지에서 가공되며, PB 형태로 생산되는 우유는 다르다.

15장

전략과 경영은 다르다

1966년 서늘한 11월의 어느 날, 미 국방장관 로버트 맥너마라가 하버드경영대학원에 와서 연설을 한 적이 있다. 그는 '신동 whiz kid'라 불렸으며, 경영대학원에서 학생들을 가르치다 제2차 세계대전 때 공군에 입대했다. 그리고 포드자동차의 사장을 지내다가 케네디 대통령에게 국방장관으로 임명되었다. 1966년에 베트남전쟁은 확전일로의 상황이었다. 나는 몇몇 학생들과 함께 그가 베이커도서관 강당에서 하는 연설을 밖에서 스피커로 들었다. 그의 연설 내용이 아직도 기억난다. 그는 다른 곳에서도 같은 주장을 했었다.[1] 요점은 간단했다. "기술과 마찬가지로 지난 30년간 경영기법은 급격히 발전했습니다. 포드자동차, 교회, 국방부 등 우리는 이제 무엇이든 자신 있게 경영할 수 있습니다. 그 방법은 전체 목표를 측정 가능한 단위로 세분화한 다음, 각 단위별로 책임자를 지정해서 성과를 측정하고 책임을 지우는 것입니다."

나는 단 한 번도 그의 주장 중 "우리는 이제 무엇이든 자신 있게 경영할 수 있습니다"라는 말을 잊지 않았다. 그의 방식은 일종의 '목표관리management by objective'였다. 이는 측정 가능한 목표를 선정하고 성과를 추적하는 방식이다. 이 시기에 그는 베트콩과 북베트남군을 섬멸한다는 목표를 세운 윌리엄 웨스트모얼랜드William Westmoreland 장군을 지지하고 있었다.

그러나 북베트남군은 섬멸되지 않았다. 미국이 끈질기게 목표를 달성하기 위해 노력할수록 반전 여론이 조성되었다. 30년이 지난 1995년에 맥너마라는 이렇게 회고했다. "돌아보면 허술한 가정, 해야 할 질문 그리고 베트남에서 우리 군의 미흡한 전략에 대해 그때 끝장토론을 벌이지 않은 것을 후회합니다. 내가 왜 그랬는지 정말로 이해가 안 됩니다."[2]

4장에서 다루었듯이 정치적, 문화적 한계를 고려한다 해도 베트남전에서 미국에는 전략이 없었다. 진도를 측정하는 관리방식은 먹히지 않았다. 그 '진도'가 미국을 소모전과 의지의 싸움이라는 함정에 빠트렸다. 맥너마라 장관이 베트남전에서 경험한 어려움은 경영과 전략이 다르다는 사실을 여실히 보여준다. 단지 측정 가능한 목표를 모아놓았다고 전략이 되지는 않는다. 전략은 어떤 상황에 작용하는 요소들과 이를 어떻게 처리할지에 관한 논리적인 주장이다. 아무 생각도 없이 측정만 해서는 안 된다.

맥너마라 장관의 후임인 클라크 클리퍼드는 그를 이렇게 평가했다. "그분은 펜타곤을 개혁하는 일은 잘하셨죠. 그러나 베트남은 경영의 대상이 아니라 전쟁입니다. 역대 최고의 국방장관이라는 평가도 있지만, 정확한 판단이 무엇보다 중요한 상황에서 전쟁과는 잘 맞지 않는 분이었어요."[3]

로버트 맥너마라는 매우 뛰어난 경영자였다. 그러나 그가 전략에서 실패한 역사는 아직도 우리 사회에 드리워져 있다.

성과 창출은 전략이 아니다

나는 몇 년 전에 한 통의 전화를 받고 맥너마라 장관의 하버드 연설이 생각났다. 전화를 건 사람은 한 회계법인의 중역이었다. 그는 새로 승진한 고위 중역들을 대상으로 전략에 관한 프로그램을 설계하고 강의를 해줄 수 있냐고 요청했다. 내가 프로그램의 목적을 물어보자 그는 이렇게 답했다. "마케팅과 재무관리를 다루는 프로그램은 있어요. 그래서 전략 프로그램은 성과 창출에 중점을 두었으면 좋겠습니다." 나는 어렵다고 이야기하고 다른 사람을 추천했다. '성과 창출'은 물론 중요하다. 그러나 그게 전략은 아니다. 맥너마라는 베트남에서 성과를 창출하기 위해 노력했지만 그에게는 전략이 없었다.

동기를 부여하고 성과를 측정하는 일은 조직이 '계속 제대로 돌아가게' 하는 필수불가결한 원동력이다. 어떤 분야든 효율의 측정 없이 개선은 이루어지지 않는다. 고객 경험을 향상시키려면 어떤 일이 발생하는지 알아야 한다. 예를 들어, 고객의 시스템에 우리 회사의 소프트웨어를 설치하는 데 소요되는 시간 같은 것이다. 구체적인 계획은 동기를 부여하는 강력한 수단이다. '규칙적인 운동'은 모호하지만 '하루 30분씩 러닝머신 타기'는 구체적이고 지키기도 쉽다.

만약 이 세상이 단순하다면 무언가를 이루기 위해 목표를 달성하도록 만들면 된다. 지도자는 매년 더 높은 목표를 설정하거나 협상해서 '성과를 창출'하도록 밀어붙이면 된다. 그런 세상에는 전략이 필요하지 않다. 그러나 맥너마라가 말했듯이 '성과 창출'은 전략이 아니라 경영의 문제다.

전략을 수립하는 일은 추구해야 할 목표와 목적을 '정의'한다. 뛰어난 전략은 문제를 인식하고 이를 극복하기가 어렵다는 점을 이해하는 데서 시작한다. 전략을 수립하다 보면 정책과 대책 그리고 목적도 수립된다.

주어진 목표를 달성하는 경영은 다른 말로 '실행execution'이라고도 불린다. 전략보다 실행이 훨씬 중요하다는 말이 있다. 로자베스 모스 캔터Rosabeth Moss Kanter 교수는 이렇게 말했다. "중요한 게임은 현장에서 치러진다. 전략이 훌륭해 보이는 것은 실행 수준이 높아서다."[4] 하지만 이는 틀린 말이다. 뛰어난 전략과 높은 수준의 실행력이 조화를 잘 이루어야 한다. 둘 중에 하나라도 잘못되면 좋은 결과를 얻을 수 없다. 이 둘은 중요성의 차이가 아니라, 완전히 다른 것이다. 전략과 경영은 다른 형태의 작업이다. 명확한 전략 없이 성과를 창출하려 한다면 본말이 전도된 것이다.

목표관리

1840년대 이전에는 가족이 운영하는 소규모 기업이 대부분이었다. 경제는 농업과 상업 위주로 돌아갔다. 상인들은 구매, 운송, 판매를 혼자 하거나 2~3명의 다른 사람의 도움을 받았다. 그러나 철도가 도입되면서 전적으로 관리만 하는 사람이 필요하게 되었다. 철도는 조직을 만들었고, 계획과 기록시스템을 유지시켰다. 1870년 이후에는 진정한 의미의 업무분장과 조직구조가 탄생했다.[5] 1900년도에는 대기업이 탄생하면서 매니저를 관리하는 매니저가 있는 조직구조가 생겼다.

1954년에 피터 드러커는 《경영의 실제The Practice of Management》라는 그의 역작에서 매니저가 다른 매니저를 관리하는 새로운 구조에 대해 설명했다. 그는 단계별로 매니저들이 있는 복잡한 조직을 어떻게 경영해야 하는지 체계적으로 정리했다. 그는 매니저들에게 작업 지시를 하는 구태의연한 방식 대신, 처한 상황 내에서 충분한 협의를 거쳐 목표를 설정해야 한다고 주장했다. 구성원들이 그 목표의 중요성을 알아야 한다는 것이다. 이것이 오늘날 우리가 아는 '목표(에 의한)관리management by objectives(MBO)'다.

드러커의 목표관리는 공식적인 목표수립 프로세스로 체계화되어 특히 예산 및 목표수립 시 협상 단계와 탑다운식 정보전달 단계에 활용된다. 이 방식은 거의 보편적인 경영방식으로 자리 잡았다. 오늘날 대부분의 기업은 수량화가 가능한 목표를 기준으로 움직인다.

또한 이런 방식을 균형성과기록표Balanced Score card라고 부르는데, 로버트 캐플런Robert Kaplan과 데이비드 노턴David P. Norton이 발표하면서 유명해졌다.[6] 이 시스템은 재무, 고객, 내부 프로세스, 학습 등 4개 분야로 목표를 구분한다. 단순한 손익목표 관리보다 개선된 이 방식은 오늘날 대부분의 대기업에서 채택하고 있다. 캐플런과 노턴은 "전략목표가 어떻게 변해도 전략지도와 균형성과기록표로 다 표현할 수 있다"[7]고 말했다. 즉 균형성과기록표가 전략을 수행하고 관리하며 적용하기 위해 필요한 도구라는 뜻이다.

델카: 쇠퇴산업에서 성장산업으로

'델카DelKha'의 사례는 경영과 전략의 차이를 잘 보여준다. 이 회사는 경영 상태가 양호했음에도 여전히 경영시스템만으로는 해결할 수 없는 문제에 봉착해 있다.

내가 '펠리시아 카Felicia Kha'로부터 전화를 받은 것은 2010년이었다. 그녀는 성과기록표를 이용해 전략을 수립하고 싶다고 말했다. 이 회사는 원래 그녀의 모친이 베트남과 싱가포르, 미국을 연결하는 무역회사로 시작했다. 2010년에는 (개인용, 기업용, 서버용) 컴퓨터의 기계식·전자식 부품 수출로 사업영역을 확대했다. 또한 싱가포르 주식거래소에 상장도 했다. 델카는 머더보드 같은 능동 부품* 대신 전원공급장치, 케이스, 커넥터, 와이어링 하네스, 냉각장치 부품을 주로 취급했다. 컴퓨터 케이스 냉각팬, CPU 냉각팬, 그래픽카드 냉각팬 등은 직접 생산했고, 다른 부품들은 아시아의 여러 국가에서 소싱했다.

펠리시아 카의 사무실은 샌프란시스코만을 내려다보는 전망 좋은 곳에 위치해 있었다. 사무실 벽에는 균형성과기록표가 걸려 있었다. **그림 14**에서 알 수 있듯이 숫자 없이 단출한 모양이었다.

그녀는 이런 식의 표가 좋다고 했다. 단순히 예산집행목표만 있는 것보다 균형 잡힌 목표를 나열한 것이 좋다면서 이렇게 말했다. "자신의 일을 제대로 하면 모든 게 잘 돌아간다는 사실을 직원들이 알아주었으면 해요."

그녀는 최근 공급 부품의 가격하락과 판매량 감소로 힘들다고 말했다. 그러나 더 큰 문제는 PC산업이 정체기에 있다는 것이었다. 노트북은 그런대로 팔리고 있지만 대부분은 부품을 만들거나 소싱하는 업체들이 조립하고 있었다. 태블릿이나 휴대폰이 인기를 끌면서 PC 부품을 만들고 거래하는 업체들의 미래는 점점 어두워졌다. 그녀는 경쟁에서 살아남지 못할까 봐 우려하고 있었다.

운영계획과 예산을 포함한 델카의 성과기록표는 회사를 궤도에 올려놓았다. 합당한 경영방식이기는 했지만 2010년 당시 카

---

* 전기가 있어야 동작하는 부품

에게는 사훈이나 목표보다 전략이 필요했다.

그녀는 5명으로 구성된 전략수립 태스크포스팀을 만들고 규칙적인 회의를 통해 델카의 수익감소 해결책을 찾기 시작했다. 먼저 고객 사이드부터 살펴보았다. PC 제조사들이 봉착한 문제는 무엇인가? 카는 이렇게 말했다. "이들은 아주 닮고 닮은 사람들이에요. 델이나 휴렛팩커드Hewlett-Packard는 부품 재고가 거의 없지만 1시간 만에 컴퓨터를 만들 수 있어요." 또한 소니 모니터 같은 경우는 기업고객에게 직배송한 적도 있다고 덧붙였다. "기업고객들이 우리에게 바라는 것은 낮은 가격과 정시배달 외에는 없습니다." 한마디로 수요는 감소하고 치열한 경쟁으로 마진이 박해진다는 의미였다.

그러자 영업팀장은 게임용 PC만 전문으로 취급하는 업자들이 있다고 말했다. 이런 기업들은 고사양 부품, 특히 고성능 냉각장치가 필요하다는 것이다. 팀원들 모두가 이것이 괜찮은 틈새시장이라는 데 동의했다.

그다음 회의에서는 한 직원이 PC 분야 말고도 많은 기업이 공급망 문제로 고민한다고 말했다. 그들에게는 델이나 HP 같은 최신 물류관리시스템이 없었다. 델카가 이런 문제 해결에 도움을 줄 수 있을까? 델카는 PC산업 밖에 있는 기업들에게 공급망 자문서비스를 제공하는 기회에 대해 많은 토론을 벌였다. 그러나 컴퓨터 부품 외에는 잘 모른다는 것이 델카의 한계였다. 카는 베트남과 미국의 인맥을 동원해 가망고객을 모색하겠다고 약속했고, 중역들도 다른 기업들을 찾아보겠다고 했다.

\<사훈\>

고객만족을 통한 초일류 컴퓨터 부품업계로 도약

목표	KPI
재무 분야:	
STI*보다 높은 상승률	고객사별 순이익 및 영업이익
매년 10%의 매출액 성장	자기자본이익률
35% 이상의 매출이익	매출성장률
고객관리 분야:	
납기 준수 - 2일 내 견적서 송부 - 신제품 동향 철저히 파악	고객별·제품별 매출액 및 성장률
	고객유지율
	방문 회당 비용 및 매출액
	만족도 점수
내부 프로세스 분야:	
각 부품별 최소 2개의 공급자 유지	주요 공급사 변경률
발 빠른 대응	외부 고용률
팬을 제외한 재고 부품 조사	만족도 점수
	디자인 변경 대응 소요 시간
혁신 및 교육 분야:	
리드고객과 협업으로 새로운 디자인 유지	새로운 상품 모델 채택 여부
디자인 변경 시 고객과 협의	영업사원별 상품교육 시간
	업체별 상품교육 시간

그림 14. 델카의 균형성과기록표

---

* 싱가포르 종합주가지수 Straits Times Index

그러나 한 달이 지나도 고객을 찾기 어려웠다. 이미 델카보다 더 정통한 자문사가 진출해 있었다. 그 과정에서 브러시리스 모터 냉각팬brushless cooling-fan motor 고객을 발굴했다.

'플라이코FlyKo'라는 이 회사는 드론용 고성능 브러시리스 팬을 찾고 있었다. 당시 패럿Parrot이라는 프랑스 회사가 최초로 와이파이를 이용한 드론을 개발해 돌풍을 일으켰다. 플라이코는 RC비행기 제품들을 판매해왔는데, 와이파이 수신거리를 넘어서는 고성능 RC 제품을 만들어 이에 대응하려 했다.

델카 직원들은 패럿의 드론을 구입한 다음 팬 설계 담당자를 회의에 참석시켜 가능성을 이야기했다. 그러자 직원은 잘하면 패럿보다 더 좋은 냉각팬을 개발할 수도 있겠다며 매우 좋아했다.

전통적인 모터는 전류를 중앙회전부로 보내면 탄소 '브러시'를 거쳐 구리로 된 접촉 부품으로 흘러간다. 브러시리스 모터는 브러시 접촉 없이 '공극air gap'만 있다. 그리고 조정은 DC전류를 코일로 보내는 시간을 관리하는 마이크로프로세서로 한다.

델카는 태스크포스에 플라이코 직원을 합류시켰다. 플라이코는 델카가 제작한 팬으로 드론 시제품을 만들었다. 그러나 플라이코는 기존에 생산해놓은 RC비행기를 제대로 처분하지 못해 11장에서 본 것과 같은 이유로 파산하고 말았다.

그러나 델카의 전략팀은 여전히 브러시리스 팬이 승산이 있다고 생각했다. 분명히 자신들이 문제를 해결해줄 회사가 있을 거라고 믿었다. 카는 헐값에 나온 플라이코를 10만 달러에 인수했고 회사의 엔지니어에게 자문을 맡겼다.

새로운 능력이 생기자 경영층은 이제 도전과제가 달라졌음을 깨달았다. 3개월 전만 해도 가장 중요한 문제는 쇠퇴하는 PC산업에서 살아남는 일이었다. 그러나 지금은 브러시리스 모터업계에서 우위를 점하는 것으로 바뀌었다. 델카는 이 모터가 로봇, 의료기구, 드론 등에 이용되며 장차 충전식 전동공구에도 적용될 거라고 예상했다.

델카가 처음으로 성공을 거둔 것은 자동차회사와 제휴하여 만든 RC자동차로서 비행기보다 훨씬 조작이 간편했다. 장난감 할인점을 중심으로 유통시킨 이 제품은 조용하면서도 엄청난 도달 거리와 스피드를 자랑했다. 고객들은 동호회를 만들어 일요일에 주차장 공터에서 대항전을 벌이기도 했다.

다음으로 델카는 휴대용 진공청소기를 만드는 회사와 협력해 고성능, 저소음 팬을 제작했다. 이번에도 무선 배터리와 강력한 브러시리스 모터의 조합으로 성공을 거뒀다.

2014년이 되자 델카는 브러시리스 모터업계의 선두주자로 떠올랐다. 주가는 5배가 뛰었고, 종업원도 4배로 늘었다.

델카의 전략 과제는 쇠퇴하는 PC산업에서 살아남을 방법을 모색하는 것에서 시작했다. 그다음에는 회사의 지식이나 기술과 연관 있는 다른 기업의 문제를 조사했다. 델카는 공급망 자문서비스와 드론은 실패했지만 브러시리스 팬 기술을 바탕으로 새로운 사업 분야를 개척했다.

2019년에 본 델카의 균형성과기록표는 9년 전의 것과 매우 달랐다. 혁신적 기술과 모터의 성능에 관련된 지표가 많았다. 자체적인 배급망과 파트너사와의 관계도 중요한 항목이었다. 목표와 KPI 평가 항목은 크게 변했지만, 여전히 유용한 경영수단이었다.

하지만 델카가 전략을 수립하는 데 성과기록표는 별 도움이 못 되었다. 원래 성과기록은 기업을 경영하는 도구다. 현재 기업운영에 문제가 많을 때는 큰 도움이 된다. 그러나 기업을 새로 시작하거나 다른 사업 분야에 뛰어들 때는 적절하지 않다. 전략을 아직도 직원들을 밀어붙여 사장이 원하는 목표를 달성하는 것이라고 생각한다면 성과기록표를 중요하게 여겨도 된다. 그러나 전략과 경영은 다른 것이다. 둘 다 필요하기는 하지만 혼동해서는 안 된다.

16장

재무보고서와 전략을 혼동하지 마라

90일 더비the 90-Day Derby란 분기실적 추정치, 실적에 대한 기업 가이던스 그리고 월스트리트와 주요 기업들의 관심이 돌아가며 나타나는 사이클을 말한다.

어떻게 이런 사이클이 생겼을까? 1976년부터 기업실적추정기관Institutional Brokers' Estimate System(IBES)은 미국 기업들의 연간실적 추정치를 발표하기 시작했다. 시간이 지나면서 평균, 즉 '컨센서스' 추정치로 바뀌었고 추정의 빈도도 연간에서 분기로 줄어들었다. 이에 더해 많은 기업은 다음 분기 자신들의 실적 '가이던스'를 제공하기 시작했다.

1980년대 중반이 되자 기업이 컨센서스 추정치에 도달하느냐가 중요한 이슈가 되었다. 이 방식이 인기를 끌자 추정치에 부합하는 실적을 내는 기업들이 점점 더 많아졌다. 이 새로운 평가방식에서는 추정치를 크게 상회 또는 하회하는 것이 조금 벗어나는 것보다 더 좋다고 주장하는 사람들도 생겨나기 시작했다. 그들은 이렇게 말했다. "주식시장에서 추정치가 '근소한 차이로 틀리는 것'은 그 회사가 어리석다는 뜻입니다. 그 정도 추정치도 메울 자금이 없다면 곧 커다란 문제에 봉착할 겁니다. 어차피 주가가 곤두박질칠 테니 크게 틀리고 다음 분기를 위해 실적을 아껴두는 게 좋습니다."[1]

분기별 90일 더비에 목매는 CEO들은 많은 시간과 에너지를 들여 가이던스를 작성하고 이에 맞는 실적을 내기 위해 노력한다. 따라서 회계보고서에 많은 신경을 쓰면서 예상 범위 내에서 단기실적을 운용한다.

기업을 운영하는 목적이 수익을 내는 것이라면 실적을 최대한 높이고 지속적인 성장을 추구하는 것이 왜 잘못인가? 여러 문제가 있다. 첫째, 현재 실적은 과거에 발생한 투자와 기업활동의 결과다. 심지어 몇 세대 전에 한 일의 결과일 수도 있다. 현재의 수익은 단지 지금 일하는 직원들이 열심히 했기 때문에 얻은 것이 아니다. 과거의 통찰력, 행운 그리고 전략 싸움에서 승리한 결과다. 오늘날 마이크로소프트의 엄청난 실적은 그 제품들을 모든 사람이 생산성을 유지하고 다른 이들과 협조하기 위해 반드시 갖춰야 하는 표준으로 만들었기 때문이다. 같은 의미로 오늘날 부담하는 비용이 미래 수익의 원천이 될 수도 있다.

물론 반대 결과를 낳을 수도 있다. 보잉은 737맥스 기종의 설계 결함, 과도한 해외 아웃소싱, 리튬배터리 과열 등의 문제로 곤란을 겪었다. 이로 인해 실적이 좋지 못했지만 이것은 현재 근무하는 직원들이 기술 수준이 낮거나 열심히 일하지 않아서가 아니다. 이는 1997년 맥도넬더글러스McDonnell Douglas와 합병한 이후 들어온 기업문화 때문이었다. 맥도넬더글러스의 손익 및 비용절감 위주의 기업문화는 보잉의 엔지니어링 중심의 문화를 압도했다. GE에서 훈련받은 맥도넬더글러스 출신의 해리 스톤사이퍼Harry Stonecipher 사장은 이렇게 말했다. "나 때문에 보잉의 기업문화가 변했다고 하는데, 이는 대형 설계사무소가 아니라 기업처럼 움직이기를 바라는 내 뜻이 반영된 결과입니다."[2] 단기간에 비용을 감축시켰기 때문에 월스트리트는 좋아할지도 모른다. 하지만 그 여파는 몇 세기 동안 지속될 수도 있다.

두 번째 문제는 현재의 실적이 기업의 가치를 결정하지 않는다는 점이다. 기업가치는 미래의 배당금이나 지급금을 모두 반영해서 결정되는데, 디폴트 위험을 감안해서 감소되기도 하고 혹시 모를 인수합병 가능성으로 증가되기도 한다. 기업가치에서 가장 중요한 것은 미래다. 이번 분기실적으로는 미래의 장기적 현금흐름을 예측하기 어렵다.

아마존을 예로 들어보자. 1997년 기업공개 이후 아마존은 한 번도 배당금을 지급하지 않았지만 주가는 계속 상승했다. 가치는 미래에 대한 기대를 반영한다. 다른 주식도 그렇지만 주가의 변동은 미래의 배당금 수령기간, 배당금액, 인플레이션 및 기타 요소들에 좌우된다.

당신이 아마존의 CEO라고 해보자. 당신은 제품의 종류를 늘리고, 배달시간을 줄이고, 물류창고를 운영하고, 클라우드서비스를 개시하고, 해외로 진출하기 위해 정신없이 뛰고 있다. 그런데

4월의 어느 날, 월스트리트의 애널리스트가 갑자기 전화해서 이렇게 물어본다. "새로운 물류센터 때문에 4분기 실적이 영향받지 않을까요?"

이 질문을 잠시 생각해보자. 아마존의 가치는 향후 5년, 10년, 20년 아니 더 긴 기간의 예상 실적을 반영하여 결정된다. 주가는 그 미래에 대한 불확실성으로 매 시간 바뀐다. 미래를 헤아렸을 때 4분기 주당순이익Earning Per Share(EPS)은 얼마나 중요한가? 아마존은 투자계획을 조정해서 EPS를 높여야 할까? 애널리스트의 전화를 받지 않으려면 혼신의 힘을 기울여 4분기 EPS를 끝자리까지 예측해야 할까?

이런 질문은 도대체 어디에서 온 걸까? 애널리스트가 어떤 사람인지 알아보자. 아마도 그는 와튼스쿨이나 뉴욕대 또는 UCLA 출신으로 미래의 현금흐름을 할인해서 엑셀 스프레드시트로 작성하는 법을 배웠을 것이다. 나는 이들이 만든 화려하고 복잡한 10페이지짜리 스프레드시트를 본 적이 있다. 그들은 30~40개의 성장요소, 점유율, 산업변수들을 고려해 기업가치를 추정한다. 미래의 현금흐름과 배당금을 추정하는 그 '모델'은 투입요소가 변하면 기업의 가치가 달라지도록 설계되어 있다. 따라서 4분기 실적이 그 모델이 산출한 추정치보다 조금 낮게 나오면 그 스프레드시트는 설계된 대로 미래에 대한 예상을 변경시킨다. 이에 따라 기업의 가치와 '정확한' 목표주가 추정치도 바뀐다.

애널리스트들이 사용하는 이 모델은 거의 정확하다고 인정받는다. 따라서 4분기 실적이 조금만 어긋나도 미래의 기업가치가 바뀐다. 그러나 이것은 말이 안 된다. 이는 엑셀의 자동계산이 만들어낸 산물에 지나지 않는다. 실제로 실적은 경제학의 다른 예측과 마찬가지로 랜덤 요소들에 많이 좌우된다. 예를 들어, 매월 식료품 지출비를 추적해보자. 잠깐 증가했다고 해서 파산할 일도 아니고, 잠깐 줄었다고 굶어죽을 일도 아니다. 실적 예측에 정확성을 기하기 위해서 애널리스트들은 고등 베이즈통계학 모델을 전공한 박사를 부를지도 모른다. 그렇게 되면 엑셀을 이용한 예측은 쓸모가 없어질 것이다. 결국 엑셀을 이용한 원시적인 접근방법 때문에 사소한 요소에 너무 예민하게 반응한 것이다.

세 번째 문제는 어느 기업의 '진정한' 가치는 알기 어렵다는 점이다. 1973년에 유명한 블랙숄즈옵션가격결정Black-Scholes option-pricing formula 모델을 만든 사람 중의 한 명인 피셔 블랙Fischer Black은 시장가격이야말로 기업의 진정한 가치를 편견 없이 보여준다고 주장했다.[3] 그러나 그와 사석에서 이야기해보니 기업의 진정한 가치는 현 주가의 절반에서 2배 사이라고 생각하고 있었다. 즉 주가는 기업의 가치를 정확하게 반영하지 못한다는 뜻이다. 이런 사실은 90일 더비 기간의 고려 대상에서 빠져 있다.

최근에 워런 버핏과 제이미 다이먼Jamie Dimon은 이 문제를 〈월스트리트 저널〉에 기고하면서 자신들의 의견을 강력하게 주장했다.

최근 자본시장은 단기성과에 너무 집착하는 경향이 있다. 그 중심에 분기별 주당수익 가이던스가 있으며, 이는 장기 투자를 기피하게 만든다. 그러다 보니 기업들은 분기별 실적 예상치에 부합하기 위해 기술개발, 고용, 연구개발 투자를 꺼리게 된다. 예상치라는 것이 상품가격 변화, 주가 변동성, 심지어 기후에도 영향을 받기 때문에 통제가 불가능한데도 말이다.[4]

네 번째 문제는 더비의 압력 때문에 CEO가 쓸데없는 결정을 하게 된다는 것이다. 상장기업의 최고경영진과 일해본 경험이 있는 사람이라면 특별한 학문적 지식이 없어도 무슨 일이 벌어지고 있는지 잘 알 수 있다. 다음은 내가 직접 목격한 많은 사례 중의 일부다.

- '소프트웨이Softway'의 소프트웨어 제품은 성장하는 세그먼트에서 우위를 차지하고 있었다. 그런데 경쟁사가 소프트웨이에 없는 주요 부품을 도입했다. 기술 격차를 줄이려면 1년의 시간과 2,000만 달러가 필요하다고 추정되었다. CEO는 투자금액이 실적에 영향을 미칠까 봐 주저했다. 그래서 그 기술을 가진 회사를 1억 7,500만 달러에 인수했다. 인수자금의 절반은 채무로 충당했고, 나머지 절반은 역외 사모펀드로 조달했다. 기간을 단축하기 위해서가 아니라 단지 실적이 낮게 발표되는 것을 막기 위한 조치였다. 인수한 기업의 기술은 괜찮았지만 기존 소프트웨어와 호환이 안 되었다. 이 둘을 통합하는 데 2년이 걸려 결국 자체 개발보다 2배나 더 오랜 시간이 소요되었다.
- '조티치Zotich'는 화학회사로 주요 5대 고객사에 원료를 공급

하고 있었다. 최근 고객의 요구사항이 많아지면서 조티치는 연구개발 역량을 강화해 고객의 요구에 대응한다는 전략을 수립했다. 그런데 2017년 여름에 산업 수요가 감소하면서 회사의 실적에 영향을 미쳤고, 그 결과 주가가 하락했다. CEO는 빠른 시일 내에 실적 개선을 약속하고 연구개발 인원을 큰 폭으로 줄였다. 그런데 경쟁사는 오히려 연구개발 역량을 강화했다. 이는 전략적으로 엄청난 재앙을 불러온 조치였다. 그 뒤 회사의 주가는 60퍼센트나 하락했다.

이렇게까지 어리석은 선택을 하지는 않더라도, 경영자들은 90일 더비 때문에 여전히 기업가치에 영향을 주는 전략적 경영을 하지 못한다.

주주가치와 인센티브

주주가치가 기업의 목적에서 핵심이 된 것은 1980년대 들어서다. 하버드대학의 교수인 마이클 젠슨Michael Jensen은 기업의 대리인 이론에서 회사의 임직원들이 주주의 이익을 극대화하도록 최선을 다해야 한다고 주장했다. 그는 "기업 경영자는 주주의 대리인"이라고 하면서, 주주들에게 지불해야 할 돈을 엉뚱한 곳에 투자해서 주주의 이익을 훼손하는 기업이 많다고 말했다.[5]

주주가치와 주주이익을 기업운영의 핵심으로 삼아야 한다는 주장은 대리인 이론에 근거한다. 이 이론은 경영자(대리인)들은 열심히 일을 하지 않으며('태만'해지며) 자신에게만 이익이 되는 결정을 하기 때문에 그들에게 주주의 이익과 부합되도록 인센티브를 부여해야 한다는 것이다.

안타깝게도 대리인 이론은 직원들의 행동이 인센티브 말고도 신념이나 다양한 상황, 중요성에 대한 판단에 따라 달라진다는 점을 간과한다. 만일 직원들의 혹사가 문제라면 인센티브는 해결책이 될 수도 있다. 그러나 거기까지가 한계다. 아인슈타인은 말년에 '통일장 이론unified field theory'의 완성을 위해 전력을 기울였지만 끝내 완성하지 못했다. 만일 1억 달러의 인센티브가 걸렸다면 완성할 수 있었을까? 독일 나치정권과의 전쟁에서 승리하기 위해 아이젠하워에게 1억 달러를 준다고 했으면 그는 선쟁을 더 빨리 끝냈을까? 보너스를 준다고 했으면 미국 해병이 전투에서 보다 적극적으로 뛰었을까? 이 이론의 문제점은 인세티브만이 중요하다고 생각한다는 점이다.

대리인 이론이 제시하는 인센티브 프로그램은 전략 문제를 해결하지 못한다. 결과를 위해 인센티브를 사용한다고 해도 뛰어난 전략을 도출하기 어렵다. 이런 사례는 비공개 기업에서 찾아볼 수 있다. 이런 기업에서는 소유자와 직원들의 이해관계가 같다. 그런데 무엇을 하고 어떻게 경쟁할까에 대한 전략은 다른 문제다. 인센티브는 집중과 에너지를 불러일으키지만 무엇을 해야 하느냐에 대한 결정은 하지 못한다.

현실에서 최고경영진에 대한 인센티브는 보너스, 주식, 스톡옵션 등으로 구성된다. 최근에는 실적보다 주가에 직접 연동시키는 방식을 많이 사용한다. 1980년대에는 스톡옵션이 주였으나 닷컴버블이 붕괴된 후에는 스톡옵션보다 조건부 주식부여로 많이 바뀌었다. 2019년 통계에 의하면 S&P500 기업의 절반 이상 그리고 러셀3000 기업의 40퍼센트 이상에서 성과를 기준으로 CEO에게 주식을 부여하는 인센티브를 운용한다고 한다.[6] 키스 해먼즈Keith H. Hammonds는 〈패스트 컴퍼니Fast Company〉 매거진에 이렇게 기고했다.

> 달라진 것은 CEO가 활동하는 샌드박스sandbox*다. 경영자들이 투자자들에게 덤볐다가 패배한 1993년부터 추세가 달라졌다. 그 주에 아메리칸익스프레스, IBM, 웨스팅하우스의 CEO들이 압력에 굴복해 사임했다. 가장 큰 원인은 실적이 안 좋았기 때문이다. 그 뒤부터 중역들의 급여를 회사의 실적과 아주 밀접하게 연동시켰다. 즉 주가가 오르면 인센티브도 늘었다.[7]

이런 형태의 인센티브는 고액의 보수를 받는 컨설팅업체가 제안했다. 이들은 CEO와 주주들의 이해관계가 맞아떨어지려면 이런 식의 인센티브를 도입해야 한다고 주장했다. 그러나 이것이 불가능하다는 점은 인정하지 않는다. 이런 인센티브는 어떤 일이 발생한다는 조건하에 주어진다. 그래서 옵션이라고 한다.

---

* 운신의 폭. 아이들이 모래를 담아놓고 노는 상자라는 뜻에서 유래

옵션은 시장가격과 상관없이 정해진 가격에 무엇을 얻거나 구입할 수 있도록 하는 계약이다. 현재 애플의 주가가 130달러라고 해보자. 20달러를 내고 1년 뒤 130달러에 이 주식을 구매할 수 있는 옵션계약을 체결한다. 만일 주가가 그대로 있거나 130달러 밑으로 떨어지면 20달러는 날아간다. 그러나 150달러 이상으로 상승한다면 이익을 본다. 만일 1년 후 주가가 170달러가 되면 투자원금의 2배를 번다. 상황이 불확실하면 주가는 내려간다. 반면에 옵션의 가치는 올라간다. 주가하락에는 한계가 있기 때문이다. 중요한 것은 스톡옵션 같은 인센티브로는 경영자들이 주주와 같은 생각을 하도록 만들 수 없다는 것이다. 주주들은 옵션이 아닌 주식을 보유하고 있기 때문이다.

인센티브와 기업의 성과가 밀접하게 연결되어 있다는 연구 결과는 없다. 물론 주가가 오르면 특별한 원인 없이 중역들의 급여도 올라간다. 거시경제 여건이 전반적으로 양호한 상황에서, 게다가 성장산업에 있다면 주가는 당연히 올라갈 것이고 경영자의 활동과 상관없이 두둑한 보너스가 주어진다. 대부분의 경우 주가 변동분의 30퍼센트는 전반적인 시장 상황 때문이다. 2019년 상반기처럼 경제가 활황일 때 주가 변동의 60퍼센트는 시장 상황으로 설명 가능하다. 그러므로 경쟁사보다 특별히 잘하지 않아도 엄청난 보너스를 받는다.

주주가치 제고를 목표로 할 때 가장 문제가 되는 것은 최고경영진이 어떻게 이를 달성해야 하는지 모른다는 점이다. 이는 사무실 책상에 오래 붙어 앉아 노력한다고 되는 일이 아니다. 맥도넬더글러스와 합병 후 보잉이 했던 것 같은 무분별한 원가절감은 그 영향이 오래 지속된다. 경영활동과 주가 사이의 상관관계는 거의 찾아볼 수 없다. 물론, 사람들은 미래에 대한 전망이 밝을수록 주가가 상승한다고 믿는다. 그런데 밝은 전망은 어떻게 해야 생길까? 그럼 월마트는 중국 사업을 확대해야 할까 아니면 축소해야 할까? 애플은 자체 스트리밍서비스를 도입해야 할까? GE는 화력발전 사업을 유지해야 할까 아니면 다른 회사에 팔아야 할까?

1967년 내가 박사과정에 있을 때였다. 지도교수는 내게 여러 분야의 교수들을 인터뷰해서 그들의 개념을 정리해 가져오라고 시켰다. 마케팅에는 '4P'*가 있었고, 재무에는 부채 무관련 이론 등이 있었다. 회계학과에 갔을 때 데이비드 호킨스David Hawkins 교수가 씩 웃으며 말했다. "기업운영에는 공식이 있어. 매출증대, 비용절감 그리고 이 자식들bastards이 농땡이를 못 피우게 닦달하는 거지." 그로부터 50년이 지난 2020년 CIO 위키백과사전의 주주가치 항목에는 이렇게 적혀 있다. '주주가치를 극대화하기 위해 기업의 수익성을 향상시키는 전략에는 세 가지가 있다. (1) 매출 증대, (2) 영업이익 증대, (3) 투자효율성 증대.'[8]

당신이 로스앤젤레스 램스 풋볼팀 구단주라고 해보자. 게임에서의 승률을 높이기 위해 컨설팅업체에 자문을 구했더니 6개월 후에 이런 결과가 나왔다. "시즌별로 승률을 최대한 올려야 합니

---

* Product, Place, Price, Promotion

다. 우리 연구 결과에 의하면 승리는 '순 전진거리'와 밀접한 관계가 있습니다. 그런데 이는 '총 전진거리'에서 '총 후퇴거리'를 뺀 결과입니다. 그러므로 전진거리를 늘리고 후퇴거리를 줄여야 합니다." 이는 "매출을 늘리고 비용을 절감"하라는 조언과 똑같다. 구단주든 기업의 경영자든 누구에게나 문제는 승리에 복잡 미묘한 기술이 필요하다는 점이다. 그저 단추를 누르거나 크랭크를 감는 것처럼 간단하지 않다.

90일 더비에 대처하는 법

CEO의 인센티브를 주주의 이익과 일치하도록 만드는 방법 중의 하나는 CEO를 장기 투자자로 만드는 것이다. 즉 CEO를 고용할 때 상당한 금액의 주식을 주어 그의 재산에서 큰 비율을 차지하도록 만드는 것이다. 여기에는 태만이나 범죄 등의 사유 외에 특별히 업무성과에 대한 조건은 없다. 주식은 증여 즉시 CEO와 가족들에게 소유권이 생기지만 7년 동안은 매각할 수 없다.

7년 또는 그 이상의 기간을 두고 상당량의 주식을 보유하게 되면 CEO는 단기간의 실적을 뻥튀기하기보다는 회사의 가치를 높이기 위해 현명한 판단을 할 것이다.

엑손모빌에서 그런 사례를 찾아볼 수 있다.

엑손모빌의 보상프로그램은 인센티브의 대부분을 수년에 걸친 주가의 변동과 이에 따른 주주가치의 변화에 연결시키도록 설계되어 있다. 이를 달성하는 방법으로 CEO 연간 급여의 상당 부분을 주식으로 지급하고, 산업 내 타 기업보다 훨씬 오랫동안 매각을 금지한다. 구체적으로 연간 급여의 절반 이상을 주식으로 지급하되, 그중의 반은 10년 또는 퇴직할 때까지는 팔 수 없게 한다. 나머지 반은 최소 5년은 보유해야 한다.[9]

90일 더비에서 발생하는 소음을 줄이는 또 다른 방법은 기업의 고객을 바꾸는 것이다. 경영진에게 고객은 이사회 멤버, 연금 및 뮤추얼펀드 투자자, 담당 애널리스트 그리고 당연히 회사의 주식을 매수하는 일반 투자자들이다. 투기꾼들은 포함하지 않았다. 이들은 주가의 등락에 큰 영향을 미치기는 하지만 주요 관심사는 주가의 움직임이지 기업의 가치가 아니다.

장기적인 가치에 대한 기업의 약속과 능력을 믿는 고객을 만들고 끌어들여야 한다. 만일 연금 펀드매니저가 빠른 시일 내에 12퍼센트의 수익을 내서 파산 지경에 이른 펀드를 살려야 한다고 말하면, 다른 주식을 매수하라고 조언해라. 고객들에게는 경제가 불확실하기 때문에 주가에 오르내림이 있으며, 주가는 요란하지만 정확하지 않은 지표라는 점을 끊임없이 일깨워라. 장기적인 기업가치를 창출하기 위해 당장 큰 효과는 없지만 실험적인 시도를 할 것이라고 이야기하라. 향후 10년을 보고 가치를 수립하고 있으니 빠른 결과를 원한다면 다른 곳을 찾아보라고 말해주어라. 새로운 가치를 창조하는 일은 결코 쉬운 일이 아니다. 어떤 기업이 손쉽게 기업가치를 창조했다면 누군가 숫자로 장난치거나 억지로 수익을 짜낸 것이다.

경제신문에서는 주식을 팔고 사는 사람들을 모두 '투자자'라고 호칭하지만, 대부분의 주식거래는 투자자가 아닌 투기꾼들에 의해 이루어진다.

90일 더비를 잘 넘기기 위해서는 투기꾼이 아닌 투자자가 필요하다. 주식시장에 투기하는 것이 불법이거나 비도덕이지는 않다. 그러나 그런 '주주들'을 주가의 변동보다는 기업의 가치를 더 중요하게 생각하는 투자자들과 혼동해서는 안 된다.

브라이언 부시Brian Bushee는 2001년 연구조사에서 기관 투자자들 중에 그가 '뜨내기 투자자transient investors'라고 이름 붙인 사람들이 단기실적을 중시한다고 발표했다.[10] 뜨내기란 말은 다양한 종목으로 포트폴리오를 구성했지만 그것이 자주 바뀐다는 뜻이다. 구성 종목이 다양하지 않고 집중적인 포트폴리오는 단기실적에 연연하지 않는다. 또 다른 연구에서 김Kim과 그의 팀은 기업이 더 이상 어닝 가이던스를 작성하지 않으면 고객들이 장기 투자자로 교체된다는 흥미로운 결과를 발표했다.[11]

이사회도 중요하다. 이사회가 장기 투자적인 관점을 갖게 하려면 거래중개인이나 투자은행 출신을 멤버로 받으면 안 된다. 분기를 넘어 몇 년 후까지 내다볼 만큼 산업을 잘 아는 사람으로 이사회를 구성해야 한다. 업계를 잘 이해하지 못하고 관련 기술도, 그 분야가 어떤 원리로 돌아가는지도 잘 모르면 할 수 있는 일이라고는 분기실적을 보는 것밖에 없다.

전기기사는 '신호'와 '잡음'을 구분한다. 신호가 메시지인 반면, 잡음은 메시지를 듣거나 이해하지 못하도록 하는 정적오차*다. 기업의 본질적인 가치라는 신호가 잡음 때문에 잘 들리지 않는 경우도 있다는 점을 고객에게 납득시켜야 한다. 워런 버핏이나 제프 베이조스는 투자자들에게 이런 내용의 주주서한을 보낸다. 베이조스는 1997년 처음으로 주주에게 보내는 서한에서 이렇게 썼다. "GAAP 기준 회계보고서를 그럴듯하게 꾸미는 것과 미래 현금흐름을 최대화하는 것 중에서 골라야 한다면 후자를 선택할 것입니다." 세계 경제가 위기에 빠진 2009년에는 이런 서한을 보냈다.

전 세계가 이렇게 어려운 상황에 빠져 있지만 우리의 기본적인 접근방식은 동일합니다. 우리는 겸손한 자세로 장기적으로 고객만 생각합니다. 장기적인 사고방식은 우리의 능력을 활용해서 불가능하다고 생각했던 일을 할 수 있게 만듭니다. 반복되는 실패에도 주눅 들지 않고 새로운 분야를 개척해 나갑니다. 즉각적인 만족 또는 이루기 힘든 약속만 추구하면 고객이 아닌 군중만이 존재할 것입니다. 장기적인 사고방식은 고객 집착 위주의 정책과 잘 맞습니다. 고객의 니즈를 파악하고 그 니즈가 의미 있고 오래 지속된다는 확신이 든다면 우리는 많은 시간이 걸리더라도 이를 해결하기 위해 노력할 것입니다.

---

* 시간 변수와 관계없는 오류

워런 버핏 역시 그의 투자가 장기임을 강조한다. 그는 팔 목적으로 주식을 사지 않는다. 그리고 투자자들이나 그의 말을 경청하는 사람들에게 장기간에 걸쳐 구입한 투자자산으로 다양한 포트폴리오를 구성하라고 조언한다. "단기하락은 중요하지 않습니다. 평생의 투자 기간 중 상당한 수준의 구매력 상승을 얻기 위해 집중해야 합니다."

상황이 좋든 나쁘든 투자자들이 당신과 함께하려면 당신을 인간적으로 신뢰할 뿐 아니라 당신의 전략과 경영방식도 신뢰해야 한다. 신뢰를 얻는 것은 어렵지만 잃기는 쉽다. 당신이 보잉의 CEO라고 해보자. 시장은 당신을 믿고 장기 투자를 했다. 그런데 사우스웨스트항공이 요구한 대로 737맥스 기종의 출입구 계단을 엉뚱한 곳에 달아 믿음을 배신했다. 그 결과 수십 년에 걸쳐 쌓아온 신뢰가 물거품처럼 사라졌다.

90일 더비를 피하는 극단적인 방법 중 하나는 매우 단순한 형태의 기업을 운영하는 것이다. 회계보고서가 기업의 실적을 그대로 반영한다면 간단하다. 고등학교에서 스포츠 트로피를 주문받아 제작하는 회사라면 간단하게 실적과 성장을 측정할 수 있다. 또는 홈오토메이션을 위한 첨단 AI기술이 아닌 공조용 덕트를 만드는 회사를 운영하면 된다.

90일 더비를 피하는 또 다른 방법은 기업공개를 하지 않는 것이다. 테슬라Tesla의 일론 머스크는 이렇게 말했다.

테슬라는 공개기업public company이므로 여기서 일하는 우리는 크게 널뛰기하는 주가에 신경을 쓰지 않을 수 없습니다. 우리 모두가 주주이기 때문입니다. 또한 분기별로 발표되는 실적에 엄청난 압박을 느끼고 장기적인 관점보다는 그 분기에 적합한 결정을 하게 됩니다. 주식시장 역사상 가장 많은 공매도 물량에 시달렸던 기업으로서, 기업이 공개되었다는 건 우리를 공격할 사람들이 많다는 뜻이기도 합니다.

모든 직원이 열심히 일하고, 장기 미션에 충실하며, 우리가 달성하려는 것을 방해할 잘못된 인센티브가 없는 한 우리는 항상 최선의 상태를 유지할 수 있을 것입니다.[12]

주식시장으로부터 자금조달이 필요 없는 대기업도 있다. 이런 기업의 주식은 경영자에게 인센티브를 지급하거나 다른 기업을 현금이 아닌 주식으로 인수할 때 이용된다. 그러나 대기업에게조차 기업을 비공개로 전환하는 일은 복잡한 회계상의 절차가 필요하다. 또한 매우 부유한 물주가 나타나거나 아니면 차입매수*가 필요한데, 이 역시 단기 현금흐름에 엄청난 부담을 준다.

많은 돈을 벌기 위해 비공개로 전환하는 기업은 없다. 물론 이들 기업도 성공하기 위해 엄청난 자금을 투자하기도 한다. 그러나 주된 동기는 기업을 지배해서 기업가치를 올리려는 것이다. 즉 새로운 제품이나 비즈니스 모델을 개발해 업계에서 최고로 인정받으려고 한다. 이때 회사의 목표를 통제할 수 있고 전략에

---

* 매수대상 기업의 자산과 수익을 담보로 차입을 발생시켜 그 대출금으로 기업을 매수하는 행위

대한 통찰력이 있으면 많은 도움이 된다.

스티브 잡스는 회사 주가를 신경 쓰지 않는 것으로 유명했다. 그러면 어떻게 회사를 운영했을까? 그 자신이 엔지니어는 아니었지만 그는 애플을 진정한 의미의 엔지니어링 회사로 만들었다. 경쟁사들은 앞다투어 신제품을 내놓거나 제품에 최신 사양을 장착했지만 애플 제품과 비교하면 투박하고 어색했다.

많은 기업이 애플을 흉내 내고 그들의 업적을 따라 하려 했다. 스티브 잡스의 애플을 배우려면 그가 하지 않은 것에 주목해야 한다. 다음은 기업체, 경제경영 기고가, 컨설팅업체 등에서 사용하는 표현으로 그 리스트를 만든 것이다.

- 그는 성과를 계량화해서 무자비하게 밀어붙이지 않았다. 애플의 성공은 목표 달성이 아니라 뛰어난 제품과 전략에서 나왔다.
- 그는 인센티브와 주요 전략목표를 연계시켜 동기를 부여하지 않았다. 물론 직원들에게 손익목표를 달성하도록 압력을 넣기는 했다.
- 주요한 전략수립에 모든 계층이 참여해 일치된 의견을 도출하는 과정을 거치지 않았다. 애플의 전략은 위에서부터 내려왔다.
- 사훈, 비전, 목표, 전략 등을 따로따로 수립하느라 시간 낭비를 하지 않았다.
- '전략적 성장목표'를 달성하기 위한 기업인수를 하지 않았

다. 애플의 성장은 뛰어난 제품개발과 이에 따른 기업전략의
결과였다.
- 러스트벨트식의 '규모의 경제'를 통한 높은 마진을 추구하지
  않았다. 그런 해결방식은 휴렛팩커드 같은 기업에나 해당한
  다고 생각했다.
- 90일 더비를 신경 쓰지 않았다.

애플을 따라 하는 것이 쉽지는 않지만 그렇다고 불가능하지도
않다. 단순한 제품 그 이상의 의미를 전달하겠다는 목표로 개발
된 제품들이 많다. 윈도우 비스타를 생각해보라. 한편 블랙베리
플레이북BlackBerry Playbook은 아이패드보다 더 좋은 태블릿 PC를
목표로 했지만 이메일이 되지 않았다. 기술진은 당시 CEO인 짐
발실리Jim Balsillie에게 보안상의 문제로 플레이북에 이메일 기능
을 넣을 수 없었다는 핑계를 댔다. 스티브 잡스라면 기술진에게
뭐라고 대꾸했을까?

구글은 2017년에 픽셀2 스마트폰과 픽셀 버즈 이어폰을 출시
했다. 당시 나는 픽셀1 스마트폰을 쓰고 있었는데, 발표 행사에
서 사회자가 픽셀2와 픽셀 버즈를 이용하여 스웨덴어로 이사벨
과 대화하는 것을 지켜보며 매우 놀랐다. 둘 사이의 대화는 자연
스러웠다. 청중들은 박수치며 환호했다. 사회자는 40여 개 나라의
언어로 자연스럽게 대화할 수 있는 기능이 있다고 설명했다. 나는
해외 출장이 많았기에 바로 픽셀2와 이어폰을 주문했다.

그러나 실제 픽셀 버즈를 사용해보니 별로였다. 케이스에 넣

어 충전하는 게 불편했고, 통역 기능은 제대로 작동하지 않았다. 조금이라도 소음이 있으면 문제가 발생했다. 의사를 전달하려면 여러 번 되돌아가 수정하는 작업을 반복해야 했다. 자연스러운 통역이 매우 어려운 데다 음성인식 기능까지 같이 작동하려니 더 복잡했다. 제임스 템퍼튼James Temperton은 과학기술 잡지인 〈와이어드Wired〉에 이렇게 기고했다.

구글의 픽셀 버즈는 존재하지도 않는 문제를 제대로 풀지 못해 애쓰는 형국이다. 괜찮은 무선 이어폰을 찾는가? 그렇다면 좋다. 똑똑한 보이스 어시스턴트가 필요한가? 그럼 아니다. 공상과학 영화에 나오는 동시통역 우주물고기 같은 것이 필요한가? 차라리 귓속에 열대어를 쑤셔 넣고 잘 통역하기를 바라는 게 낫다. 아니면 다 때려치우고 그냥 휴대폰의 구글 번역기를 돌려라.[13]

스티브 잡스의 애플을 따라 하는 비결은 기술의 한계를 뛰어넘으려고 하지 않는 것이다. 애플은 진정한 의미의 탁월한 기술을 제공해서 사람들의 호주머니를 연다. 단지 박스가 멋져서도 아니고 작동법이 간단해서도 아니다. 현 시점에서 할 수 있는 최선의 제품과 서비스를 제공하기 때문이다.

17장

무의미한 전략기획을 피하라

전략기획strategic planning의 개념과 과정은 미국의 제2차 세계대전 참전에서부터 시작된다. 이 용어는 원래 전선에 보내기 위한 민간물자를 확보하고 통제하는 전반적인 계획을 뜻하는 단어로 사용되었다. 조지 A. 스타이너George A. Steiner도 여기에 참여한 사람 중의 한 명으로 전쟁에서 철과 기타 제품의 생산과 배급을 담당했다.[1] 그는 나중에 기획 분야의 전문가로 성장해 '장기', '전략', '최고경영진'의 기획에 관한 책을 저술하기도 했다. UCLA에 있을 때 나와 교분을 쌓았으며 은퇴 후에는 그림을 그리다 2004년 102세의 나이로 별세했다.

나는 종종 그와 점심을 함께했다. 어느 날 그는 '장기'적인 '전략기획' 제도가 공익 및 자원산업 분야에서 탄생하게 된 배경을 내게 설명해주었다. AT&T에서는 미래의 전화 수요를 예측하고 이를 충족하기 위한 인프라를 역으로 산출하는 작업에서 장기계획이 시작되었다고 했다. 경쟁이 없었기 때문에 장기계획은 주로 예측에 관한 것이었다. 전기회사에도 마찬가지 로직이 적용됐다. 처음에 그들은 기존 질서를 파괴하는 경쟁자가 없었다. 정유산업은 원유 채굴방식에 따라 경쟁자가 나올 수 있기 때문에 다소 복잡하다. 하지만 1973년 오일 쇼크까지만 해도 기계적인 방식으로 기획했다. 즉 수요를 예측하고 점유율을 계산한 뒤 수요에 맞는 설비를 계획하는 식이었다. 항공산업 규제완화 조치 이전의 항공사들도 마찬가지였다. 수요를 예측하고 정부가 정해준 여객운임을 계산해서 이에 맞게 항공기 제작 주문을 넣으면 끝이었다.

장기계획이 유용한 때는 중요한 사건과 흐름이 예측 가능할 때, 그리고 조직이 불확실한 미래에 투자할 만한 그릿grit*이 있을 때다. 하지만 대부분의 조직은 급한 현안 때문에 미래를 위해 투자하지 못한다. 그런 기업에는 그릿이 없다.

코로나19 백신개발 프로젝트

이 글을 쓰던 2020년 가을, 나는 코로나19에 걸려 집 안에 처박혀 있었다. 이곳 오리건주 보건장관인 패트릭 앨런Patrick Allen은 주의회에 나가 이렇게 증언했다. "연방정부의 특별한 지원이 없으면 최전선에서 전염병과 싸우는 보건 종사자들의 보호복이 곧

---

* 장기목표를 이루기 위한 열정과 끈기 또는 결기

바닥날 것입니다." 이와 비슷한 경고가 미국 전역에서 울려 퍼졌다. 이는 보건 당국이 '반드시 발생하는inevitable' 국가 비상사태에 전혀 준비되어 있지 않음을 보여주었다.

전염병은 시기를 예측할 수 없지만 반드시 발생한다. 지진, 가뭄, 홍수, 쓰나미와 마찬가지로 전염병은 아무 경고가 없지만 일어나고 만다. 지난 50년간 우리는 에볼라, 사스, 신종인플루엔자, 지카 바이러스, 마르부르크 바이러스, 뎅기열, 웨스트나일 바이러스, 포와산 바이러스 그리고 여러 종류의 독감 바이러스를 겪었다.[2] 코로나19의 발병은 놀랄 일이 아니다. 예측 불가능한 것은 발생 시기뿐이다. 전 세계가 더욱 가까워진 것을 감안하면 이보다 치명적인 전염병도 발생할 수 있다. 그런데 오리건주에 방호복이 부족한 게 말이 되는가?

한 가지 원인은 관료들과 시민들이 보건 문제를 연방정부의 책임이라고 생각했기 때문이었다. 하지만 사실은 그렇지 않다. 미국의 연방정부는 정책을 수립하고 권고하는 역할을 하지만, 전염병이 발생하기 전과 퍼진 후에 실제 정책을 집행하는 주체는 주정부와 지방정부다. 예를 들어, 연방정부는 마스크 착용을 권유할 수 있지만 놀랍게도 실제 실시 여부는 주정부에 달려 있다.

보다 일반적인 원인은 전략기획이 미흡했고, 계획이 필요 없다는 주장을 무시할 만한 용기가 부족했다는 점이다. 2005년 미국 감염병 예방 및 대응전략은 독감 같은 바이러스가 전 세계에 퍼지는 상황을 가정했다. 그 바이러스로 어린이들이 가장 큰 피해를 입는다고 (잘못) 예상했고, '감염된 집단' 내에서 6~8주 정도 지속될 것으로 (잘못) 생각했다. 또한 이 보고서는 국가적으로 의료 및 일반 장비의 비축을 권고했다. 그리고 연방정부에게는 '연방정부, 주정부 및 지역사회의 비축물자가 제대로 관리되도록 점검'하라고 요구했다.

그러나 이 보고서는 효과적인 대응책으로 바이러스 검사를 언급하지 않았다. 비축물자는 지금 보면 별것 아닌 2009년 신종인플루엔자 유행 당시에 소진된 후 재입고되지 않았다. 실질적인 전염병 대응 최전선인 주정부가 준비태세를 유지하고 있는지에 대한 점검도 없었다. 다른 많은 전략과 마찬가지로 어떤 행정단위에서도 실제로 집행할 용기를 내지 못했다.

정부기관 외에도 많은 비정부기구에서 전염병의 발생 가능성에 대한 보고서를 작성했다. 불과 2년 전에 국제전략문제연구소 위기대응그룹Center for Strategic and International Studies Risk and Foresight Group은 전염성 높은 새로운 코로나19 바이러스의 시나리오를 작성했다. 보고서의 결론은 현명한 동시에 어리석었다. 보고서는 전염병이 발발하기 전에 국내외에 걸쳐 정부, 기업, 근로자와 시민들 간의 신뢰와 협조를 구축해야 한다고 결론 내렸다. 전염병을 극복하는 가장 중요한 요소는 시민들의 방역지침 준수, 배급제 및 기타 조치들이며 국제적인 협조도 매우 중요하다고 강조했다.

미래를 예상하고 시나리오를 작성하는 방식의 문제점은 이해당사자들의 입김에 따라 그 결과가 달라진다는 것이다. 전염병연구는 바이러스에 대한 조사가 필요하다. 국제적인 연구는 가난한 나라나 부유한 나라나 비용이 들게 마련이다. 암울한 주제임에도 불구하고 이상하게 긍정적이다. 앞에 언급한 보고서에서 미국 정부나 오리건 주정부가 마스크, 장갑, 필요하면 중국에서 바로 수입할 수 있는 약품 및 기타 물품을 비축해야 한다는 내용은 없었다. 정직한 시나리오라면 글로벌 협력을 떠드는 게 아니라 국경 폐쇄, 여행 제한, 공급망 붕괴 같은 상황을 예상해야 한다. '방역지침 준수'만 외쳐서는 안 된다. 강제 방역지침을 실시할 여건과 개인의 자유를 허용하는 조건을 비교 설명해야 한다. 70세 이하 인구의 코로나19 사망률은 1퍼센트 이내다. 만일 코로나19가 정말로 끔찍해서 사망률이 10퍼센트에 이른다면 어떻게 대응해야 할까? 그리고 언론과 정치인들이 라이벌을 공격하는 수단으로 이 전염병을 이용할 줄 그 누가 예상했을까?

미국에서 코로나19 방역대응이 성공할 수 있었던 것은 어떤 장기전략이 있어서가 아니라 크럭스 기반의 '워프 스피드Warp Speed' 프로젝트 덕분이었다. 코로나19가 발발하기 전에 백신 개발에는 많은 시간이 소요되었다. 가장 최근에 개발한 유행성이하선염 백신은 4년이 걸렸다. 2020년 3월 33세의 톰 케이힐Tom Cahill은 문제를 해결하려고 미친 듯이 뛰어다녔다. 벤처 사업가가 되기 전에 외과의사 경력이 있는 케이힐은 '코로나19 종식을 위한 과학자들의 모임Scientists to Stop Covid-19'이라는 팀을 구성했다.[3]

정상적인 백신개발은 사전조사, 수년에 걸친 테스트, FDA의 승인, 제조, 공급 단계를 순차적으로 거쳐야 한다. 이 팀의 제안서는 신과학으로 백신의 신속한 개발이 가능하며 특별연방위원회의 주관하에 개발, 제조, 배포가 동시에 이뤄져야 한다고 권고하여 세간의 주목을 끌었다. 〈월스트리트 저널〉은 이를 맨해튼 프로젝트와 비교하기도 했다. 한마디로 수익 위주로 전통적인 단계를 밟아 조심스럽게 진행하는 신약개발시스템을 배제하는 것이 문제의 크럭스라고 생각했다. 이 프로젝트는 행정부와 긴밀히 연락하면서 탄력을 받기 시작했고 의회는 자금지원을 승인했다. 백신개발 경력이 있는 모로코 출신의 과학자 몽세프 슬라우이Moncef Slaoui가 연방정부와의 코디네이터 역할을 했다. FDA는 처음에 백신의 속성개발 방식을 반대했으나 행정부의 긴급명령권을 받아들였다. 과학자들과 언론의 예상을 깨고 일정보다 앞서 백신이 개발되어 2020년 12월부터 배포가 시작되었다.

이 일관성 있는 전략의 가치를 제대로 알려면 유럽연합이 추진했던 방식과 비교하면 된다. EU는 백신개발을 정부의 조달계약처럼 추진했다. 대표단으로 위원회를 구성한 뒤 제조업체와 협상을 벌이는 과정에서 필연적으로 진행이 지연되었고 광범위한 로비가 이루어졌다. 독일 업체가 개발했지만 미국에는 '화이자Pfizer 백신'으로 알려진 바이온텍BioNTech 백신은 개발 회사가 대기업이 아니라는 이유로 제외되었다. 대형 제약사들은 백신에 대한 법적 보호장치를 요구했고 EU는 이를 반대했다. 이 문제가 해결되고 난 다음에야 생산설비를 구축하기 시작했다. 정확한 일정도 없었다. 그리고 대형 제약사 두 곳에서 문제가 터졌다. 프랑스 제약사인 사노피Sanofi는 개발이 어렵다며 2021년 말까지 일정을 연장시켰다. 영국의 아스트라제네카AstraZeneca 백신은 혈전 발생

우려가 있다는 이유로 여러 유럽 국가에서 사용이 금지되었다.

상반된 가뭄 대책

오만왕국Sultanate of Oman은 매우 덥고 건조한 기후이기 때문에 물이 귀중한 자원이다. 그들은 오래전부터 내려오는 아플라즈 aflaj라는 관개시설을 이용해 2,000년간 마을과 소도시에 물을 공급해왔다. 아플라즈는 높은 곳에 있는 우물에서 물을 나르는 지하터널과 좁은 수로시설을 말한다. 수자원을 보호하기 위한 전략의 주요 요소에는 수로의 관리와 보수, 그리고 증발을 막기 위해 물을 모아 지하수로 흘려보내는 저장용 댐의 건설 등이 있었다. 오만은 인구가 늘어나자 1990년대부터 간척지 매립, 담수화 및 농지를 과다 염분에서 보호하는 작업 등을 실시했다. 그들은 담수화설비에 많은 노력을 기울여 수도인 무스카트 및 기타 도시에 식수를 제공할 수 있었다. 저비용 담수처리 기술을 개발하기 위한 연구가 진행되었고, 특히 많은 물이 필요하지만 생산량은 낮은 작물에 과도한 물 사용을 통제하는 방법을 강구했다. 이에 오만 정부는 모든 수자원을 국가로 귀속시켜 허가제를 도입해 물을 통제했다. 농촌의 물을 다른 용도로 전용하고 물 소비를 줄인 농부에게는 보조금을 지원했다. 오만은 성공적으로 수자원 문제를 해결할 장기전략을 도입했다.

이와 반대로 캘리포니아는 수자원에 대한 전략이 없었다. 캘리포니아에는 2015년까지 4년 연속 가뭄이 덮쳤다. 제리 브라운 Jerry Brown 주지사는 "이제 가뭄은 뉴 노멀new normal이 되었음을 받아들여야 합니다"라고 말했다. 이런 비관적인 견해는 지구 온난화가 가뭄의 원인이라는 믿음에 기인한다. 그러나 지구 온난화는 갑작스러운 것이 아니라 점진적으로 진행되는 현상이다. 2017년에 브라운 주지사는 말을 번복하여 그가 '뉴 노멀'이라고 했던 가뭄이 끝났다고 선언했다. 시에라네바다산맥에 내린 역사상 최고의 폭설로 댐이 넘칠 만큼 물이 차고 많은 과수원이 잠겼다. 그리고 대형 저수지의 부족으로 남는 물은 모두 바다로 흘려보냈다.

캘리포니아에 있는 나무들의 나이테를 분석해보면 '대가뭄 megadrought'이 길게는 50년씩 지속되었으며 가장 최근의 가뭄은 1300년대에 끝난 것으로 나타난다. 그때부터 20년에서 100년 주기로 기후가 변했다. 현재 우리는 매우 습한 장기 사이클의 끝자락에 있다. 즉 캘리포니아는 습한 주기에 인구가 증가했다. 단기 사이클에 대한 대책은 보다 많은 물을 저장하는 것이지만, 입법부는 관심이 없었다. 그나마 합당한 장기전략은 오만처럼 저비용 담수화시설을 구축해 지하수로 물을 공급하거나, 수자원의 80퍼센트를 사용하는 농업을 제한하는 방법이다. 예측은 불가능하지만 반드시 발생하는 사이클 내에서 보면, 캘리포니아 주정부는 요셉이 '7년의 풍년과 7년의 기근'*을 경고했던 파라오 시

---

* 창세기 41장

대만큼이나 준비가 덜 되어 있었다.

문제가 명확하고 지속적이면 정부는 장기전략을 수립한다. 그러나 전염병이나 캘리포니아의 물 부족 사태처럼 문제의 심각성이 들쑥날쑥하면 장기전략을 세우지 않는다.

미션선언문과 거북이

'그릿'을 키우는 데 현재 널리 쓰이는 방법은 기업이나 기관의 지속가능하고 의미 있는 목적의식을 일깨우는 것이다. 이에 부합하기 위해 지도자는 기업의 '비전선언문', '미션선언문', '가치선언문', '전략선언문'을 만들고 이에 더해 '목표와 목적'도 수립해야 한다. 인터넷에서 이들을 검색하면 비전, 미션, 가치, 전략, 목표, 목적 등의 미묘한 차이를 설명하는 사이트를 수없이 찾을 수 있다. 지도자들은 '미션에 대해 명확한 관점도 없으면서 어떻게 이를 달성하기 위한 전략을 만들 수 있는가?'라는 질문에 답하기 위해서라도 미션선언문을 만든다.

비전, 미션, 가치, 전략 등에 대한 여러 선언문을 만드는 것은 논리적인 근간이 부족하면 쓸모없는 일이며 지속된다는 보장이 없다. 이런 선언문으로 전략이 수립되지는 않는다. 기본적인 가치를 준수하겠다는 당신의 약속은 행동으로 보이는 것이지 벽에 걸린 선언문에서 나타나는 게 아니다.

위에서 말한 선언문과 관련하여 생각나는 일화가 있다. 어떤 천문학자가 지구는 태양의 둘레를 돌고 태양은 은하계를 중심으로 돈다고 설명했다. 그러자 한 노부인이 강의 내용은 좋지만 지구는 사실 거대한 거북이의 등 위에 있다고 주장했다. 천문학자는 눈살을 찌푸렸지만 논리적으로 쉽게 반박할 수 있다고 생각했다. "부인, 그러면 그 거북이는 어디에 서 있나요?" 그러자 노부인이 이렇게 답했다. "다른 거북이를 딛고 서 있죠. 그 밑으로도 계속 거북이가 있고요."

이 이야기는 무한회귀를 이용해서 원동자의 존재에 대한 질문에 답한다. A가 B 위에 서 있다면, 다시 말해 B에서부터 나왔다면 B는 어디에서 왔는가? 마찬가지로 전략을 실행하기 위해 미션이 필요하다면 그 미션은 어디에서 오는가? 미션선언문은 비전선언문에서 왔고, 이는 다시 핵심가치선언문에서 유래했다고 답할 수 있다. 즉 논리적으로 따져보면 거북이와 마찬가지다. '선언문'이 밑으로 계속 있는 셈이다.

위키피디아에는 이렇게 기술되어 있다. "조직은 웬만해서는 미션선언문을 잘 바꾸지 않는다. 미션선언문은 지속적인 존재의 목적과 중점사항을 정의하기 때문이다."[4] 정말 미션선언문은 변하지 않을까? 1990년대 마이크로소프트의 미션을 보자. "모든 책상과 모든 가정에 컴퓨터를."* 당시에는 좋은 선언문이었지만 이는 인터넷의 등장을 제대로 반영하지 못했다. 태블릿 PC와 스마트폰, 클라우드 컴퓨팅 등이 나오면서 세상이 바뀌자, 2013년 마

---

* A computer on every desk and in every home.

이크로소프트는 이해할 수 없는 단어들을 조합해 새로운 선언문을 발표했다. "지구상의 모든 사람이 가정과 직장에서 그리고 이동 중에도 가장 중요한 활동을 할 수 있도록 지원하는 개인 및 기업용 장치와 서비스를 개발한다."* 2021년에 이 선언문은 다음과 같이 보다 일반적인 내용으로 바뀌었다. "지구상의 모든 사람과 조직이 능력을 키워 더 큰 꿈을 이룰 수 있도록 도움을 준다."** 이 선언문은 마이크로소프트가 하는 일이나 하고 싶은 일에 대해 아무것도 말하지 않기 때문에 좀 더 오래갈 듯하다.

1999년에 미국 질병통제예방센터Centers for Disease Control(CDC)의 미션선언문은 다음과 같았다. "질병, 부상, 장애를 예방하고 통제하여 건강과 삶의 질을 향상시킨다."*** 2021년에는 질병이 안전, 보장, 비만, 총기사고 등을 포함하는 개념으로 확대되면서 이렇게 바뀌었다. "CDC는 재외 국민과 내국인을 막론하고 건강, 안전, 안보상의 위협으로부터 미국 국민을 지키기 위해 24시간 노력한다. 질병의 발병 장소와 무관하게, 만성이든 급성이든, 치료와 예방 여부에 상관없이, 인간의 실수든 고의든 CDC는 질병과 싸우고 지역사회와 시민들이 이겨나갈 수 있도록 지원한다."****

---

* To create a family of devices and services for individuals and businesses that empower people around the globe at home, at work and on the go, for the activities they value most.
** To empower every person and every organization on the planet to achieve more.
*** To promote health and quality of life by preventing and controlling disease, injury, and disability.
**** CDC works 24/7 to protect America from health, safety and security threats, both foreign and in the U.S. Whether diseases start at home or abroad, are chronic or acute, curable or preventable, human error or deliberate attack, CDC fights disease and supports communities and citizens to do the same.

CDC의 미션선언문은 지속적으로 확대되는 다양한 활동을 표현하기 위해 몇 년에 한 번씩 계속 바뀌었다. 분명한 것은 이런 식으로 여러 책임과 목표를 섞어봤자 전략을 수립하는 데 아무 도움도 되지 않는다는 사실이다.

2012년 페이스북의 선언문은 "세계를 더욱 개방시키고 연결한다"*였다. 현재는 이렇게 바뀌었다. "사람들에게 커뮤니티를 이루고 세상을 더 가깝게 만들 수 있는 힘을 준다."** 소니의 선언문은 "당신의 호기심을 자극하고 채워주는 회사"***다. 페이스북과 마찬가지로 소니의 미션선언문은 영리를 추구하는 기업활동과 거리를 두는 고상한 태도가 느껴진다. 둘 다 코로나19 사태나 정부의 독점규제 조치에 대응하는 전략은 없다.

'주주가치의 극대화'를 미션이라고 하는 기업들도 많다. 딘푸드는 지역의 유제품 생산업자들이 모여 만든 회사다. 2018년에 그들의 미션선언문은 다음과 같았다. "회사의 주요 목표는 장기 보유 주주들의 가치를 극대화하고 법의 테두리 내에서 운영하며 높은 수준의 도덕성을 갖는 것이다."**** 그러나 1년 후 이 회사는 파산했고, 주식은 휴지조각이 되었다.

전 세계를 위한 목적이니 이익 위주니 하는 거창한 말들은 이 책에서 다루는 것처럼 문제를 해결하는 전략과는 거리가 멀다.

---

* Making the world more open and connected.

** Give people the power to build community and bring the world closer together.

*** To be a company that inspires and fulfills your curiosity.

**** The Company's primary objective is to maximize long-term stockholder value, while adhering to the laws of the jurisdictions in which it operates and at all times observing the highest ethical standards.

모토	기업 또는 기관
우리를 따라올 자 누구인가? There Is No Substitute	포르쉐
항상 충성을 Semper Fi	미 해병대
더 빨리, 더 높이, 더 강하게 Faster, Higher, Stronger	올림픽
피와 불 Blood and Fire	구세군
다이아몬드는 영원히 Diamonds Are Forever	드비어스 De Beers
싱크 디퍼런트 Think Different	애플
리드하지 리드당하지 않는다 Non ducor, duco[5]	브라질 상파울루
보호해줄게요 We've Got You Covered	리버 루핑 River Roofing
단결, 성실, 근면 Unity, Integrity, Diligence	로스차일드가문
타인의 생명을 위해 That Others May Live	미 공군 탐색구조대 US Air Force Pararescue
언제 어디서나 무슨 일이든 Any Mission, Any Time, Any Place	스페츠나즈(러시아 특수부대) Spetsnaz Guard Brigades
저스트 두 잇 Just Do It	나이키
절대적으로 완벽하고, 위험하게 단순한 사고(思考)Brutal Simplicity of Thought	M&C사치 M&C Saatchi

_____ 그림 15. 기업 및 기관별 모토

전략이란 문제를 해결하는 하나의 형태이자 과정이며 대응책이
다. 이 점을 인정하면 미션선언문이 전략을 수립하는 데 크게 도
움이 되지 않는다는 사실을 깨닫게 될 것이다. 이는 그저 시간과
정력의 낭비다.

　어느 분야에서 앞서나가기 위해 비전 또는 미션선언문이 반드
시 필요한 것은 아니다. 변화와 기회에 대응해 전략을 설계해서
자신만의 계획을 결정하고 수립하면 된다. 대중에게 발표하는

미션선언문은 지침이라기보다 광고나 홍보다. 산업이 바뀌고 지도자가 바뀌면 변하게 마련이다.

차라리 모토를 만들어 유지하는 게 낫다. 이는 감정과 사명감을 불러일으키는 격언이나 금언을 말한다.

기업의 전략기획

1970년대 이후 대부분의 기업에서는 '전략기획'이라는 용어를 사용하고 있다. 제품의 수명주기가 몇 년 아니 몇십 년으로 긴 기업에게 전략기획은 커다란 장점이 될 수 있다. 국방부 납품업체, 광산회사, 정유회사, 전기회시들은 향후 수요와 생산의 변화에 대한 로드맵을 가지고 있다.

그러나 대부분의 기업에서 전략기획은 잘 작용하지 않았다. 자기 회사에는 전략을 기획하는 프로세스가 있다고 말하는 CEO들이 많다. 그러나 그들 대부분은 그 프로세스와 결과에 만족하지 않는다. 2006년 매킨지 보고서에 의하면 조사 대상 800명의 경영자 중 이에 만족하는 비율은 절반도 안 되었다. 2014년 베인앤컴퍼니Bain & Company의 파트너인 제임스 앨런James Allen은 이렇게 말했다. "최근 몇몇 다국적 대기업의 CEO들을 만나 이야기한 결과, 대부분의 경영자들은 전략기획수립 프로세스에 진절머리가 난다고 대답했습니다. 그런 노력의 97퍼센트는 시간 낭비이며 조직의 중요한 에너지를 빼앗는다고 생각했습니다."[6]

가장 흔한 불만은 계획대로 되지 않는다는 것이었다. 2009년에 나는 마텔Mattel의 CEO인 로버트 에커트Robert Eckert를 만나 회사의 전략을 물어본 적이 있었다. 그는 웃으면서 이렇게 답했다. "우리는 전략을 기획하는 데 많은 노력을 기울이지만, 문제는 실행입니다." 에커트와 같은 불만은 여기저기서 들을 수 있다. 이는 계획을 잘 세운다고 해서 경쟁에서 이기는 건 아니라는 불가피한 사실을 말한 것이다. 마이크 타이슨Mike Tyson은 이렇게 말했다. "누구나 그럴싸한 계획이 있다. 얻어맞기 전까지는."*

가장 큰 문제는 소위 전략기획부서에서 전략을 수립하지 못한다는 사실이다. 사실상 이들이 하는 일은 손익을 예측하고 대응하는 일이다. 다른 말로 자금계획을 수립한다는 뜻이다. 그들은 심각한 문제에 대한 대책은 내놓지 못한다. 광범위하고 다양한 문제를 살피면서 시작하지만 얼마 안 가 손익목표로 귀결되고, 그 목표에 따라 예산이 분배되는 프로세스가 이어진다.

'로열필드Royalfield'는 얼마나 많은 전략기획 작업이 이루어지는지를 잘 보여주는 사례다. 이 회사는 〈포천〉 선정 500대 기업 중의 하나다. 어느 날, 호텔 대회의실에 25명의 최고경영진이 모였다. 맨 처음 CFO가 무대 위로 올라가서 마블의 토르 사진을 이용해 손익현황을 설명했다.

그다음은 CEO가 파워포인트로 소위 '전략헌장' 및 '성공성과기록표Success Score Card(SSC)'라고 이름 붙인 어젠다에 대해 설명

---

* Everyone has a plan until they get punched in the mouth.

했다. 그는 전략헌장이 3년 전 있었던 인수합병을 기반으로 수립되었으며 어느 분야로 사업영역을 확장해야 하는지 보여준다고 덧붙였다. 현 시장 상황을 브리핑한 후에는 자사의 제품이 '고객의 문제를 가장 효율적으로 해결'해야 한다고 강조했다. 또한 '차원 높은 서비스'를 제공하기 위해 노력해야 한다고 훈시했다.

SSC에는 15퍼센트의 자기자본이익률과 15퍼센트의 매출성장을 구체적으로 명시했는데, 이 목표는 최근 실적을 상회하는 숫자였다. 그다음에는 4개 사업부별로 사전 조율된 SSC를 제시한 표를 보여주었다. 성장률, 이익률, 투자수익률 및 시장점유율 목표가 설정되어 있었다. 마지막으로 CEO는 올림픽 수영 5관왕인 19세의 케이티 레데키Katie Ledecky의 말을 인용하면서 회의를 마쳤다. "너무 높아서 달성하지 못할 것 같은 목표를 세우세요. 매일 조금씩 그 목표를 이루기 위해 노력하면 세상에 못할 일은 없어요."[7]

휴식시간에는 밝은 음악이 울려 퍼지는 가운데 회사 로고가 박힌 머그잔을 나누어 주었다. 오후에는 각 사업부의 장이 올라와 SSC를 달성하기 위한 전략을 발표했다. 주요 고객과 제품의 성능 개선에 대한 언급이 있기는 했지만, 내용에 대해서는 이미 CEO가 지시한 거나 마찬가지였다. 사업부의 '전략'은 결국 신규고객을 발굴해서 비용을 줄이되 신규 투자는 조심하겠다는 것으로 귀결되었다.

CEO가 손익실적으로 성과를 평가한다고 공언했으므로 사업부에서 고려할 수 있는 옵션은 없었다. 또한 전략적 사고는 기술,

제품, 고객, 경쟁우위 대신 손익목표를 달성하기 위한 대책으로 바뀌었다. 매출이 늘어나는데 비용은 줄어드는 모순된 계획을 어떻게 달성할 것인지에 대한 설명도 없었다.

한편으로는 이해가 되기도 한다. 로열필드의 CEO가 매일 하는 일이 투자자, 월스트리트 애널리스트, 연금펀드 및 헤지펀드 운영자, 이사회 그리고 미국증권거래위원회에 보고하는 것이기 때문이다. 또한 그가 제시받은 급여 패키지도 재무실적 및 주식시장에서의 성과와 연결되어 있었다. 따라서 그의 세상에서는 SSC를 그의 개인적 전략으로 삼은 것이 당연했다.

또한 CEO는 모호한 '전략헌장'을 마치 전략을 수립한 것으로 착각했다. 전략은 어쩌다 한 번 수립하는 정적인 활동이라는 사고가 박혀 있기 때문에 전략기획으로 전략 문제가 해결되었다고 생각하고는 손익목표에 집중했다.

나는 사업부의 중역들과 인터뷰를 진행했다. 그러자 로열필드의 전략적 과제가 명확히 보였다. 산업은 글로벌화되어 가는데 회사는 아직도 지역별로 조직되어 있었다. 과거에 성공적으로 이용했던 독자기술은 이제 평준화되고 경쟁사의 새로운 기술에 밀리는 신세가 되었다. 회사의 기술 관련 조직은 능력이 있었지만 대응이 느렸고, 경쟁사 대응보다는 내부의 문제 해결에 주력했다. 그 외에도 문제들 간의 우선순위가 없었다.

나는 저녁식사 전 CEO와 간단히 한잔하면서 이런 문제들을 이야기했다. 그는 내게 손을 저으며 그만하라고 말했다. "회사에 관해 부정적인 이야기는 듣고 싶지 않습니다. 직원들은 SSC에 집중해야 합니다."

그 뒤로 다시 로열필드와 일할 기회는 없었다. 하지만 실적을 보니 경쟁사는 빨리 성장하는 데 반해 중요 부문에서 회사의 시장점유율이 가장 많이 감소했다. 이는 경쟁사의 신기술을 따라가지 못했기 때문이다. 로열필드는 비용을 감축해 순이익을 개선했지만 매출성장률은 산업 평균보다 적었고 시장점유율은 30퍼센트나 감소했다. 반면에 경쟁사는 주요 고객 위주 정책으로 점유율을 늘려갔다.

로열필드에는 성장하려면 해결해야 할 필수적인 전략 문제가 존재했지만, 지도자가 전략의 의미와 목표를 잘못 이해했기 때문에 문제를 해결하지 못했다. CEO는 '전략헌장'을 만들어 신규 진출 분야를 정하면 전략 문제가 모두 해결된다고 믿고 있었다. 또한 재무목표를 달성하기 위해 각 사업부에서 알아서 전략을 수립할 것으로 생각했다. 보다 근본적인 문제에 대한 해결책이 없는 수익증가는 기술 후퇴와 시장점유율 감소의 대가에 불과하다.

전략공장

전략공장Strategy Foundry이란 소수의 중역이 모여 전략을 수립하고 크럭스를 발견해서 문제를 해결하기 위한 일관된 행동계획을 세우는 과정을 말한다. 이는 장기 손익목표를 세우는 전략기획이나 소위 전략워크숍과는 완전히 다르다.

18장

럼스펠드의 질문

나는 경력 초기에 혼자 아니면 직원 한두 명이 있는 작은 컨설팅회사부터 시작했다. 이후 전략을 수립하려는 기업들과 몇 차례 같이 일을 해보았다. 그러나 그들은 이미 일류 컨설팅업체와 계약해서 자문을 받고 있었고, 무언가 다른 시도를 하기 위해 나를 찾았다.

만족스러운 컨설팅도 많이 했다. 그 덕에 많은 기업에서 성공적인 전략수립이 이루어졌다고 생각한다. 반면에 그렇지 못한 경우도 꽤 있었다. 분석 작업이 미흡했다거나 내 권고안이 거절되어서가 아니었다. 이는 워밍업과 본 게임의 차이 같은 것이었다. 상황을 분석하고 대책안을 제시하는 것은 흥미롭지만 금방 잊히는 워밍업 루틴이고, 본 게임은 매년 수립하는 '전략기획'이다.

그런 사례 중 하나가 '오케이컴퍼니OKCo.'였다. 이 회사는 2002년에 이미 가정용·기업용 온도조절장치 시장의 주요 제조업체였다. 총 14개의 모델이 있었는데, 회사가 파악한 문제는 낮은 수익성과 성장률이었다. 조직은 전략 담당 상무가 있고, 그 밑의 직원 몇 명과 함께 정기적으로 CEO와 소통하는 구조였다.

나는 매니저, 엔지니어, 영업 담당자 등 20여 명의 직원들과 인터뷰를 했다. 그들은 업계의 경쟁이 점점 심해지고 복잡해진다고 말했다. 제품 라인업은 진부했고 새로운 것이 없었다. 경쟁사들은 이더넷이나 와이파이로 연결된 제품을 내놓았지만, 오케이컴퍼니는 인쇄회로기판의 이동식 점퍼*로 조정하는 방식이었다. 기판은 총 8개였다. 일부 경쟁사들은 여러 곳의 정보를 보여주는 스크린을 개발해서 컴퓨터 화면이나 벽에 부착한 디스플레이로 확인할 수 있게 했다. 그러나 오케이컴퍼니의 기판을 개발한 엔지니어들은 이미 은퇴한 지 오래였다. 성능이 떨어지자 회사는 가격을 낮추고 판매 수수료를 올렸다. 그러나 내 생각에 이런 방식은 별로였다. 마치 인터넷과 개인용 PC가 나타나기 전에 구식의 초록색 화면 단말기에 집착했던 데이터가공회사와 일하는 느낌이었다.

우리는 이 회사와 경쟁사의 제품들을 철저히 분석하고 많은 구매자와 고객을 인터뷰했다. 오케이컴퍼니는 시장에서 잘 알려진 브랜드였다. 대량구매 업체들은 신규 경쟁사의 제품도 좋아했지만 수십 년의 경력이 있는 오케이도 선호했다. 설치 시간이 2배가 걸리는 만큼 청구금액이 컸기 때문에 소규모 기업이나 공사업자들은 의견이 갈렸지만 그래도 오케이를 선호하는 기업이 많

---

* 전기회로의 개폐에 쓰이는 짧은 전도체

앉다.

이러한 제품 및 마케팅 관련 사항 외에 실적하락에도 불구하고 조직은 무기력하고 자기만족에 빠져 있었다. 해결방법은 14개 모델에 모두 사용 가능한 소위 '플랫폼'이라고 부르는 마이크로 프로세서 기반의 조절장치를 개발하는 것이었다. 우리는 전자계산기에서 힌트를 얻어 구형 제품에는 일부 기능이 작동하지 않는 플랫폼을 만들기로 했다. 제품이 구체화되자 교육, 생산, 마케팅, 판매 부문에서 직원을 뽑아 크로스펑셔널팀을 구성해 제품을 출시하기로 했다. 이번에도 역시 과거에서 힌트를 얻었는데, 도요타가 '헤비웨이트heavyweight'팀*을 만들어 렉서스 브랜드를 개발한 사례를 이용했다. 이 팀은 차량의 설계부터 출시까지 전 과정을 책임졌다. 물론 이렇게 하려면 오케이컴퍼니의 조직과 인사 문제를 정리해야 했다.

우리는 현장의 의견과 우리의 분석 그리고 전략에 대한 생각을 정리해서 CEO에게 보고하고 지시를 기다렸다.

초가을쯤 CEO와 CFO가 회사의 "전략기획"을 발표했다. 그러나 우리가 제기한 문제에 대해서는 아무 언급이 없었고 제안 사항은 아예 들여다보지도 않았다. 대신 에비타EBITDA를 늘려야 한다며 아래와 같이 8개의 최우선 사항을 발표했다.

---

* 실리콘밸리에서 실험적인 시도로 미래 혁신전략을 담당하는 팀을 부르는 용어

- 고객만족
- 최고의 브랜드 인지도
- 탁월한 서플라이 체인
- 생산성 증대 및 비용 감소
- 부채 청산
- 주요 고객과의 관계 강화를 통한 판매역량 제고
- 선진 분석기법으로 낭비요소를 제거하여 수익성 확보
- 온실가스 배출 15퍼센트 감축

쓸데없는 수사여구를 빼고 보면 이 최우선 사항은 부채를 상환하고 주요 고객사의 입맛에 맞는 경영을 하겠다는 뜻이었다. 주요 고객사란 물론 회사의 제품을 가장 많이 구매하는 기업을 말한다. '선진 분석기법'이란 단어는 알고 보니 막 '경영분석' 석사학위를 따고 마케팅 담당 부사장으로 합류한 중역에게 바치는 작은 선물이었다. 부상하는 신기술에 대한 언급은 없었다.

오케이컴퍼니를 포함한 많은 기업의 문제는 이미 다른 사람들은 다 알고 있는 문제를 주요 정책결정자들이 모른다는 점이다. 문제인지도 모르면 절대 해결할 수 없다. 지도자가 결정적인 문제점을 이해해야 뛰어난 전략이 수립된다.

3년 후 나는 오케이컴퍼니가 기업가치 하락으로 다른 기업에 인수될 처지에 놓였다는 기사를 보았다. 회사가 넘어간 후 3명의 최고경영자들은 두둑한 보너스를 받고 퇴직했다. 하지만 직원의 50퍼센트는 해고당했다. 인수기업이 오케이컴퍼니의 브랜드 가치만 중요하게 생각했기 때문이다.

나는 이 일을 해오면서 오케이컴퍼니처럼 꼬인 과제의 해결을 회피하는 조직이 많다는 사실을 알게 되었다. 그것은 문제 해결이 어렵고 기존 질서를 파괴해야 하며 어떨 때는 조치할 대책이 없기 때문이다. 따라서 대개는 전략 담당 중역에게 위임하면서 부차적인 문제로 전락시킨다. 그러다 실제 문제에 부딪혀 해결해야 할 때가 오면 많은 CEO가 마치 GE의 제프리 이멜트처럼 긍정적인 '성공극장'의 회로를 돌린다(8장 참조).

만일 전략 담당 중역에게 위임하거나 컨설팅업체에 의뢰를 해도 결과가 없으면 어떻게 할 것인가? 매우 중요한 문제일수록 고위 중역으로 소규모 그룹을 구성해 해결하는 것이 좋다. 문제를 위임하기보다는 이런 식의 해결 추진이 더 좋은 결과를 낳을 수 있다. 즉 정보를 공유해서 중요하면서도 시행 가능한 대책을 논의하는 것이 훨씬 낫다. 실제로 이런 방식으로 훌륭한 전략을 수립할 수도 있다.

그런데 나는 많은 기업에서 이런 방식이 실제로는 엄청난 혼란과 역기능을 초래한다는 것을 발견했다. 이런 기업에는 자사와 경쟁사의 실적 데이터를 분석하는 직원들은 많지만, 복잡한 문제를 해결하고 전진하기 위해 성공 가능한 분야를 집중 공략하는 일치된 에너지가 부족했다. 나는 뭔가 잘못되었다고 느꼈다.

이런 현상은 처음 어빙 재니스Irving Janis가 '집단사고groupthink'라는 개념으로 설명하면서 유명해졌다. 역사적으로 최고위급의 정책결정 사례를 연구한 결과, 체계적인 데이터 수집과 분석 없이 결정이 이루어지는 경우가 많았다는 것이다. 정책결정의 구성원(그가 예로 든 사례에서는 대통령과 참모들)들은 현실을 직시하기보다 낙관적인 관점을 유지하고 논란을 최소화하려 했다. 중요한 정보들을 제대로 검토하지도 않았고, 신속히 도출되는 일치된 의견에 의해 다른 대책들은 뒤쪽으로 밀려났다. 단결심과 동지의식만을 중요시하는 분위기가 팽배했고, 이들은 자신의 비판적인 생각조차 꺾어버렸다.

대표적인 집단사고의 실패 사례는 1961년 케네디 대통령 재임 시 쿠바를 상대로 한 피그만 침공사건이다. 참모진들이 다른 대책을 검토하지 않은 것은 명확했다. 그러나 재니스도 설명하지 못한 또 다른 요소는 CIA의 이중적인 태도였다. 제2차 세계대전 당시 활약했던 스파이이자 CIA의 국장인 앨런 덜레스Allen Dulles는 쿠바의 피델 카스트로Fidel Castro를 전복시키려고 했다. 하지만 미국 정규군을 투입하지 않으면 어려운 상황이었다. 케네디는 정치적인 부담감 때문에 정규군을 투입하려 하지 않았다. 따라서 사실상 취할 수 있는 대책이 없었다.

그럼에도 CIA가 밀어붙인 이유는 '실제 침공을 시작하면 대통령도 성공을 위해 필요한 조치에 동의할 수밖에 없을 것'[1]이라고 믿었기 때문이다. 이 위험한 치킨게임에서 케네디는 꿈적도 하지 않았고, CIA 역시 방향을 바꾸지 않았다. 침공은 실패로 끝났고 그 후폭풍은 엄청났다. 케네디는 덜레스 국장을 해임하고 CIA를 대신할 국방정보국Defense Intelligence Agency(DIA)을 창설했다.

재니스는 일반적으로 정치적 그룹의 목적은 합리적인 선택을 하는 것이라고 주장했다. 그러나 소위 '합리적인' 선택도 이미 정해진 대책들 중에서 단일한 기준으로 선택해야 하기 때문에 한계가 있다. 이런 그룹은 꼬인 과제에 직면해 있는 것이다. 구성원들의 목표도 다르고 딱히 다른 대책도 없다. 대책들 간에 연결 고리도 약하고 결과도 별것이 없다. 불행히도 이런 상황에서 할 수 있는 것은 모두의 목표를 만족시키는 결과를 명확히 설정하고, 그에 가장 가까운 대책을 수립 및 시행하는 일이다. 즉 대책에 희망사항(원하는 결과)을 반영한 결정을 도출하는 것이다. 이렇게 잘못된 생각으로 접근하기 때문에 특정한 대책으로 너무 빨리 결론이 나도 이상한 일이 아니다.

내 경험으로 미루어 볼 때 빠른 결론은 의사결정 프로세스가 원인이 아니다. 그것은 전략을 전반적인 목표설정 또는 이미 결정된 여러 대책 중의 선택으로 간주하기 때문이다. 최고위급이 내린 결정을 검토하고 그들과 토론한 결과, 최고위급은 대부분 이미 결론을 내놓고 있었으며 대책 한두 가지 중에서 선택하기만 하면 되었다. 출발점이 지정되어 있으니 이들이 해야 할 일은 이미 내려진 결론을 조금 손본 다음 언론과 대중에게 홍보해서 구성원 사이의 신뢰감과 연대감을 제고하는 것이었다. 의사결정 과정에 문제가 있어서가 아니라 이렇게 미리 정해진 결과 때문에 집단사고가 엉망이 되는 것이다.

그 사례 중 하나가 이라크전쟁이다. 그 기원은 신외교정책을 수립하려는 시도에서 시작된다. 1997년 25명의 저명한 보수주의자들이 '아메리카 신세기 프로젝트Project for the New American Century'를 발족시켰다. 목적은 미국 정부의 독재정권에 대한 지원을 중단시키고 '미국의 이익과 가치관에 반하는 정권'에 적극적으로 대항하는 것이었다. 나중에 부통령이 된 딕 체니Dick Cheney, 국가안보좌관이 된 엘리엇 에이브럼스Elliott Abrams, 국방장관이 된 도널드 럼스펠드Donald Rumsfeld, 국방차관이 된 폴 월포위츠Paul Wolfowitz 등 미래에 조지 W. 부시 대통령의 각료가 될 사람들이 주축이었다.

이들에게 아프가니스탄전쟁은 중요하지 않았다. 부시 행정부 초기부터 이라크의 정권교체가 최우선 목표였다. 그렇게 하면 미국은 독재자를 타도해서 시민에게 민주주의를 돌려줄 것이며, 무엇보다 누가 진정한 강자인지를 전 세계에 보여주게 되리라고 생각했다. 2002년 아프가니스탄전쟁 초기에 신속한 승리를 거둔 후 한 육군 대령은 이렇게 말했다. "미국에 대항하면 벌레처럼 으스러진다는 교훈을 배워야 할 겁니다."

1991년에 미국이 쿠웨이트에서 이라크군을 몰아냈을 때 숨겨진 핵무기가 발견되었다. 유엔의 감시하에 해체되기는 했지만 이를 발견하지 못했던 CIA는 매우 난처했다.[2] 그래서 1999년에 암호명 "커브볼"이라는 정보원이 사담 후세인이 핵무기와 생화학 무기를 개발하고 있다는 정보를 흘리자 이를 이라크 침략의 구실로 삼았다. 특수부대를 현장에 투입해 그 주장의 진위 여부를 확인했다면 좋았겠지만 전면전과 정권교체는 이미 결정되어 있었다.

폴 월포위츠와 딕 체니가 주도하는 신보수주의자들은 중동을 변화시킬 수 있다고 생각했다. 2002년 어느 연설에서 체니는 승리를 자신했다.

정권이 교체되면 이라크는 엄청난 혜택을 볼 것입니다. 심각한 위협이 사라지면 자유를 사랑하는 이곳 주민들에게 영원한 평화라는 가치관을 함양시킬 기회가 올 것입니다. '민심'의 반응에 대해 중동 전문가인 푸아드 아자미Fouad Ajami 교수는 우리가 점령하면 '카불에서 그랬던 것처럼 바스라와 바그다드에서도 주민들이 기쁨에 넘쳐 환호할 것'이라고 말했습니다. 중동의 극단주의자들은 이제 성전jihad에 대해 다시 생각해봐야 할 겁니다. 앞으로는 온건한 정책이 인기를 얻을 것입니다.[3]

2004년에 나는 국방장관 도널드 럼스펠드를 인터뷰할 기회가 있었다. 당시 그는 이라크 반란군 때문에 골치가 아팠다. 이라크 침공으로 민주주의를 되찾아주면 국민들이 환호할 줄 알았는데, 반란은 예상 밖이었다. 인터뷰 주제는 국방부의 예산 전용이었으나 뒤늦게 나는 전략과 정책수립에 대한 의견을 물어보았다. 그의 대답이 아직도 기억에 남는다.

국방장관으로서 그는 거의 모든 분야의 전문가를 동원할 수 있다고 말했다. "여러 부족의 역사, 언어, 관습, 혈연을 알고 싶은가요? 우리에게는 전문가가 있습니다." 그는 이라크의 기후 패턴과 국내 정치까지도 다 알 수 있다고 설명했다. "터키에서 누가 이라크 북부지역으로의 진격을 막았는지 그리고 왜 그랬는지 궁금한가요? 우리 전문가는 모든 것을 다 알고 있습니다. 문제는 그 모든 지식을 동원해 일관된 전략을 수립하는 거죠." 장관은 계속 말을 이어나갔다. "모든 정보에는 무언가 꼬리표가 붙어 있어요. 어떤 목적이 있거나, 다른 꿍꿍이가 있거나, 자금지원을 원하거나 계약갱신 또는 취업 청탁 등 필요한 게 있는 사람이 정보를 제공합니다. 교수님, 혹시 이런 문제를 해결할 묘책을 학계에서는 아직 못 찾았나요?"

그의 질문을 듣고 나는 잠시 전략수립 프로세스에 대해 생각했다. 그리고 안타깝지만 고대부터 이런 문제에 대한 해결방안은 크게 개선된 것이 없다고 대답했다. "무엇이 잘못될 수 있는지는 많이 알고 있지만, 이를 해결할 방안에 대해서는 별로 아는 것이 없습니다. 똑똑한 사람 몇몇을 방 안에 넣고 해결책을 찾아내라고 해도 결과는 마찬가지입니다."

전략수립 프로세스의 진실

럼스펠드의 질문으로 두 가지를 알게 되었다. 첫째, (이라크 시민들의 환호처럼) 이미 정해놓은 결과를 바탕으로 전략을 수립하고 시행하려면 그 결과와 맞지 않는 정보나 조언을 받아들이기가 무척 힘들어진다. 둘째, 정보를 조합해서 전략을 수립하는 과정에 대해 우리는 사실상 아는 게 없다고 더욱 확신하게 되었다. 이는 심각한 문제로, 교수로서 매우 당황스러운 사실이었다.

기업전략, 산업, 경제, 경쟁사 및 기업 내부활동에 대한 분석기법은 지난 50년간 많은 발전을 해왔다. 그러나 물감을 분석한다고 뛰어난 미술작품이 탄생하지 않듯이 원가와 경쟁사를 분석한다고 해서 훌륭한 전략이 수립되는 것은 아니다. 전략수립 프로세스에 대해서는 연구도 없고 해결방안이 나온 것도 없다.

전략수립 프로세스가 없다는 말은 매우 도발적인 주장이라서 많은 사람을 화나게 할지 모른다. 이를 자세히 기술하려면 그 자체만으로도 책 한 권이 될 것이다. 따라서 여기서는 여태까지 연구한 내용과 그로부터 얻은 지식의 한계에 대해서만 설명하겠다.

의사결정이라는 개념은 가장 좋은 것을 선택하는 문제라는 전제를 깔고 있다. 경제석 의사결정 이론이든 행동학적 의사결정 이론이든 누군가 만들어놓은 일련의 대책 중에서 선택하는 것을 전제로 한다. 만일 지게차의 구입이나 렌트 중 선택해야 한다면 이런 방식도 괜찮다. 그러나 샌프란시스코의 노숙자라는 꼬인 과제에 당면한다면 이런 방식은 아무 소용이 없다.

인간의 인지적 편향과 이것이 의사결정에 미치는 영향에 대해서는 많은 연구가 있다. 이는 대니얼 카너먼Daniel Kahneman의 명저 《생각에 관한 생각Thinking, Fast and Slow》에 체계적으로 설명되어 있다.[4] 기업의 경영진에게는 주로 낙관편향, 확증편향, 내부관점편향 등이 나타난다.

낙관편향은 어떤 계획이나 대책의 효과는 과대평가하고 비용은 과소평가하는 것을 말한다. 이는 필연적으로 기업활동의 근간인 '애니멀 스피릿animal spirits'*에서 나온다. 나는 미래학자인 허먼 칸에게 어떻게 하면 편견 없는 예상을 할 수 있는지 물었다. 그는 이렇게 대답했다. "우울증 환자에게 맡겨보세요."

확증편향은 이미 가지고 있는 신념이나 의견에 부합하는 정보, 뉴스, 발표를 선호하는 경향을 말한다. 만약 경영진이 자신들이 추간판 치환술의 최고 기술을 가지고 있다고 믿으면 다른 중소기업이 더 좋은 기술을 개발해도 무시해버린다.

내부관점편향은 자신의 경험만을 중요하게 생각하기 때문에 발생한다. 이는 두 가지를 무시하는 경향이 있다. 하나는 다른 사람들의 일반적인 경험이고, 다른 하나는 특히 새로운 분야에 진입할 때 경쟁사가 보이는 행동과 파워다. 이 편향은 경매에서의 '승자의 저주'와 밀접하게 관련되어 있다. 즉 통계적으로 경매의 낙찰자는 원래 가치보다 과대평가해서 지나치게 비싼 가격을 지불하게 된다는 것이다.

전략가에게 선택에 있어서 편향은 매우 중요하지만 그것이 전략수립의 핵심은 아니다. 과제에 대한 진단을 생략하면 전략가의 생각과 글이 편향된다. 이러한 개념적 편향은 문제파악이나 이해보다 계산 및 선택에 대한 편향이다. 그리고 어떤 포부와 가치를 그 상황에 적용해야 하는지에 관한 어려운 판단과는 거리가 먼 편향이다.

문제 해결에 대한 연구는 훨씬 부족한 상황이다. 이런 연구는

---

* 투자의 동기가 되는 미래에 대한 낙관적인 자신감

주로 학생들에게 시험문제를 출제하는 교사들이 많이 수행했다. 교사들이 시험문제의 답을 알지 못하면 학생들을 평가할 수 없었기 때문이다.

그룹으로 진행하는 프로세스는 더 난감하다. 오랫동안 사회심리학자들은 그룹이 개인보다 성과가 더 좋다고 생각했다. 그러나 수십 년간 학생들을 대상으로 연구한 결과, 뛰어난 개인이 그룹보다 일반적인 문제 해결에 더 좋은 성과를 보였다. 물론 오랜 기간 여러 사람들의 기술습득이 필요한 복잡한 문제는 연구 대상에서 제외되었다.[5]

결국 럼스펠드의 질문에 대한 부정적이지만 직접적인 대답은 다음 두 가지다. 첫째, 그룹이 뛰어난 전략을 수립하는 프로세스는 발표된 것이 없다. 이미 어떤 대책이나 결론이 나온 경우에는 더욱 그렇다. 둘째, 정치적이고 이기적이며 충실하지 않은 그룹에서는 훌륭한 전략을 수립할 수 없다. 에너지회사인 트랜스알타의 CEO 돈 패럴은 내게 이렇게 말했다.

우리는 효과적인 전략팀을 만들기까지 매우 힘들었습니다. 자존심이 바닥을 쳤고 매일매일 굴욕을 맛봐야 했죠. 유치한 행동은 금물이었으며 메시지는 명확했습니다. 데이터나 사실을 가지고 장난치면 바로 해고였죠. 그룹은 적은 인원으로 시작했지만 지금은 40명으로 늘어났습니다. 그들은 무엇을 해야 할지 공동으로 찾아내고 이를 달성하기 위해 협조합니다.

어떻게 해야 할까?

럼스펠드의 질문으로 그런 주제에 관심이 생겼을 때 나는 마침 기업이나 기관과 협력해서 컨설턴트로 일하고 있었다. 시간이 흐르면서 나는 내가 수립한 시스템을 적용하기 시작했다. 내진단은 무엇이었나? 제대로 기능하지 않는 이유를 무엇으로 파악했나? 무엇 때문에 해결이 어려웠나? 정치적 역학관계인가 아니면 지식의 부족인가? 낙관편향 때문인가? 정치적 권력다툼 때문인가? 아니면 단순히 어리석었기 때문인가? 물론 시간과 장소가 달라지면 이런 이유가 들어맞을 때가 있다. 그러나 문제 해결의 핵심은 전략이 정해진 목표나 정책목표를 달성하는 데 도움을 주는 것이라는 일반적인 믿음을 깨트리는 것이다.

성과목표를 달성하고 경영자가 문제를 해결할 수 있는 대책을 개발하는 과정과 동일한 것으로 전략을 간주해서는 안 된다. 또한 토론에서 높은 사람이 독단적으로 결정하지 못하도록 해야 한다. 충분히 분석하기 전에는 결론을 내지 말아야 하며, 가장 효과가 높은 곳에 에너지와 대책을 집중해야 한다. 다음 장에서는 전략공장이라는 이름으로 이를 알아볼 것이다.

19장
3일간의 전략공장 운영

'조안나 워커Joanna Walker'는 맨 처음 내게 이메일로 연락해왔다. 그녀는 '팜코FarmKor'라는 회사의 사장으로 연례 워크숍에서 연설을 계획하고 있었다. 우리는 어느 상쾌한 가을날 만나, 내 책 《전략의 거장으로부터 배우는 좋은 전략 나쁜 전략》에서 발췌한 내용으로 이야기를 나눴다. 그리고 CFO와 최고운영책임자(COO)가 함께한 저녁식사 자리에서 내가 '전략공장'이라고 이름 붙인 비상회의에 대해 논의했다.

COO인 제러미는 그 회의에 관심을 보였고 '결과물deliverable'이 무엇인지 궁금해했다. 여기서 결과물이란 기업에서 어떤 이벤트 후에 나오는 일종의 보고서를 지칭하는 용어다. 나는 그런 보고서는 이제 더 이상 작성하지 않는다고 말했다. 전략과 관련한 보고서가 없어서 문제가 된 적은 없다. 애당초 제대로 된 전략이 없는 것이 문제다. 전략이라고 해봐야 사회적 압력에 따른 성과목표, 특히 손익목표 달성에 관련된 내용이 전부다. 이 공장의 목적은 그 틀을 깨고 문제 해결에 집중하는 것이다.

나는 이들에게 전략공장은 문제 중심으로 돌아가야 한다고 설명했다. 이 공장은 조직이 당면한 핵심 문제를 파악하는 데 주력한다. 따라서 '의사결정'이나 '목표설정'에 관한 많은 논문 및 조언과는 거리가 멀다. 문제 중심으로 생각하기 때문에 직원들이 작성한 계획 중에서 선택하거나 장기예산계획안에 빈칸을 채우는 것이 아니라 전략을 설계해야 한다.

워커는 전략공장의 구성과 시간에 대해 물었다. 나는 내 경험으로 볼 때 인원은 8명 이하가 적당하며 아무리 많아도 10명을 넘어서는 안 된다고 대답했다. 구성원 중에 CEO 또는 사업부장급이 반드시 포함되어야 하며 문제 해결 위주로 접근해야 한다고 덧붙였다. 시간은 3일 연속 진행하는 게 가장 효율적이었다. 중소기업은 좀 더 짧게 할 수도 있고, 대기업은 몇 주 간격으로 차수를 나눌 수도 있다.

준비는 3단계로 나뉜다. 첫 번째는 내가 회사와 경쟁 상황 및 과거의 계획과 성과를 파악하는 단계다. 두 번째는 각 구성원과 최소 90분 이상의 인터뷰를 해야 한다. 필요에 따라 다른 주요 인사들과 인터뷰를 할 수도 있다. 세 번째는 구성원들에게 서면으로 질문을 배포해서 답변을 받는다. 단, 그 내용 중 일부를 전략공장에서 출처를 밝히지 않고 사용할 수 있다.

CFO인 폴은 일정에 대해 물었다. 연례 전략워크숍은 보통 예산수립 한 달 전에 열린다. 시기는 중요한 쟁점사항으로, 나는 전략공장의 목적은 문제를 해결하는 것이라고 강조했다. 전략공장에서는 문제를 파악하고 방침 및 대책을 수립하지만, 예산을 수립해서 손익을 추정하지는 않는다. 그러므로 예산수립 프로세스와는 별개로 가야 한다.

구성원들은 이 전략공장에 대해 흥미를 느끼면서도 걱정하는 눈치였다. 나는 일하는 방식을 바꾸고 싶었다. 워커 역시 긍정적인 면만을 나열하는 행사에서 탈피해 정말 중요한 문제에 집중하길 원했다. 우리는 일정을 잡고 일을 진행시켰다.

인터뷰와 질문

인터뷰 결과 다음과 같은 사실들을 파악했다.

- 2015년 기준 팜코는 농작물 및 1차 가공식품용 하드웨어와 소프트웨어를 제작, 판매 중이었다.
- 팜코의 제품은 기후와 토양을 분석해 적정량의 물과 영양분을 농작물에 공급한다.
- 가장 최근 제품은 견과류 및 핵과류의 1차 가공기계였다.
- 전 세계 10여 개국에 제품을 수출했으며 4개국에 공장이 있다.
- 팜코는 원래 덴마크의 화훼재배로부터 시작했다.
- 소프트웨어는 미국과 덴마크에서 개발했다.
- 1998년에 유럽시장에 상장했다가 2001년에 타 회사에 인수되었다.

- 신규 투자자들이 이사회를 새로 구성하고 2007년에 재상장 했지만 곧바로 전 세계 금융위기가 닥쳤다.
- 설치되는 장비는 위치, 작물 및 재배면적에 따라 달라진다.
- 프랑스, 독일, 미국으로 수출하면서 기술 수준도 한 단계 올라갔다.
- 원래는 10에이커의 과수원 정도만 관리할 수 있었지만 2015년에는 8,000에이커를 재배하는 미국의 기업고객과도 거래했다.
- 오늘날 팜코의 시스템은 나무, 덩굴식물, 견과, 콩, 약초 및 기타 여러 식물재배에 이용된다.

나는 회사의 실적과 과거의 전략에 대한 검토를 마친 뒤, 전략공장의 멤버가 될 8명의 중역과 다른 5명의 매니저들을 인터뷰했다.

이들은 놀랄 만큼 많은 것을 알고 있었다. 모두가 이런 과정이 있다는 것을 알고 좋아했으며 열심히 현 상황에 대한 의견을 말했다. 그중 한 명은 회사에 모든 걸 다 바쳤는데 비용절감을 이유로 시스템이 폐기되었다며 회의실에서 울음을 터트리기도 했다.

- 인사팀장은 지역별로 상이한 정책을 통합해야 한다고 주장했다.
- 지역본부장들은 캘리포니아 지역본부에 공지가 안 되었다며 이 프로그램에 개인적으로 분노하고 있었다.
- CFO는 회사의 주가수익률이 너무 낮다는 입장을 확연히 밝

했다. 실적이 비슷한 다른 기업들은 세계적인 브랜드 인지도 덕분에 주가수익률이 훨씬 높고 당연히 주가도 높지만, 팜코는 지역별로 다른 브랜드로 판매하고 있다고 말했다.

- CEO의 최대 관심사는 이사회와의 관계 그리고 최근에 미국과 유럽을 제외한 나머지 지역(기타 지역이라고 부름)의 관리를 총괄하도록 신규 채용한 부사장이었다. 해외사업이 더 커졌지만 아직까지는 적자라고 했다. 그녀는 기타 지역을 관리하면서 월간실적보고에서 그치지 않고 매일매일 업무를 챙길 책임자가 필요하다고 느꼈다.

서면 질문과 답변

나는 인터뷰가 끝난 후 각 멤버들에게 이메일로 질문을 보냈고 개인적으로 답을 해달라고 요청했다. 이 7개의 질문은 다른 기업들에게 물어본 것과 같았다.

1. 지난 5년간 관련 산업 분야에서 그리고 팜코에서 기술, 경쟁사, 소비자행동의 가장 중요한 변화는 무엇이었나? 이 변화가 회사에 미친 영향은?
2. 향후 3~5년간 관련 산업 분야에서 그리고 팜코에서 기술, 경쟁사, 소비자행동의 가장 중요한 변화가 무엇일 거라고 예상하는가? 이 중 회사에 문제를 초래할 변화와 기회를 제

공할 변화는 무엇이라고 생각하는가?

3. 지난 5년간 회사에서 실시한 프로그램이나 프로젝트 가운데 성공적이고 자부심을 가질 만한 것은 무엇인가? 이런 프로그램을 실시하는 데 어떤 어려움이 있었나? 팜코가 이 어려움을 성공적으로 극복한 요소는 무엇이라고 생각하는가?

4. 지난 5년간 회사에서 실시한 프로그램이나 프로젝트 가운데 실패한 것은 무엇인가? 성공을 방해한 요소는 무엇이라고 생각하는가? 어떤 다른 대안이 가능했을까?

5. 지금 회사가 가장 먼저 해결해야 할 문제는 무엇이라고 생각하는가? 현재 회사가 실시하는 프로그램이나 프로젝트 중 이 문제를 해결하기 위한 것은 무엇인가?

6. 성공적인 전략을 수립하는 데 핵심요소는 해결에 방해가 되는 문제와 어려움을 진단하는 것이다. 현재 팜코가 당면한 가장 심각한 문제 두 가지를 꼽는다면 무엇인가? 여기서 심각한 문제란 손익이나 다른 부족한 부분이 아니라 개선을 어렵게 만드는 잠재된 문제를 말한다. 이 외에 또 다른 심각한 문제는 무엇인가?

7. 회사의 구조나 주요 정책 때문에 발생하는 문제는 무엇인가? 이 문제가 6번 질문의 답을 해결하는 데 방해가 되는가?

첫째 날

전략공장은 첫째 날 오전 8시에 시작했다. 당연히 참가자들은 진행 내용에 대해 궁금한 게 많았다. 첫 번째 주제는 변화였다. 이런 주제는 항상 긴장을 풀기에 적절하다. 지난 5년간 어떤 일이 발생했고, 미래에는 또 어떤 일이 발생할까? 팀원들은 열심히 이 주제로 토론했다. 모두들 과거에 발생한 일을 잘 알고 있었고, 미래의 변화에 대해서도 각자 예상이 있었다.

전반적으로 지난 5년간 경쟁이 더 치열해졌으며 영농자동화가 널리 퍼지면서 소프트웨어 개발이 쉬워졌다. 한편 미국에서는 '유기농' 열풍으로 농작물에 어떤 영양소를 주어야 하는지 논란이 생기기도 했다. 미래에 대해서는 '큰 변화가 없을 것'이라고 하는 사람부터 '혁신적인 창조의 주체가 되어야 한다'는 사람까지 다양했다.

그다음에는 과거에 잘한 것과 잘못한 것에 대해 이야기했다. 잘한 것을 말할 때는 참가자들이 과거의 목표와 승리를 회상하면서 분위기가 고조되었다. 가장 자랑스러웠던 기억은 '알파플랜'이었다. 그들은 서비스 운용에서 비용 누수를 발견하고 각 분야에서 차출한 인원으로 팀을 꾸려 문제를 해결했다. 그들은 뛰어난 프로젝트 리더와 상부의 든든한 지원 덕분에 성공했다고 입을 모았다.

실패한 프로젝트는 전임 부사장의 주도하에 대량수요 전담팀을 만들려는 시도였다. 여기에 참가했던 한 직원은 팀의 역할이 제대로 정착되지 못해, 한번 망가지면 되돌리기 어려운 고객과의 관계가 엉망이 되었다고 말했다.

휴식시간이 끝난 다음에는 참가자들에게 전략적 우선사항 리스트를 배포했다. 이 리스트는 이사회 발표 자료에서 발췌했으며 서면 질문 5번의 답변 위주로 구성했다. 총 20개 항목이었다.

- 품질관리
- 고객관리
- 공급망
- 생산시설 해외 이전
- 효율과 유연성 증대
- 인재개발
- 조직개발 및 역량 구축
- 신제품개발 및 개발 역량 확보
- 신용등급 상향
- 창의적이고 위험을 감수하는 기업문화
- 풍부한 연구개발 인력
- 지역별 융화
- 제품사양 단순화
- 영양소 및 화학성분 다양화
- 판매·마케팅 역량 강화
- 신규시장 진출 및 신제품개발
- 브랜드 이미지 구축

- 새로운 역량개발을 위한 적극적인 파트너십 구축
- 연구개발 및 경쟁정보 강화
- 멕시코, 칠레, 브라질, 아르헨티나 거점지배 강화

다들 리스트를 읽어 보더니 한동안 침묵이 흘렀다. 내가 물었다. "이 리스트면 되나요? 보내서 인쇄할까요?"

그러자 한 참가자가 대꾸했다. "항목이 너무 많습니다."

또 다른 참가자가 말했다. "너무 애매모호한 게 많아요."

나는 그들의 말에 동의했다. "맞습니다. 이 리스트는 '우선'이라는 말을 고의로 남용하고 있습니다. 이 단어는 순서나 권리에서 우월하다는 뜻입니다. 정지 신호가 있는 교차로에서는 우선도로에 있는 차량이 우선권을 가집니다. 공항에서는 관제사가 어느 비행기에 우선권이 있는지 통보합니다. 그러나 너무 많은 것에 우선순위를 부여하면 우선이라는 개념이 무색해집니다. 경영자가 우선순위를 정하지 않으면 직원들이 현장에서 피 터지게 우선권을 차지하기 위해 다투게 됩니다.

그리고 이 리스트는 대부분 팜코가 달성하고 싶은 목표와 연관이 있습니다. 오늘 오후 일정으로 이 리스트를 검토하고 무엇이 달성을 어렵게 하는지 토론하겠습니다. 즉 어떤 문제나 장애물이 이 리스트 항목의 추진을 방해하는지 고민하는 시간을 갖겠습니다."

구성원들은 전략이 문제에 대한 응답이며 목표가 아니라 문제부터 시작하는 것이 중요하다는 사실을 깨달아야 한다. 이를 위해 짧은 토론이나 자료 검토면 충분하다.

오후 일정은 팜코가 당면한 문제를 파악하는 시간이었다. 나는 문제가 하나씩 나올 때마다 가로 20, 세로 13센티미터의 카드에 적어 칠판에 붙였다. 토론이 계속되면서 어떤 문제는 떼어내기도 하고, 어떤 문제는 두세 개로 나누기도 했다. 참가자들이 문제를 제출할 때마다 나는 자세한 내용을 파악하고 항상 이렇게 물어보았다. "이 문제가 중요한 이유는 무엇입니까?" "이 문제를 해결하지 못하는 이유는 무엇입니까?" 단, 이 문제를 해결할 방안에 대해서는 토론하지 않았다.

끝날 때쯤 되자 카드는 10개로 압축되었다. 참가자들이 도출한 10개의 문제는 아래와 같다.

경쟁력의 감소: 몇 년 전만 해도 우리는 영농시스템을 모니터링하고 조절하는 능력이 뛰어났다. 하지만 오늘날에는 새로운 디지털기술과 무선연결 방식으로 다른 기업들도 뛰어난 시스템을 개발해 날씨와 토양, 작물의 성장, 햇빛, 물, 영양소를 적절히 조절하게 되었다. 우리가 보유했던 기술의 우위가 사라져가고 있다. 모두가 자신의 시스템이 뛰어나다고 광고하지만 하드웨어, 설비관리, 서비스 면에서 우수해야 실적이 증가한다. 심지어 어떤 경쟁사는 우리 하드웨어에 자기들의 소프트웨어를 접속시키기도 한다.

대기업의 연구개발: 대기업들은 쌀, 밀, 옥수수 등 전 세계 인구를 먹여 살리는 대량생산 작물에 집중한다. 존디어John Deere

나 바스프BASF 같은 회사가 이에 해당한다. 지난 5년 사이에 이 회사들은 첨단영농기술 분야에 진출했다. 이들은 규모가 크기 때문에 사과수확 로봇이나 전자동 사료급이시스템 등 여러 분야에 진출이 가능하다. 반면에 우리는 그런 자금여력이 없다.

창립멤버: 이들이 여전히 이사회에 막강한 영향력을 행사하고 있다. 나이를 먹어가면서 더욱더 안정적이고 예측 가능한 배당금 분배에 신경을 쓰고 있다. 그러나 회사의 수익은 점점 들쑥날쑥하다.

이익감소: 회사는 성장했지만 이익은 감소했다. 매출은 늘었지만 이익률은 줄었다. 지난 10년간 에이커당 수익은 34퍼센트 감소했다. 서비스, 설비관리, 연구개발 분야에 대한 투자도 점차 줄어들었다. 대기업이 진출하면서 인력도 빠져나갔다.

복잡한 사양: 제품이 지나치게 다양하다. 밸브의 종류는 57가지, 커넥터는 142가지나 되는 등 끝이 없다. 회사가 커지면서 규모의 경제가 발생해야 하는데 너무 복잡해서 불가능하다.

스마트파밍: 오랫동안 대규모 영농은 보다 크고 특수한 기계를 이용하는 방향으로 발전했다. 대기업들은 경운기 대신 대형 특수 경작기계를 개발했다. 그러나 우리는 소규모 영농용으로 개발한 장비로 대규모 영농기업을 상대해야 했다. 우리는 주로 피벗관개프로그램[1]에 개발력을 집중했다. 그러나 최근 들어, 특히 2003년 이후 소위 스마트파밍precision farming이 트렌드가 되었다. 이는 대형 기계와 반대 개념으로 로봇과 인공지능을 이용한 가벼운 소형 기계류와 작물을 개별적으로 관리할 수 있

는 드론 등으로 구성되어 있다.

지역이기주의: 우리 회사가 성장한 데는 작물재배를 좋아하고 훌륭한 기술을 갖춘 몇몇 모험적인 인물들의 공이 컸다. 이들은 자신이 개발한 지역에 영원한 족적을 남겼지만 통합에는 실패했다. 각 지역은 자신만의 규칙과 인사정책을 가지고 있다.

인력의 적소배치: 회사에는 능력 있는 사람들이 많다. 현장에서 발생하는 어떤 문제든 이를 해결할 지식이나 경험을 가진 사람이 반드시 있다. 그러나 회사의 규모가 커지면서 어떤 문제에 누가 정통한지 알지 못할 정도가 되었다. 설사 안다고 해도 출장을 보내지도 않을 것이다.

대체영양소: 우리는 특수영양소에서 많은 수익을 거두고 있다. 그러나 경쟁사들이 보다 저렴한 대체영양소를 공급하고 있어 수익이 감소하고 있다.

최첨단 스타트업: 영농기술 분야에 완전히 새로운 스타트업 기업이 많이 생겨났다. 벤처펀드 열풍에 힘입어 테크라는 말만 들어가면 자금조달에는 문제가 없다. 플렌티Plenty나 보워리Bowery처럼 소위 수직농업vertical-farming*을 하는 회사들도 있고, 시티크롭CityCrop처럼 '유기농' 상추를 직접 집에서 기를 수 있는 재배기를 판매하는 회사도 있다. 이것은 기회인가 위협인가? 아니면 신경 쓰지 않아도 될까?

---

* 실내에 인공적인 생육환경을 조성하여 기후변화에 무관하게 재배하는 방식

둘째 날

첫째 날에는 많은 문제점이 나왔다. 문제를 파악하는 데 다들 열심이었고 많은 관심을 보였다. 그런데 여태까지 회사의 대응은 왜 그 모양이었을까?

팜코는 소프트웨어, 센서, 조정기 분야에서 혁신을 주도했지만 그런 영농기술은 이제 더 이상 새로운 것이 아니다. 센서와 소프트웨어를 영농에 접합하는 것은 흔한 기술이 되어 많은 기업이 제공하고 있다. 그러나 다른 기업들이 로봇재배기술이나 스마트파밍에 투자하거나 수직농업, 수경재배, 루프탑파밍, 전자동영농기술 분야에 진입하는 걸 보면 기회가 없었던 것도 아니다.

나는 우선 팜코의 과거 성과와 10개의 과제를 요약해서 설명하는 것으로 둘째 날을 시작했다. 그리고 직원들을 인터뷰하며 들은 인상적인 이야기를 적어 스크린에 띄우고, 이에 대해 토론을 시켰다. 출처는 비밀에 붙였다. 그 일부를 소개하면 아래와 같다.

기술이나 원가 면에서 강점이 없다는 것을 그 누구도 진지하게 받아들이지 않는다. 회사의 강점이 제대로 활용되지 못하고 있다. 우리는 다분히 보여주기에 불과한 농업시험장Versuchsstation에 많은 투자를 했다. 그러나 그 과정에서 새로운 기술에 투자할 자원을 소진해버렸다. 우리는 신기술에 투자하지 않는 테크컴퍼니처럼 보인다. 팜코에는 협조를 중요하게 여기는 기업문화가 있다. 이로 인해

결정이 내려진 후에도 모든 의견을 존중하는 분위기가 생겨 심지어 결정사항을 적용하지 못하기도 한다.

실질적인 솔루션 기반 접근방식이 부족하다. 우리는 제품과 시스템을 판매하지만 고객에게 솔루션을 제시하지 못한다. 우리는 문제 해결 능력이 있든 없든 고객에게 발생한 문제가 무엇인지 물어보아야 한다. 우리에게 이런 능력이 있는지 확신이 없다.

팜코에는 세 종류의 직원들이 있다. 전 세계 인류를 먹여 살리고 기후변화로부터 구하고 싶은 직원, 기술 그 자체를 좋아하는 직원, 회사운영을 하고 싶은 직원들로 나누어진다.

팜코의 성장기회는 해외에 있다. 그러나 익숙한 국내 지역에서 벗어나 해외에서 성장하기 위한 협조전략이 없다.

위의 발언들은 주로 내부의 의견 불일치와 대책의 불연속성에 대한 불만을 나타낸다. 물론 모든 사람이 이에 동의하지는 않겠지만 적어도 그 방에 있는 사람들과 핵심 인원들은 그렇게 느끼고 있었다. 어떤 참가자들은 회사의 핵심층이 그런 의견을 가졌다는 데 놀라기도 했다. 이것들은 불편하지만 진정한 진단을 내리려면 필요한 부분이었다. 그랬다. 팜코에는 뛰어난 인재들이 많았다. 그런데 어쩐 일인지 그런 재능과 에너지로 더 높은 수준에 도달하지 못하고 있었다. 팜코는 충분히 더 많은 것을 할 수 있는데 말이다.

점심식사 후 판매·마케팅 담당 상무가 이렇게 말했다. "문제는 선택과 집중의 부족입니다. 수십 가지의 문제로 고민하지만 그 어느 것도 시원하게 해결하지 못하고 있습니다."

"그 원인이 뭐라고 생각하십니까?" 내가 물었다.

"글쎄요, 저도 확실히 모르겠습니다."

"좋습니다. 그럼 같이 찾아보시죠. 어제 오늘 나온 10개의 문제점 중에서 팜코가 집중적인 노력을 해도 풀지 못할 문제가 있나요?"

"경쟁이 치열한 전통농업 분야에서 우위를 점하기는 쉽지 않습니다. 또한 내부 불화를 해결하기도 만만치 않고요."

"해결할 수 없는 문제는 없습니다." 이번에는 COO가 나섰다.

"알겠습니다. 그러면 10개의 문제 중 어느 것이 제일 중요합니까?"

"경쟁력 감소입니다." CEO가 대답했다.

인사 담당 중역은 '지역이기주의'라고 했고, CFO는 '이익감소'라고 답했다.

나는 이 문제가 적힌 3개의 카드를 칠판 중앙으로 모으고 나머지 카드는 한쪽으로 몰아넣었다. "세 가지 문제 말고 나머지는 일단 제쳐둡시다. 향후 18개월간 이 중 하나에 회사의 모든 역량을 집중해야 한다고 가정합시다. 만일 잘못됐을 때 우리 모두 일자리와 스톡옵션 기회를 잃을 정도로 중요한 문제 한 가지를 꼽는다면 무엇이며 그 대책으로는 어떤 것이 있을까요?"

나는 참가자들을 2개의 그룹으로 나누었다. 그리고 각 그룹에게 3개의 문제 중 최소 하나를 선택해 대책을 제출하라고 했다. 90분이 주어졌고 휴식시간 후 다시 모이기로 했다.

그 뒤에 이어진 토론 및 발표는 전략공장 행사의 하이라이트였다. 사람들은 판매·마케팅 상무가 말한 선택과 집중의 부족을 근본 원인으로 뽑았다. 가장 중요한 문제에 집중하라고 하자 명확해진 것 같았다. 이를 중심으로 소위 꼬인 과제로부터 해결 가능한 대책으로 '과감한 도약'을 할 수 있다.

토론은 애로사항과 대책을 중심으로 이루어졌다. 대책으로는 첫째, 과수원처럼 특히 고부가가치 작물재배에 집중하고, 가능하면 대규모 농장 대상 사업 분야는 다국적 기업에 매각한다. 둘째, 영양소의 화학성분에 대한 연구에 더 많이 투자해서 작물, 위치, 계절, 심지어 하루 중 시간에 따라 맞춤식 액체비료를 개발한다. 셋째, 한두 개의 대형고객과 제휴관계를 맺는다. 한편, 아무도 지역이기주의에 대한 대책은 논의하지 않았다.

둘째 날이 거의 끝날 때가 되자 전략공장 그룹은 회사가 왜 부진에 빠졌는지 그리고 어떻게 벗어날지에 대해 신빙성 있는 설명을 할 수 있게 되었다. 팜코는 한때 선두주자였지만 그렇게 만들어준 기술을 누구나 저렴한 비용에 갖게 되면서 그 지위를 상실했다. 그들은 대농장과 다양한 작물로 사업영역을 확대하면서 보다 강력한 경쟁자와 맞부딪치고 저부가가치 작물이라는 냉혹한 경제현실에 직면하게 되었다. 그들의 크럭스는 저부가가치 작물사업 진출과 대기업과의 차별화전략 실패였다.

만일 팜코가 과수작물이나 덩굴식물 같은 고부가가치 작물에 다시 집중할 수 있다면 맞춤형 영양소 개발도 가능할 것이다. 그런 작물을 재배하는 농부들은 모험을 감당하고 특별한 센서에 더 많은 자금을 투자할 준비가 되어 있기 때문이다.

셋째 날

셋째 날에는 CEO가 깜짝 발표를 했다. 이사회와 약 한 달간 논의한 끝에 한 지역을 매각하기로 결정했다는 것이다. 그 지역은 다른 지역과 달리 협조가 잘 안 되던 곳이었다. 이 매각을 통해 현금을 축적할 수도 있고 다른 지역에 경고가 될 수도 있었다.

전략공장이 취한 가장 큰 전략 변화는 고부가가치 작물에 집중하는 것이었다. 이런 작물로는 유채(카놀라), 고급 식용버섯, 사프란, 개암나무, 사과나무, 자두나무, 최상급 포도 등을 꼽을 수 있다. 이렇게 전략을 바꾼 이유는 표준작물의 관개가 이미 자동화되어 경쟁이 치열해졌기 때문이다. 반면에 고부가가치 작물은 보다 섬세한 접근방법이 필요했다.

전략공장은 새로운 방침을 실행할 수 있는 구체적인 대책을 수립했다. 과수원과 포도밭용 프로그램을 개발하면 시험 적용해볼 만한 고객사도 확보했다. 개발부서의 장은 이 프로그램 적용 시 발생할 문제점들을 전담으로 해결할 새로운 팀을 구성하기로 동의했다. 총 기간은 18개월로 잡았다.

기본적인 방향과 구체적인 대책 말고도 나는 팀에게 중요 가정을 확실히 할 것을 주문하며 이렇게 설명했다.

새로운 전략을 수립하면서 우리는 몇 가지 중요한 가정을 수립했습니다. 그 가정은 절대적으로 필요합니다. 창의력과 상상력이 발휘되기 때문입니다. 예를 들어 토양의 조건, 작물, 기후 등에 따라 맞춤식 영양소를 개발했다고 가정하는 식입니다. 이 분야에서 이미 발전이 있기는 하지만 계속 개발에 성공한다고 가정하는 겁니다. 그 가정들을 반드시 적어놓아야 합니다. 다섯 달이나 열 달 후에 전략팀의 일원으로 다시 모였을 때 그 가정이 맞는지 확인할 필요가 있습니다. 나는 이 과정을 '전략 내비게이션'이라고 부릅니다. 가정이 맞지 않으면 반드시 대책을 수정해야 합니다.

때로는 정책을 홍보할 필요가 있지만 여기서는 큰 문제가 되지 않을 듯하다. 새로운 정책이 제대로 작동한다면 회사의 나아갈 방향이 바뀔 것이다. 만일 그렇지 못하다면 세상에 떠벌려도 아무 이득이 없다.

마지막 단계는 '선서하기'다. 이미 매니저들 간에 의견이 다를 수 있다고 설명했었다. 종종 그런 경우가 발생한다. 그러나 팀은 최소한 다음 회합까지 하나의 유기체처럼 움직여야 한다. 나는 8명의 구성원을 회의실 한가운데에 원형으로 모이라고 했다.

그리고 우리는 하나의 방침과 여러 대책으로 합의를 이루었고, 이것이 성공하기 위해서는 멤버들이 정책의 집행을 지원해야 한다고 말했다. 우리는 필요할 때 서로 도와주고 도움을 받을 것이다. 또한 우리는 이러한 선택이 영원하지 않음을 알고 있다. 상황은 언제든지 달라지기 마련이다. 그러나 일단 18개월간은 이 방향대로 움직일 것이다. 이에 대해 나는 모두의 동의를 구했다.

20장

전략공장의 개념과 도구

전략공장은 전략을 목표설정으로 보는 사고의 틀을 깨기 위한 수단으로 고안되었다. 조직이 당면한 심각한 문제를 파악하고 그 구조를 진단한 뒤, 크럭스를 찾아내서 해결방법을 모색하려는 목적으로 설계되었다. 결과적으로 무엇이 중요한 문제인지 선별해서 명확한 해결대책을 수립하는 것이다. 그리고 마지막 단계로는 홍보가 있다.

성공적인 전략공장의 선행조건

전략공장이 제대로 성공하기 위해서는 최고경영진이 과제 중심의 접근방법에 동의해야 한다. 이들이 이 방식에 관심이 없거나 시간을 투자할 생각이 없다면 공장은 제대로 굴러가지 않을 것이다. 참석하지 않은 다른 중역이 이 방식을 뒤집을 수 있다면 공장의 역할에는 한계가 생긴다. 또한 리더 혼자 모든 답을 알고 있다는 태도를 취해도 잘 굴러가지 않을 것이다.

공장의 구성원들은 전략공장이 손익을 예측하는 회의도 아니고 예산사업계획을 수립하는 과정도 아니라는 점을 이해해야 한다.

성과목표를 수립하는 것이 아니기 때문에 예산수립과는 별도의 과정으로 이해해야 한다. 그러므로 매년 실시하는 예산편성과는 분리되어야 한다. 전략공장은 매 11개월, 또는 매 31개월마다 소집할 수도 있고 아니면 임의대로 주기를 정할 수 있다. 이는 전략이 손익예측이나 예산편성이 아니라는 점을 강조하기 위한 것이다. 이 규칙이 지켜지지 않으면 전략공장은 목표를 달성하기 위한 예산편성 시뮬레이션에 지나지 않는다.

또한 참가자들이 너무 많으면 안 좋다. 직급이라는 질서가 대두되기 때문이다. 다만 회의록 작성을 위한 서기 정도는 괜찮다.

전략공장은 사외에서 실시하는 것이 좋다. 문제의 복잡성에 따라 다르긴 하지만 기간은 이틀에서 닷새 정도가 딱 좋다. 때로는 몇 주 간격으로 2회에 걸쳐 실시하기도 한다.

나는 여러 전략공장을 진행하면서 퍼실리테이터facilitator 역할을 했다. 물론 사전에 참가자들을 인터뷰하는 시간을 갖는다. 여기에서 얻은 정보는 비공개로 유지하며 나중에 내가 토론을 이끌어가는 데 활용하기도 하고, 참가자들이 공개적으로 말하기 어려워하는 의견을 드러낼 때 이용하기도 한다.

만일 토론을 진행하는 데 사내정치나 뇌물에서 자유로울 수 있다면 회사 내부의 퍼실리테이터를 이용해도 된다. 그러나 내 경험상 내부인보다는 신뢰할 만한 외부인에게 속마음을 털어놓는 경우가 많았다. 또한 내부인이 함부로 말할 수 없고 말하려 하지 않는 내용도 외부인은 자유롭게 말할 수 있다. 외부 퍼실리테이터는 사장도 다른 참가자와 동일하게 취급할 수 있으며 내부인이라면 어려웠을 집중과 선택의 규칙을 밀어붙일 수 있다. 역으로 내부 출신 퍼실리테이터는 회사의 내부사정을 속속들이 아는 장점이 있다.

퍼실리테이터의 또 다른 역할은 문제의 파악, 진단, 대안 및 대책수립이다. 중요하면서 해결 가능한 문제에 집중하도록 압력을 유지하는 것도 그의 역할이다.

실패 요인

고위 중역이 주도하면 전략공장은 실패한다. 의견이 다르다고 상대방을 적대시하거나 공격적으로 변하는 중역 역시 마찬가지다. 참가자들은 회사 업무와 잠시 멀어져야 한다. 참가자들이 전화를 받고 문자를 보내느라 바쁘다거나 긴급한 용무로 자주 자리를 떠야 한다면 제대로 진행될 수 없다. 그럴 경우 다음 기회로 넘기거나 참가자를 바꾸어야 한다.

참가자들은 회사의 기본적인 업무를 어느 정도 이해하고 있어야 한다. 업무가 복잡한 기업에서 손익과 예산배정 업무만 알고 있는 중역이 참여한다면 어려울 수도 있다. 상품, 시장, 경쟁사,

기술에 대해 아는 사람이 참여해야 한다.

기업의 규모가 매우 크고 업무가 다양화되어 있다면 상품과 마케팅 전문가가 있는 사업부 또는 본부 단위로 나누어 전략을 수립해도 된다. 여기에는 장단점이 있다. 본부에서 열심히 전략을 개발했지만 전사적 지원을 받지 못하는 경우도 있다. 어떤 경우는 전략이 아닌 표준원가, 매출액, 예상실적을 원하기도 한다. 회사의 목표 달성과 관계없는 전략은 용납이 안 된다. 이에 대한 해결방안은 본부 단위의 전략수립 시 최고경영진을 팀원에 포함시키거나, 처음에는 전사적 단위의 전략공장을 실시한 다음 본부별로 내려가는 것이다.

전략공장의 주요 도구

판단 유예

이는 어빙 재니스가 집단사고에서 언급했듯 너무 빨리 결론 내리는 문제를 방지하기 위한 것이다. 의식적으로 문제파악과 진단에 집중하면 섣부른 결론을 예방할 수 있다.

전략공장에서 판단 유예Deferred judgment는 두 가지 의미를 지닌다. 첫째, 좋은 것과 나쁜 것 또는 중요한 것과 사소한 것을 판단하지 않는다. 이런 식의 선입견에 구애되지 않고 사실과 정보를 축적하다 보면 더 많은 정보를 얻게 된다.

둘째, 어떤 문제가 가장 중요하고 또한 해결 가능한지 판단하기 전까지는 대책을 수립하지 않는다. 퍼실리테이터로서 내 역할은 균형 잡힌 토론의 규칙을 설정하고 섣부른 결론을 내리지 않도록 도와주는 것이다.

신념의 표출, 관찰, 판단

참가자들과 인터뷰를 해보면 조직의 역사와 당면한 문제를 신속하게 파악할 수 있다. 또한 과거에 성공한 대책과 실패한 사례를 알게 되어 임원진이 대놓고 말하기를 꺼리는 부분도 파악할 수 있다.

면담 결과는 공개하지 않지만 거기에서 얻은 통찰력은 공개할 수 있다. 출처를 밝히지 않은 이런 아이디어를 잘 활용하면 새로운 분야에 대한 토론을 촉발할 수 있다. 또한 단순히 영향력이 큰 사람이 원하는 대로 결론을 내리는 관례를 막을 수 있다.

서면 질문과 답변

전략공장 참가자들 및 기타 필수 요원들과의 서면 질문과 답변은 매우 유용한 결과를 낳았다. 나는 각 참가자에게 5개에서 8개 사이의 질문을 보내고 반드시 이메일로 답을 보내달라고 공식적으로 요청했다. 답변은 비밀로 유지되지만 회의 진행 시 출처를 밝히지 않는 조건으로 내용 일부를 사용할 권한도 받았다.

기본적으로 물어보는 질문 항목은 19장에서 팜코 직원에게 보낸 내용과 같다. 먼저 최근에 발생한 변화와 미래에 예상되는 변화에 대해 물어본다. 그리고 과거에 잘 작동했던 계획과 그렇지 못했던 프로그램을 파악한다. 다음으로 현재 조직이 당면한 문제와 그것을 해결하기 어려운 이유 그리고 극복하기 위한 대책 등을 물어본다. 기본 항목 외에 더 필요한 것이 있으면 기업이나 산업 또는 조직의 특성에 따라 맞춤형 질문을 별도로 만들어 추가한다. 구체적으로 특정 신기술이나 경쟁사의 대응에 관한 질문이 매우 유용했다. 내부 이슈에 대한 질문을 추가로 할 수도 있다. 또한 답변이 너무 짧거나 세부적인 사항이 부족하면 추가 답변을 요구할 수도 있다.

역사에서 배우는 교훈

역사를 기억하고 거기에서 어떤 교훈을 얻을 수 있을 때, 역사는 훌륭한 스승이 된다. 퍼실리테이터의 중요한 역할 중 하나는 인터뷰와 그룹별 토론을 활용해 과거에 훌륭하게 작동했던 대책과 프로젝트를 부각시키는 것이다. 특히 어떤 조건이나 대책이 성공적인 결과를 낳았는지 명확히 파악해야 한다. 반대로 어떤 경우에 실패했는지도 살펴서 원인을 확실히 밝혀야 한다.

역사에서 배우는 교훈은 조직에 따라 다양하다. 그러나 공통적인 교훈은 전사적 지원 부족, 너무 다양한 계획, 달성 불가능한 목표, 사내 적대세력의 견제, 불충분한 자원, 현장에 대한 이해

부족 등이다. 과거로부터 확보한 이런 리스트는 문제를 해결하기 위한 대책을 수립하는 데 매우 중요하다.

문제 중심

전략공장에서 가장 중요한 요소 한 가지를 꼽는다면 조직이 당면한 문제를 찾아내서 진단하는 것이다. 문제파악을 과정의 시작으로 삼으면 회사가 좋아할 만한 프로젝트나 목표가 토론의 중심이 되는 현상을 예방할 수 있다. 성과목표를 달성하기 위한 전통적인 방식에서 벗어나 문제 해결에 집중할 수 있도록 참가자들의 사고방식을 개방할 수 있다.

다시 생각하기

"2대의 기계가 2개의 제품을 만드는 데 2분이 걸린다면, 100대의 기계가 100개의 제품을 만드는 데 얼마나 걸릴까?" 이런 질문은 다시 생각하기의 중요성을 알려준다. 대부분의 사람들, 심지어 MIT 학생들조차 100분이라고 대답하기 일쑤다. '다시 생각해보면' 100대의 기계는 2분에 100개의 제품을 만들 수 있다는 걸 알게 된다. 그러니 정답은 2분이다.

이런 함정에 빠지지 않는 유일한 방법은 다시 생각하는 것이다. 이는 다른 방식으로 문제를 생각해보거나 최초 생각해낸 답을 다시 검토한다는 뜻이다.

다시 생각하는 방식은 강력한 수단이 될 수 있다. 전략공장에서 이 의미는 다른 용어로 문제를 정의해서 관점을 바꾸게 한다는 뜻이다. 또는 제기된 해결책 말고 다른 효과적인 대책은 없는지 물어본다. 예를 들어, 애플이 맨 처음 아이폰을 개발했을 때 잡스는 애플이 제작한 앱만 앱스토어에서 다운받을 수 있게 하려고 했다. 가능한 한 사용자의 경험을 지배하려는 그의 본능에서 나온 조치였다. 그러나 다른 직원들은 건전한 경쟁을 통해 앱 가격이 내려가면 아이폰이 더 인기를 끌 것이라는 이유로 이에 반대했다.

대부분의 중역들에게는 문제나 이슈가 발생했을 때 어떻게 대응해야 할지 아는 직관적인 감각이 있다. 상당한 경험, 뛰어난 지성과 함께 이 직관적 감각은 전문성을 빛내주는 요소다. 게리 클라인Gary Klein이 연구에서 밝혔듯이 화재 진압 시 소방대장은 직관에 의거한 결정을 내린다. 즉 '경험을 통해 상황을 파악하고 이에 대처하는 능력이 뛰어나다'[1]는 뜻이다. 우리는 이런 능력 없이는 살아가기 힘들다.[2] 동시에 매우 중요하지만 어떻게 대처해야 하는지 경험하지 못한 상황에 부딪히기도 한다. 이런 상황에서 직관이 시키는 대로 결정하면 그 대가가 매우 클 수 있다. 위기 상황에서 핵잠수함의 함장이 맨 처음 생각나는 대로 행동하면 정말 큰일이 난다. 전략공장에서는 경험에 근거한 직관을 장려하는 분위기의 토론이 가장 바람직하지만, 동시에 상호 비판도 장려한다. 퍼실리테이터가 적절히 개입하면 혼자 생각하는 것보다 훨씬 높은 수준의 '다시 생각하기'가 가능하다.

미래경

프랑스 방산기업인 아에로스파시알Aérospatiale은 1999년에 마트라Matra 그룹의 하이테크사업 부문과 합병했다. 나는 합병 바로 직전에 아에로스파시알의 전략수립에 참여하고 있었다. 나는 회의에서 7명의 중역들에게 한 이야기를 들려주었다. 내가 미래를 보는 기계를 만든 한 과학자를 알게 됐다는 이야기였다. 전날 밤에 나는 7년 후의 〈포천〉 표지를 얻었는데, 안타깝게도 그 순간 기계가 터져버렸다. 그래서 다른 정보는 구할 수 없었지만 이거 하나는 가져왔다며 약간 그슬린 2005년 〈포천〉의 표지를 보여주었다. 거기에는 "아에로스파시알, 올해의 기업"이라고 적혀 있었다.

"아에로스파시알은 어떻게 해서 〈포천〉의 표지를 장식하게 되었을까요?" 내가 물었다. 그러자 중역들은 두 팀으로 나뉘어 가능한 시나리오를 짜기 시작했다. 놀라운 점은 두 팀 모두 방위산업과 관련된 이야기는 별로 하지 않았다는 점이다. 그들은 회사의 자원과 기술을 완전히 새로운 분야에 투입했다고 생각했다.

잡지의 표지를 이용하는 방식으로 실패를 예견할 수도 있다. 제프 콜빈Geoff Colvin이 2018년 〈포천〉에 기고한 "도대체 GE에 무슨 일이 생겼나?" 같은 칼럼을 미래경time viewer을 통해 볼 수도 있다. 이런 식으로 미래에 발생 가능한 실패를 예상하는 프로세스를 '사전부검premortem'이라고 한다. 이는 게리 클라인이 2007년에 발표한 "사전부검 방식의 프로젝트 수행Performing a Project Premortem"이라는 제목의 논문에서 유래한다.[3]

미래경을 이용하는 또 다른 방식으로 회상이 있다. 먼저 중역들에게 7년 전의 CEO에게 메시지를 보낼 수 있게 되었다고 말한다. 단, 메시지는 하나밖에 보낼 수 없는데 짧아야 하며 미래의 구체적인 정보는 줄 수 없다. 시간 경찰이 제지하기 때문이다. 과연 그들은 어떤 메시지를 보낼까?

이런 식의 시뮬레이션 연습에서 메시지는 미래에 대해 알려줄 수 없다. 따라서 메시지를 받는 사람은 7년 전에 입수 가능한 데이터에서 통찰력을 얻어야 한다. 제너럴다이내믹스General Dynamics에서도 이런 시뮬레이션을 한 적이 있다. 그러나 참가자들은 아프가니스탄전쟁에서 급조폭발물(IED)로 인한 차량 폭파에 대해 메시지를 보내려 했으나 너무 길어 실패했다. 프라이스워터하우스쿠퍼스는 2018년에 컨설팅 기능을 강화하라는 메시지를 보냈다. 전략공장 참가자들은 이것이 얼마나 어려운지 잘 알기 때문에 전략에 대해 새로운 시각을 얻게 된다. 그리고 7년 후로부터 어떤 메시지가 올지 궁금해질 수밖에 없다.

즉석전략

참가자들이 '너무 깊숙이' 빠져 중요한 문제로 범위를 좁히지 못하는 경우가 있다. 특히 비영리법인에서 자주 발생하는데, 과거에는 전략이 '해야 할 일'을 나열한 것에 불과할 때가 많았다. 이런 경우에는 '즉석전략'을 한번 해보는 것도 좋다. 먼저 참가자들에게 추천할 만한 실천항목을 적어보라고 지시한다. 애매한 전략이나 목표가 아니라 달성 가능성이 높은 대책을 주문한다. 2분 정도 적는 시간을 준 다음 종이를 접어 상자에 넣게 한다.

4장에서 다루었던 XRS에서 이 방법을 시도해본 적이 있다. 맨 처음 나온 즉석전략 네 가지는 무선기능에 역량 집중, 가공주식 보상제 도입, 판매조직 개편, 가망고객 방문 강화 등이었다. 그러나 다섯 번째였던 '자동차용 센서 개발'이 와일드카드 역할을 했다. 이 전략으로 회사는 완전히 새롭게 방향을 바꾸어 수익성을 개선했다. 즉석전략 방식은 뻔한 대책의 반복일 수도 있다. 그러나 그렇지 않을 때는 회사의 자원을 새로운 분야에 투자하는 계기가 될 수도 있다.

내부분석

중역들은 전략을 이야기할 때 손익실적이나 업계순위를 기준으로 문제를 다루는 경향이 많다. 이럴 때는 외부의 퍼실리테이터가 조직운영 측면에서 문제를 다루도록 유도해야 한다.

나는 어느 화학회사와 전략을 수립하면서 참가자들에게 수익이 감소하는 이유를 상세하게 설명해보라고 말했다. 그들은 경쟁이 심해져서 가격을 내리지 않을 수 없고, 동시에 모든 공장의 가동률을 최고로 유지한다는 목표를 달성해야 하기 때문이라고 했다.

"가격은 어떻게 책정되나요?" 내가 물었다.

"판매일선의 영업 담당자들이 하죠. 그들이 협상해서 가격을 정합니다."

"그 사람들은 어떤 도구를 이용하나요? 관련 교육은 받았나요?"

대답을 못하고 멍한 표정을 짓는 걸 보니 상황을 파악할 수 있었다. 영업사원들에게는 상이한 종류의 화학약품이 원가나 고객 제품에 미치는 영향을 분석하는 도구가 전혀 없었다. 이런 정보 없이 고객을 대한다면 단순한 가격협상 외에는 할 수 있는 수단이 없다. 그들은 이런 분석 도구도 없었고 판매기법에 대한 교육도 받지 못했다. 이야기는 극심한 경쟁에 대한 불만에서 실제 회사의 대처방법으로 자연스럽게 전환되었다. 가격 말고도 여러 이슈가 엮여 있었지만 영업사원들은 이런 수단들을 제대로 이용하지 못했다.

내 경험상 기업의 전략적 문제는 3분의 1 정도의 비율로 조직의 구조나 운영방식에서 기인한다. 이런 문제를 조사하는 것이 쉽지는 않겠지만 하고 나면 반드시 그 대가가 있을 것이다.

이게 왜 어렵습니까?

8장은 퀘스트코의 사례와 내가 CEO에게 했던 질문, "이게 왜 어렵습니까?"를 다루고 있다. 이런 식의 사고방식은 문제를 평가하고 분석하는 데 큰 도움이 된다.

중역들은 문제를 비교적 쉽게 파악한다. 그러나 해결방법은 더 복잡하다. "이게 어려운 이유가 뭐죠?" 같은 질문은 문제를 잘게 쪼갤 수 있도록 해준다. 이는 "이것을 해결하는 데 무엇이 방해가 되나요?"와 같은 질문이다.

퀘스트코에서 본 것처럼 때로 장애물을 말해서는 안 되는 상황에 처할 수도 있다. 사업부 간의 협조 문제는 대충 넘어가고, 고객의 낮은 평가는 제쳐두고, 문제보다는 목표 달성에 초점을 맞출 수도 있다. 결국 도움이 안 되는 방향으로 회사의 역량을 집중하게 된다. 그리고 때로는 문제가 너무 커서 해결할 수 없는 경우도 있다.

그러나 대부분의 경우 집중적으로 노력하면 방해물을 극복할수 있다. 경영진은 방해물 해결은 건너뛰고 바로 실적을 달성하라고 다그치는 경우가 많다. 그러나 자세히 조사해서 목록을 작성한 다음 해결의 우선순위를 정하면 극복하지 못할 방해물은없다.

레드팀

'레드팀red team'은 군대에서 온 개념이다. 미국과 나토의 전쟁모의 훈련에서 적은 항상 레드팀이다. 뛰어난 능력을 지닌 군인들을 레드팀에 배치하고 전술과 전략을 개발해 아군인 블루팀에승리를 거두도록 훈련시킨다.

최근에는 마이크로소프트 같은 회사나 국가안전보장국National Security Agency 같은 정부기관에서도 이런 식의 레드팀 훈련을 도입했다. 네크워크망이나 클라우드 컴퓨터 서버에 대한 사이버공격에서 모의 훈련을 하기 위해서다. 보안망을 구축한 사람들을

436

사이버공격에 참여시키기 때문에 빠른 시일 내에 보안시스템을 개선할 수 있다.

직원 중 한 명을 경쟁자나 제3자로 역할연기를 시키는 간단한 일도 대항군 훈련이 될 수 있다. 그 위치에서 회사의 계획이 어떻게 보이는지, 대책이 제대로 먹힐 것 같은지 등을 점검한다.

전략을 수립할 때 대항군 훈련을 하면 반드시 '프레임 리스크'를 평가하게 된다. 이는 기업이 세계와 경쟁사를 보는 방식이 잘못되었거나 매우 불완전할 가능성을 평가한다는 뜻이다. 프레임 리스크가 무서운 이유는 프레임 안에서는 잘못되었다는 것을 알 수 없기 때문이다. 오직 인간의 판단으로만 평가할 수 있다. 우리가 어떤 상황을 보는 프레임이 완전히 틀렸다면 그 프레임을 사용하지 않았을 테니 말이다. 현재 우리가 가진 '최고의' 모델로 잘못을 찾아내는 방법은 여러 그룹이 관점을 바꾸어 전략을 공격하고 무너트리는 것이다.

이 훈련은 또한 갑자기 발생하는 비상사태에 대비하는 역할도 한다. 레드팀은 우리를 '블랙스완black swan'*, 예상치 못한 단점, 실패 시 발생할 상황 등에 노출시킨다. 그들은 우리가 어떻게 움직이는지 알고 우리를 능가하려 한다. 심지어 우리의 장점을 역이용하기도 한다.

---

* 갑자기 나타나 미리 막는 것이 불가능한 위기

해결 가능한 전략 과제(ASC) 찾기

전략을 논할 때 가장 많이 나오는 단어는 '중요한'과 '집중'이다. 전략이라는 말 자체에 중요하다는 의미가 내포되어 있다. 집중이라는 단어의 역할은 다소 모호하다. 현대의 기업, 사람, 경쟁모델은 복잡성비용*을 거의 고려하지 않기 때문이다. 이는 한 번에 모든 것을 할 수 없다는 뜻이 아니다. 계획의 종류가 많아지면 다른 계획을 쉽게 수용하기 때문이다.

전략공장의 가장 강력한 도구 중 하나는 문제 상황을 해결 가능한 몇 개의 전략적 도전 문제로 줄여버리는 것이다. 크럭스는 보통 그 안에 있다. 중요하면서도 해결 가능한 문제를 찾는 것이 전략공장의 핵심이다. 4장에서 인텔의 사례를 통해 자세히 다루었던 한 가지 방식은 여러 문제들의 중요성과 해결 가능성을 공식적으로 평가하는 것이다.

또 다른 방식은 '테이블 밑으로 치워버리는' 것이다. 나는 한 정부기관의 전략수립을 도와준 적이 있다. 참가자들은 26개의 '심각한' 문제점을 발표하고, 가로 20, 세로 13센티미터의 카드에 적어 테이블 위에 올려놓았다. 나는 그들에게 5개만 남기고 나머지는 테이블 밑으로 버리라고 지시했다.

아무도 나서서 버리려는 사람이 없었다. 나는 이사급 임원을 지적해서 이렇게 말했다. "이사님은 이 회사에서 많은 월급을 받고 있습니다. 5개를 골라주세요."

---

* 제품의 사양이 증가함에 따라 추가적으로 이를 관리하는 데 드는 비용

그렇게 5개가 선정되었다. 그 주제를 놓고 토론을 해보니 다시 네 분야로 나뉘어져 결국 테이블 위에는 9개의 카드가 놓여졌다. 나는 다시 5개로 줄이라고 요청했다.

이런 과정을 겪으면서 참가자들은 문제에 더 깊숙이 다가가 그것이 얼마나 복잡하고 어떤 하위 문제들을 야기하는지 깨닫게 된다. 다시 한번 중요하면서도 접근 가능한 문제의 필요성이 대두된다.

한두 개의 임박한 목표에 집중하기

전략에서 제일 중요한 것은 집중이라는 말이 있다. 위기 상황에서 벗어나거나 매우 유능한 전략적 지도자가 없다면 조직은 점차 집중력을 잃는다. 듣기 좋은 목표 50개를 설정하지만 실제로는 어느 것 하나 제대로 하지 못한다. 전략공장의 핵심은 에너지와 자원을 가장 중요한 문제에 집중해서 문제를 손쉽게 해결하는 것이다.

이를 위한 도구 중의 하나는 임박한 과제다. 이는 어떤 목표가 아니라 짧은 시간 내에 달성 가능한 과제를 말한다. 그 과제를 곧 달성할 수 있다는 의미에서 임박하다고 말한다.

군대든 조직이든 승리만큼 동기를 부여하는 것은 없다. 중요한 과제를 설정하고 이를 극복하면 그다음 전투에 나갈 자신감이 생긴다. 전략을 장기적인 과제로 생각하지 말고 연속적으로 임박한 목적이라고 생각하라.

단기목표

임박한 과제를 설정할 때 생기는 또 다른 장점은 대책을 쉽게 수립할 수 있다는 점이다. 가까운 시일 내에 해결 가능한 문제에 집중할 때 훌륭한 대책을 세울 수 있다. 나는 보통 18개월 정도를 본다. 효과를 보기까지 시간이 많이 걸리는 대책은 그보다 더 길게 잡아도 된다.

기간이 짧으면 참가자의 동의를 얻기 쉽다. 원래 자신들과 관계된 프로젝트나 계획을 쉽게 버리기는 어렵다. 테이블 밑으로 버린다는 것은 그 프로젝트에 반대하거나 최소한 전폭적인 자금 지원을 반대한다는 뜻이다. 이런 이유 때문에 많은 전략수립이 여러 관계자의 이해가 담긴 리스트 작성으로 끝나는 경우가 많다. 그리고 막후에서 정치적 결탁으로 프로젝트 지원을 협상하거나 거래하게 된다.

기간이 짧으면 이런 문제에서 벗어날 수 있다. 향후 18개월 내에 달성 가능하다면 그 정책이나 대책은 다시 테이블 위로 올라올 가능성이 높다. 자신이 중요하게 생각하는 프로젝트가 테이블 밑으로 내려가도 테이블 위에 있는 계획의 달성 예상기간이 짧으면 어느 정도 화가 누그러지기도 한다. 반면에 장기목표라면 죽기 살기로 자신의 프로젝트를 테이블 위로 올리려고 노력할 것이다. 그러나 기간이 짧으면 참가자 간의 우선순위에 대한 의견이 비교적 쉽게 일치된다.

참조군

사람들은 자신의 경우나 상황이 특별하다는 편견을 가지기 쉽다. 이를 낙관편향이라고 하며 대니얼 카너먼과 댄 로발로Dan Lovallo는 '경쟁사 무시'[4]라고 불렀다. 이는 마치 '나는 다르기 때문에' 자동차 사고 발생 통계가 해당이 안 된다고 생각하는 것과 같다. 문제는 우리 모두 자신이 특별하다고 생각한다는 것이다. 사고통계가 우리 모두로부터 나왔는데도 말이다.

참조군이란 비교할 만한 상황이나 회사 또는 문제를 일컫는다. 전문 컨설턴트를 잘 활용하면 유용한 참조군에 대한 정보를 얻을 수 있다. 예를 들어, 중국 소비재 시장에 진출한 기업이나 특허권이 만료된 기업에 대한 정보 같은 것들이다. 매킨지의 컨설턴트인 크리스 브래들리Chris Bradley, 마틴 허트Martin Hirt, 스벤 스미트Sven Smit가 쓴 《하키 스틱 너머의 전략Strategy Beyond the Hockey Stick》은 이를 잘 설명한다. 이들은 전략을 수립하기 위해 작성된 두툼한 문서들에 대해 이렇게 주장했다. "상세한 데이터는 있을지 모르지만 예측을 가능하게 하는 참조 데이터는 없다. 데이터가 많을수록 더 많이 안다고 생각하고, 자신감이 상승할수록 잘못된 결론을 내릴 가능성이 높아진다."[5]

이런 종류의 편향은 랜드연구소Rand Corporation가 새로운 공정을 적용한 화학공장 40곳을 조사한 연구에서 잘 나타난다. 최초에 이 프로젝트 승인 시 추정원가는 실제 원가의 평균 49퍼센트였다. 초기 추정치는 27~72퍼센트까지 다양했다. 최종 보고서는 이렇게 적고 있다.

지난 12년간 생산원가산정 기능이나 플랜트 성능예측 기능에 진전이 있다는 어떠한 징후도 발견할 수 없었다. 원가는 과소평가하고 생산성은 과대평가하는 트렌드가 지속되어 왔기 때문에 어떤 발전도 없었다.[6]

그 이유는 산업에는 생각하는 기능이 없기 때문이다. 생각하는 것은 결국 직원들이다. 전략공장의 팀원들은 결론을 내기 전에 여러 작업을 수행한다. 그 작업 중 하나가 다른 기업이 처한 상황에 대한 자료를 수집해서 참조군 데이터를 축적하는 것이다.

전략 내비게이션
시련을 극복해서 살아남는 비결은 상황 변화에 적응하는 것이다. 3장에서 다루었듯이 전략은 계속되는 여행과 같다. 그러므로 고위 중역들은 기업전략의 기본이 되는 여러 가정들을 차분히 새겨보아야 한다. 어려움을 딛고 일어서는 데 가장 중요한 행동은 가정을 수립하는 것이다. 물론 이 가정이 틀릴 수도 있다. 구체화해서 정확성을 점검하지 않으면 적용하기 매우 어렵다. 전략 내비게이션은 가정을 명확히 하고 상황 전개에 따라 이를 확인하는 과정이다.

선서

'국가기관National Agency'의 목적은 지방정부에 여러 중요한 서비스를 제공하는 일이다. 나는 전략워크숍을 실시한 후 두 달이 지나 그 국가기관을 다시 방문한 적이 있다. 하지만 팀이 채택한 기본 방향이 무시되는 걸 보고 실망했다. 직원들에게 물어보니 전략공장의 작업이 끝난 직후 고위 중역 2명이 태도를 바꾸어 도출된 대책을 비난하기 시작했다고 한다. 이 중역들은 워크숍 기간에는 전체적인 방향에 찬성했지만 나중에는 직원들에게 그 계획을 이행하지 말라고 지시했다.

공공기관에서 이런 행동이 가능한 것은 조직의 인원과 구조는 변하지 않지만 최고위직은 이를 이어받아 단결된 그룹을 형성할 만큼 오래 재임하는 경우가 드물기 때문이다. 이런 마키아벨리식의 정치공작을 예방하는 방법은 중역들이 두 마음을 먹지 못하도록 하는 것이다. 사장에게 하는 말과 직원에게 하는 말이 다른 중역은 퇴출되어야 한다.

도덕적 책임을 강조하려면 선서를 시켜야 한다. 나는 전략공장 중 적당한 때를 봐서 참가자들을 모아 회의실 가운데에 둥글게 서게 한 다음 이렇게 말한다.

여러분은 회사가 처한 문제를 팀으로서 같이 고민했습니다. 매우 중대한 문제를 해결하기 위해 몇 가지 대책을 수립, 시행하기로 동의했습니다. 아시다시피 이를 위해 다른 문제들은 제쳐놓았습니다. 자기 자신과 다른 팀원들에게 다음 전략공장을 실시하기 전까지 꾸준히 이 대책을 유지하겠다고 약속해야 합니다. 그리고 다른 사람들에게 이 대책을 무시하거나 위태롭게 하는 언사를 하지 않으며 대책이 잘 시행되도록 서로에게 지원을 아끼지 않겠다고 공언해야 합니다.

참가자들은 말이나 제스처로 이런 사항을 인정했고, 어떤 참가자들은 둥글게 모여 손을 잡기도 했다.

홍보

몇 년 전에 한 다국적 제조기업과 전략공장을 실시한 적이 있었다. 4일 반나절의 일정이있는데, 3일째에 전문가들을 불러들여 기본 방향을 잡았다. 마지막 날에는 칠판에 우리가 만든 세 가지 기본방침을 적어놓았다. 그러자 한 참가자가 이렇게 물었다.

"전략은 어디 있나요?"

"무슨 말이죠?" 내가 되물었다.

"3년 전에는 전략을 만들어 모든 직원에게 배포했고 상세 대책도 만들었어요."

"이걸 말하나요?" 나는 벽에 붙여놓은 표를 가리키며 물었다.

"예, 맞습니다. 그거예요."

나는 빨간 펜을 들고 표에 다가가서 항목별로 얼마나 달성했는지 물어보았다.

"첫 번째 칸에 적혀 있는 대로 시장의 선도 역할을 했습니까?"

그러나 시장점유율이 감소했기 때문에 그의 답은 '아니요'였다. 나는 펜으로 X라고 표시했다.

"최고 수준의 안전 기준을 충족했습니까?" 이번에는 '예'라고 표시했다.

"수익성이 개선되었습니까?" 아니므로 X로 표시했다.

"중국시장에 진출했습니까?" 이번에도 X였다.

"직원의 사기를 높여 신뢰를 얻었습니까?" 15퍼센트의 인원을 해고했기 때문에 X였다.

"탄소에너지의 사용을 혁신적으로 감소시켰습니까?" 변화가 없으니 감소로 볼 수 없으므로 이번에도 X였다.

다 마치자 X는 모두 8개였다.

"이런 종류의 전략을 다시 발표하고 싶은 겁니까? 3년 이내에 달성 가능성이 거의 없는 이런 목표들로 채운 표를 만들고 싶은 건가요?" 내가 물었다.

중역들에게 '전략'에서 제일 중요한 것은 대외적으로 비치는 이미지다. 즉 목표와 우선순위를 어떻게 잘 포장해서 사람들에게 발표하느냐가 중요하다는 뜻이다. 직원들과 투자자들은 회사의 전략에 조직의 기본활동, 가치관 그리고 우선순위가 나타나 있기를 바란다.

이에 응하기 위해 전략공장에서 선택한 정책과 대책을 공개적으로 홍보하는 데 노력을 기울여야 한다. 전략은 목표를 설정하기보다 중점 추진사항 몇 가지만 이야기하는 것이 좋다(이것도 3개가 넘어가면 뜻이 왜곡될 가능성이 높다). 전략은 중요한 것을 전부 담아 모든 사람에게 주는 크리스마스 선물이 되어서는 안 된다. 전통을 깨트린다고 생각할지 모르지만 이는 필요한 과정이다. 모든 사람이 하고 있는 것이 아니라 선택과 집중을 통해 뛰어난 전략을 세울 수 있다.

감사의 말

이 책은 내 아내 케이트가 매일 도와주지 않았다면 탄생하지 못했을 것이다. 아내 역시 전에 전략을 다뤄본 적이 있기 때문에 내가 매일 봉착하는 어려운 문제를 들어주고 돌아가는 길을 알려주었다. 매 장을 읽고 꼼꼼히 지적해주었으며 어떤 때는 아예 한 장 전체를 없애라고 과감히 조언했다. 시드니대학의 댄 로발로 역시 각 장을 읽고 큰 도움이 되는 코멘트를 해주었다. 또한 통찰력 있는 피드백을 제공해준 스티븐 리프먼Steven Lippman, 피트 커밍스Pete Cummings, 노먼 토이Norman Toy에게도 감사드린다.

편집자 이상의 역할을 해준 아셰트 출판사의 존 마하니John Mahaney에게도 고맙다는 말을 전한다. 그는 내 책에서 가장 중요한 메시지를 파악하고 내가 이를 갈고닦을 수 있도록 도와주었다. 나는 잉크웰매니지먼트의 공동창업자인 마이클 V. 칼라일 Michael V. Carlisle에게 출판대리인 역할을 해달라고 부탁했다. 그는 내 책의 초안을 보고 적극 출판을 권유했다. 대리인 역할뿐 아니라 이 책이 전하고자 하는 메시지와 제목에 대해 훌륭한 자문을 해준 것에 감사드린다.

미주

서문

1. 이 바위는 퐁텐블로 등반 난이도 체계에서 7A 등급으로 1950년대에 정복되었다. 2021년 최고 난이도는 8C이며, 이 등급의 바위는 극소수의 클라이머만 등반 가능하다.

2. 한참 뒤에 그렉샤에게 [그림 1]의 동작에 대해 물어보았다. "크럭스는 어떤 것인가요?" 그녀는 이렇게 답했다. "글쎄요. 저는 이 동작을 크럭스라고 생각하는데, 다른 사람들은 그저 다음 동작이라고 부를 수도 있겠네요."

1장

1. Gary Hamel, "Killer Strategies That Make Shareholders Rich," *Fortune*, June 23, 1997, 70.

2. Jack Kavanagh, "Has the Netflix vs Disney Streaming War Already Been Won?," *Little White Lies: Truth and Movies*, March 17, 2018.

3. Garth Saloner, Andrea Shepard, and Joel Podolny, *Strategic Management*(New York: John Wiley & Sons, 2001), 20.

2장

1. Kees Dorst, "The Core of 'Design Thinking' and Its Application," *Design Studies* 32, no. 6 (2011): 527.

2. 이하 가상의 회사명이나 인명은 작은따옴표로 표시했다.

3. 실제 마이클 포터는 이런 방식으로 기업전략을 수립하지 않았다. 그가 정한 범주는 전략 자체가 아니라 전략에 대한 설명이었다.

4. Herbert A. Simon, *The Sciences of the Artificial* (Cambridge, MA: MIT Press, 2019), 111.

5. 텐서란 각 차원에 적용되는 상이한 법칙에 따라 변화하는 다차원 배열이다.

6. 이는 원래 아래 논문의 "무질서한 문제unstructured problems"라는 표현이 변형된 것이다. Richard M. Cyert, Herbert A. Simon, and Donald B. Trow, "Observation of a Business Decision," *Journal of Business* 29, no. 4 (1956): 237-248.

7. John Kounios and Mark Beeman, "The Cognitive Neuroscience of Insight," *Annual Review of Psychology* 65 (2014): 88.

8. Michael C. Lens, "Subsidized Housing and Crime: Theory, Mechanisms, and Evidence" (UCLA Luskin School of Public Affairs, 2013), https://luskin.ucla.edu/sites/default/files/Lens%20 4%20JPL.pdf.

9. Kounios and Beeman, op. cit., 80.

10. Charles Darwin, *The Autobiography of Charles Darwin* (Amherst, NY: Prometheus Books, 2010), 42.

11. John Dewey, *How We Think* (Lexington, MA: D. C. Heath, 1910), chap. 3.

12. 거꾸로 산을 올라가는 한이 있더라도 보통은 온 길을 되짚어가는 것이 제일 좋다. 밤을 새워야 한다면 체온 유지와 수분 공급에 유의해야 한다. 음식을 찾느라 에너지를 낭비해서는 안 된다. 부상을 입었거나 기온이 너무 낮아 동사의 위험이 있지 않는 한 음식 없이도 며칠은 견딜 수 있다.

13. Merim Bilalić, Peter McLeod, and Fernand Gobet, "Inflexibility of Experts—Reality or Myth? Quantifying the Einstellung Effect in Chess Masters," *Cognitive Psychology* 56, no. 2 (2008): 73–102.

14. 2002년 오버추어는 구글을 상대로 지적재산권 침해 소송을 걸어 2003년에 승소했고, 3억 5,000만 달러의 구글 주식을 보상금으로 받았다. 오버추어는 경매금액과 비례해서 결과를 보여주는 검색 방식을 문제 삼았다. 그런데 구글은 경매방식을 이용해서 결과를 보여주지 않았기 때문에 오버추어의 특허는 구글의 방식과 관계가 있을 수도 있고, 없을 수도 있다.

15. 휴대폰 검색이 늘어나자 구글은 검색 결과 상단에 유료광고를 배치해서 논점을 흐렸다. 2021년 구글 사이트는 포맷이 변경되어 자연 검색과 유료광고 검색의 구분이 더욱 모호해졌다.

3장

1. "Mid-market CRM Total Cost of Ownership" (Yankee Group, July 2001).

2. Marc R. Benioff and Carlye Adler, *Behind the Cloud: The Untold Story of How Salesforce.com Went from Idea to Billion-Dollar Company—and Revolutionized an Industry* (San Francisco: Jossey-Bass, 2009), 134.

3. Ben McCarthy, "A Brief History of Salesforce.Com, 1999–2020," November 14, 2016, www.salesforceben.com/brief-history-salesforce-com.

4. Marc Benioff, comments at Dreamforce 7, November 18, 2009.

5. "Telegraph Travel," *Telegraph*, September 28, 2016.

6. "Telegraph Travel"; Michael Hogan, "Michael O'Leary's 33 Daftest Quotes," *Guardian*, November 8, 2013

7. Siddharth Vikram Philip, Matthew Miller, and Charlotte Ryan, "Ryanair Cuts 3,000 Jobs, Challenges $33 Billion in State Aid," *Bloomberg*, April 30, 2020.

4장

1. Louis Morton, "Germany First: The Basic Allied Concept of Strategy in World War II" (US Army Center of Military History, 1990); emphasis in the original.

2. Joseph A. Califano, *The Triumph and Tragedy of Lyndon Johnson: The White House Years* (New York: Simon and Schuster, 2015), 326.

3. Bethany McLean, "The Empire Reboots," *Vanity Fair*, November 14, 2014.

4. John F. Crowell, "Business Strategy in National and International Policy," *Scientific Monthly* 18, no. 6 (1924): 596–604.

5. All the information was drawn from public sources. No Intel employee or executive was interviewed or consulted.

6. Shawn Knight, "Intel Internal Memo Reveals That Even Intel Is Impressed by AMD's Progress," Techspot, June 26, 2019, www.techspot.com/news.

7. Leo Sun, "Intel's Chip Issues Are Hurting These 3 Tech Giants," *Motley Fool*, April 8, 2019.

8. Charlie Demerjian, "Why Did Intel Kill Off Their Modem Program?," *SemiAccurate* (blog), April 18, 2019, www.semiaccurate.com/2019/04/18/why-did-intel-kill-of-their-modem-program.

9. Don Clark, "Intel's Culture Needed Fixing. Its C.E.O. Is Shaking Things Up," *New York Times*, March 1, 2020.

5장

1. S&P1500 기업은 스탠더드앤드푸어스가 선정한 1,500개 기업으로 미국 주가총액의 90퍼센트를 점유한다.

2. 존페디리서치는 컴퓨터 그래픽과 멀티미디어기업을 대상으로 마케팅 및 경영컨설팅 전문 자문서비스를 제공한다.

3. Frederick Kempe, "Davos Special Edition: China Seizing AI Lead?," Atlantic Council, January 26, 2019, www.atlanticcouncil.org/content-series inflection-points/davos-special-edition-china-seizing-ai-lead.

4. David Trainer, "Perverse Incentives Produce Deals That Shred Shareholder Value," *Forbes*, May 2, 2016, www.forbes.com/sites/greatspeculations/2016/05/02/perverse-incentives-produce-deals-that-shred-sharedholder-value.

5. F. Homberg, K. Rost, and M. Osterloh, "Do Synergies Exist in Related Acquisitions? A Meta-analysis of Acquisition Studies," *Review of Managerial Science* 3, no. 2 (2009): 100.

6. Colin Camerer and Dan Lovallo, "Overconfidence and Excess Entry: An Experimental Approach," *American Economic Review* 89, no. 1 (1999): 306–318.

7. D. Fisher, "Accounting Tricks Catch Up with GE," *Forbes*, November 22, 2019.

8. J. R. Graham, C. R. Harvey, and S. Rajgopal, "The Economic Implications of Corporate Financial Reporting," *Journal of Accounting and Economics* 40 (2005): 3–73.

9. Ilia Dichev et al., "The Misrepresentation of Earnings," *Financial Analysts Journal* 72, no. 1 (2016): 22–35.

10. Justin Fox, "Learn to Play the Earnings Game (and Wall Street Will Love You)," *CNN Money*, March 31, 1997.

11. Changling Chen, Jeong-Bon Kim, and Li Yao, "Earnings Smoothing: Does It Exacerbate or Constrain Stock Price Crash Risk?," *Journal of Corporate Finance* 42 (2017): 36–54. "Crashes" were measured by the number of three standard-deviation down quarters less the number of three standard-deviation up quarters in their stock prices.

12. John McInnis, "Earnings Smoothness, Average Returns, and Implied Cost of Equity Capital," *Accounting Review* 85, no. 1 (2010): 315–341.

7장

1. Nancy Bouchard, "Matter of Gravity, Petzl Turns the Vertical Environment into Bold Opportunity," SGB Media, August 1, 2008.

2. A. G. Lafley and Roger L. Martin, *Playing to Win: How Strategy Really Works* (Boston: Harvard Business Review Press, 2013).

3. "Cost-Benefit Analysis Used in Support of the Space Shuttle Program," National Aeronautics

and Space Administration, June 2, 1972, http://archive.gao.gov/f0302/096542.pdf.

4. 우주왕복선에 대한 아이디어는 1957년부터 1963년 사이에 운영했던 미 공군의 다이너소어 프로 젝트로부터 시작했다. 닐 암스트롱도 원래 이 프로젝트의 파일럿 출신이다. 기본 개념은 분규발 생 시 전 세계 곳곳으로 무기를 싣고 즉시 출격하는 유인 우주선이다. 이보다 앞서 독일은 1942 년 아메리카 봄버 프로젝트로 유럽에서 미국을 폭격하는 여러 옵션을 강구한 적이 있다.

5. 135번의 발사 중 2빈 실패했으니 1.5퍼센트의 실패율이다. 챌린저호의 오링 결함은 2개의 고체 연료 로켓을 연결하는 장치에서 발생했다. 컬럼비아호의 방열판 문제는 고체연료 탱크의 일부분 이 떨어져 나가 타일을 손상시켜 발생했다.

6. Jean Edward Smith, *Eisenhower: In War and Peace* (New York: Random House, 2012), 278.

7. Maurice Matloff and Edwin Marion Snell, *Strategic Planning for Coalition Warfare, 1941–1942 [1943–1944]* (Office of the Chief of Military History, Department of the Army, 1953), 3:219.

8. "President Bush Visits with Troops in Afghanistan at Bagram Air Base," White House press release, https://georgewbush-whitehouse.archives.gov/news/releases/2008/12/20081215-1.html.

9. Craig Whitlock, "At War with the Truth," *Washington Post*, December 9, 2019.

8장

1. Thomas Gryta, Joann S. Lublin, and David Benoit, "How Jeffrey Immelt's 'Success Theater' Masked the Rot at GE," *Wall Street Journal*, February 21, 2018.

2. Brian Merchant, "The Secret Origin Story of the iPhone," *Verge*, June 13, 2017.

3. Walter Isaacson, *Steve Jobs* (New York: Simon & Schuster, 2011), 246.

4. David Lieberman, "Microsoft's Ballmer Having a 'Great Time,'" *USA Today*, April 29, 2007.

5. John C. Dvorak, "Apple Should Pull the Plug on the iPhone," March 28, 2007, republished on *MarketWatch*, www.marketwatch.com/story/guid /3289e5e2-e67c-4395-8a8e-b94c1b480d4a.

6. Translated from www.handelsblatt.com/unternehmen/industrie /produktentwicklung-nokia-uebt-sich-in-selbstkritik;2490362.

7. *New York Times*, June 19, 1986.

8. "Assessment of Weapons and Tactics Used in the October 1973 Mideast War," *Weapons System Analysis Report 249*, Department of Defense, October 1974, www.cia.gov/library/readingroom/docs/LOC-HAK-480-3-1-4.pdf.

9. NATO Force Structure (declassified), www.nato.int/cps/fr/natohq/declassified_138256.htm.

10. "Sensitive New Information on Soviet War Planning and Warsaw Pact Force Strengths," CIA Plans Division, August 10, 1973, 7, www.cia.gov/library/readingroom/docs/1973-08-10.pdf. See also "Warsaw Pact War Plan for Central Region of Europe," CIA Directorate of Intelligence, June 1968, www.cia.gov/library/readingroom/docs/1968-06-01.pdf.

11. Romie L. Brownlee and William J. Mullen III, "Changing an Army: An Oral History of General William E. DePuy, U.S.A. Retired," United States Center of Military History, n.d., 43, https://history.army.mil/html /books/070/70-23/CMH_Pub_70-23.pdf.

12. Alexander Haig to William DePuy, September 10, 1976, as quoted in Major Paul Herbert, *Deciding What Has to Be Done: General William E. DePuy and the 1976 Edition of FM-100-*

5, *Operations* (Leavenworth Papers, no. 16, 1988), 96.

9장

1. Brian Rosenthal, "The Most Expensive Mile of Subway Track on Earth," *New York Times*, December 28, 2017.

2. Greg Knowler, "Maersk CEO Charts Course Toward Integrated Offering," March 7, 2019, www.joc.com/maritime-news/container-lines/maersk-line/maersk-ceo-charts-course-toward-integrated-offering_20190307.html.

3. Richard P. Rumelt, "How Much Does Industry Matter?," *Strategic Management Journal* 12 (1991): 167–185.

10장

1. 엄밀히 말하면 브래들리가 처한 상황은 콜옵션과 유사한 형태인 컨벡스 페이오프다. 따라서 위험이 증가할 때 더 큰 이익을 얻는다.

2. 원래 앨런 자콘의 사분면은 예금, 채권, 주택담보대출, 질문 등 금융상품을 비유한 것이었다. 워맥이 '카우'라는 이름을 만들었는데 이것이 공개되자 짜증을 냈다고 한다.

3. Joseph L. Bower and Clayton M. Christensen, "Disruptive Technologies: Catching the Wave," *Harvard Business Review* (January–February 1995): 43.

4. Jill Lepore, "What the Gospel of Innovation Gets Wrong," *New Yorker*, June 16, 2014, www.newyorker.com/magazine/2014/06/23/the-disruption-machine.

5. Mitsuru Igami, "Estimating the Innovator's Dilemma: Structural Analysis of Creative Destruction in the Hard Disk Drive Industry, 1981–1998," *Journal of Political Economy* 125, no. 3 (2017): 48.

6. Josh Lerner, "An Empirical Exploration of a Technology Race," *Rand Journal of Economics* (1997): 228–247.

11장

1. Karl Popper, "Natural Selection and the Emergence of Mind," speech delivered at Darwin College, November 8, 1977.

2. Thomas McCraw, *American Business*, 1920–2000: How It Worked (Wheeling, IL: Harlan Davidson, 2000), 51.

3. "How Intuit Reinvents Itself," part of "The Future 50," *Fortune.com*, November 1, 2017, 81.

4. Karel Williams et al., "The Myth of the Line: Ford's Production of the Model T at Highland Park, 1909–16," *Business History* 35, no. 3 (1993): 66–87.

5. Armen Alchian, "Reliability of Progress Curves in Airframe Production," *Econometrica* 31 (1963): 679–694.

6. Grace Dobush, "How Etsy Alienated Its Crafters and Lost Its Soul," *Wired*, February 19, 2015, www.wired.com/2015/02/etsy-not-good-for-crafters/.

12장

1. Mark A. Lemley, "The Myth of the Sole Inventor," *Michigan Law Review* (2012): 709–760.

2. www.sleuthsayers.org/2013/06/the-3500-shirt-history-lesson-in.html.

3. Bernardo Montes de Oca, Zoom Company Story, slidebean.com, April 9, 2020.

4. Jon Sarlin, "Everyone You Know Uses Zoom. That Wasn't the Plan," CNN Business, November 29, 2020.

5. David J. Teece, "Profiting from Technological Innovation: Implications for Integration, Collaboration, Licensing and Public Policy," *Research Policy* 15, no. 6 (1986): 285–305.

13장

1. Maryann Keller, *Rude Awakening: The Rise, Fall, and Struggle for Recovery of General Motors* (New York: HarperPerennial, 1990), 107.

2. Anton R. Valukas, "Report to Board of Directors of General Motors Company Regarding Ignition Switch Recalls," Jenner & Block, May 29, 2014, 252, 253.

3. James Surowiecki, "Where Nokia Went Wrong," *New Yorker*. September 3, 2013, www.newyorker.com/business/currency/where-nokia-went-wrong.

4. Yves Doz and Keeley Wilson, *Ringtone: Exploring the Rise and Fall of Nokia in Mobile Phones* (Oxford: Oxford University Press, 2017).

5. Juha-Antti Lamberg et al., "The Curse of Agility: Nokia Corporation and the Loss of Market Dominance, 2003–2013," Industry Studies Conference, 2016.

6. Timo O. Vuori and Quy N. Huy, "Distributed Attention and Shared Emotions in the Innovation Process: How Nokia Lost the Smartphone Battle," *Administrative Science Quarterly* 61, no. 1 (2016): 22.

7. Vuori and Huy, op. cit., 24.

8. Daniel Quinn Mills and G. Bruce Friesen, *Broken Promises: An Unconventional View of What Went Wrong at IBM* (New York: McGraw-Hill, 1996), 43, 45.

9. Paul Carroll, *Big Blues: The Unmaking of IBM* (New York: Crown, 1994), 24

10. Lynda M. Applegate, Robert Austin, and Elizabeth Collins, "IBM's Decade of Transformation: Turnaround to Growth" (Harvard Business School Case 9-805-130, 2009).

11. Lou Gerstner, "The Customer Drives Everything," *Maclean's*, December 16, 2002, https://archive.macleans.ca/article/2002/12/16/the-customer-drives-everything.

12. Louis V. Gerstner, *Who Says Elephants Can't Dance? Inside IBM's Historic Turnaround* (New York: HarperInformation, 2002), 187.

13. Applegate, Austin, and Collins, "IBM' Decade of Transformation," 6.

14장

1. Richard P. Rumelt, *Strategy, Structure, and Economic Performance* (Cambridge, MA: Harvard Business School Press, 1974).

2. John B. Hege, *The Wankel Rotary Engine: A History* (Jefferson, NC: McFarland, 2006), 115.

3. Total value is the value of all stock plus the value of all debt, summing the interests of stockholders and debt holders.

4. Dean Foods Company Overview, PowerPoint slides, 2015

15장

1. 맥너마라는 가는 곳마다 이런 주장을 했으며 아서 슐레진저 주니어 역시 1964년에 비슷한 주장을 한 적이 있다. Papers of Robert S. McNamara, Library of Congress, Part L, folder 110, interview with Arthur M. Schlesinger Jr., April 4, 1964, 16.

2. Robert McNamara, *In Retrospect: The Tragedy and Lessons of Vietnam* (New York: Times Books, 1995), 203.

3. Clark Clifford with Richard Holbrooke, *Counsel to the President: A Memoir* (New York, Random House, 1991), 460.

4. Rosabeth Moss Kanter, "Smart Leaders Focus on Execution First and Strategy Second," *Harvard Business Review* (November 6, 2017).

5. Alfred D. Chandler, *Strategy and Structure: Chapters in the History of the Industrial Enterprise* (Cambridge, MA: MIT Press, 1961), 22.

6. Robert S. Kaplan and D. P. Norton, *The Balanced Scorecard: Translating Strategy into Action* (Cambridge, MA: Harvard Business School Press, 1996).

7. Robert S. Kaplan and David P. Norton, "Focus Your Organization on Strategy—ith the Balanced Scorecard," *Harvard Business Review* (2005): 1-74.

16장

1. Justin Fox and Rajiv Rao, "Learn to Play the Earnings Game," *Fortune*, March 31, 1997.

2. Jerry Useem, "The Long-Forgotten Flight That Sent Boeing Off Course," *Atlantic*, November 20, 1999.

3. Fischer Black and Myron Scholes, "The Pricing of Options and Corporate Liabilities," *Journal of Political Economy* 81, no. 3 (1973): 637-654. Fischer Black died in 1995 at only fifty-seven. Had he lived, he would have received the Nobel Prize in 1997 along with Merton and Scholes.

4. Warren E. Buffett and Jamie Dimon, "Short-Termism Is Harming the Economy," *Wall Street Journal*, June 7, 2018.

5. M. C. Jensen, "Agency Costs of Free Cash Flow, Corporate Finance, and Takeovers," *American Economic Review* 76, no. 2 (1986): 323-329.

6. "CEO and Executive Compensation Practices: 2019 Edition," Conference Board, 17.

7. K. H. Hammonds, "The Secret Life of the CEO: Do They Even Know Right from Wrong?," *Fast Company*, September 30, 2002, www.fastcompany.com/45400/secret-life-ceo-do-they-even-know-right-wrong.

8. https://cio-wiki.org/wiki/Shareholder_Value.

9. ExxonMobil, "Notice of 2011 Annual Meeting and Proxy Statement," April 13, 2011.

10. Brian J. Bushee, "Do Institutional Investors Prefer Near-Term Earnings over Long-Run Value?," *Contemporary Accounting Research* 18, no. 2(2001): 207-246.

11. Kim, Yongtae, Lixin (Nancy) Su, and Xindong (Kevin) Zhu. "Does the Cessation of Quarterly Earnings Guidance Reduce Investors' Short-Termism?" *Review of Accounting Studies* 22, no. 2 (June 1, 2017): 715–52.

12. Lucinda Shen, "The Most Shorted Stock in the History of the Stock Market," *Fortune*, August 7, 2018 (emphasis added).

13. James Temperton, "Google's Pixel Buds Aren't Just Bad, They're Utterly Pointless," *Wired*, December 7, 2017.

17장

1. George Albert Steiner, *Top Management Planning* (New York: Macmillan, 1969).

2. There are nine kinds of neuraminidase from N1 to N9 and seventeen types of hemagglutinin, from H1 to H17. The 1918 flu was H1N1, and COVID-19 is H7N9.

3. https://s.wsj.net/public/resources/documents/Scientists_to_Stop _COVID19_2020_04_23_FINAL.pdf.

4. https://en.wikipedia.org/wiki/Mission_statement.

5. "Not led, I lead."

6. James Allen, "Why 97% of Strategic Planning Is a Waste of Time," *Bain & Company Founder's Mentality* (blog), 2014, www.bain.com/insights/why-97-percent-of-strategic-planning-is-a-waste-of-time-fm-blog/.

7. www.brainyquote.com/quotes/katie_ledecky_770988.

18장

1. Lucien S. Vandenbroucke, "Anatomy of a Failure: The Decision to Land at the Bay of Pigs," *Political Science Quarterly* 99, no. 3 (1984): 479. Their reference was (CIA director) Allen Dulles, handwritten notes, box 244, Allen W. Dulles Papers, Seeley Mudd Manuscript Library, Princeton University, Princeton, NJ.

2. 1991년 10월 20일자 <뉴욕 타임스>에 따르면 유엔 사찰단이 이라크의 핵무장 프로그램을 폭로하자 미국 정보기관들은 상반된 반응을 보였다. 이라크의 핵 개발에 대해 많은 정보를 얻을 수 있어 환영했지만, 한편으로는 미국의 무지를 드러냈기 때문에 당황하기도 했다. 유엔이 핵무기 수색 및 파괴 작업을 시작한 지 몇 개월 안 되어 이라크의 핵무장 프로그램은 미국이 생각했던 것보다 훨씬 규모가 크고 정교하며 상당 수준까지 진척되어 있음이 밝혀졌다.

3. 2002년 8월 해외참전용사대회에서 부통령 딕 체니가 한 연설의 일부다. 그가 항상 이런 식의 사고를 가졌던 것은 아니다. 1990년대 초 부시가 쿠웨이트에서 이라크를 몰아낸 후 바그다드로 진격하지 않자, 그는 TV 인터뷰에서 이렇게 말했다. "이라크 중앙정부를 무너뜨리면 이라크는 손쉽게 분해될 것입니다. 서쪽 지역은 시리아가 가져가려 할 것이고, 동쪽은 8년간 싸운 이란이 소유권을 주장할 것입니다. 북쪽은 쿠르드족이 차지할 텐데, 튀르키예에 있는 쿠르드족과 연합하여 터키를 위협할 수 있습니다. 그렇게 되면 이라크 점령은 수렁에 빠지게 될 것입니다." *ABC News* interview, 1994, youtu.be/YENbElb5-xY.

4. Daniel Kahneman, *Thinking, Fast and Slow* (New York: Macmillan, 2011)

5. 집단성과에 대한 힐의 자세한 연구결과는 다음과 같이 결론 내리고 있다. "쉬운 과제는 유능한 멤버 한 명이 처리했다. 어려운 과제인 경우 멤버들의 능력이 뛰어난 팀이 잘하지만 여기에 집단보너스효과assembly bonus effects로 더 잘할 수도 있고, 그룹으로서의 문제 해결과정에 이상이

생기면 효과가 줄어들 수 있다." 별로 인기가 없던 이런 주장은 그룹 멤버들의 다양성이 주는 이점에 대한 연구가 이루어지면서 뒤집어졌다. G. W. Hill, "Group Versus Individual Performance: Are N + 1 Heads Better Than One?," *Psychological Bulletin* 91, no. 3 (1982): 535.

19장

1. 피벗머신이란 중앙축을 중심으로 회전하는 급수장치를 말한다. 이 용어는 또한 넓은 지역에 걸쳐 움직이는 관개장치를 뜻하기도 한다.

20장

1. Gary A. Klein, *Sources of Power: How People Make Decisions* (Cambridge, MA: MIT Press, 2017), 58.

2. 이것이 대니얼 카너먼이 《생각에 관한 생각》(*Thinking, Fast and Slow*, New York: Macmillan, 2011)에서 한 주장의 핵심이다.

3. Gary Klein, "Performing a Project Premortem," *Harvard Business Review* 85, no. 9 (2007): 18–19.

4. D. Kahneman and D. Lovallo, "Timid Choices and Bold Forecasts: A Cognitive Perspective on Risk Taking," *Management Science* 39, no. 1 (1993): 17–31.

5. Chris Bradley, Martin Hirt, and Sven Smit, *Strategy Beyond the Hockey Stick: People, Probabilities, and Big Moves to Beat the Odds* (Hoboken, NJ: John Wiley & Sons, 2018), 6.

6. Edward W. Merrow, Kenneth Phillips, and Christopher W. Myers, *Understanding Cost Growth and Performance Shortfalls in Pioneer Process Plants* (Santa Monica, CA: Rand Corporation, 1981), 88.